JN312085

欧州建設と
ベルギー

統合の社会経済史的研究

小島 健

日本経済評論社

目　次

序　章 …………………………………………………………………… 1

第 1 章　ベルギー・ルクセンブルク経済同盟の設立 …………… 11

　　第 1 節　低地地方における近代国家の誕生　12
　　第 2 節　第一次世界大戦前の低地諸国経済　16
　　第 3 節　大戦直後のベルギーとルクセンブルク　20
　　第 4 節　ベルギー・ルクセンブルク経済同盟の創設　22
　　第 5 節　1920年代のベルギー・ルクセンブルク経済　25
　　小　括　31

第 2 章　戦間期における欧州建設構想と国際カルテル ………… 37

　　第 1 節　戦後の経済困難と国際カルテル　37
　　第 2 節　欧州建設構想——パン・ヨーロッパ運動を中心に——　43
　　第 3 節　国際連盟におけるルシュールの提案　53
　　第 4 節　ブリアン覚書　57
　　第 5 節　1930年代の国際カルテル　67
　　小　括　73

第3章 世界大不況における
ヴァンゼーラントの政策提言 ……… 83

第1節　ヴァンゼーラントの経歴と思想　84
第2節　ヴァンゼーラントの大不況分析と政策提言　88
第3節　ヴァンゼーラント内閣の政策と意義　97
第4節　自由主義的国際経済秩序の提案　108
小　括　119

第4章　ベネルクス関税同盟の設立 ……… 131

第1節　大不況下における小国間経済協力の試み　132
第2節　第二次世界大戦中のベネルクス同盟構想　137
第3節　ベネルクス関税協定の締結　145
第4節　戦後復興とベネルクス関税協定の発効　153
第5節　ベネルクス関税同盟の発足と進展　159
小　括　164
付録資料　ベネルクス関税協定　171

第5章　欧州石炭鉄鋼共同体の設立 ……… 175

第1節　第二次世界大戦後のベルギー経済　176
第2節　シューマン・プランの目的と背景　183
第3節　欧州石炭鉄鋼共同体設立交渉　188
第4節　欧州石炭鉄鋼共同体条約の批准　197
小　括　210

第 6 章　欧州石炭鉄鋼共同体とベルギー石炭業の衰退 ……… 221

 第 1 節　第二次世界大戦後のベルギー石炭業　222
 第 2 節　石炭業に対する過渡的保護政策　233
 第 3 節　石炭業の構造変化　242
 小　括　251

第 7 章　欧州政治共同体条約と共同市場構想 …………………… 257

 第 1 節　欧州政治共同体条約草案　259
 第 2 節　欧州政治共同体設立交渉とベイエン・プラン　269
 小　括　277

第 8 章　欧州経済共同体の設立とベネルクス経済同盟 ……… 285

 第 1 節　ベネルクス経済同盟の設立　286
 第 2 節　ベネルクス覚書とメッシーナ会議　292
 第 3 節　スパーク報告　302
 第 4 節　ローマ条約　307
 小　括　311

終　章　欧州建設下のベルギー連邦化 ……………………………… 317

 第 1 節　地域問題の背景　318
 第 2 節　地域問題の深刻化　323
 第 3 節　地方分権の進展　326
 第 4 節　連邦制への移行　332
 第 5 節　欧州建設と補完性原理　337

　　　　小　括　344
あとがき　349
索引（人名・事項）　353

序　章

　今から半世紀前の1957年3月25日に欧州経済共同体（European Economic Community: EEC）を設立する条約（ローマ条約）がフランス，ドイツ，イタリア，ベルギー，オランダ，ルクセンブルクの6カ国によって調印された。EECは今日27カ国の加盟国を擁する欧州連合（European Union: EU）の母体であるが，1973年にイギリスなど3カ国が新規に加盟するまで欧州大陸の6カ国に限定された共同体にすぎなかった。本書は，第二次世界大戦後に本格的に開始された欧州建設（統合）について，ベルギーの対応と役割を中心に戦前に遡って歴史的に跡づけ，今日のEUの起源を実証的に明らかにすることを目的とする。本書で実証研究の対象とするのは，第一次世界大戦後に発足したベルギー・ルクセンブルク経済同盟からローマ条約が調印された1957年までの時期である。ただし，必要に応じてその前後の時期についても考察を行うこととする。

　欧州建設の歴史研究については，すでに廣田功[1]，ロベール・フランク（Robert Frank）[2]による優れた整理と紹介があるので，ここでは，先行研究について簡単に触れるにとどめる。1970年代までは，欧州建設史を国民国家の克服の過程とみるウォルター・リプゲンス（Walter Lipgens）に代表される見解が主流であった[3]。リプゲンスは，第二次世界大戦中のレジスタンスなどの戦後構想や戦争直後の欧州運動に関する研究をもとに，民間レベルでの欧州の連邦化に対する強い志向と戦後における国民国家の無力化を指摘する[4]。そして，1947年以降のアメリカの援助に後押しされて，西欧諸国は「ためらいがちに特定部門での統合に向けて最初の一歩を踏み出し，その結果として欧州共同体」が実現されたと，マーシャル・プラン以降のアメリカの主導性についても強調した[5]。

リプゲンスは，自身が教授を務めるフィレンツェの欧州大学機構（European University Institute：EUI）において，1977年9月にEC各国の現代史家を招聘して，欧州統合史に関する史料集作成についての研究集会を開催した。欧州の多くの国では，1968年の国際公文書会議（International Archive Congress）の勧告を受けて，作成後30年を経過した公文書の公開（30年ルール）が始まっていた[6]。そこで，研究集会は，1950年までの期間を対象とする史料集を刊行すること，30年以上経過した公文書を非公開にしている政府や機関に対して公開を要望することを決議した[7]。リプゲンスは，1983年に亡くなるが，1977年の研究集会で決議された1939～50年を対象とする史料集全4巻は1985～91年に刊行された[8]。

リプゲンスを引き継いで欧州建設史の国際的研究を組織したのは，フランスの国際関係史家であるパリ第一大学のルネ・ジロー（René Girault）である。1982年にジローが委員長となり，欧州委員会の後援を受けて欧州建設史研究者の研究連携の組織である「欧州共同体歴史家連絡協議会」（Groupe de Liaison des Historiens auprès des Communatuté Européennes，以下，協議会と略す）が結成された。協議会の第1回大会は1984年に開催され，報告集も出版された[9]。協議会には，フランスのレイモン・ポアドヴァン（Raymond Poidevin），イギリスのアラン・ミルワード（Alan S. Milward），ドイツのヴィルフリート・ロート（Wilfried Loth）などEC各国の主だった欧州建設史研究者が参加した。研究大会はその後も今日まで断続的に開催され，報告集の刊行も行われている[10]。

欧州各国およびECSCなど国際機関の公文書が30年を経過して公開され始めたことを受けて，第一次史料にもとづく欧州建設史の本格的な研究が1980年代に開始され，これまでの通説の再検討が行われた。第一次史料をもとに従来の欧州共同体設立研究の大幅な見直しを行ったのが，協議会のメンバーで，リプゲンスの後を継いで欧州大学機構の教授となった経済史家ミルワードである。ミルワードは，1984年に公刊した著作において欧州建設に果たしたアメリカの役割について，欧州側のイニシャチヴを強調して欧州がアメリカの対欧政策を

むしろ利用したと主張し,アメリカの影響力を過大評価することに異議を唱えた[11]。また,彼は戦後に国民国家が福祉国家化したことにみられるように国家が強化された点を重視し,欧州建設は国民国家再生の枠組みとして機能したとして,両者を対立的に捉える連邦主義的見解を批判した。ミルワードによれば,「国民国家の欧州的救済」こそが戦後欧州諸国が欧州共同体を建設するに至った真の動機であった[12]。

　国家と共同体を対立的に捉える欧州建設の「神話」に見直しを迫るミルワードの問題提起は,欧米の研究者に,西欧諸国の主体的活動に着目した実証的歴史研究の進展を促した。これらの研究成果は,1980年代後半からの協議会の研究大会における報告の主流を占めた。ジローの国際関係史的分析[13]やミルワードの国民経済的利益の観点からの分析をはじめとして多くの研究者によって,長く対立関係にあった仏独の和解ばかりでなく,英仏関係や仏伊関係,当初欧州共同体に参加しなかったイギリスの利害関心など,どのように大国の利害が欧州建設と関係したかが明らかにされてきた[14]。なお,これ以外の注目すべき研究として,ハルトムート・ケルブレ(Hartmut Kaelble)による社会史研究からの新しいアプローチがあった。彼は,20世紀における欧州各国の社会的同質化過程を明らかにし,一般の市民レベルでの欧州意識の形成や社会的統合が欧州建設の基盤となったことに注意を喚起した[15]。

　このように,欧州建設の歴史については,欧米において過去20年間に多くの研究が積み重ねられてきた。また,欧米の研究や欧州統合の進展の影響によってわが国でも,ここ10年間に欧州建設史に関しての研究がわずかではあるが出版されるようになった[16]。ただし,これまで行なわれてきた研究の多くはフランス,ドイツ,イギリスといった欧州の大国からの視点によるものがほとんどである。

　しかし,大国に関する研究だけでは,欧州建設の動機やダイナミズムを理解するうえで十分ではなく,欧州建設における小国の役割や対応についても十分な考察を行う必要がある。なぜなら,ベルギーをはじめとするベネルクス3国は,ECSC,EECの原加盟国であるばかりか,戦前から欧州における地域同盟設立

に取り組み欧州建設において先駆的かつ積極的役割を果たしてきたからである。また，2004年5月に10カ国が加盟し，2007年1月にルーマニアとブルガリアが加盟し27カ国にまで拡大したEUを構成する国の大半が小国である点も無視することはできない。EU加盟国のうち大国と呼べるのは経済規模が大きく人口約6,000万人以上のドイツ，フランス，イギリス，イタリアであり，人口面では4,000万前後のスペインとポーランドがこれに続くがこの2国は経済的には発展途上国であり，残り21カ国はベネルクスのように1人当たり国内総生産が高い国はあるものの人口面を含めてみれば小国と呼ばざるを得ない。したがって，研究が大国にのみ偏するのは欧州建設の本質を見誤る恐れがあると言わなければならない。欧州建設の研究はこれまで，英独仏伊などの大国を中心に行われてきたが，中小国がEC/EUに参加する動機やそこでの役割を明らかにしなければ欧州建設の全体像を把握したことにはならないだろう。

　本書が小国のなかでもベルギーに注目するのは次の理由からである。ベルギーは，大陸ヨーロッパの2大国フランスとドイツに国境を接し，ラテン文化とゲルマン文化が交錯する「欧州の十字路」に位置し，人口1,000万人ほどの小国である。ベルギーはその地理的位置から両大国の争いに常に巻き込まれてきた歴史を持つ。しかし，第一次世界大戦後にはルクセンブルクと経済同盟を結成し，欧州における経済統合の先駆者となった。そればかりか，第二次世界大戦中にオランダとの間に関税協定を締結し，1948年にはベネルクス関税同盟を発足させるなど欧州建設を先導してきた。ベネルクス3国はフランス，ドイツ，イタリアとともに欧州石炭鉄鋼共同体（ECSC），欧州経済共同体（EEC）の原加盟国となり，欧州建設に当初より参加してきた。ベネルクスが関税同盟を基礎に経済同盟を設立した経験は，EECの設立にも影響を与えたと考えられる。このため，ベネルクス同盟は「欧州の実験室」（Laboratoire de l'europe）と呼ばれる。このように，第二次世界大戦後の欧州建設の具体的進展においてベルギーは，EUの母体となったECSC，EECの原加盟国となり，今日その首都ブリュッセルはEUの首都として，欧州委員会をはじめとしてEUの諸機関が集まり，欧州建設の拠点となっている。

表序-1　欧州建設関連条約の批准投票結果

	下　院			上　院		
	賛成	反対	棄権	賛成	反対	棄権
ベネルクス関税協定	135	5	21	93	14	21
ブリュッセル条約（1948年）	150	21	—	138	15	—
OEEC条約（1948年）	121	15	1	108	13	1
北大西洋条約（1949年）	139	22	1	127	13	—
欧州審議会規約（1949～50年）	150	4	2	140	6	—
ベネルクス準備同盟協定（1951年）	153	19	14	129	11	13
ECSC設立条約（1952年）	165	13	13	102	4	58
欧州防衛共同体条約（1953年）	148	49	3	125	40	2
西欧同盟条約（1956年）	179	4	—	111	3	2
ローマ条約（1957年）	174	4	2	134	2	2
EEC第1次拡大条約（1972年）	164	5	—	138	—	1

(出所) *Annales Parlementaires de Belgique*, Chambre des repésentants, Séance 3 juillet 1947 et Sénat, Séances 12 août 1947 ; Mabille, Xavier, *Histoire politique de la Belgique*, Quatrième édition, Bruxelles: CRISP, 2000, p. 272 より作成。

　表序-1は，第二次世界大戦後にベルギーが締結した欧州建設に関する条約等の上下両院における批准投票の結果を示したものである。最終的にはフランスの拒否によって条約が発効しなかった欧州防衛共同体条約で反対票がやや多いものの，その他の条約では圧倒的多数でこれら欧州建設に関する条約を批准している。ベルギーは欧州建設を積極的に支持してきた。これは，ベルギーの主要全国政党であるキリスト教社会党，社会党および自由党の3党が欧州建設を推進する点では一致しており，対欧政策においては大きな違いがないことによる。

　ベルギーが欧州建設に積極的な理由としては，同国が仏独両大国に挟まれ，欧州の平和と発展が同国に直接・間接に利益をもたらすことが挙げられる。とくに，19世紀の工業化によってベルギー経済は工業品の輸出に大きく依存することになり，きわめて対外開放度の高い国になった。したがって，戦間期における保護主義の台頭に直面して国内経済は混乱し，小国同士の地域経済同盟を模索することになり，結果として経済統合に早くから乗り出すことになった。第二次世界大戦後，仏独が和解し経済統合に向けて舵を切ったことは，ベルギーにとって歓迎すべきことであった。

本書は，欧州建設とベルギーの関係について戦間期と戦後再編期を通して考察する。それは，欧州建設における戦前と戦後の連続面に注目するからである。しかし，本書は連続面を一方的に強調し断絶面を無視する立場を取っているわけではない。本書の意図は，欧州建設の構想レベルでは，多くの連続面が確認でき，経済の実態面でも欧州経済の同質化が進み相互依存関係が緊密化したにもかかわらず，なぜ戦前において小国同士の小規模な地域同盟は形成できても，欧州は建設されず大戦という破局を迎えたのか。また，戦後になってなぜ欧州の統合が実現できたのかについて手がかりを得たいからである。

また，本書ではベルギーを手がかりに地域と欧州建設との関係についても考察する[17]。戦後の欧州では，経済統合の進展と並行して，地域の自立化が進んだ。とりわけベルギー国内では言語・文化対立が激化し，経済的にも地域ごとに異なる発展を示したため，地域の自立化が進み地域分権化の強い要求が噴出した。ベルギーでは，1970年から4度の憲法改正を経て徐々に連邦制が形成され，最終的に1993年の憲法改正により立憲君主制の連邦国家に完全に移行した。EU原加盟国における連邦制への移行は，欧州建設の途上における国民国家や国民経済のあり方を考えるうえで有益な視点を与えるであろう。

ベルギーにおいて欧州建設の歴史的研究に早くから取り組み，指導的役割を果たしてきたのはルーヴァン・カトリック大学（以下，ルーヴァン大学と略す）のミシェル・デュムラン（Michel Dumoulin）である。デュムランは協議会の設立当初からのメンバーであり，国際的に欧州建設史の研究に貢献する傍ら，後進の指導育成においても大きな成果をあげている。彼は，現在，ルーヴァン大学ヨーロッパ研究所の所長として，同大学のヨーロッパ研究の総括責任者の立場にある。

本書も上記のデュムラン等のベルギーの研究者の成果に多くを負っているが，独自に欧州委員会，ベネルクス経済同盟事務局，ベルギー外務省，中央経済審議会などの第一次史料を用いて，EEC設立に至る欧州建設のベルギーの取り組みについて考察したものである。その際，デュムランらの研究があまり扱ってこなかった戦前のベルギー・ルクセンブルク経済同盟をはじめとするさまざ

まな地域経済統合の試みや国際連盟の役割を分析すると同時に,長期的なベルギーの歴史のなかに欧州建設のプロセスを位置づけ,また連邦制へと至る地方分権の進展と国家の改造についても考察した。

なお,本書ではわが国で一般に用いられている欧州統合（英語 European Integration）ではなく,欧州建設（英語 European Construction）という表現を主に用いた。統合史に関する欧米の研究書では,統合という言葉とともに,欧州建設という言葉が用いられている。その用法や意味に大きな違いがあるとは言えない。ただし,ベルギーを含むフランス語圏の歴史研究者は,欧州統合（intégration de l'europe）という表現よりも欧州建設（construction de l'europe）という表現を用いるのが一般的である[18]。例えば,1983年の初版以来版を重ね1999年には第3版が出版されたピエール・ジュルベ（Pierre Gerbet）による欧州建設の本格的通史の書名は『欧州建設』[19]であり,この分野の文献を整理・紹介したジェラール・ボシュア（Gérard Bossuat）による書物も『20世紀における欧州建設史』[20]である。また,現代フランスで先端をいく統合史研究者であるマリー゠テレーズ・ビッチ（Marie-Thérèse Bitch）の代表的著書の書名は『1945年から今日までの欧州建設の歴史』[21]であり,ベルギーにおいてこの分野のさきがけとなった研究書は,デュムラン編『ベルギーと欧州建設の開始』[22]である。

フランス語圏の歴史研究者が統合の語を用いるのは,政治分野では超国家機関や連邦など公権力が創出されそのもとに政治空間が形成される場合であり,経済分野では市場統合や通貨統合などによって経済空間が創出される場合である。これに対して,建設の語は政治統合,経済統合を意味する場合もあるが,より広く緩やかな政治協力や経済協力あるいは社会,文化,アイデンティティーの分野まで含めて用いられる。本書は,第二次世界大戦前のさまざまな欧州建設構想や地域協力の試みについても検討し,欧州建設を長期的かつ広い視角から検討することを意図しているため,フランス語圏の用法に倣って建設の語を用いることにした。

なお,本書では地名などの表記は原則として原語主義を採用したが,言語事

情の複雑なベルギーについては若干の説明と簡略化が必要であろう。ベルギーは国土のほぼ中央を言語境界線が東西に走っている。言語境界線の北側はオランダ語圏であり，南部がフランス語圏である。また，東部の一部にはドイツ語圏もある。北部の呼称に，わが国ではフランス語のフランドルや英語のフランダースが用いられることが多いが，本書ではオランダ語の地域名フランデレン（Vlaanderen）で統一し，住民をフランデレン人とした。また，南部は，フランス語で地域名ワロニー（Wallonie），住民はワロン（Wallon）であるが，煩雑さを避けるためワロンに統一した。また，首都ブリュッセルはフランデレンにあるがフランス語とオランダ語の両言語が用いられ，フランス語でブリュッセル（Bruxelles），オランダ語でブラッセル（Brussel）と呼ばれる。ただし，首都の住民の圧倒的多数はフランス語系住民であることから，本書では首都についてはフランス語読みを採用した。

1）廣田功「ヨーロッパ戦後再建期研究の現状と課題」廣田功・森建資編著『戦後再建期のヨーロッパ経済』日本経済評論社，1998年。
2）ロベール・フランク著／廣田功訳『欧州統合史のダイナミズム』日本経済評論社，2003年。
3）Lipgens, Walter, *A History of European Integration, 1945-1947*, Oxford: Clarendon Press, 1982.
4）わが国におけるレジスタンスの欧州建設構想に関する研究として，古内博行「第二次大戦期におけるレジスタンス運動の戦後統合構想」秋元英一・廣田功・藤井隆至偏『市場と地域』日本経済評論社，1993年がある。
5）Lipgens, Walter (ed.), *Sources for the History of European Integration（1945-1955）*, Leyden/London/Boston: Sijthoff, 1980, pp. 1-2. また，廣田功，前掲論文，7-8頁も参照。
6）*Ibid.*, p. 2.
7）"Resolution of the Colloquium held at Florence 29 September to 1 October 1977", *ibid.*, pp. 183-185.
8）Lipgens, Walter (ed.), *Documents on the History of European Integration: Continental Plans for European Union 1939-1945*, Vol. 1, Berlin/New York: Walter de Gruyter, 1985 ; Do. (ed.), *Documents on the History of European Integration:*

Plans for European Union in Great Britain and in Exile 1939-1945, Vol. 2, Berlin/New York: Walter de Gruyter, 1986 ; Lipgens, W. and Loth, Wilfried (eds.), *Documents on the History of European Integration: The Struggle for European Union by Political Parties and Pressure Groups in Western European Countries, 1945-1950*, Vol. 3, Berlin/New York: Walter de Gruyter, 1988 ; Lipgens, W. and Loth, W. (eds.), *Documents on the History of European Integration: Transnational Organization of Political Parties and Pressure Groups in the Struggle for European Union, 1945-1950*, Vol. 4, Berlin/New York: Walter de Gruyter, 1991.

9) Poidevin, Raymond (dir.), *Histoire des débuts de la costruction européenne（mars 1948-mai 1950）*, Bruxelles: Bruylant, 1986.

10) 第2回以降の研究大会の報告集は以下の通りである。Schwabe, Klaus（Hrsg.）, *Die Anfänge des Schuman-Plans 1950/1951*, Baden-Baden: Nomos, 1988 ; Serra, Enrico（dir.）, *Il rilancio dell'Europa e i trattai de Roma*, Bruxelles: Bruylant, 1989 ; Trausch, Gilbert（Hrsg.）, *Die Europäische Integration vom Shuman-Plan bis zu den Verträgen von Rom*, Baden-Baden: Nomos, 1993 ; Dumoulin, Michel（dir.）, *Plans des temps de guerre pour l'Europe d'après-guerre 1940-1947*, Bruxelles: Bruylant, 1995; Deighton, Anne and Milward, Alan S.（eds.）, *Widening, Deepening and Acceleration: The European Economic Community 1957-1963* ; Loth, Wilfried（ed.）, *Crises and Compromises: The European Project 1963-1969*, Baden-Baden: Nomos, 2001 ; Trausch, Gilbert（dir.）, *Le rôle et la place des petits pays en europe au XXe siècle*, Baden-Baden: NOMOS, 2005. なお，最後の報告集（第6回研究集会の記録）は20世紀における小国の役割と立場を扱ったものであるが，本書脱稿後に入手したため利用することができなかった。ただし，同報告集では東欧を含む多くの小国が扱われ，ベルギーを扱ったものはわずかである。いずれにせよ，ようやく，欧州においても小国の役割に対する関心が高まってきたことを示したものと言えよう。

11) Milward, Alan S., *The Reconstruction of Western Europe 1945-1951*, California: California University Press, 1984.

12) Milward, Alan S., *The European Rescue of the Nation-State*, London/New York, 2000（2nd edition）.

13) ルネ・ジロー著／作道潤・中島俊克訳「欧州統合とフランスの対外政策」『社会経済史学』58巻3号，1993年。Girault, René et Frank, Robert（dirs.）, *La puissance française en question, 1945-1949*, Paris: Publications de Sorbonne, 1988.

14) すでに挙げた研究以外にも代表的研究として次のものがある。Bossuat, Gérard,

La France, l'aide américaine et la construction européenne, 1944-1955, 2 Vols., Paris: Comité pour l'histoire économique et finacière de la France, 1992 ; Milward, A. S. and Lynch, F. M. B. *et al.*, (eds.), *The Frontier of National Sovereignty, History and Theory, 1945-1992*, London: Routledge, 1993.

15) Kaelble, Hartmut, *Auf dem Weg zu einer europäischen Gesellschaft*, München: Beck'sche Verlagsbuchhandlung, 1987.（H. ケルブレ著／雨宮昭彦・金子邦子・永岑三千輝・古内博行訳『ひとつのヨーロッパへの道』日本経済評論社，1997年）。

16) 社会経済史的アプローチによるわが国における代表的研究書としては，廣田功・森建資編著前掲『戦後再建期のヨーロッパ経済』および廣田功・永岑三千輝編著『ヨーロッパ統合の社会史』日本経済評論社，2004年がある。また，欧州建設史に関する入門書としては，大西建夫・岸上慎太郎偏『EU統合の系譜』早稲田大学出版部，1995年および金丸輝編『ヨーロッパ統合の政治史』有斐閣，1996年が出版されている。

17) 欧州建設と地域経済の関係については，以下の渡辺尚による先駆的研究を参照。渡辺尚・作道潤編『現代ヨーロッパ経営史』有斐閣，1996年；渡辺尚編著『ヨーロッパの発見』有斐閣，2000年；同「エウレギオとEU国境地域政策」日本EU学会編『ニース条約と欧州統合の新展開』日本EU学会年報第22号，2002年。

18) 欧州統合と欧州建設の用語法については，廣田功「訳者注」ロベール・フランク著／廣田功訳前掲『欧州統合史のダイナミズム』3頁を参照。

19) Gerbet, Pierre, *La costruction de l'Europe*, Paris: Imprimerie nationale, 1983 (Troisième édition révisée et mise à jour, 1999).

20) Bossuat, Gérard, *Histoire des constructions européennes au XXe siècle*, Berne: Peter Lang, 1994.

21) Bitch, Marie-Thérèse, *Histoire de la construction européenne de 1945 à nos jours*, Éditions Complexe, Bruxelles, 1996 (2ème édition, 1999).

22) Dumoulin, Michel (dir.), *La Belgique et les débuts de la construction européenne: de la guerre aux traités de Rome*, Bruxelles: CIACO, 1987.

第1章

ベルギー・ルクセンブルク経済同盟の設立

　中世ヨーロッパにおいて低地地方（ネーデルラント）は，ラテンとゲルマンの文化が交差する地域として，また，毛織物の産地として文化的・経済的要衝であった。商業と毛織物工業の発達したこの地を支配したことによってハプスブルク家には莫大な富がもたらされた。ところが，中世末期に宗教改革の嵐とともにカルヴァン派の新教徒がフランデレンを中心に多かった低地地方においてはフェリペ2世による厳しい宗教弾圧政策が推し進められた。このため，スペイン・ハプスブルク家からの独立運動が起こり，16世紀末にネーデルラント北部7州によってネーデルラント連邦共和国が建国された。これが現在のオランダ（正式にはネーデルラント王国）の起源である。

　一方，他国の支配を受けてきたネーデルラント南部のベルギーとルクセンブルクは，ともに19世紀に国民国家として誕生した。低地諸国3国は20世紀に入るとさまざまな地域統合に積極的に関与した経験を持つことになる。とくに第二次世界大戦後は，欧州石炭鉄鋼共同体（ECSC）や欧州経済共同体（EEC）の設立に参加し，その後の欧州共同体（EC），今日の欧州連合（EU）の原加盟国として常に欧州建設の中心にあった。ECSC本部と欧州司法裁判所がルクセンブルク大公国の首都ルクセンブルクに，EUの委員会と理事会がベルギーの首都ブリュッセルに置かれたのも，こうした歴史を背景としている[1]。

　第一次世界大戦までのベルギーは，重工業を基盤とした工業国として自由貿易政策を基調として発展し，ルクセンブルクはドイツ関税同盟のなかにあったので，両国は別々の道を歩んでいた。しかし，狭隘な国内市場しか持たず対外依存度の高い両国は，第一次世界大戦後の国境線の変更による資源問題，輸出入市場の変化や不安定な世界経済に直面して，ベルギー・ルクセンブルク経済

同盟を結成するに至る。さらに，1930年代の大不況期にあっても，両国は経済同盟分裂の危機を乗り越え，対ヨーロッパ経済関係においても新たな試みに取り組んだ。

本章では，低地地方が欧州建設の揺籃の地となったことを念頭において，第一次世界大戦前までの低地諸国の歴史を概観した後，第二次世界大戦前に成功した唯一の経済統合ともいえるベルギー・ルクセンブルク経済同盟結成の背景およびその後の展開を検討する。本章の考察によって，1920年代におけるベルギー，ルクセンブルク両国経済が抱えていた問題を明らかにするとともに，第二次世界大戦後のヨーロッパで本格的に展開する欧州建設の起点に接近することにしたい。

第1節 低地地方における近代国家の誕生

低地地方は中世以来ハプスブルク家の支配を受けていたが，16世紀のオランダ独立によって南北に分裂する。16世紀後半，スペイン領ネーデルラントから北部諸州が独立し連邦共和国を建国した。これを正式に認めたのがウェストファリア条約の一部であるミュンスター条約（1648年1月30日）である[2]。スペイン国王フェリペ4世はオランダ連合7州を正式に認め，ここに南ネーデルラントは完全に北と分離された。

図1-1から分かるようにウェストファリア条約にもとづく主権国家体制のなかで，南ネーデルラントの大半をスペイン・ハプスブルク家が引き続き支配し，残りの地域はリエージュ司教領であった。なお，南ネーデルラントは，18世紀にオーストリア（ハプスブルク家）領となった。

18世紀末，フランス革命は低地地方にも及び，帝政期（1804～14年）には南北ネーデルラントは統一的な権力の下に結びつけられることになった。さらに，ナポレオン敗北後，1915年のウィーン会議の結果，フランス革命後にフランスに併合された現在のベルギーにあたる旧オーストリア領の南ネーデルラントとリエージュ司教領は，オランダの支配下に置かれ，フランスに対する防壁とし

第1章　ベルギー・ルクセンブルク経済同盟の設立　13

図1-1　ミュンスター条約後の低地諸国（1648年）

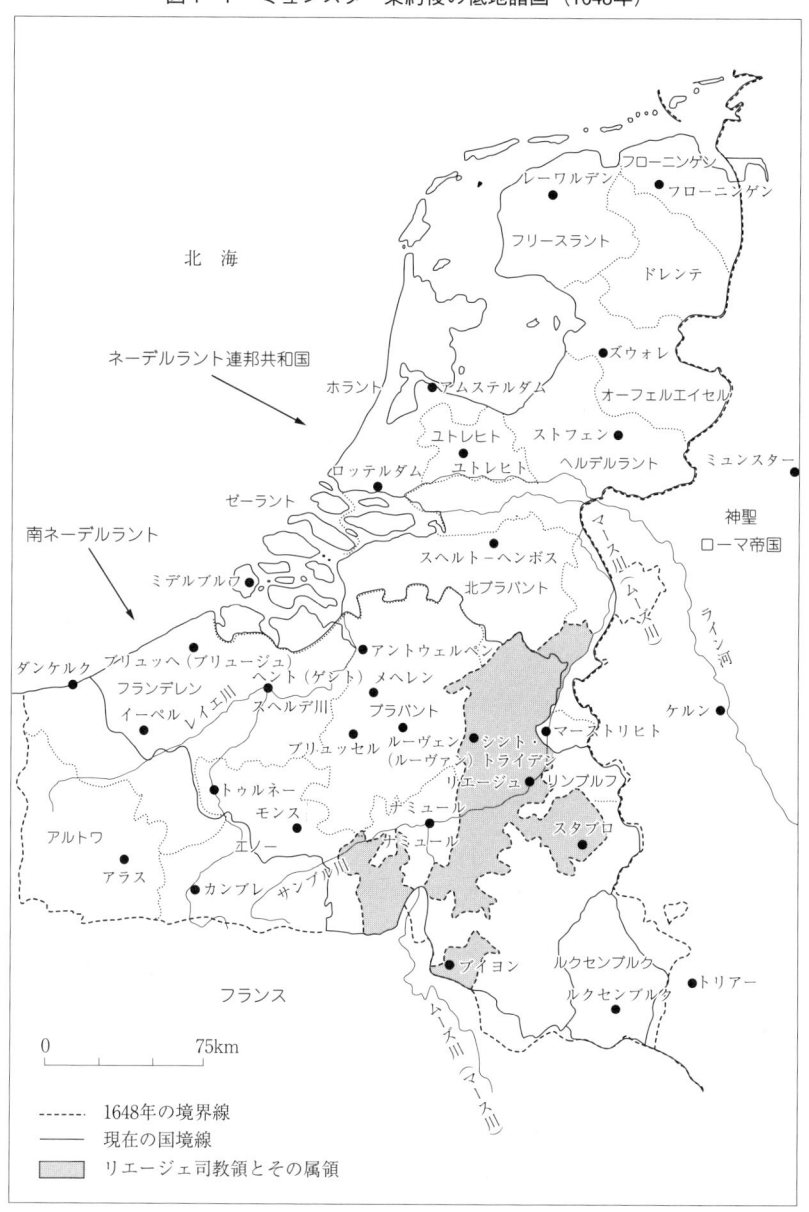

(出所)　Deprez, K. and Vos, L. (eds.), *Nationalism in Belgium*, London, 1998, p. 4.

て新オランダ王国が誕生した。なお，このとき，南ネーデルラントのオイペンとマルメディーはプロイセンに割譲された。ここに，低地地方は単一の政治権力の下に置かれることになったのである。

　しかし，南ネーデルラントに対するオランダの支配は長くは続かなかった。南ネーデルラントでは，オランダによる強力な国家統制に対する自由主義者とカトリック教会の反発がしだいに高まった。そして，1830年のフランス7月革命に触発され，8月になるとオランダからの独立を求める暴動（ベルギー独立革命）が勃発し，独立革命はブリュッセルから南ネーデルラント全土に広がった。

　ベルギー独立運動において中心となったのは，自由主義的ブルジョアジーとカトリック教徒が結成した「統一同盟」（ユニオニスム）であった。独立革命は南ネーデルラント各地でブルジョアジーに勝利をもたらし，統一同盟は南ネーデルラントのほぼ全土で権力を掌握することに成功した。

　1830年10月4日，ブリュッセルの革命政府によってベルギーの独立が宣言された。翌31年7月には，すべての権利が国民に由来するとした自由主義的内容を持つ憲法が発布され，自由主義的立憲君主国家としてベルギーが誕生した[3]。国王には，ドイツ領邦君主であったザクセン・コーブルク・ゴータ公が初代ベルギー国王レオポルド1世として即位した[4]。

　ベルギーの独立は，1838年にはオランダも承認するところとなり，ベルギーの独立は，1839年のヨーロッパ関係国による条約によって確定した。これにより，ベルギーにはイギリスなどの列強の要求によって永世中立の義務が課せられるとともに，オランダにゼーラント・フランデレン地方と東リンブルフ地方（中心都市マーストリヒト）を割譲し，リュクサンブール地方の東半分がルクセンブルク大公国として独立することになった。

　独立後のベルギーでは，独立を主導した自由主義者とカトリック教会が二大勢力となった。ベルギーでは今日でも自由主義とカトリックの影響力が強い。また，独立以来ベルギーの政治・経済・文化を主導したのは首都ブリュッセルと南部ワロンのフランス語系住民であり，北部フランデレンのオランダ語系住

民の地位は低かった。オランダ語（フランデレン語）は正式の国語とは認められず，憲法をはじめ公文書はすべてフランス語でのみ書かれていた。

ウィーン会議の結果，旧オーストリア領ネーデルラントのうちルクセンブルク公国は，オランダ国王オレンジ・ナッサウ家の所領となって大公国に昇格した。こうして，ルクセンブルクはオランダと同君連合の関係を持ったが，他方でドイツ連邦に所属し近接するプロイセンからも圧力を受けることになった[5]。

1930年8月からのベルギー独立革命は，9月にはルクセンブルク全土にも及び，1830年から39年の間ルクセンブルクは，再びベルギーと一体になった。しかし，ルクセンブルクを東西に分割する「24カ条条約」をオランダとベルギーが受け入れたことによって，1839年にルクセンブルクは，ほぼ言語境界線に沿ってベルギー領ルクセンブルク（リュクサンブール州）とルクセンブルク大公国に分割された。

19世紀半ばまでのルクセンブルクは，生産性の低い農業を中心としたヨーロッパの後進地域であった。しかし，1842年のルクセンブルクのドイツ関税同盟への参加は，ルクセンブルクに安定的な輸出市場を確保することになり，経済発展をもたらす契機となった[6]。なお，1867年にはフランスとプロイセンとのルクセンブルクをめぐる対立を緩和するために，ロンドンにおいてルクセンブルクの「非武装永世中立」が決められた。

1890年，オランダ国王兼ルクセンブルク大公ウィレム3世（フランス語名ギョーム3世）が死去すると，大公位継承者問題からオランダとの同君連合は解消された。この結果，ナッサウ一族のナッサウ・ヴァイルブルク公アドルフが大公位につき，この家系がその後ルクセンブルク家を名乗り，大公家の自立性は高まった。

第2節　第一次世界大戦前の低地諸国経済

1. ベルギー経済

　独立後のベルギー経済を主導したのは，自由主義的ブルジョアジーであった。彼らによって1846年に結成された自由党は，47年の選挙で過半数を獲得し，それ以後1884年まで政権を維持した。自由党政権は，独立後にとられていた保護主義的政策を漸次放棄し，自由放任を基調とする経済政策を採用した。

　1860年の英仏通商条約に始まるヨーロッパ自由貿易体制の下で，ベルギーは1861年にフランスと最初の自由貿易協定を締結した。1862年にベルギーでは自由貿易政策が確立し，フランスに続いてイギリス，ドイツ関税同盟をはじめとするヨーロッパ諸国と自由通商条約を締結した[7]。こうして，ベルギーは自由通商条約を梃子に，工業品輸出による発展の基礎を固めた[8]。

　また，1863年7月には，オランダが持っていたスヘルデ川を航行する船舶から通過関税を徴収する権利を買い戻したことにより，アントウェルペン港を拠点とした貿易も活発化し，アントウェルペンはヨーロッパの主要港の一つとして成長した[9]。

　19世紀後半の急速な経済発展の中心は，南部ワロン地域である。この地域には，石炭業，製鉄業，機械工業，繊維工業，ガラス工業が発展した。また，化学工業において，ソルベー法が発明され，ソーダ工業も重要産業になった。ベルギー工業製品は世界各国に輸出され，ベルギーは第一次世界大戦前に世界でも有数の工業国家となった[10]。

　なかでも，19世紀後半から20世紀にかけてのベルギーの経済発展の主役は，南部の炭田地帯に成立した製鉄業であった。ベルギー製鉄業は，国内市場が狭隘であるためその多くを輸出せねばならず，当初より高い国際競争力を保持していた。しかし，主力産業のこうした輸出依存体質は必然的にベルギーに低関税政策を強いることにもなった[11]。ベルギーは19世紀末の大不況期においても，

ドイツ，フランスをはじめとして周辺諸国が保護主義に向かうなか，イギリスには及ばないながらも自由貿易の維持に努力した。

ベルギー製鉄企業は，ロレーヌの鉱山やルクセンブルクやザールの製鉄企業に対して国境を越えて投資を行い，これらの地域との間には原料，半製品，完成品そして資本の取引が活発に行われるようになった[12]。第一次世界大戦前のベルギーは，政治的には中立，経済的には自由貿易を柱として，商品と資本を世界に輸出し，めざましい経済発展を遂げたのである。

なお，首都ブリュッセルも商業・金融の中心地として発展した。金融業では，ブリュッセルを拠点とするベルギー・ソシュテ・ジェネラルを先頭に国内・海外への活発な投資活動を行った。他方，フランデレンの大半は貧困な農村地帯であり，人口面ではオランダ語系がフランス語系を上回っていたにもかかわらず，フランデレンの国政に対する発言力は弱かった。しかし，19世紀後半からワロン人の支配に対するフランデレン人の不満はしだいに高まっていく。

他方，海外においては19世紀後半にベルギー国王レオポルド2世が，アフリカのコンゴを王家の私的植民地として獲得した。しかし，1908年にコンゴの所有権は王家から国家に正式に移譲され，ベルギーは植民地列強の一員となった[13]。とはいえ，第一次世界大戦前までのコンゴの経済的重要性は高いものではなかった。

2．オランダ経済

工業地帯であるベルギーを失い独立戦争による国家財政の破綻を被ったオランダ経済は，19世紀半ばまで不振な状態にあった。これを救ったのが植民地東インド（現インドネシア）である。オランダ領東インドは，過酷な「強制栽培制度」のもとコーヒー，茶，サトウキビ，タバコ，藍などの世界的な商品作物を生産しオランダに莫大な富をもたらした。

しかし，東インド植民地官吏の経験を持つエドゥアルト・ダウェス・デッケル（Eduard Douwes Dekker）がムルタトゥーリ（Multatuli）の筆名で1860年に出版した小説『マックス・ハーフェラール』[14]において強制栽培制度の悲惨

さを告発すると，強制栽培制度は世論による批判を受けることとなった。そして，ついに1870年にはコーヒー栽培地を除いて強制栽培制度は廃止された。

　19世紀後半のヨーロッパ自由貿易体制のもとでオランダ本国経済もしだいに回復した。さらに，1871年の統一後のドイツ経済の発展はライン河下流にあたるオランダ経済を刺激し，ライン河口のロッテルダムはヨーロッパ第一の港に成長した。また，1883年に北海運河が完成しアムステルダムも息を吹き返し，19世紀末にはオランダも海運業，農業，繊維などの産業を中心に経済発展を経験することになった。東インド植民地も近代工業にとって重要なゴムや石油を生み出し本国の発展を支えた[15]。

3．ルクセンブルク経済

　プロイセンの強い影響下にあったルクセンブルクは，1842年にドイツ関税同盟に加盟し，経済的にもドイツに大きく依存することになった。ルクセンブルクの主産業は製鉄業と農業である。農業の中心はワインと小麦であるが品質が劣り国際競争力はなかったが，保護関税に守られ大半はドイツ関税同盟域内に輸出された。

　ルクセンブルクが工業国家の一員にまで成長するには，製鉄業におけるトーマス法の発明と1871年のドイツ帝国誕生が重要な役割を果たした。ドイツ統一後も関税同盟に所属したルクセンブルクは，ドイツ帝国の急速な経済拡大のなかで，その一環に組み込まれながら発展することになった。

　製鉄業は19世紀末から大きく発展し，小国ルクセンブルクを先進工業国の一員に押し上げた。この発展をもたらしたのが，1880年代後半からのトーマス製鋼法の採用である。新製鋼法であるトーマス法は，従来の製鋼法では利用できなかったロレーヌ北部からルクセンブルク南西部にかけて分布する鉄鉱石（ミネット鉱）を原料とし，この地域に近代的製鉄業を勃興させることとなった。ルクセンブルクの製鉄業は，ドイツの鉄鋼業や機械産業の発展に伴い主にドイツ向けに輸出が急成長した。

　ルクセンブルク経済はドイツ関税同盟のなかでも隣接するロレーヌおよび

表1-1 各地域において鉄鋼生産を行う域外企業の数と割合（1913年）

	域外企業の数	地域の生産に占める割合（％）	
		鉄	鋼(a)
ルール	2(b)	3	3
ザール	3	25	38
ベルギー	1	14	14
ノール／パ・ド・カレー	(c)	─	10(c)
独領ロレーヌ	6	42	19
仏領ロレーヌ	5(d)	30	38
ルクセンブルク	3	62	55

(注) (a)小規模企業で除いた場合もある。
(b)割合は1914年の2社（Henschel, Kraft）の生産能力にもとづく。
(c)域外企業所有の小規模平炉工場あり。推計値。
(d)ドゥヴァンデル（de Wandel）社は除く。
(出所) Pounds, Norman J. G. and Parker, William N., *Coal and Steel in Western Europe*, London: Faber and Faber, 1957, p. 308より作成。

ザールと緊密に結びついた。この3地域は19世紀末には一つの経済圏を形成し，ルールに次ぐドイツ第二の工業地帯に成長した[16]。

ドイツの鉄鋼業や機械工業の発展に伴って，ルクセンブルクとロレーヌからの鉄鉱石や銑鉄の輸出が増大した。しかし，ルクセンブルク製鉄業の担い手はドイツをはじめとする外国資本であった。表1-1から分かるように，ルクセンブルクの鉄鋼生産における域外企業の占める割合は約6割と域外企業の影響力がきわめて大きい[17]。

国内に資本や技術を欠くルクセンブルク製鉄業は，ドイツから石炭ばかりでなく資本，技術，技師，労働者を受け入れ，一方，国内消費を大きく上回って生産された製鉄製品はドイツ市場に輸出されることによって19世紀末に発展した。しかし，ドイツの経済的支配は，ルクセンブルク製鉄業に弱点といえる特徴をもたらした。すなわち，ルクセンブルクが生産・輸出したのは鉄鉱石や銑鉄などの素材または半製品で，これらはヴュストファーレンやザールの完成財部門の企業に運ばれて，最終製品に加工されたのである[18]。このように，ルクセンブルク南部に19世紀末に発展した製鉄業は，強力にドイツの製鉄産業，金属・機械工業に組み込まれていた。

一方，製鉄業が始まる1870年以前にはルクセンブルクのほぼ唯一の産業であ

った農業は，北部を中心に小麦やワインを生産したが，生産性が低く国際競争力はなかった。しかし，ドイツ関税同盟によって保護され，ワインは原料用としてドイツに輸出され，小麦粉もロレーヌに輸出できたので生き残ることはできた。19世紀末から，政府は，農業補助金の支給や製鉄業の副産物であるトーマス肥料の低価格での販売を製鉄会社に義務づけるなどしたが，農業の構造改革は進まなかった[19]。このように，第一次世界大戦前のルクセンブルクは，生産性の低い農業を中心とする北部と製鉄業によって工業発展を遂げた南部に地域的には分裂しつつも，国民経済は全体としてドイツ帝国の強力な支配を受けていた。

第3節　大戦直後のベルギーとルクセンブルク

　第一次世界大戦は，低地諸国の経済や相互関係に大きな影響を与えた。オランダは大戦時に中立を保持することができたが，ベルギー，ルクセンブルク両国はドイツ軍によって中立を侵犯され国土は大きな損害を蒙った。
　第一次世界大戦が始まると，1914年8月にドイツ軍はフランスに進入する通り道として中立を犯してベルギーに侵入した。ドイツ軍とベルギー軍の戦力の差は明らかであり，10月にシャルル・ドゥブロックヴィル（Charles de Broqueville）内閣はフランスのルアーブルに亡命を余儀なくされた。ベルギー亡命政府は終戦まで同地にとどまった。大戦中は，さまざまなヨーロッパ統合の構想が出され，ベルギー政府やフランス政府との間でも交渉が持たれたが，第一次世界大戦後に実現したものはなかった[20]。
　第一次世界大戦後のパリ講和会議において，ベルギーは独立の際締結された1839年協定の見直しを要求した。その結果，ベルギーに課せられていた永世中立の義務の放棄がヴェルサイユ条約締結国によって認められた。また，ウィーン会議と39年協定で失った領土の要求については，ヴェルサイユ条約によってドイツからサンヴィト，オイペン，マルメディーがベルギーに割譲された。
　しかし，同時にベルギーが要求していたルクセンブルク大公国とオランダ領

ゼーラントおよびリンブルフ（州都マーストリヒト）の併合は認められなかった。戦後のベルギーによるオランダとルクセンブルクに対する領土要求は，両国においてベルギーに対する激しい不信感を引き起こした。

大戦後のベルギーの対外政策は，フランスとの同盟を重視し，侵略国ドイツを敵視するものだった。そして，1920年9月にフランスと秘密軍事協定を結んだ[21]。ドイツの賠償支払いの遅れを口実に1923年から25年までフランス，ベルギー両軍によって行われたルール侵攻はこの軍事協定にもとづくものである。

一方，ルクセンブルクでも第一次世界大戦が勃発すると，1914年8月2日，ドイツ軍が1867年のロンドン条約で定められた永世中立を犯して侵入した。ルクセンブルクは中立の侵犯に抗議したが，ドイツとの直接の対立は避けて占領を受け入れ，マリー＝アデレド（Marie-Adelaide）女大公と政府はドイツ軍政当局とともに引き続き内政を担った。

1918年11月のドイツの敗戦はルクセンブルク国内を混乱に陥れ，反大公制派や左派の活動が活発化し，翌年1月には左派によるクーデターも発生した。こうしたなかで，戦争中の態度が親ドイツ的として批判の矢面に立たされたアデレド女大公は退位し，妹のシャルロット（Charlotte）が女大公に就いたことで，政治的な動揺はしだいに収まった[22]。

しかし，第一次世界大戦後，ルクセンブルク経済は大きな困難に直面した。戦前，1842年のドイツ関税同盟への参加以来，ルクセンブルクは，ドイツから原料，資本，技術を導入し，製鉄半製品や農産物をドイツに輸出し，ドイツの産業構造の一環として発展してきた。とりわけ，ロレーヌ，ザール，ルクセンブルクは一つの経済圏を形成するほど強固に結びついていた。だが，1918年12月に連合国の意向によってルクセンブルクはドイツ関税同盟からの離脱を余儀なくされた。さらに，ヴェルサイユ条約による国境線の変更により，ロレーヌはフランスに割譲され，ザールもフランスの関税圏に入ったことから，ルクセンブルクは大きな岐路に立たされることになった。

ドイツ関税同盟に代わる経済関係が構築されないうえに，フランスやドイツの高関税によってルクセンブルクの輸出は深刻な困難に直面した。ルクセンブ

ルクは、ルールからのコークスの輸入もなく、鉄鉱石や鉄鋼の輸出が困難になったため、主産業の製鉄業は大きな打撃を受けた。さらに、小麦の大半を輸出していたロレーヌが、フランスの関税圏に入ったことで、元来競争力のない農業も危機に陥った。

このため、ヴェルサイユ条約は1925年1月まではワインや鉄など一定量について非課税の扱いでドイツに輸出できることとした。しかし、この過渡的措置が終了するとドイツの高率の輸入関税が適応されることになる。このため、ルクセンブルクは、ドイツ関税同盟に代わる経済発展の枠組みを求めて、ベルギーまたはフランスとの経済同盟の構築に向かった。

第4節 ベルギー・ルクセンブルク経済同盟の創設

第一次世界大戦後、ベルギーはルクセンブルクの併合を画策するが、ベルギーの主張は支持を得られずルクセンブルクの独立は維持された。ベルギーはフランスとの経済関係の強化を模索する一方、政治的吸収が無理となったルクセンブルクに対しては、経済同盟の結成を働きかけた。

一方、ルクセンブルク国内では製鉄業と農業を中心にフランスとの経済同盟を望む意見が圧倒的に多かった。1919年9月に経済同盟の相手としてフランスとベルギーのどちらを選ぶかについて国民投票が実施された。製鉄業や小麦生産農家を中心に73％という圧倒的多数でフランスとの同盟が支持された[23]。ベルギーとの経済同盟を望んだのはモーゼル川流域のワイン生産者で、それはベルギーがワインを生産しないワイン輸入国であることによる。

フランスはルクセンブルクとの経済関係強化については沈黙を保っていた。戦争中は、フランス政府内にルクセンブルクの併合を主張する意見もあった。しかし、ベルギーとの関係を考慮してフランスは、1917年にはベルギーに対してルクセンブルクに興味がないことを秘密裏に伝えていた。フランスにとって経済規模が圧倒的に違う極小国ルクセンブルクとの経済同盟は、それほど魅力的な政策ではない。それよりも、普仏戦争でドイツに奪われたルクセンブルク

国内のギヨーム鉄道網の管理権の獲得と対ドイツのためのベルギーとの軍事協定の方に関心があった。フランスは，1920年5月にルクセンブルクに対して経済同盟を拒否する通告を行った[24]。

こうして，ルクセンブルクにはベルギーとの経済同盟という選択肢しか残されなかった。1921年7月25日，ベルギー・ルクセンブルク経済同盟（Union économique belgo-luxembourgeoise：UEBL）条約が締結され，翌22年5月1日に条約が発効してUEBLが発足した[25]。UEBLは，域内のすべての商品，サービスが自由に移動することを目的とし，その第一歩として関税同盟と通貨同盟が設立されることになった。ただし，同条約は労働や資本の自由移動については規定していない。

関税同盟を設立するために，両国の間の交易については関税が撤廃され，域外からの輸入に対しては共通の輸入税率が適用された。対外共通関税については，ルクセンブルクがベルギーの関税率を適用することになった[26]。また，アルコールやタバコなどの物品税に関しても，両国は一つの徴税領域となり，条約で定めたいくつかの例外を除いて，両国間の通商は自由となった。物品税や消費税などについてもアルコールなどの一部の例外を除いてベルギーの税率が同盟内で適用された。しかし，商品に対する税率は両国間で直間比率や課税対象品目に対する考えの相違が大きく，完全に統一することは困難だった。

関税と物品税等からの収入は共通基金に払い込まれ，行政経費を差し引いた後，人口比に応じて分配される。なお，UEBL条約は，域内・域外との交易も関税によって管理され得ると考え，数量制限に関する規定を持たなかった。

UEBLが，第二次世界大戦後のベネルクス同盟やEECなどと大きく異なる点は，設立直後から通貨同盟を形成していた点である。UEBLが速やかに通貨同盟を形成できたのは，両国の経済力の相違が大きく，ルクセンブルクが独自の通貨を発行することに利益を見出すことができなかったことが影響している。すでに第一次世界大戦前のルクセンブルク国内では，ルクセンブルク・フランよりもドイツ・マルクが主に流通していた事実がある。両国通貨の交換率は，1.25ルクセンブルク・フラン＝1マルクであった。しかし，ドイツの敗戦によ

って，1919年にドイツ・マルクはルクセンブルク・フラン建ての大蔵省証券に置き換えられていた。

　1921年の UEBL 条約において，ベルギー・フランとルクセンブルク・フランの関係が1対1で固定され，同盟の対外通貨はベルギー・フランと定められ，ルクセンブルクの通貨発行権は制限された。こうして，ベルギー・フランが UEBL の事実上の共通通貨となった。これに伴い，ベルギーはルクセンブルク大蔵省証券のベルギー・フランへの交換のための融資を低利で行った。ただし，ルクセンブルクには2,500万フランまでは，独自に発行する権限が与えられた[27]。いずれにせよ，UEBL 条約の発効によって，ルクセンブルクの通貨・金融政策はブリュッセルのベルギー国立銀行が担うことになり，UEBL において事実上の単一通貨が用いられたことによって，同盟内においてはもはや国際収支問題が発生することはなくなった。

　UEBL を運営したのは，混合執行理事会（Conseil administrative mixte）と同盟最高理事会（Conseil supérieur de l'Union）の二つの機関で，両機関ともブリュッセルにおかれた。混合執行理事会は，ベルギー人2名，ルクセンブルク人1名から構成され，主に関税や物品税等からの税収の管理と人口に応じた分配を行う。また，関税や物品税の共通制度の管理について両国政府に助言を行った。

　同盟最高理事会は，ベルギー人3名，ルクセンブルク人2名からなり，同盟のさまざまな政策について広く助言する機関で，構成員は官僚ではなく政治家，大学教授，実業家などで政府から独立していた。同盟最高理事会は最低月1回会合し，関税や物品税の税率変更やその他の重要な通商政策の変更などについて意見を求められた。

　経済同盟の機構は，構成においてはベルギー人の比率が高く，場所もブリュッセルに置かれた。経済同盟の主導権はベルギーが握っていたが，しかし，ドイツ関税同盟のときとは違い，政策はルクセンブルクとの協議を経た後に実行され，ベルギーもルクセンブルクの利害に配慮を見せた。とくに，競争力のないルクセンブルク農業に対しては例外的な措置が認められた。

UEBLは，両国の規模の違いがきわめて大きく，ベルギーが主導権を握っていた点に特徴がある。ベルギーとルクセンブルクは，人口において750万人対27万5,000人でほぼ28対1，面積で12対1，経済力においてもベルギーがルクセンブルクを圧倒していた。このため，多くの場合「小国」ルクセンブルクが「大国」ベルギーの制度や政策に従うことで経済同盟の形成がはかられた。ただし，鉄鋼生産高はほぼ同じであり，また問題の解決には両国の合意が必要とされた。ベルギーは，たいていの場合大きな犠牲を払わずとも小国ルクセンブルクの利益にかなう措置をとることができた。UEBLは，ドイツ関税同盟に比べてルクセンブルクの立場を尊重するものであったといえる。

第5節　1920年代のベルギー・ルクセンブルク経済

1．1920年代における経済発展

パリ講和会議でルクセンブルクの併合に失敗したベルギーは，近隣諸国との密接な経済関係の構築をはかり，フランスの支持のもとにルクセンブルクとの経済同盟を結んだが，19世紀央以来の自由貿易政策の基調は変わらなかった。当時のヨーロッパ各国の関税政策についてのハインリッヒ・リープマン（Heinrich Liepmann）の研究によれば，表1-2から分かるように，フランス，ドイツなどの近隣諸国に比較してベルギーの関税率は低い。とくに食料品に対して戦後大幅な関税引き下げなされたが，工業製品についても周辺諸国の多くが大幅な関税引き上げを行ったのに対して，ベルギーは小幅な引き上げにとどめた[28]。

低関税で開放経済を基本とする自由貿易への復帰の恩恵を被り，ベルギーは周辺国の高関税政策に対抗して輸出を促進した。図1-2から，ベルギーは1920年代後半に急速に生産を拡大し，それに伴って輸出も増加したことが分かる。

ただし，貿易相手国の比重を示した表1-3から見て取れるように，貿易相手国には戦争の前と後で違いがある。輸出相手国についてみると，戦前に大き

表1-2　ヨーロッパ各国の潜在的関税率（1913～31年，価格ベース）　（単位：％）

	食料品			半製品			工業完成品		
	1913	1927	1931	1913	1927	1931	1913	1927	1931
ドイツ	21.8	27.4	82.5	15.3	14.5	23.4	10.0	19.0	18.3
フランス	29.2	19.1	53.0	25.3	24.3	31.8	16.3	25.8	29.0
イタリア	22.0	24.5	66.0	25.0	28.6	49.5	14.6	28.3	41.8
ベルギー	25.5	11.8	23.7	7.6	10.5	15.5	9.5	11.6	13.0
スイス	14.7	21.5	42.2	7.3	11.5	15.2	9.3	17.6	22.0

（出所）　Liepmam, H., *Tariff Levels and the Economic Unity of Europe*, London, 1938, p. 413より作成。

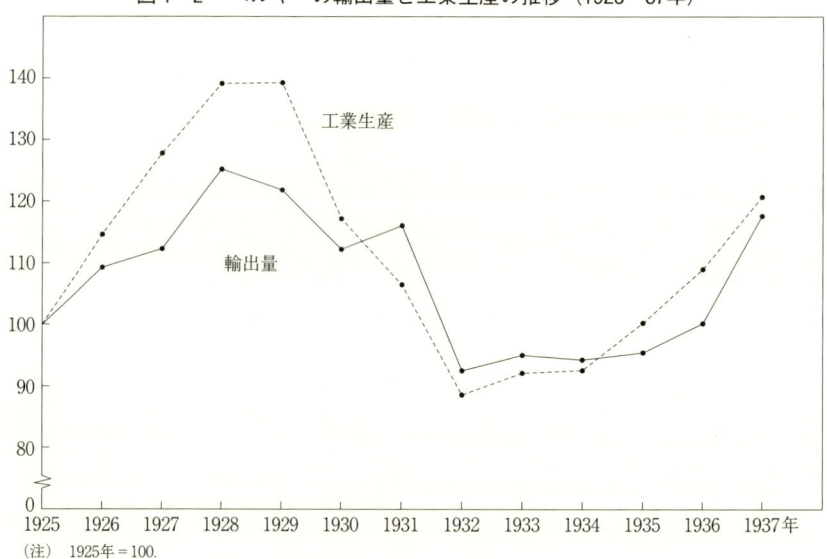

図1-2　ベルギーの輸出量と工業生産の推移（1925～37年）

（注）　1925年＝100。
（出所）　Hogg, R. L., *Structural Rigidities and Policy Inertia in Inter-war Belgium*, Brussel, 1986, p. 23.

な割合を占めたドイツとフランスが高関税の影響で低下し，代わってイギリス，オランダそしてアメリカへの輸出が増加した。なお，労賃が他のヨーロッパ諸国より相対的に低かったことも輸出を促進させる要因であった。また，輸入においては，フランスが引き続き大きな比率を占めたが，ドイツは低下し，イギリス，オランダ，アメリカからの輸入の比率が増加した。こうした輸入傾向には，農産物に対する関税引き下げも影響していると考えられる。

第1章 ベルギー・ルクセンブルク経済同盟の設立　27

表1-3　ベルギーの対外貿易に占める相手国の比率　1913～35年　(注：%)

輸　出

	フランス	ドイツ	イギリス	オランダ	コンゴ	アメリカ	その他
1913	20.5	25.3	14.7	8.6	0.7	2.6	27.6
1919	25.7	29.0	10.5	19.5	—	—	15.3
1920	28.5	14.5	16.4	11.7	—	—	28.9
1921	22.5	15.1	18.5	13.1	1.0	3.0	26.8
1922	25.3	13.8	17.5	10.4	0.8	3.3	28.9
1923	20.8	4.7	19.6	12.4	1.2	9.0	32.3
1924	16.2	11.4	20.9	12.2	1.4	7.9	30.0
1925	14.6	12.3	19.7	10.8	1.9	9.5	31.2
1926	14.2	12.4	19.2	11.4	1.9	11.4	29.5
1927	11.5	16.9	18.3	10.8	1.9	9.1	31.5
1928	13.0	14.0	17.2	11.5	2.0	8.1	34.2
1929	12.6	12.0	18.2	12.7	2.6	6.8	35.1
1930	15.8	11.4	19.1	12.8	2.6	4.9	33.4
1931	17.5	10.3	21.2	12.8	1.8	5.0	31.4
1932	19.7	10.3	15.5	12.9	1.3	7.6	32.7
1933	20.5	10.1	12.5	12.3	1.0	5.0	38.6
1934	17.6	11.8	14.5	11.2	1.0	0.2	39.4
1935	18.4	9.8	14.9	11.6	1.0	6.0	38.3

輸　入

	フランス	ドイツ	イギリス	オランダ	コンゴ	アメリカ	その他
1913	19.8	15.8	10.3	7.1	1.0	8.3	37.7
1919	17.9	2.0	27.0	7.3	1.1	20.7	32.8
1920	17.9	7.4	16.9	6.0	1.4	17.6	32.8
1921	17.5	13.8	11.8	9.3	1.0	15.8	20.8
1922	20.8	13.4	14.4	10.9	0.5	11.6	28.4
1923	21.7	6.9	16.8	10.5	0.7	11.2	32.2
1924	21.8	9.2	13.6	10.2	0.8	11.1	33.3
1925	20.0	9.2	12.5	10.5	1.0	12.3	33.8
1926	21.3	10.9	11.6	10.3	0.9	11.4	33.6
1927	20.3	12.4	11.4	10.4	1.6	11.0	32.6
1928	21.0	12.6	11.9	10.6	2.9	9.2	31.8
1929	19.5	13.8	11.2	11.6	3.9	9.6	30.4
1930	17.8	16.7	9.1	13.0	3.8	10.0	29.6
1931	17.4	16.9	8.2	14.7	4.1	8.7	30.0
1932	16.1	16.8	8.7	14.2	3.9	8.7	31.6
1933	16.9	16.2	9.0	11.4	4.2	7.9	34.4
1934	16.7	14.3	7.8	10.2	5.4	7.2	38.4
1935	15.7	12.3	7.9	9.4	7.2	7.6	39.9

(出所)　Bussière, É., *La France, la Belgique et l'organisation économique de l'europe 1918-1935*, Paris, 1992, pp. 464-465.

なお，ベルギー北部のフランデレンはアントウェルペン港を除けば，主に農業地帯であり，建国以来，政治的，経済的に南部に比べ劣位にあった。戦間期においても有力な産業は育成されなかったが，1910年代からリンブルフのカンピーヌ炭田が開発され，北部の工業化の基盤を築くことになった。

2. ルクセンブルクの農業問題

保護主義的なドイツ関税同盟に代わって，ベルギーの自由貿易政策を受け入れることになったルクセンブルクでは，主要産業である製鉄業や農業を中心に困難に直面することが予想された。ルクセンブルク政府は，ドイツ関税同盟の下で長い間保護され，ロレーヌから切り離された農業が，ベルギーとくにフランデレンの農業との競争に耐えられないのではないかと懸念した。UEBL条約交渉においてルクセンブルク政府の強い主張によって，ルクセンブルク農業は経済同盟の例外とされ，条約第13条にもとづき保護措置がとられることとなった。

UEBL条約第13条は，関税に代えて補助金によってルクセンブルクの穀物生産者を保護する方法を定めていた。補助金は，関税や物品税などからの収入によって創設した共同基金から支出される。具体的には，ベルギー市場の代表であるアントウェルペンの穀物価格とロレーヌのメス（Metz）との価格差が補助金として同基金から両国に支給されるという仕組みである。ただし，補助金の分配割合は，人口比ではなく作付け面積にもとづいて計算される。この結果，人口ではルクセンブルクがUEBLの3.5%を占めるにすぎないのに対して，補助金額では小麦9.5%，ライ麦5.75%となり，ルクセンブルクに有利な制度となった[29]。しかし，この特別制度の結果，農業分野での市場統合はなされず，また，ルクセンブルク農業の低生産性は改善されなかった。

ルクセンブルクのワイン産業も，ドイツ市場の喪失によって危機に直面することになった。低品質なルクセンブルク・ワインは，最終消費財ではなく，ライン・ワインの混入用原料として輸出されていた。UEBL条約は，ワインに対しても特別条項を設け，税制面や，競合する果汁への保護を規定した。1926年，

ベルギーはすべてのワインに消費税を課したが，1927年にルクセンブルク・ワインに対しては消費税を免除し，ルクセンブルクを優遇した[30]。

また，ルクセンブルクも高級酒への転換を図って不適切地を放棄し，苗を植え替え，ワイン醸造研究所を設立するなどの努力を行った。こうして，1930年代半ばまでには，ルクセンブルク・ワインの3分の2が国内で消費され，残りの3分の1の大半がベルギーに輸出されるまでになり，ワイン産業の構造転換に成功した[31]。

3．製鉄業における対立と国際鉄鋼カルテルの役割

UEBLは製鉄業が基幹産業であり，表1-4から明らかなようにドイツやフランスと比較しても輸出依存度が高い。このため，ベルギーとルクセンブルクの製鉄業はUEBL域内においても域外においても競合関係にあった。ベルギー製鉄業は，ルクセンブルクがUEBL人口のわずか3.5%を占めるにすぎないにもかかわらず，鉄鋼生産高はベルギーとほぼ同じでUEBL生産の約50%を占め，その90%を輸出していることから，ルクセンブルク製鉄業との競争を危惧してUEBL設立に反対した。ベルギー製鉄業は，とくに国内の鉄道で享受していた特恵的な輸送料が競争相手のルクセンブルクにも与えられることを恐れた[32]。

しかし，第一次世界大戦後のベルギー製鉄業は順調に発展した。戦争で破壊された工場は最新鋭の設備で再建され，戦前以来の低コスト体質を維持した。ベルギー製鉄業はヨーロッパのなかで最も近代化され，また，労賃も相対的に安価であったことから熾烈な国際競争に勝ち抜くことが十分可能であった[33]。

他方，戦前にはドイツを中心にベルギーなどの外国資本が大きな影響力を持っていたルクセンブルクの製鉄業では，第一次世界大戦後，ドイツ系工場をベルギー，フランス，ルクセンブルク資本が買収したことによって，フランスとベルギーの資本が大きな影響力を持った。

ルクセンブルク最大の製鉄企業アルベット（ARBED）も，戦前はドイツ資本の支配下にあったが，戦後はベルギー，フランスの鉄鋼資本が支配的となり，またルクセンブルク資本の比重も増加し，エミール・マイリッシュ（Emile

表1-4 鉄鋼生産に占める輸出の割合（％）

	UEBL		フランス		ドイツ		
	形鋼および条鋼	鋼板	形鋼および条鋼	鋼板	形鋼	条鋼	鋼板
1913	59.9	51.7	13.5	1.6	28.7	24.3	26.8
1926	72.6	48.8	44.3	25.0	18.8	36.4	34.5
1927	78.7	64.4	62.1	34.9	9.8	20.1	20.6
1928	71.7	58.9	49.2	23.8	15.6	25.6	19.2
1929	69.2	55.4	27.6	12.5	20.5	32.3	25.6
1930	68.6	59.6	36.4	12.1	27.4	37.6	25.2
1931	68.7	59.8	42.5	15.8	47.3	47.7	31.0
1932	74.4	68.2	41.7	15.0	33.0	44.9	33.0
1933	81.3	71.5	41.7	15.2	14.5	21.9	15.1
1934	82.2	75.8	45.9	22.0	14.0	21.6	14.6
1935	86.2	77.4	35.2	12.6	12.8	16.8	13.3
1936	62.3	50.7	27.9	14.6	11.1	15.5	13.0

（出所） Barvezat, D. P., *International Cooperation and Domestic Cartel Control*, Ph. D. Dissertation, University of Illinois, 1988, pp. 18-19より作成。

Mayrisch）を筆頭にルクセンブルク人も経営に参加した。アルベットは，外国資本を受け入れただけでなく，ベルギー，フランス，ドイツに鉱山，炭鉱，工場を所有し国境を越えた企業活動を活発に展開しヨーロッパ有数の製鉄企業になった[34]。

　ルクセンブルク製鉄業は，ドイツ関税同盟から離脱したことで，安定的な市場を求めてフランスとの経済同盟を望んだが実現できなかった。ベルギーも鉄鋼輸出国であるため，ルクセンブルクの輸出市場とはならない。ルクセンブルク製鉄業は，コークスはもちろん大量のロレーヌ鉱も混合のために輸入すること，輸出市場が遠くなり輸送費の負担が増すなど，それまでにない不利な条件を蒙った。

　したがって，UEBLによってベルギー製鉄業と同様の特恵的な輸送料を与えられ，アントウェルペン港を利用して遠距離の市場に販売ができることは魅力であった。だが，ベルギーは，1921年のUEBL条約で差別運賃が廃止されるにもかかわらず，ルクセンブルクの鉄鋼に対しても高い輸送料を適用し続けた。ルクセンブルクは，差別輸送料はUEBL条約に反すると問題にしたが両国の

話し合いはつかず,結局,1926年に条約によって設立された仲裁機関に提訴した。仲裁の結果,ようやく1929年にベルギー,ルクセンブルク両国政府が鉄道貨物について平等の運賃を適用することで合意し,ルクセンブルクの主張は認められた[35]。

しかし,こうした製鉄業の問題の大半は,国際鉄鋼カルテルによって事実上解決されることになる。国際鉄鋼カルテルは,1926年9月にフランス,ドイツ,ベルギー,ルクセンブルクおよびザールの製鉄業者によって結成されたカルテル組織である。国際鉄鋼カルテルによってヨーロッパの競争条件は大きく変わった。ヨーロッパの生産国はカルテルにより,粗鋼の生産割当を持ち,国内市場は国内生産者のために確保されることが決められた。こうして,ベルギーとルクセンブルクの鉄鋼業の対立は大幅に緩和された。なお,国際鉄鋼カルテルには1929年からはオーストリア,チェコスロバキア,ハンガリーが加盟し有効期間が終了する31年までヨーロッパ鉄鋼市場において大きな支配力を持った[36]。

国際鉄鋼カルテルの設立を主導したのはルクセンブルクのアルベットを率いたマイリッシュである。ルクセンブルクはそれまで一体となっていたザールやロレーヌから引き離され,仏独の対立によるフランスのルール占領からも損害を被った。さらに,アルベットがフランス,ベルギーの資本が入る国際的鉄鋼資本であり,所有する鉱山や工場がドイツやフランスにもあることも国際カルテルの設立に積極的であった理由である。ルクセンブルク市内のアルベット本社には国際鉄鋼カルテルの事務所がおかれ,カルテルの業務を行った[37]。

小　括

1830年の独立後,ベルギーは,政治的には中立を保ちながら,自由貿易政策を積極的に展開し,南部ワロンの重工業を中心に飛躍的な経済発展を遂げた。狭隘な国内市場のために輸出に依存するベルギーは自ら開放経済体制をとり,それによって第一次世界大戦前はヨーロッパ諸国をはじめ世界各国と積極的に貿易を行い,資本輸出においてもめざましい成果をあげることができた。一方,

ルクセンブルク経済も，ドイツ関税同盟の恩恵を受け，19世紀末からは先進的な製鉄業と生産性の低い農業を主要な産業として発展してきた。

ベルギー独立後の低地諸国は，各国独自の経済発展を遂げ，第一次世界大戦まで関税同盟のような緊密な関係は持たなかった。ただし，19世紀第3四半期の自由貿易体制の下で，ベルギーとオランダの関係は良好に発展し，両国間で関税同盟を設立することを目的とした交渉までなされた。しかし，この構想は1873年からの長期不況に直面して挫折を余儀なくされた。19世紀末の大不況期には世界的に保護主義とナショナリズムが高まり，ベルギーとオランダの間には政治的反目が現れ両国の貿易関係も低下した。

ところが，20世紀に入る頃から，ヨーロッパにおける緊張の高まりを背景として，両国では緊密な関係を模索する動きが再びみられた。1907年には，両国の有力政治家たちの協力によって経済問題を研究する委員会が設立されたが，結局，なんら具体的な成果をあげぬまま第一次世界大戦を迎えた[38]。

第一次世界大戦は，それまでの低地地方の状況を大きく状況を変え，ベルギー，ルクセンブルク両国は経済同盟を形成するに至る。UEBLは，20世紀ヨーロッパにおける最初の経済統合であったといってよく，しかも成功した試みであった。ただし，利害が対立する農業分野で例外規定が設けられ，鉄鋼業でもUEBLの枠組みでは解決できず，最終的には国際鉄鋼カルテルによって解決されることになった。

1) 低地諸国の歴史についての概説書には以下のものがある。Dumont, George-Henri, *La Belgique*, Paris: PUF, 1991.（ジョルジュ＝アンリ・デュモン著／村上直久訳『ベルギー史』文庫クセジュ，白水社，1997年）；Braure, Maurice, *Histoire des Pays-Bas*, Paris: PUF, 1973.（モーリス・ブロール著／西村六郎訳『オランダ史』文庫クセジュ，白水社，1994年）；今来陸郎『中欧史（新版）』山川出版社，1971年。栗原福也『ベネルクス現代史』山川出版社，1982年；栗原福也監修『オランダ・ベルギー』新潮社，1995年；森田安一編『スイス・ベネルクス史』山川出版社，1998年。

2) Deprez, Kas and Vos, Louis (eds.), *Nationalism in Belgium: Shifting Identities, 1780-1995*, London: Macmillan, 1998, pp. 3-4.

3) ベルギーの独立と産業化の経緯については，石坂昭雄「ベルギー『市民革命』

と『産業革命』」岡田与好編『近代革命の研究』下巻,東京大学出版会,1973年；石坂昭雄『オランダ型貿易国家の経済構造』未来社,1971年を参照。

4) ベルギー独立革命について詳しくは,石坂昭雄,前掲論文を参照。

5) Hommel, Luc, *Une experience d'union économique*, Louvain: Société d'études morales, sociales et juridiques 1933, pp. 17-21 ; Trausch, Gilbert, *Histoire du Luxembourg*, Paris: Hatier, 1992, pp. 68-69.（トラウシュ著／岩崎允彦訳『ルクセンブルクの歴史——小さな国の大きな歴史——』刀水書房,1999年,70-71頁）。

6) Hommel, *op. cit.*, pp. 21-25 ; Trausch, *op. cit.*, pp. 84-86（邦訳86-88頁）。

7) 自由貿易政策については,Bitsch, Matrie-Thérèse, *Histoire de la Belgique*, Paris: Hatier, 1992, pp. 110-111を参照。

8) ベルギーの自由貿易政策については,Suetens, Max, *Histoire de la politique commerciale de la Belgique depuis 1830 jusqu'à nos jours*, Bruxelles, 1955, p. 84ff. を参照。

9) スヘルデ川の自由航行問題については,Suetens, *op. cit.*, p. 97 ; De Gruben, Hervé, "Les aspects juridiques du traité conclu entre la Belgique et les pays-bas au sujet de la liaison entre l'escaut et le rhin," *Chronique de politique étrangère*, Vol. 18, No. 3, 1965, p. 263 ; Van Roon, Ger, "Rapprochement en vagues successives: La préhistoire du Benelux", Postma, A., *et al.* (eds.). *Regards sur le Benelux: 50 ans de coopération*, Bruxelles: Racine, 1994, p. 16を参照。

10) 第一次世界大戦前のベルギー経済の発展については,石坂昭雄「ベルギーの経済発展とヨーロッパ経済」『経済学研究』（北海道大学）第45巻第2号,1995年；同「ベネルックス地域の企業発展」渡辺尚・作道潤編『現代ヨーロッパ経営史』有斐閣,1996年,69-83頁を参照。

11) Barbezat, Daniel Pierre, *International Cooperation and Domestic Cartel Control: The International Steel Cartel, 1926-1938*, Ph. D. Dissertation, University of Illinois, 1988, pp. 48-49.

12) Milward, Alan S. and Saul, S. B., *The Development of the Economies of Continental Europe 1850-1914*, London: George Allen & Unwin, 1977, p. 157 ; Barbezat, *op. cit.*, p. 49；石坂昭雄「西ヨーロッパの国境地域における工業地帯の形成と展開」『社会経済史学』第64巻1号,1998年,36-37頁を参照。

13) Bitsch, *op. cit.*, pp. 114-117.

14) Multatuli, *Max Haverlaar of de Koffij Veilingen der Nederlandsche Handelmaatschappijk*, Amsterdam: G. A. Van Oorschot, 1950（原著出版は1860年）。（ムルタトゥーリ著／佐藤弘幸訳『マックス・ハーフェラール——もしくはオランダ商事

会社のコーヒー競売――』めこん,2003年)。

15) この時期のオランダ経済については,Braure, *op. cit.*, Chapitre X. (邦訳,前掲書,第10章「1840年から1914年まで」)を参照。

16) Trausch, *op. cit.*, pp. 87-90. (邦訳,前掲書,89-91頁);藤瀬浩司「19世紀末『大不況』下におけるドイツ製鉄資本の蓄積条件と政策」『調査と資料』(名古屋大学)第56号,1975年,8-10頁を参照。

17) Pounds, Norman J. G. and Parker, William N., *Coal and Steel in Western Europe: The Influence of Resources and Techniques on Production*, London: Faber and Faber, 1957, p. 310 ; Barbezat, *op. cit.*, p. 52.

18) Milward, Alan S. and Saul, S. B., *The Development of the Economies of Continental Europe 1850-1914*, London: George Allen & Unwin, 1977, pp. 67-68 ; United Nations (以下,U. N. と略記), *Customs Unions: A League of Nations Contribution to the Study of Customs Union Problems*, New York, 1947, p. 12 ; Barbezat, *op. cit.*, pp. 51-52 ; Hommel, *op. cit.*, pp. 26-27.

19) U. N., *op. cit.*, p. 12.

20) 第一次世界大戦から戦間期におけるフランスとベルギーが関係する統合構想については,Bussière, Eric, *La France, la Belgique et l'organisation économique de l'Europe 1918-1935*, Paris: Ministère de l'Économie, des Finances et du Budget, 1992を参照。

21) Coolsaet, Ric, *Histoire de la politique étrangère belge*, Bruxelles: Vie Ouvrière, 1987, p. 30 ; Bitsch, *op. cit.*, p. 183.

22) Kreins, Jean-Marie, *Histoire du Luxembourg*, Paris: PUF, 1996, pp. 88-89.

23) Kreins, *op. cit.*, p. 92 ; Trausch, *op. cit.*, p. 117. (邦訳,前掲書,12頁)。

24) Kreins, *op. cit.*, pp. 92-93 ; Trausch, *op. cit.*, pp. 113-114, 117. (邦訳,前掲書,117, 120頁)。

25) UEBL については,Hommel, *op. cit.* ; Meade, E., Liesner, H. H. and Wells, S. J., *Case Studies in European Economic Union*, London/New York: Oxford University Press, 1962, Study 1を参照。

26) U. N., *op. cit.*, p. 11.

27) Meade, *et al.*, *op. cit.*, pp. 25-26 ; U. N., *op. cit.*, p. 11 ; Hommel, *op. cit.*, pp. 120-126.

28) 戦間期のベルギーの対外貿易については,Liepmann, Heinrich, *Tariff Levels and the Economic Unity of Europe*, London: George Allen & Unwin, 1938, pp. 33-135, 264-265 ; Hogg, Robin L., *Structural Rigidities and Policy Inertia in Inter-war Bel-*

gium, Brussel: Paleis der Academiën, 1986, pp. 107-124を参照。

29) UEBL条約第13条についての立ち入った分析としては，U. N., *op. cit.*, pp. 15-16 ; Meade et al., *op. cit.*, pp. 34-35 ; Crokaert, J. et Leblanc, F., L'accord belgo-luxembourgeois, *Revue économique internationale*, Vol. IV, No. 2, 1921, pp. 259-263 ; Hommel, *op. cit.*, pp. 110-115がある。また，Trausch, *op. cit.*, pp. 122-123, 129. (邦訳126, 130頁) も参照。

30) Meade et al., *op. cit.*, pp. 41-42 ; Hommel, *op. cit.*, pp. 103-110.

31) Trausch, *op. cit.*, pp. 129-130. (邦訳130-131頁)。

32) Meade et al., *op. cit.*, p. 46 ; Crokaert *et al.*, op. cit., pp. 263-265.

33) Barbezat, *op. cit.*, pp. 49-50.

34) アルベットの企業活動については，島田悦子『欧州経済発展史』日本経済評論社，1999年，第9章「アルベッド・グループ」を参照。

35) Hommel, *op. cit.*, pp. 87-92 ; U. N., *op. cit.*, p. 12 ; Meade et al., *op. cit.*, pp. 47-48.

36) 国際鉄鋼カルテルについては，Barbezat, *op. cit.* ; Kiersch, Günther, *Internationale Eisen-und Stahlkartelle*, Essen: Rheinisch-Westfälisches Institut für Wirtschaftsforschung, 1954 (キールシ著／八幡製鉄所ほか訳『国際鉄鋼カルテル――その機構と運用の実態――』鉄鋼新聞社，1955年) ; Hexner, Erbin, *The International Steel Cartel*, Chapel Hill: University of North Carolina Press, 1943, および工藤章「国際粗鋼共同体 (1926-1932年) とドイツ鉄鋼業」『社会科学紀要』第32輯，1982年を参照。

37) Gerbet, Pierre, *La construction de l'europe*, Paris. 1983, pp. 35-41を参照。

38) 第一次世界大戦前のベルギーとオランダの地域協力交渉について詳しくは，Van Roon, op. cit., 1994, pp. 17-21を参照。

第2章

戦間期における欧州建設構想と国際カルテル

　第一次世界大戦によって世界経済の構造は大きく変化した。19世紀後半以降，急速に工業生産を拡大していたアメリカが，大戦中の連合国に対する債権によって債務国から債権国となり，世界経済の新しいリーダーとなった。また，帝政ロシアが革命によって滅び社会主義国ソ連が誕生した。

　他方，戦火に見舞われたヨーロッパ諸国は大戦中の戦費をまかなうために海外投資の多くを失い債務国に転落した。さらに，大戦前にヨーロッパの販売市場であった地域では，大戦中，ヨーロッパからの輸入の急減によって現地の工業化が進行する一方，日本やアメリカからの輸入が増大した。大戦によってヨーロッパ工業国は，対外債権や国外資本を喪失したばかりか，多くの海外市場も失ったのである。

　1919年のパリ講和会議の結果，敗戦国には賠償・領土分割などが課せられた。連合国と敗戦国ドイツとの間で結ばれたヴェルサイユ条約によって，ドイツには多額の賠償金が課せられ，普仏戦争でドイツが獲得した工業地域アルザス，ロレーヌはフランスに返還された。また，図2－1から分かるようにロシア帝国，ドイツ帝国，オーストリア＝ハンガリー帝国の領土だった中東欧地域には，民族自決の原則によって多数の新興国が建国された。この結果，ヨーロッパには多数の関税線が引かれることとなり，大戦前に存在した帝国を単位とする経済領域が分断される結果になった[1]。

第1節　戦後の経済困難と国際カルテル

　第一次世界大戦後，ヨーロッパではアメリカとの競争力格差や経済進出に対

図 2-1 第一次世界大戦後のヨーロッパ

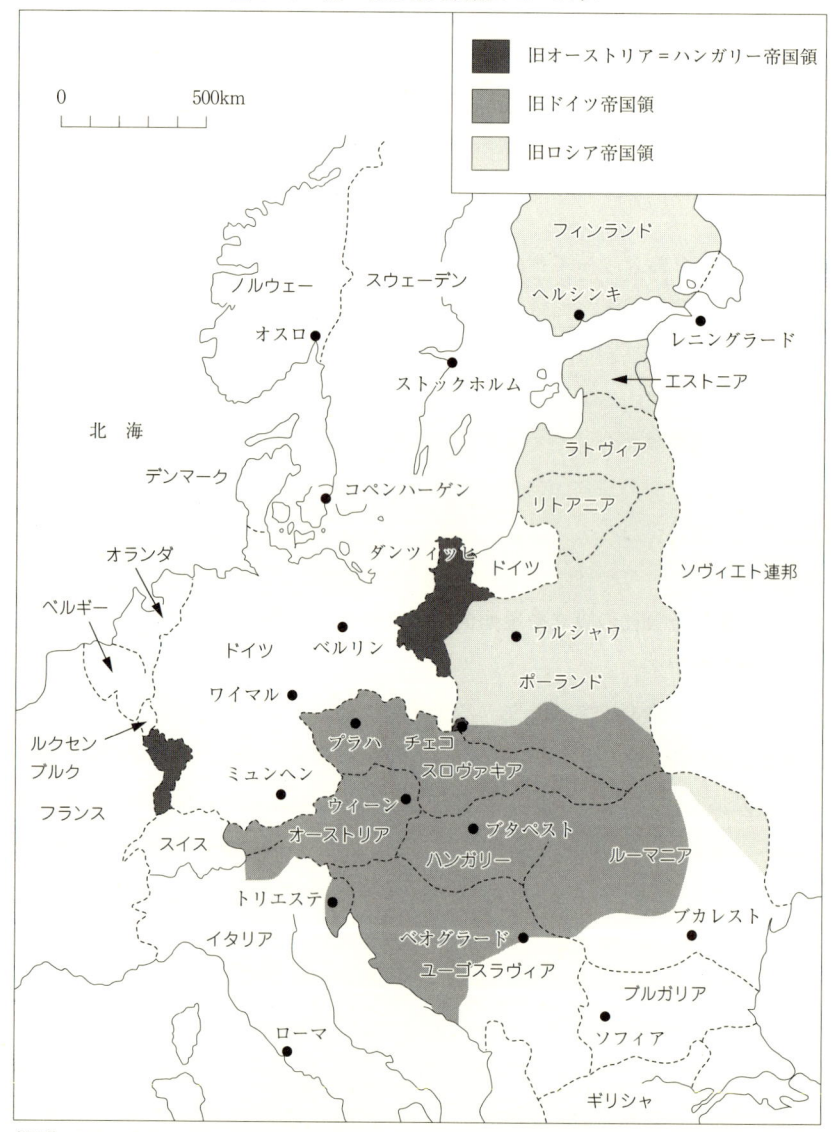

凡例：
- 旧オーストリア＝ハンガリー帝国領
- 旧ドイツ帝国領
- 旧ロシア帝国領

(出所) Pollard, Sidney, *European Economic Integration 1815-1970*, London: Thames and Hudson, 1974, p. 132. (シドニー・ポラード著／鈴木良隆・春美濤子訳『ヨーロッパの選択』有斐閣, 1990年, 187頁) より作成。

する警戒感が強く意識されるようになった。ヨーロッパでは，第一次世界大戦中，戦時の需要に応ずるために各国で重化学工業を中心に生産の拡張がはかられ，さらに，戦後の復興景気のなかで新たに資本設備が更新された。このため，1920年代中頃になるとヨーロッパは過剰生産に見舞われた。また，ヴェルサイユ条約により国境線に大きな変更が起こったうえ，民族自決にもとづき建設された新興国が自立的経済を築くために工業化に着手したことも過剰生産に拍車をかけた。こうして，ヨーロッパ各国は自国産業保護のため関税率を引き上げるなど保護主義的政策を採用した。

一方，第一次世界大戦前のアメリカでは，すでに，自動車産業を中心にテイラーの科学的管理法やベルト・コンベア・システムの導入によって大量生産方式が生み出された。1920年代アメリカは大衆消費社会に入り，フォードT型の成功によってモータリゼーションの時代を迎えた。こうして，戦後になると大量生産・大衆消費のもとで繁栄していたアメリカからヨーロッパへの輸出が増大した。さらに，その結果ヨーロッパで保護主義的傾向が強まると，多くのアメリカ企業は子会社の設立や現地企業の買収などの手段によって直接ヨーロッパに進出した[2]。

大量生産・大量消費を基礎とするアメリカ企業の優位とヨーロッパ内の過剰生産能力に直面して，1920年代のヨーロッパの経営者の間では「近代化」や「合理化」の必要性が叫ばれた。当時言われた「合理化」は，低生産性設備の廃棄と新鋭工場への生産の集中，科学的管理法の導入など企業における生産性向上を目的とするものにとどまらなかった。すなわち，「合理化」には，個別企業を越えた産業内における限界生産者の淘汰，集中・合併による巨大企業の設立，カルテルや企業間協定による市場と産業の組織化が含意されていた。

こうして，1920年代になると巨大生産設備や高度な研究開発能力を必要とする鉄鋼，化学，電機，レーヨンなどの重化学工業分野で，企業経営者は集中・合併による巨大企業の設立を行い，企業の大規模化が進んだ[3]。これらの産業では，国内において上位数社によって市場の大半が支配される寡占市場が成立し，国内カルテルの結成が容易となった。

さらに1925年から1926年を画期として，ヨーロッパでは工業製品を対象とする国際カルテルの設立が相次いだ。国際カルテルは，各国カルテル間の協定によって，ヨーロッパ市場における過当競争を回避し，各国業者の共倒れを防ぐことを目的として設立された[4]。国際レール製造業組合（IRMA）いくつかの国際カルテルはすでに第一次世界大戦前から存在していたが，戦後になると国際カルテルは消費財から生産財までの広い分野において形成されるようになった[5]。このため，第一次世界大戦後，国際カルテルは大きな注目を集める国際経済問題となった。

第二次世界大戦前の国際工業カルテルについては，戦間期以来多くの研究がなされてきた[6]。ただし，戦間期を通じて国際カルテルの研究を行い，国際会議などで議論を積み重ねていたのは国際連盟であった[7]。連盟が主催した国際会議では国際カルテルの問題など重要な経済問題が討議され，また連盟において経済問題を審議した連盟第二委員会においてもこの問題が取り上げられた。

1930年10月に，連盟の依頼で当時の著名な専門家による『国際工業協定の経済面での概観』と題される報告書が発表された[8]。この報告書を作成した経済専門家による研究委員会は，国際工業協定の設立・指導で重要な役割を演じた4人の指導的工業家によって構成され，国際協定の経済的側面について調査することを求められていた[9]。報告書は，20年代に結成された主要な12の国際カルテルごとに事例研究を行った。研究の対象となったのは，国際鉄鋼カルテル，独仏ルクセンブルク冶金協定，国際レール協定の三つの金属工業分野の国際協定，さらに非鉄金属に関する国際協定，ヨーロッパ・アルミニウム・カルテル，ヨーロッパ・水銀カルテル，仏独カリ協定，アニリン染料協定，国際にかわ製造業者組合（Edipos），国際人絹工業協定，ヨーロッパ・リノリウム・トラスト，国際白熱電球カルテルである。

この研究によると，1920年代後半に国際カルテルの成立により市場の組織化が進んだ産業においては，価格が安定したので，生産者にとっても消費者にとっても好ましい状態になった。また，国際工業協定の内容はそれぞれ異なるが，価格取り決めはなく生産割当を行うのが一般的であり，価格取り決めを行った

アルミニウム・カルテルのような例はわずかである[10]。また，報告書は，第一次世界大戦後における国際カルテル結成の理由について，戦後の諸国家による通商政策や新興国の登場によって通商上の困難が増大し，このような状況に巨大企業が対応していくなかで国際カルテルが形成されたと説明している。

1925年から26年を画期として国際カルテルの設立が相次いだが，その先駆となったのが白熱電球カルテルで，これは大戦により中断していたものが1924年に再建されたものであった。また，1926年には，仏独苛性カリ協定が成立し，さらに，アニリン染料のヨーロッパ・カルテルも1927年に設立された。

国際カルテルのなかでも，「最も包括的な例」[11]として注目されるのが国際鉄鋼カルテル（International Steel Cartel/Entente Internationale de l'Acier）である。1920年代後半，各国鉄鋼業の生産に占める輸出の比率は，ドイツ20〜30％，フランス40〜45％，ベルギー・ルクセンブルク70〜75％ときわめて高く，ヨーロッパ市場で激しい競争に直面していた。「独仏両政府の圧力のもとで，これまでひどく敵対し合っていた両国の鉄工業は，協調しあわねばならぬという次第になった。2年にわたる，実に骨の折れる交渉を経て」[12]，最終的にはルクセンブルクの巨大製鉄企業アルベットのマイリッシュがイニシァチヴをとって1926年9月，国際鉄鋼カルテルの結成にこぎつけた。

国際鉄鋼カルテルの結成に参加したのはフランス，ドイツ，ベルギー，ルクセンブルクおよびザールの製鉄業者であった。図2-2から分かる通り，これらの国の主要製鉄企業は国境地帯の石炭・鉄鉱資源の上に立地していた。こうした立地条件はヨーロッパ大陸の資源が相互補完関係にあることも示していた。国際鉄鋼カルテルは，具体的には粗鋼の生産割当を行うものであり，表2-1で示された国別割当が決定した。各国は割当を上回ると罰金が課せられ，反対に割当を下回ると補助金を受け取る仕組みであった。なお，国内市場は国内生産者のために確保することも決められていた。こうして，ヨーロッパ各国鉄鋼業の対立は大幅に緩和された。さらに，国際鉄鋼カルテルには1929年にはオーストリア，チェコスロバキア，ハンガリーが加盟し，有効期間が終了する31年までヨーロッパ鉄鋼市場において大きな影響力を持った。また，この組織は直

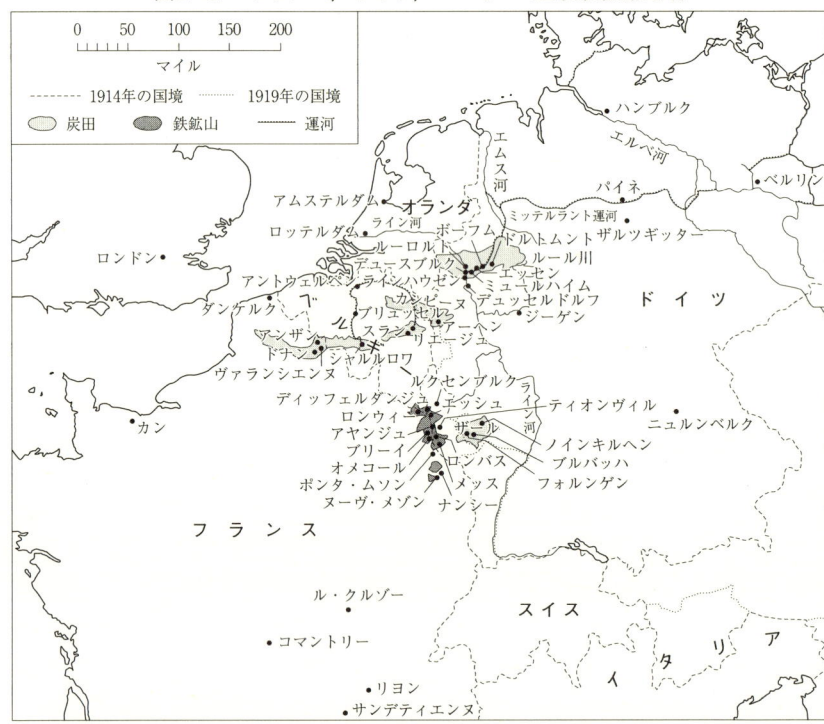

図2-2 フランス，ドイツ，ベルギーの主要製鉄業地域

（出所）Burn, Duncan, *The Economic History of Steelmaking 1867-1939*, Cambridge: University Press, 1961（First printed 1940）, Graphs and Maps より作成。

表2-1 国際鉄鋼カルテル加盟国の生産割当（1926年）

国　名	1,000トン	比率（%）	操業率（%）
ドイツ	12,645	43.18	78
フランス	9,133	31.18	95
ベルギー	3,385	11.56	85
ルクセンブルク	2,431	8.30	90
ザール	1,693	5.78	83
合　計	29,287	100.00	

（出所）Kiersch, G., *Internationale Eisen-und Stahlkartelle*, Essen, 1954, p. 17より作成。

表2-2 世界輸出総額に占めるヨーロッパの割合

(単位:％)

地域 \ 年	原材料および半製品			工業製品		
	1925	1929	1935	1925	1929	1935
大陸ヨーロッパ	24	29	31	47	49	49
イギリス	5	5	6	25	20	21
(ヨーロッパ合計)	29	34	37	72	69	70
アメリカ	20	18	15	14	18	13
その他諸国	51	48	48	14	13	17
世界総計	100	100	100	100	100	100

(出所) U. N., *International Cartels*, New York, 1947, p. 3. (長谷川幸生・入江成雄・森田憲訳『国際連合報告書 国際カルテル』文眞堂,1980年,6頁)。

接には粗鋼を対象としたが，しかし，そのまわりには軌条，鋼管，線材の製品別カルテルも別に作られた[13]。

　以上のように1920年代半ばに，重要産業で国際カルテルが設立されたが，その大多数は主にヨーロッパを中心として成立していた。その理由は，表2-2から分かるように，工業製品の世界輸出の大半（大陸ヨーロッパで50％弱，イギリスを加えると約70％）をヨーロッパが占めたことにある。当然，貿易の対象となる商品が国際カルテルの対象となった。他方，アメリカは，19世紀後半から工業生産国として成長しこの時期すでに世界第一の工業国であったが，世界輸出の15％程度を占めるにすぎず，そのうえ，反トラスト法がアメリカ工業の国際カルテルへの参加を妨げていた。

第2節　欧州建設構想──パン・ヨーロッパ運動を中心に──

　第一次世界大戦後，ヨーロッパの弱体化が明らかとなり，他方でアメリカの繁栄と社会主義ソ連の成立を目の当たりにして，ヨーロッパではさまざまな欧州建設案が提唱された[14]。イタリアの自動車企業フィアット社長のジョバンニ・アニェリ（Giovanni Agnelli）が経済学者アッティリオ・カビアティ（Attilio Cabiati）との共著として1918年に出版した『欧州連邦か国際連盟か』は，

近代国家における主権の拡大を批判し，外交，防衛，通商などの権限を国家から委譲された欧州連邦の創設を提案した。また，同書では欧州連邦内で行われる分業はヨーロッパに経済的利益をもたらすとして，アメリカに匹敵する大規模市場の必要性を訴えた[15]。

　また，ジョン・メイナード・ケインズ（John Maynard Keyens）は，1919年の『平和の経済的帰結』において，ヴェルサイユ条約を，「ヨーロッパの経済的復興のための条項を何一つ含んでいない」[16]と批判し，同書のなかで独自の提案を行った。そのなかには，連合国によってすでに設立されている石炭委員会を国際連盟の付属機関として，これに敗戦国ドイツや中東欧諸国，北欧中立国も参加させ，国際連盟の管理下で石炭の生産を組織すべきであるとする提案があった。また，ケインズは「国際連盟の賛助のもとに自由貿易同盟を設立し，同盟加盟諸国は他の加盟国の生産物に対しては何らの保護関税も課さない義務を負うものとする」[17]との提案も行っている。前者は第二次世界大戦後の欧州石炭鉄鋼共同体，後者は欧州経済協力機構を先取りする提案として注目に値する。

　以上のほかにも戦後多くの欧州建設の提案が出され，1920年代にはこれを支持する団体も結成されたが，これらの提案や運動の多くは社会的な影響力を持たなかった。これに対して，ヨーロッパ各国の有力政治家を動かす運動へと結実したのが，旧オーストリア＝ハンガリー帝国の伯爵であるリヒャルト・クーデンホーフ＝カレルギー（Richard N. Coudenhove-Kalergi）によるパン・ヨーロッパ運動であった。この運動は，1922年11月にウィーンとベルリンの新聞に「パン・ヨーロッパ」[18]と題する論説を発表したことに始まる。翌年1923年10月には著書『パン・ヨーロッパ』[19]をドイツ語で出版し，自身の考えを詳しく述べて運動への支持を訴えた。

　本書の序文でクーデンホーフ＝カレルギーは，パン・ヨーロッパの思想を次のように述べている。「ロシアはヨーロッパの征服を欲し，アメリカはその購入を欲している。ロシアの軍事的独裁というスキュラ〔ギリシャ神話の怪物—筆者注〕とアメリカの金融的独裁というカリュブディス〔ギリシャ神話の怪物

―筆者注〕の間に，よき未来に通じる唯一の狭い道がある。この道をパン・ヨーロッパと呼び，それは，一つの政治的・経済的目的団体として欧州が連合する自助を意味する」[20]。彼が考える当時の世界勢力図は図2-3のようなものであった。そして，クーデンホーフ＝カレルギーは，今後世界には四つの大勢力圏すなわちイギリス，ロシア，アメリカ，東アジアが台頭し，分裂したままのヨーロッパはこれらの地域に対抗できないと主張して，ヨーロッパが連合する必要性を訴えたのである[21]。パン・ヨーロッパの構成は表2-3に示された通りであり，パン・ヨーロッパの勢力圏にはアフリカ・アジア・太平洋・南米にある海外領土も含まれていた。ヨーロッパは，表2-4の国際比較で示されるように，一体となって初めて他の四つの勢力圏と対等になることができる。

また，彼の言うイギリスとは，歴史的・文化的にヨーロッパに属さないインドなどの領土を持つ大英帝国を意味していた。面積や人口においてヨーロッパを超え文化的に異質な大英帝国をパン・ヨーロッパに編入することは現実的でない。ただし，彼はイギリス本国がヨーロッパと歴史的・文化的つながりを持ち，民主主義という共通の価値観を持つことから，将来イギリスがパン・ヨーロッパに入る可能性を示していた。すなわち，「イングランドとアイルランドのパン・ヨーロッパへの加入は，イギリス世界帝国の瓦解後にはじめて可能となるであろう」[22]。ただし，その場合でもイギリスはアメリカと言語，血統，文化面での結びつきが強く，必ずしもパン・ヨーロッパへの加盟を望むとは限らず，いずれにせよ「イギリス帝国が強大であるかぎりこの問題は遠い将来のことである」。したがって，当分の間は「パン・ヨーロッパは，イングランドを除外して建設されなければならない。しかし，イングランドを敵とするものではない」[23]として，イギリスとの協力関係を維持しての欧州建設をクーデンホーフ＝カレルギーは主張した。彼のイギリスについての見解は，戦後の欧州建設に対するイギリスの態度変化を予見するかのようで興味深い。

『パン・ヨーロッパ』の出版と同時にパン・ヨーロッパ連合（Pan-Europe Union）が設立され，本書の付録には連合の会員申込書が添付されていた。出版後の1カ月間だけで1,000名以上の申し込みがあった。連合は会員の増加を

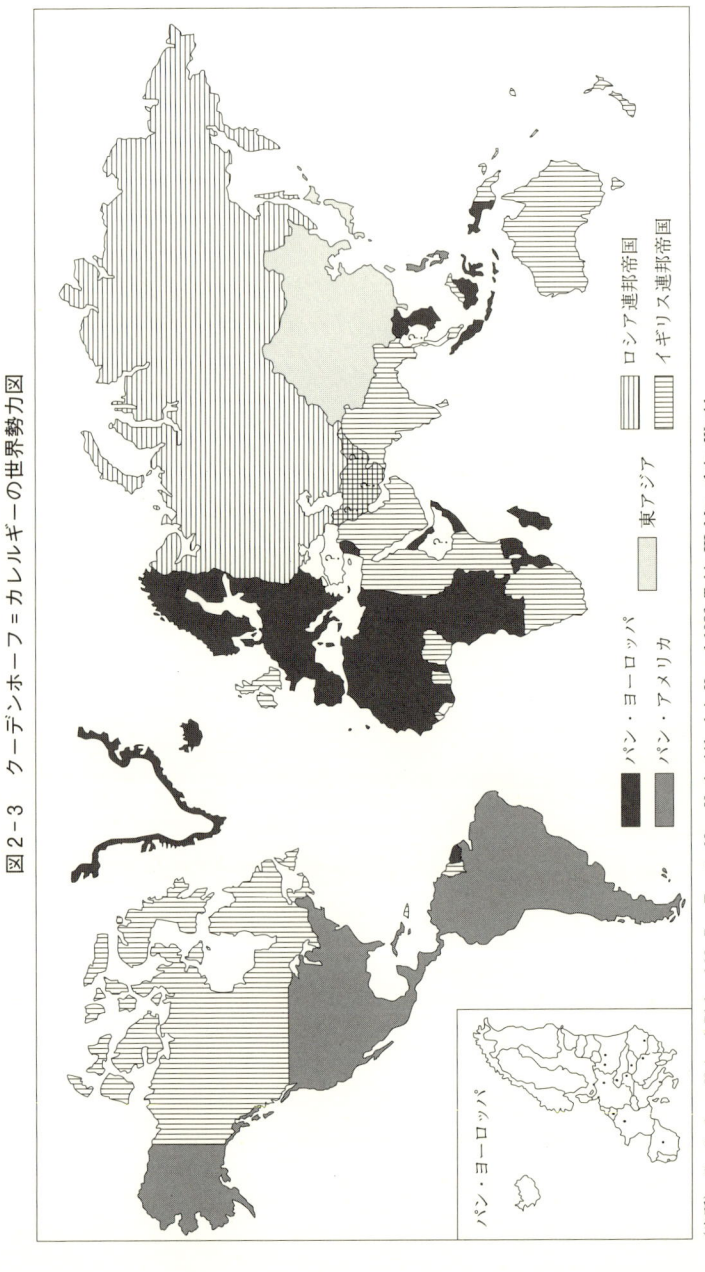

図 2-3 クーデンホーフ=カレルギーの世界勢力図

凡例：
- パン・ヨーロッパ
- パン・アメリカ
- ロシア連邦帝国
- 東アジア
- イギリス連邦帝国

パン・ヨーロッパ

(出所) Coudenhove-Kalergi, Richard N., *Pan-Europe*, New York: Alfred A. Knopf, 1926, Table III: Map of the World.

第2章　戦間期における欧州建設構想と国際カルテル　47

表2-3　パン・ヨーロッパ諸国の概観

パン・ヨーロッパ諸国						
Ⅰ．主要国				Ⅱ．ヨーロッパ領西アフリカ		
		1,000			1,000	
		平方キロメートル	人口		平方キロメートル	人口
A．国				1．フランス領	9,440	31,775
1．	ドイツ	472,034	59,853	2．ベルギー領	2,357	10,153
2．	フランス	550,986	39,210			
3．	イタリア	310,095	38,836	3．ポルトガル領	1,297	4,629
4．	ポーランド	386,479	27,179	4．イタリア領	1,115	578
5．	スペイン	505,155	21,347			
6．	ルーマニア	316,132	17,393	5．スペイン領	335	786
7．	チェコスロヴァキア	140,325	13,661	合　計	14,544	47,921
8．	ユーゴスラヴィア	148,989	12,017			
9．	ハンガリー	92,806	8,119	散在する植民地		
10．	ベルギー	30,440	7,540			
11．	オランダ	34,201	7,087		1,000	
12．	オーストリア	83,904	6,527		平方キロメートル	人口
13．	ポルトガル	91,948	6,033	1．オランダ領	2,042	49,535
14．	スウェーデン	448,460	5,988			
15．	ギリシャ	147,634	5,065	2．フランス領	1,759	27,296
16．	ブルガリア	103,146	4,958	3．ポルトガル領	788	3,344
17．	スイス	41,298	3,880			
18．	フィンランド	337,565	3,403	4．イタリア領	479	968
19．	デンマーク	44,416	3,289	5．デンマーク領	88	14
20．	ノルウェー	223,793	2,650			
21．	リトアニア	85,271	2,011	合　計	5,156	81,157
22．	ラトヴィア	65,791	1,596	概　観		
23．	エストニア	47,549	1,111			
24．	アルバニア	37,554	877		1,000	
25．	ルクセンブルク	2,586	261		平方キロメートル	人口
26．	アイスランド	102,846	95			
B．領土				1．パン・ヨーロッパ	5,004	300,351
1．	ダンツィッヒ	1,914	365			
2．	モナコ	21	22	2．ヨーロッパ領西アフリカ	14,544	47,921
3．	サンマリノ	59	12			
4．	リヒテンシュタイン	159	11			
5．	アンドラ	452	5	3．散在する植民地	5,156	81,157
合　計		5,034,035	300,351	合　計	24,704	429,109

（出所）Coudenhove-Kalergi, Richard N., *Pan-Europe*, New York: Alfred A. Knopf, 1926, Table I: The States of Pan-Europe.

表2-4　五大勢力圏の比較

1. 国際的構成

1. パン・ヨーロッパ	100万 人口	100万 平方キロメートル	2. パン・アメリカ	100万 人口	100万 平方キロメートル
宗主国	300	5	合衆国（植民地を含む）	118	9.7
植民地	129	19.7	ラテン・アメリカ	91	22.8
合　計	429	24.7	合　計	209	32.5

3. 東アジア	100万 人口	100万 平方キロメートル
中国（近隣諸国を含む）	440	11.1
日本（植民地を含む）	80	0.68
合　計	520	11.78

4. ロシア連邦	100万 人口	100万 平方キロメートル	5. イギリス連邦	100万 人口	100万 平方キロメートル
ソビエト・ロシア	90	16.4	本国および自治領	70	20
連邦諸国および領域	60	7	植民地および保護領	394	19.3
合　計	150	23.4	合　計	464	39.3

2. 人　口

1. パン・ヨーロッパ	2. パン・アメリカ	3. 東アジア	4. ロシア連邦	5. イギリス連邦
宗主国 / 植民地	合衆国 / ラテン・アメリカ	中国 / 日本	ソビエト・ロシア / 連邦諸国	本国および自治領 / 植民地および保護領

3. 面　積

1. パン・ヨーロッパ	2. パン・アメリカ	3. 東アジア	4. ロシア連邦	5. イギリス連邦
宗主国 / 植民地	合衆国 / ラテン・アメリカ	中国 / 日本	ソビエト・ロシア / 連邦諸国	本国および自治領 / 植民地および保護領

（出所）　Coudenhove-Kalergi, Richard N., *Pan-Europe*, New York: Alfred A. Knopf, 1926, Table II: The International Complexes.

背景に，中央事務局をウィーンに置き，各国国内ではパン・ヨーロッパ協会を組織した。

　パン・ヨーロッパ連合の綱領の概略は次のようなものである[24]。パン・ヨーロッパ運動は，国内政治からは独立したヨーロッパ連合のための大衆運動である。連合の目的は，意欲と能力を持つすべての欧州諸国の相互の平等と平和に立脚した政治経済連合を創設することである。世界政治に関しては，連合は他の大陸や国際連盟と友好的協力を図る。国内政治に関しては，連合はそれに関与することを自制する。組織面では，連合は各国によって組織される。各国国内においては独立の協会を設立する。綱領からは連合の政治的中立性，政治経済的協力を基盤とすること，すべての欧州諸国に開かれておりイギリスとロシアを最初から排除はしていないことが分かる。

　オーストリア政府は，パン・ヨーロッパ連合の中央事務局に旧ハプスブルク家のホーフブルク宮殿内の建物を提供し，首相のイグナーツ・ザイペル（Ignaz Seipel：キリスト教社会党）がオーストリア協会の会長に就任した。また，副会長には元首相で外相のカール・レンナー（Karl Renner：社会党）が就いた。パン・ヨーロッパ連合の機関紙『パン・ヨーロッパ評論』は1924年5月に創刊されたが，当初はドイツ語のみであったこともあり，運動はウィーンからオーストリア全土およびドイツに支持者を拡大した。

　ドイツでは国会議長パウル・レーベ（Paul Löbe：社会民主党）が国内協会の会長となり，エリヒ・コッホ（Erich Koch：民主党）が副会長を引き受けた。また，高名な経済学者であるヒャルマール・シャハト（Hjalmar Schacht）は国会での討議において運動を支持する重要な演説を行っている。金融の専門家であるシャハトはとくに欧州に通貨同盟を作る構想に熱心だった[25]。また，後の西ドイツ首相で当時ケルン市長だったアデナウアー（Konrad Adenauer）も支持者であった。なお，ドイツ外相グスタフ・シュトレーゼマン（Gustav Stresemann）は，イギリスとロシアに対する配慮から連盟の正式の会員とはならなかったが，水面下でこの運動を熱心に支持した。

　チェコスロヴァキア国籍であるクーデンホーフ＝カレルギーは，自国の大統

領トマス・マサリク（Tomáš Masaryk）さらに外務大臣エドワルド・ベネシュ（Eduard Beneš）からも支持を取り付けることに成功した。小協商国の立役者で国際的知名度の高かったベネシュがチェコスロヴァキア協会の名誉会長を引き受けたことによって弾みがつき，運動は小協商国さらにフランスへと展開した。

フランスでは，元首相ポール・パンルヴェ（Paul Painlevé），ジョゼフ・カイヨー（Joseph Caiolaux），エドワール・エリオ（Edouard Herriot）などの有力政治家が支持者となり，産業界とも関係の深い元大臣ルイ・ルシュール（Louis Loucheur）がフランス協会の会長を引き受けた。また，戦後フランス大統領となるジョルジュ・ポンピドー（Georges Pompidou）も支持者だった[26]。そして，機関誌の『パン・ヨーロッパ評論』はドイツ語版だけでなくフランス語版も出版されるようになった。イギリスにおいても，ウィンストン・チャーチル（Winston Charchill），植民地大臣だったレオポルド・エイメリー（Leopold Amery）がクーデンホーフ＝カレルギーの活動に感銘を受けていた[27]。

著書の出版と同時に設立されたパン・ヨーロッパ連合は，ヨーロッパの有力政治家や経済界の指導者の支持を得て，1920年代後半にパン・ヨーロッパ運動は大きな高まりを見せた。連合には著名な文化人であるトーマス・マン（Thomas Mann），リヒャルト・シュトラウス（Richard Strauss），ホセ・オルテガ＝イ＝ガセット（José Ortega y Gasset），ポール・ヴァレリー（Paul Valèry）なども名を連ねたが，綱領が目指していた大衆運動には発展せず，エリート層の運動にとどまった点に留意する必要がある[28]。

『パン・ヨーロッパ』の1926年版にクーデンホーフ＝カレルギーは，「パン・ヨーロッパの3年間」[29]と題する論文を追加し，この間の運動の進展について説明している。国別のパン・ヨーロッパ協会は，ドイツ，オーストリア，フランス，チェコスロヴァキア，ハンガリー，ポーランドおよびスイスで設立されたか，創設が準備されている。協会の会長はほとんどが元大臣の有力政治家であった。

パン・ヨーロッパ運動が高揚を見せるのは，1926年10月4～8日にウィーンで開催された第1回パン・ヨーロッパ会議であった。前年にドイツ西部国境の

現状維持を固定化したロカルノ条約が締結されたことによって，ドイツが国際社会に復帰し，仏独和解の機運が高まっていたことが会議の成功の背景にあった。1925年10月にイギリス，フランス，ドイツ，イタリア，ベルギー，ポーランド，チェコスロヴァキアの7カ国により調印されたロカルノ条約は，ライン非武装と相互不可侵を主内容とする地域的集団安全保障の枠組みであった。また，同条約によって1926年9月8日ドイツは常任理事国として国際連盟に加盟を果たした。フランス外相アリスティード・ブリアン（Aristide Briand）とドイツ外相シュトレーゼマンによる仏独和解を軸とする「ロカルノ精神」がパン・ヨーロッパ会議への追い風となった。

会議には2,000人以上の支持者が参加した[30]。会議の名誉議長にはオーストリアのザイペル首相，チェコのベネシュ外相，フランス元首相カイヨー，国際連盟ギリシャ代表ニコラス・ポリティス（Nikolaos Politis），イタリア元大臣カルロ・スフォルツァ伯爵（Conte Carlo Sforza）が就任した。また，国際連盟も連合からの招聘に応えて正式代表を会議に参加させた。また，ロシアからはアレクサンドル・ケレンスキー（Aleksandr Kerenskii）が参加し，イギリスからも参加者があった。

会議で演説を行った人物は多数にのぼりその過半は指導的政治家だったが，なかには元ベルリン工科大学教授ユリウス・ヴォルフ（Julius Wolf）のような経済界と関係の深い経済統合論者もいた。ヴォルフは，当時のドイツの経済学者としてはめずらしく個人主義を基礎とする自由主義的経済学者であり国際主義者でもあった。彼は，1904年にアメリカの競争力に対抗することを念頭に中欧諸国が経済政策面で協調し経済統合を進めることを目的として，中欧経済協会を設立し副会長となって協会の活動を指導した。協会には工業，商業，農業各界の有力者が参加し，協会はドイツばかりでなくハンガリー，オーストリア，ベルギーにも設立され，活動は第一次世界大戦が終わるまで続いた[31]。ヴォルフのような人物の参加は，パン・ヨーロッパ運動が次に見るように経済面で大きく展開するだけに興味深い。

パン・ヨーロッパ会議の成果としては，まず示威運動として成功したこと，

国際連盟との緊密な協力関係ができたこと,そして経済問題に取り組むことになったことである。すなわち,パン・ヨーロッパ経済委員会の創設が決まり,経済事務局をブリュッセルに設置することになった。また,国内協会の会長によって構成される中央理事会が運動の指導を行うことになり,クーデンホーフ＝カレルギーが連合の総裁に就任することが承認された。最後に第2回会議が1927年10月9日から11日までブリュッセルで開催することが決定された。

　1927年,パン・ヨーロッパ連合の中央理事会がパリで開催され,そこでフランス外相ブリアンは中央理事会の名誉総裁を引き受けた。このことによって,連合に対する世間の評価は高まった。ブリアンは,第一次世界大戦後に世界平和と国際連盟の強化のために活躍し1925年にはロカルノ条約という画期的な功績をあげ,1926年にシュトレーゼマンとともにノーベル平和賞を受賞した知名度の高い政治家だった。彼は1928年には米国務長官ケロッグとともにパリ不戦条約（ブリアン・ケロッグ協定）[32]の締結でも指導的役割を果たし,1920年代の国際政治における影響力はきわめて大きかった。

　欧州建設運動は,ヨーロッパに広域経済圏を創設することによってアメリカの競争力に対抗しようと考えていた仏独の近代的経営者達の支持を獲得した[33]。1926年にはフランスの経済学者シャルル・ジッド（Charles Gide）を会長に欧州経済関税同盟（Union économique et douanière européenne）がパリで結成された[34]。同様の組織が欧州の他の都市でも設立され,これらは「関税休戦」を主張した[35]。同盟は工業生産を発展させ価格を引き下げることを可能にするため欧州に大市場を形成することを目標としていた。そのため同盟は,経済界に経済を土台としてヨーロッパを統合する必要性を説いたが,それは関税引き下げの主張であり,貿易自由化の運動だった。

　パン・ヨーロッパ運動と産業界を媒介し,パン・ヨーロッパ会議での議論にあるヨーロッパ「大市場」を創出する運動において指導的役割を果たしたのが,フランスの有力政治家で産業界にも太いパイプを持つルシュールであった[36]。パン・ヨーロッパ運動は政治的活動であるが,クーデンホーフ＝カレルギーはフランスとドイツの経済界の協調関係を促進する目的で,パリとベルリンに経

済評議会（Economic Councils）を設立した。ルシュールは，この評議会のフランス側の指導者として活動した。

ルシュールは「生産者自身のためだけでなく共通の利益に照らして政府によって組織された石炭，鉄鋼，小麦のヨーロッパ・カルテルの提案」[37]を行った。これは，戦後の欧州石炭鉄鋼共同体や欧州経済共同体の共通農業政策の先駆となる計画案だった。彼の主張の背後には欧州建設の構想があった。彼はアメリカから立ち後れたフランス経済を建て直すには，関税を撤廃し，仏独を中心とした欧州の市場統合を行うことが唯一の道であると考えた。そこで，産業界の支持のもとに関税引き下げを実行するために，各産業においてヨーロッパ・国際カルテルを結成することを主張したのである[38]。国際カルテルとそこでの経営者の生産合理化の追求によってヨーロッパ統合は実現されるとするルシュールの主張は，「大陸規模で大量生産，大市場，無関税貿易を行うこと——つまり欧州経済共同体——の利益について考察し始めていた」[39]マイリッシュなどの近代化路線の経営者の支持を得た。

第3節　国際連盟におけるルシュールの提案

1925年の第6回連盟総会においてフランス代表ルシュールは，当時の国際経済の困難の解決策について議論するための国際経済会議の開催を提案した。ルシュールの提案を受けて，同総会は，「経済的平和は，諸国民間の安全に大きく貢献する」，したがって，「全般的繁栄の回復を妨げている経済的困難を研究し，これらの困難を克服する最善の方法を発見し，紛争を防止する必要」から国際経済会議を開催することを決議した[40]。国際経済会議において，国際カルテルの問題は準備委員会の段階から多くの注目を集め，本会議でも大きく取り上げられた[41]。

連盟の呼びかけによってジュネーヴで開催された国際経済会議は，第一次世界大戦後に開かれた国際経済会議のなかで最も大規模であったばかりでなく，同時代人の世界経済に対する認識を知るうえでも重要である。国際経済会議は，

難航した準備委員会での予備交渉[42]を経て，1927年5月4日から23日までジュネーヴにおいて開催された。会議には米ソを含む47カ国が連盟の招待に応じて参加し，各国代表団には，政府関係者に加えて経済界や労働組合からの代表も含まれていた。

会議の議長で前ベルギー首相のジョルジュ・テュニス（Georges Theunis）は，開会演説で当時の世界経済が直面している諸困難を指摘し，次のように述べた。「われわれが特別な関心を向けていることの大部分は，大なり小なりヨーロッパに固有の問題であることは明白である。しかし，諸国民は相互に依存しあっており，ある国やその国の中のある集団の経済生活に関することはわずかではあっても常にすべての諸国に影響することを忘れるべきではない」。このようにテュニスはヨーロッパにおける経済問題の解決が世界経済を改善するうえで決定的に重要であるとの認識を示した。

会議は最初の4日間は総会において一般討議を行い，その後，重要議題である通商，工業，農業についてそれぞれ委員会を構成し，この3委員会での討議を経て報告書が作成された。討議は，準備委員会に提出された多くの個別研究や覚書を土台として行われた。

会議の提唱者であるルシュールは，次のように国際カルテルに対する支持を訴えた。アメリカに比ベヨーロッパは購買力と生産性が劣っており，これを解決するには合理化と生産費引き下げを目的とした国際協定が有効である。また，国際カルテルの形成は，関税障壁問題を解決するためにも必要である[43]。ルシュールは，とくに仏独の基幹産業で国際カルテルを結成することが重要な第一歩となると考え，1926年に創設された国際鉄鋼カルテルをこうした組織のモデルとして示した。ルシュールは，まず業種ごとに国際カルテルを形成し，こうして形成された国際カルテル網を通じてヨーロッパ工業を合理的に制御し，これを通じて関税を引き下げ，市場統合が実現できると考えた。また，国際カルテルが乱用されることを防ぐ目的で，国際連盟によるカルテルの統制も視野に入れていた。

カルテル問題を討議した工業委員会においても，国際カルテルの経済活動に

及ぼす好影響を指摘する意見は，ヨーロッパ各国の産業界代表を中心にあった。しかし，カルテル支持者の多くは，ランマース（C. Lammers）が「産業組織は最後の救済策とみなされるべきではない」と述べたように，国際カルテルの多大な効果に期待するルシュールとは異なり，あくまでカルテルをヨーロッパの経済困難を緩和する手段の一つとしてのみ承認したにすぎなかった[44]。

会議の最終日である5月23日に最終報告書が採択された。同報告書によれば，国際工業協定の是非について，「討議は，意見の相違があることを明らかにした」ので，会議はそれについて「原則的結論」に達することはできなかった。ただ実際上の観点から，協定（カルテル）は，「それを運営する精神や活動によって善悪を考えねばならない」とされた[45]。

最後に報告書は，国際連盟に対して，国際工業協定の技術進歩，生産発展，労働条件，供給の状況および価格変動に与える影響を調査し公表することを勧告し，国際工業協定についての報告を次のように締めくくった。「当会議は，協定の性質や運営に関して公表することは，一方で一般的利益をもたらす協定に対する世論の支持を確保し，他方で乱用の増大を防止するための，最も有効な手段の一つであると考える」[46]。この最終報告書の勧告にもとづき，以後，連盟の国際カルテルに対する調査・研究は進展することになった。

ジュネーヴ会議では，国際カルテルに対してヨーロッパの経済状況を改善するものとして評価する見解と悪影響を懸念する見解が対立し，この問題に関して具体的な政策を提示することはなかった。

1931年秋に前年の経済専門家による報告書『国際工業協定の経済面での概観』の続編として『国際工業協定の経済面に関する一般報告』が同じ著者達の名前で連盟経済委員会に提出された[47]。報告書は，国際工業カルテルと関税との関係について研究し，そこではっきりと，国際経済会議で出された国際カルテルは関税引き下げに有益な影響を与えたとされる見解について，実際にはそのような関税政策と国際カルテルとの関係は存在しない，と否定した[48]。

ただし，ルシュールの考えはその後も連盟においてフランス政府によって，繰り返し提案された。1931年9月17日，連盟第二委員会において，フランスは

国際経済問題についての決議案を提出した[49]。その主な内容は次の通りである。不況に苦しむ世界経済の改善のためには経済協定の発展が有効である。なぜなら，経済協定は生産組織と貿易の調整に対して有益な効果を持ち，さらに関税障壁の低下にも貢献するからである。以上の理由から連盟は，各国政府に対して，生産者による協定に向けての努力を援助するよう勧告するというものであった。

フランスの提案に対して，ドイツ，イギリス，イタリアは修正を求めた。彼らによれば，フランス案はカルテルの効果を連盟の依頼による専門家の報告書よりも過大に評価している。カルテルは，それに適した産業に限定されるべきであり，また，カルテルの自発性を尊重し，カルテルに対する政府の関与・圧力は避けるべきである。さらに，消費者など第三者の利益を尊重すべきであるというのが主な主張であった[50]。

他方，貿易依存度が高いヨーロッパの「小国」，とくにオランダ，スイス，ベルギーはフランス案に対する反対意見を出した。彼らによれば，国際協定では各国の国内市場の保護が優先され，輸出依存度の高い国にとって不利であるうえ，それによって現在の経済困難を解決する見込みもない。これら欧州の「小国」はあくまでも自由貿易を行うことを主張した[51]。

フランスは9月22日に先の決議案をも取り入れた第二委員会報告案を提出した[52]。しかし，国際経済協定に対するフランスの提案に批判がいくつか出されたため，修正案を作成するために5名からなる起草委員会が任命された[53]。修正された委員会報告では，フランスの言う国際カルテルによる関税引き下げ効果には言及されず，国際カルテルが世界経済の改善に果たす役割についても表現が弱められた。

こうして，ルシュールの国際カルテルを活用して欧州建設を開始する構想は実現しないまま，世界経済は大恐慌に突入し，世界経済はますます断絶の度合いを高めた。ただし，国際連盟が主催する会議で国境を越えて経済専門家や各界・各層の代表が，国際カルテルを積極的に取り上げ，研究し議論した意義は小さくない。なぜなら，当時のヨーロッパ各国経済が国際カルテルという共通

の経済問題に直面していたことは，各国経済の同質化が進展し，さらに，各国経済が密接に結びついていたことを意味するからである。すなわち，経済面における市場統合の基盤は形成されつつあったとみることが可能である。そして，国際カルテル問題を検討し解決するためには国際的な研究や管理が必要であると考えられたことは，戦間期の経済問題において一国的対応がしだいに限界に達したことを示していた。

第4節　ブリアン覚書

　ルシュールの提案は，欧州経済の近代化の必要性を認識していた一部の政治家や経営者の支持を得たにとどまった。しかし，パン・ヨーロッパ運動を中心とする民間レベルでの欧州建設の主張は1920年代後半から大きな盛り上がりを見せ，有力者が欧州建設の必要性を訴えた。その最初となったのが，フランス首相エリオが1925年1月29日に下院で行った次の演説である。「私の最大の願いは，いつの日か欧州合衆国が実現することを見ることである。そして，もし，私が国際連盟のために大きな勇気を持って働いてきたとすれば，そして私はそう言う資格があると思うが，それはこの偉大な機関を欧州合衆国の最初の素描であると思ったからである」[54]。

　エリオは1930年には著書『ヨーロッパ』[55]を出版した。その内容はジュネーヴ国際経済会議でのルシュールの提案を評価し，国際連盟の管理下での国際カルテルの活用による関税障壁の引き下げによって欧州合衆国を建設することを主張するものだった。このほかにも主なものだけでも，欧州経済関税同盟の活動家ガストン・リウ（Gaston Riou）の『ヨーロッパ，わが祖国』（*Europe, Ma Patrie,* 1928）と『統合か死か』（*S'unir ou Mourir,* 1929），スフォルツァ伯の『欧州合衆国』（*Les Etats-Unis d'Europe,* 1929），ベルトラン・ドゥジュヴネル（Bertrand de Jouvenel）の『欧州合衆国に向けて』（*Vers les Etats-Unis d'Europe,* 1930）がこの時期に出版された[56]。

　そして，ついに欧州建設はフランス外相ブリアンにより国際連盟の場で検討

されることとなった。当時フランスとドイツの間では賠償問題やラインラントからの撤退などで関係改善が見られたが，他方で1928年頃からドイツで条約改定やオーストリアとの合邦（Anschluss）が公然と語られるようになっていた。ブリアンとしてはこうした問題を国際連盟の枠内で欧州諸国を結合することによって解決する意図もあった[57]。1929年6月マドリッドで開かれた国際連盟理事会でブリアンは，連盟の枠内で欧州連合を建設することについてシュトレーゼマンをはじめとする各国外相に打診した。その後，首相となったブリアンは下院において欧州連合の問題においてフランスがイニシャチヴを取ることを発表した。

　1929年9月5日の国際連盟第10回総会で首相兼外相ブリアンは，ベルギー代表のポール・イーマンス（Paul Hymans）外相が行った経済軍縮に関する演説に応える形で，欧州連合（Union européenne）の創設計画を提案した[58]。

　　私はここ数年，崇高で少しの不合理な点もないある一つの理念の宣伝に協力してきた。私は，欧州の国民のように地理的に集合している諸国民間にはある種の連邦的絆が存在すべきであると考える。これらの諸国民は，いかなる時でも接触し，自分たちの利害について議論し，共同で決定を行い，また相互に連帯の絆を築く可能性を持つべきである。このことは，重大な事態が発生した場合に，いつでも対処することを可能とするであろう。私が樹立しようと望んでいるのはこの絆である。明らかに，この連合はとりわけ経済分野で効果を発揮するだろう。というのは経済が最も緊急の問題だからである。われわれはこの点で成功することを信じる。しかしながら，私は政治的・社会的観点からも，この連合に参加するいかなる国家の主権も傷つけることなく，連邦的紐帯が利益となることを確信し，そしてこの会議期間において，欧州諸国を代表してこの場にいるわが同僚にこの提案を公式に検討することと，その後おそらくは次回総会で私が認めることができると信じる実現の可能性を引き出すためにこれを各国政府で研究することを提案するようお願いする[59]。

この演説は会場で歓迎された。続いて9月9日午前に演説を行ったドイツ外相シュトレーゼマンも「偉大な思想というものは最初は狂気のように見える」というドイツの格言を引用し，ブリアンの提案に原則的な賛意を示した[60]。また他の大陸に敵対したり，欧州が経済的にアウタルキーになることに反対した。そして，ドイツ関税同盟（Zollverein）以前の地域的に分裂したドイツ経済が抱えていた問題を指摘した後，ヴェルサイユ条約によって多くの新興国が誕生した欧州では経済構造において統合が必要であると述べた。すなわち，「次のようなことを確認するのはグロテスクなことである。南ドイツと東京の間を旅行する時間は短くなったにもかかわらず，反対に，鉄道で欧州内を移動すると1カ所で1時間ほど停車するのである。なぜなら，新しい国境があり関税手続きがあるからである。（中略）新興諸国は彼らの威信を引き上げるために，国内で新しい産業を作り出そうと努力する。これらの産業は保護されねばならず，新しい販路を探さねばならず，そして，しばしばその製品を国内で利益の出る価格で販売することができなくなる。われわれが必要としている欧州通貨や欧州の切手はどこにあるのか」。最後にシュトレーゼマンは，「欧州における生産と貿易の合理化は，ただ単に欧州の競争者にとってだけでなく，また他の大陸の輸出者にとっても利益となる」と述べた。このように，彼はとくに経済面で欧州各国が統合すべきであると主張した。

　また，チェコ外相のベネシュもブリアンの提案に対して留保をつけながらも賛成する演説を行った[61]。良識ある人物として尊敬を集めていたベネシュの賛同は小国の賛成を得るのに効果があった。

　ブリアンは9月9日の午餐会に他の欧州26カ国の代表を招待した。合計27カ国からの参加者には，フランス側ではブリアンの盟友ルシュール，ドイツ外相シュトレーゼマン，イギリス外相アーサー・ヘンダーソン（Arthur Henderson），ベルギー外相イーマンス，ルクセンブルク外相ジョゼフ・ベッシュ（Joseph Bech），チェコスロヴァキア外相ベネシュがおり，この会議でブリアンの提案について意見を述べ合った。

ブリアンは，欧州連合の構想について次のように説明した[62]。提案は，「国際連盟の外に独立の集団を設立することでは全くなく，反対にこの計画は国際連盟の原則と地域協定を奨励する連盟規約第21条に合致するものである。すなわち，欧州は本質的に地域的集団である」。また，他の大陸に対して敵対的なものでもなく，むしろ他の大陸にとっても利益となる。最も緊急を要するのは経済問題である。欧州にある無秩序な状態は続けることはできない。「しかし，問題はシュトレーゼマン氏が指摘したように，われわれは経済の枠内で行動することができるだけであるかどうかを知ることである」として，欧州連合の検討が労働問題，社会問題さらには政治的連帯にまで及ぶことを示唆した。

次に発言したシュトレーゼマンは，午前中の国際連盟総会で述べたように経済分野での行動の必要性を強調し，政治面での可能性については疑問であるとの意見を述べた。英外相ヘンダーソンは，欧州連合がアメリカにもソ連にも敵対すべきでない点を強調したが，ブリアンの提案に対する賛否を明らかにはしなかった。ユーゴスラビア外相ヴォジスラフ・マリンコヴィチ（Vojislav Marinkovitch）は，「シュトレーゼマン氏は問題の経済面を強調しているようである。しかし，経済もまた政治の一つの側面である」として，政治的問題と経済的問題を切り離すことに反対した。ベルギー外相イーマンスは，政治問題が最もデリケートな問題であるとして，政治問題をさらに深く研究することを提案した。ただし，「すべての国民にとって経済問題が最も明白である」と述べ，10月開催の国際連盟経済委員会において経済問題に関して事前の研究を行うことを要求した。

以上のように，強調点や熱意に差があるものの，国際連盟の枠内で欧州機関の創設を行い，欧州諸国が何らかの連合を形成するとのブリアンの提案は，英国は態度を明らかにしなかったものの仏独が一致し，小国も同意するところとなった。こうして，欧州建設はそれまでの民間レベルの運動から公式の政治的テーマへと発展した。

午餐会後に会談の公式プレス・コミュニケが発表された[63]。これによれば，各国代表は欧州諸国間に連帯の絆を築こうとするブリアンによるイニシャチヴ

を確認することを一致して宣言した。そして，外相たちは，ブリアンに対して国際連盟参加の欧州諸国政府に宛てたこの問題に関する覚書の作成を委嘱した。他方，国際連盟の各国代表はブリアンの提案を検討するよう政府に付託する。この覚書への各国の回答を受けて，フランス政府は覚書を改訂して1930年の国際連盟第11回総会に欧州連合設立に向けての正式な文書を提出し，具体的な手続きに向かうことになった。

　こうして通称ブリアン覚書が1930年5月1日付で作成された。なお，覚書の正式な名称は「欧州連邦体制の組織化に関する覚書」であり，起草者は外務省の外交通商局長アレキシス・レジェ（Alexis Léger）である[64]。レジェは，聖ジョン・ペルス（Saint-John Perse）の筆名で詩を発表し，1960年にはノーベル文学賞を受賞した文学史に残る詩人でもあった[65]。レジェは1921年にワシントンに派遣されるに際してブリアンと知り合い，1925年から32年までブリアンの官房長官を務め，2人の友情は1932年のブリアンの死まで続いた。ロカルノ条約とパリ不戦条約の準備を行ったのもレジェであり，覚書も発想はブリアンによってもたらされたものではあるが，文言など細部に至るまでレジェの作成であると見られている[66]。ただし，ブリアン覚書の内容は，フランス政府内で多数を占める国家主義者とブリアンなどの欧州連邦主義者との妥協の産物となり，具体的な条約提案には程遠く，欧州連邦を願う人々を失望させるものだった。

　覚書は，諮問形式をとっており，各国は7月15日までにフランス政府に対して回答することになっていた。それは，序章に続いて四つの諮問事項から構成され，概要は次のようなものである[67]。序章は，普遍主義の立場を取る国際連盟と欧州の利益を目指す欧州連合が両立する点について詳しく説明している。すなわち，欧州連合は「連盟の枠内で，連盟規約が公式に推奨している地域協定の一つとして」設立される。そして「国際連盟の外に欧州の集団を形成することは全く問題にならず，反対にむしろ国際連盟の統制と精神において欧州の利益を調和することが重要である。それは，連盟の普遍主義的体制の中に限定された体制をより効果的に統合することによって行われる。欧州の連邦的組織化の実現は，欧州以外の諸国が利益を受けることができる連盟の活動の進展の

要素として，常に国際連盟に報告される」。このように，覚書は計画が国際連盟の枠内で行われるものでありその機能を損なうものでないこと，また，構成国以外の国が関税障壁などによって不利益を蒙らないことをまず強調する。

次に，覚書は計画が各国の主権を損なうものではないと主張する。すなわち，「欧州各国政府が望んでいる連邦的な連合形態は，いかなる時においても，いかなる程度においても，この組織の加盟国の主権に影響を及ぼすことは絶対にない」。ただし，こうした表現のために，計画される連邦がどのような権限を持つかが不明となり，覚書をきわめてあいまいなものとする結果を招いた。

覚書は次の諸点を諮問事項として挙げている。第一は，欧州連合の原則に関する規約を欧州諸国間で締結すべきかである。覚書には以下のようなフランス政府の意見が付せられていた。欧州連合は国際連盟の枠内で連盟の精神に沿って形成される。具体的には，それは連盟規約21条で規程された地域協定によって設立され，連盟の枠内で活動する。欧州連合の目的は欧州の平和的な組織化であり，参加国政府は定期・臨時の会合を持ちヨーロッパの利害に関係する問題を検討するが，国際連盟の活動に抵触することはしない。

第二の諮問事項は，欧州連合の任務の遂行に不可欠な機関を設置する必要があるかである。この問題は，次の三つの欧州連合の組織について問われている。まず，国際連盟加盟欧州諸国の代表によって構成される欧州会議（Conférence européenne）の設置についてである。これは，最高レベルの意思決定機関であり，議長は1年ごとの輪番制とし，国際連盟との連絡機関でもある。次が，特定国から構成される欧州委員会（Comité européenne）の設置である。これは，常設の政策委員会の形態での執行機関であり，研究活動も行う。なお，欧州会議と欧州委員会は国際連盟の枠内で活動するが，その権限や活動の詳細については次回の欧州諸国の会合において決定する。最後が，これら組織の運営を担う事務局サービスが必要であるかどうかである。

第三の諮問事項は，前記の欧州委員会が委員会の基本理念や欧州組織の綱領を起草する研究において，基本方針をあらかじめ決めておくかに関してである。基本方針として，次の三つの方針が挙げられている。第一の方針は，「経済問

題の政治問題への従属」である。理由として，経済連合への道は安全保障や政治連合の成否にかかっているとの説明が付されている。また，小国にとっては経済大国が自国の政治的優位を得るために経済力を用いることのないよう，政治連合による事前の保障が必要であることも指摘されている。

　第二の方針は「欧州政治協力の概念」についてである。計画は「統一ではなく，連合の思想の上に連邦が築かれるのであり，したがって，欧州各国の独立性や主権は尊重される」ことが付言されている。また，そのための保障条約と仲裁裁判所の設置が想定されることも述べられている。

　第三の基本方針は「欧州経済組織化の概念」についてである。これは連帯する政府の政治的責任の下で実現される欧州経済の接近が基本目標となるという方針である。それは，「欧州共同体（communauté européenne）の全領域で生活水準の最大限の引き上げのために共同市場を設立する」ことが理想とされる。そのために，各国の国防上の要求という留保はあるものの商品，資本，人の移動が段階的に自由化され手続きが簡素化されることを通じて，欧州の生産と貿易の合理的組織化を早急に実行するとされる。

　諮問事項の4番目は，以下の点が欧州会議か欧州委員会で研究されるべきか否かである。まず，「欧州協力の分野の限定」であり，九つの研究領域が挙げられている。第一は，「経済全般」であり，国際連盟経済会議によって作られた綱領の効果的実現，各国間で結ばれた工業連合とカルテルに対する政策の統制，関税の段階的引き下げの検討などが示されている。この提案は明らかにルシュールの構想を反映したものだった。

　第二は，「経済的手段」であり，欧州諸国によって実施される公共事業の調整である。第三は，「交通とトランジット」であり，陸上，水上，航空の交通の整備と改善，河川委員会の業務の調整，鉄道間協定，郵便，電報，電話の制度，ラジオ放送規約などが挙げられている。第四は，「財政」についてで，欧州内の経済的に発展の遅れた地域に対する信用の強化，欧州市場，通貨問題などである。第五は，「労働」であり，水上交通やガラス産業の労働問題，欧州内での移民労働者の社会問題（労働災害，社会保障，退職年金などの各国間の

適用など）である。

　以上のように，覚書では欧州の経済統合について基本的な論点が列挙された。また，以下，第六「保健衛生」，第七「知的協力」，第八「議会間協力」，第九「行政」とのタイトルの下で検討すべき作業の一覧が提示された。

　次に「欧州協力の方法の規定」として，次の3点が示された。すなわち，調整や研究の組織がない場合にはそれを設立すること，連盟ですでに研究対象となった問題については連盟の努力を支援すること，未だ取り上げられていないが国際連盟によって取り扱われるのが適切な問題については，連盟の会議の開催を求めることである。

　最後に，「欧州連合と連合外の国との協力のすべての方法の規定」が諮問されたが，具体的な説明はなかった。覚書は7月15日までに各国政府が回答することを求め，「生存し繁栄するために統合する。これが，欧州諸国がこれから直面する緊急の必要性である」と結ばれた。

　以上のように，ブリアン覚書は条約案からは程遠く，多くの重要事項については将来において交渉されると，あいまいなまま先送りされていた。また，1929年9月のブリアン提案が経済をまず優先して欧州建設を検討しようとしていたのに対して，覚書では，欧州における緊張緩和を図る制度・機構面での提案を中心として，政治が経済に優先する立場に比重が移されていた。また，覚書において欧州連合を連盟規約第21条にもとづくとした点は，その後の地域的協定に道を開くことになった。21条の条文は次のようなものである。「本規約は，仲裁裁判所条約のごとき国際約定または『モンロー』主義のごとき一定の地域に関する了解にして平和の確保を目的とするものの効力になんらの影響なきものとする」。このように，連盟規約第21条はもともとアメリカが連盟に加盟することを容易にするために設けられたものであり，欧州連合や協商など欧州における地域協定を想定したものではなかった[68]。しかし，ブリアン覚書の解釈にもとづいて1930年代に地域協定が相次いで締結されることになった。

　ブリアン覚書では，経済協力について問題点の指摘はあったが，1929年の提案のような経済統合に対する積極性が後退し具体的提案はなされず，むしろ安

全保障面に比重が移された。そこには当時のフランス政府の関心が自国の安全保障のための欧州内の緊張緩和にあり，経済面での統合のためにもまず政治が優先された事情があった。ヴェルサイユ体制を再度安定化させフランスの安全保障を完全にすることが最優先の目標であった。また政府内の欧州連邦主義者と国家主義者の対立の妥協の産物であることから，国際連盟の枠内で国家主権の制限を行わずにどのような欧州組織ができるか明確でなく，覚書をあいまいなものとした。

1930年5月17日にブリアン覚書が26カ国に送付された。この送付日は，フランス政府によって，覚書が好意的に受け取られるよう選択されていた。すなわち，5月17日はフランス外務省がヤング案と国際決済銀行の受け入れおよびラインラントからの撤兵を1930年6月30日までに完了するという仏独和解を促進する重大発表を行った日であった[69]。

また，パン・ヨーロッパ連合も，この日に合わせてベルリンで会議を開催した。会議にはルシュールが出席し，ブリアン覚書の意義を強調した[70]。しかし，シュトレーゼマンはこの覚書を読むことはなかった。彼はジュネーヴの国際連盟総会から帰国直後の1929年10月に急死した。ブリアンの理解者であり，仏独融和の中心人物であったシュトレーゼマンの死はその後の欧州建設運動にとって大きな障害となった。また，29年10月のニューヨーク証券市場での株価大暴落に始まる世界大恐慌もしだいにヨーロッパに影響を与え始めており，覚書は厳しい状況下で発表されることになった。

覚書に対する各国の回答はブリアンを失望させるものだった。多くの国は表面的には欧州が連帯することに賛成するが，回答には多くの留保が付けられ，覚書を受諾するまでには至らなかった[71]。各国からの回答でとくに多かった懸念や疑問は，以下のものである。まず，緊急の課題である経済協力よりも政治協力を優先していることへの疑問である。次に，ヨーロッパ連合と他の国々との関係であり，連合が他国にとって脅威と映るのではないかという懸念である。さらに，国際連盟がブリアンの計画によってさらに弱体化するのではないかとの不安もイギリスを中心に出された。その他，植民地やトルコとロシアとの関

係，常設機関や国家主権の制約などについて疑問が示された。

　国別では，イギリス，ドイツ，イタリアの三大国が総じて否定的な回答だった[72]。ブリアン覚書に対してフランス中心の欧州体制を構築するものと大国はみた。ギルベルト・チブラ（Gilbert Ziebura）によれば，「この提案に対する拒否の先頭に立ったのは，ドイツとイギリスであった。ドイツは，この提案が，みずからのヴェルサイユ条約"修正"政策（東部国境！）への妨害となるのをおそれたからである。そして，イギリスは，イギリスにとってコモンウェルスの利益のほうが重要」[73]だった。シュトレーゼマンの後継の外相ユリウス・クルチウス（Julius Curtius）は，ブリアンの提案が「ヴェルサイユ条約修正を求める圧力を，食い止めようとする目標を追及し」「ドイツ東部国境の固定化を意味することになる」として「ブリアンのこの計画を挫折させる為に，大いに力を貸したのである」[74]。

　各国の回答を受けてフランス政府は報告書を作成した[75]。1930年9月8日に開かれた国際連盟第11回総会でフランス政府の報告書が発表された。しかし，この時点でイギリスやドイツの総論賛成，各論反対の態度は明確であり，ブリアンの構想が実現する見込みはなかった。しかし，ブリアンは「連邦的結合」や「ヨーロッパ連合」の語を用いずに構想を「欧州諸政府間の密接な協力」のための計画として国際連盟総会に付託することで，9月13日に提案を少しは前進させることができた[76]。

　こうして，9月17日に連盟総会は，欧州連合研究委員会（Commission of Inquiry for European Union）の設置を決定した。ブリアンの提案は研究組織の立ち上げという消極的な結果を得たにとどまった。委員会はブリアンを議長とし，国連事務局長エリク・ドラモンド（Eric Drummond）を事務局長として発足した[77]。9月23日には第1回欧州連合研究委員会が開催され欧州連邦のための議論がなされた。しかし，1929年10月からのアメリカの恐慌は欧州にもしだいに影を落としており，委員会は何の成果も挙げることはできなかった。さらに，9月14日のドイツ総選挙でナチスが議席を一気に10倍と大きく躍進し，フランスの相手であるドイツの政局は混迷し，欧州建設の希望は失われた。

1931年1月17日に欧州連合研究委員会が再度開催されたが，ほとんど何の成果も出すことはできなかった。

その後，ドイツとオーストリアとの間に関税同盟が成立したことにより，フランスの対独感情は悪化しブリアン外相は失脚した。さらに，1932年3月のブリアンの死去により仏独和解と欧州建設の大黒柱が失われた。1933年1月のナチス政権の誕生によって仏独和解は挫折を余儀なくされた。さらにパン・ヨーロッパ運動はナチス政権下で禁止されることになった。

しかし，1930年代には，欧州の民間企業による国際カルテルが数多く結成され，企業レベルでの協調関係が向上した。こうした動きは第二次世界大戦の勃発によって挫折するが，大戦後の欧州建設を準備した側面を持つ。そこで，次節では，大不況下における国際カルテルについて考察する。

第5節　1930年代の国際カルテル

国際カルテルに関する包括的研究は，第二次世界大戦中に国際連盟の要請でローバシィ（G. Lovasy）が行った研究の覚書が最初のものである。この覚書は第二次世界大戦後に国際連合に引き継がれた連盟資料のなかに含まれていたもので，1947年にこの研究の重要性を認めた国際連合によって公刊された[78]。以下では，主にこの研究によりながら大不況下の国際工業カルテルの性格について検討する。

1920年代末アメリカで発生した恐慌は，30年代初めにはヨーロッパに波及した。不況に覆われた各国では関税率の引き上げと輸入数量制限の採用により保護貿易体制を強化した。この結果，世界貿易は激減し，国際工業カルテルの状況にも大きな変化が起こった。20年代からあった国際カルテルの多くは，大恐慌の影響によって活動の停止を余儀なくされた。しかし，経済情勢が落ち着きを取り戻す1933年以降，縮小する国内市場と輸出市場を確保するために大半の国際カルテルは再建されたばかりか，新たに多数の国際カルテルが設立された。世界的不況に見舞われた30年代こそ，国際工業カルテルの最盛期だったのであ

る。

　1930年代に再建・新設された国際工業カルテルは，主要なものだけでも，窒素，染料，プラスチック・工業薬品，珪素鉄，鉄道用車軸，オートジャイロ，事務機，白熱電球そして鉄鋼に及んだ[79]。これらは，20年代と同様に主にヨーロッパの生産者間で結ばれた。1931年に終了した国際鉄鋼カルテルも，1933年6月には，第一次カルテルの創設と同じくドイツ，フランス，ベルギーそしてルクセンブルクの鉄鋼業者によって再結成された（第二次国際鉄鋼カルテル）。また，第二次国際鉄鋼カルテルの周辺には表2-5で示されているような各種の鋼材の国際カルテルも結成された。再建された国際鉄鋼カルテルは，1935年にはイギリス鉄鋼連盟と協定を結び，さらに30年代後半にはアメリカのU.S.スチールなどの主要鉄鋼企業とも協定を結び世界の鉄鋼市場を支配した。

　ただし，1930年代の国際カルテルは，20年代とは大きく性格を異にしていた。世界経済のブロック化のなかで形成された国際カルテルは，市場分割を目的とした輸出カルテルであった。すなわち，カルテルの政策として，それまで行われていた生産調整を廃止し，一般に輸出割当を採用したのである。30年代の国際カルテルは，国内市場を各国グループに保証し，輸出に関しては輸出市場の分割か輸出割当を採用することによって，各国グループ間の競争を回避した。第二次国際鉄鋼カルテルの場合も，第一次国際鉄鋼カルテルが行った生産割当を廃止し，表2-6で示される輸出割当を採用した[80]。

　1930年代に国際カルテルは，世界貿易の大きな部分を支配した。フレデリック・ハウスマン（Frederick Haussmann）とダニエル・アハーン（Daniel Ahearn）の研究によると，最も低く見積もった場合でも，1929年から1937年の間の世界貿易の約42％がカルテルまたは緩やかな組合や同盟の影響下にあった[81]。また，1937年の世界市場における国際カルテルの影響について研究したエービン・ヘクスナー（Erbin Hexner）もほぼ同様の数値を出している[82]。

　それでは，当時の国際カルテルは，世界貿易や世界経済においてどのような意味を持っていたのであろうか。表2-7により，戦間期における製造品の貿易と生産の変化を比較してみよう。同表によれば，世界貿易は第一次世界大戦

後は戦前を上回って回復したが，1930年代には大不況の影響により戦前の水準をかなり下回ったままだった。一方，世界の生産高は，20年代に戦前の水準を上回り，30年代前半になると不況の影響で落ち込みが見られるが，1936～38年にはこれまで以上に急激な増加を示した。このように，30年代における生産と貿易の状況は対照的であった。30年代後半における生産の回復と増大は，この時期の主要国の戦時経済化とアウタルキー化による国内経済の発展に起因していた。また，貿易の縮小は，各国の保護貿易政策による世界経済のブロック化が最大の原因である。

例えば，それまで表立って国家が経済に介入することを避けてきたイギリスも政策を転換し，国際カルテルの発展を促進した。周知の通りイギリスは1932年輸入関税法により伝統的な自由貿易政策から訣別し，オタワ会議を経て英連邦特恵制度を形成する。産業政策においてもイギリスは方針を転換し，政府は積極的に国内産業の組織化を図り，国内カルテルが有利な条件で国際カルテルに加盟することを支援した[83]。イギリス政府は，輸入関税諮問委員会（Import Duties Advisory Committee）を産業政策を指導する機関として利用した。輸入関税諮問委員会の政策指導によって，1934年にイギリス鉄鋼連盟が結成された。イギリス鉄鋼連盟と第二次国際鉄鋼カルテルとの鉄鋼半製品のイギリスへの輸入に関する交渉は1934年に開始されたが，イギリスへの輸入割当量をめぐり難航した。そこで，1935年にイギリス政府は鉄鋼製品の輸入関税をそれまでの33.5％から平均50％まで引き上げ，国際鉄鋼カルテルとの交渉をイギリス鉄鋼連盟に有利に導き，協定締結にこぎつけた[84]。こうして，ハインツ・アーント（Heinz W. Arndt）によれば原材料の多くは1936年までに，完成品も37年までに国際カルテルとの協調関係に入った[85]。

第二次世界大戦後のヨーロッパ統合は，1930年代の保護主義や経済ナショナリズムの高まりによる国際経済関係の切断に対する反省と批判の上に展開される。しかし，一方で国際カルテルによって示されたヨーロッパ生産者間の協調関係と経済組織化の試みは，戦後における欧州建設の歴史的前提となった側面を持つ。とりわけ，1952年に発足する欧州石炭鉄鋼共同体（ECSC）と国際鉄

表2-5　戦間期における

対象製品	原加盟国
粗　鋼	ドイツ，フランス，ベルギー，ルクセンブルク，ザール
粗　鋼	ドイツ，フランス，ベルギー，ルクセンブルク，ザール
中分類（流通製品別）	
構造用型鋼	ドイツ，フランス，ベルギー
鋼　材	ルクセンブルク，ザール
標準鋼棒	
標準鋼	
熱間帯鋼	
線　材	
圧板鋼	
中鋼板	
黒薄鋼板	ドイツ，フランス，ベルギー，ルクセンブルク
亜鉛引き鉄板	イギリス，ポーランド，チェコスロヴァキア
ブリキ板	ドイツ，フランス，イギリス，アメリカ
レール	ドイツ，フランス，ベルギー，ルクセンブルク，イギリス
線材製品	ドイツ，フランス，ベルギー，チェコスロヴァキア，ハンガリー，ポーランド
鋼　管	ドイツ，フランス，ベルギー，ポーランド，チェコスロヴァキア，ハンガリー
スクラップ	ドイツ，ポーランド，チェコスロヴァキア，オーストリア，ハンガリー，イタリア，ルーマニア，ユーゴスラヴィア，スウェーデン，イギリス
冷間帯鋼	ドイツ，フランス，ベルギー，ルクセンブルク
H型鋼	ドイツ，フランス，ルクセンブルク
鉄矢板	ドイツ，フランス，ルクセンブルク

鉄鋼関係の国際カルテル

その後の加盟国	協力国	締結	終結
オーストリア,チェコスロヴァキア,ハンガリーが1929年加盟		1926年9月	1931年3月
ポーランド,チェコスロヴァキア	イギリス(1935年)アメリカ(1938年)	1933年主協定締結	
ポーランド,チェコスロヴァキア	イギリス,アメリカ	1933年に再編	
	イギリス,アメリカ,オーストリア	1933年	
	イギリス,アメリカ	1933年に再編	
	イギリス,アメリカ,オーストリア,ハンガリー	1927年	
	イギリス,アメリカ,オーストリア	1933年に再編	
		1933年	
	アメリカ	1936年	1939年秋
ベルギー(1938年)	イタリア,ノルウェー		
オーストリア,ハンガリー,チェコスロヴァキア(1927年),アメリカ(1929年),ポーランド(1935年),イタリア(1937年)		1926年(第一次大戦前にすでに存在)	
	イギリス,アメリカ,デンマーク,オランダ,イタリア	1932年再編	
イギリス(1929年),アメリカ(1929年)	日本(1933~35年)スウェーデン(1933~35年)	1926年(1929年)	1931年2月
		1937年	1939年秋
		1934年12月	
		1934年	
		1936年	

表2-6　第二次国際鉄鋼カルテルの粗鋼輸出割当（1933年）

(単位：%)

国名	680万トン以下	1,180万トン以上
ドイツ，ザール	29.2	33.7
ベルギー	29.0	26.0
フランス	20.6	23.5
ルクセンブルク	21.2	16.8
合　計	100.0	100.0

(出所) Kiersch, G., *Internationale Eisen-und Stahlkartelle*, Essen, 1954, p. 29.

表2-7　戦間期の世界における製造品の貿易と生産の指数（1913年＝100）

期　間	生産高指数	貿易価額（金）	貿易価格（金）
1921～25年	103.2	140.3	183.2
1926～29年	138.9	166.9	160
1930年	136.9	145.6	146
1931～35年	128.2	69.3	91.8
1936～38年	185	71.1	77.2

(出所) L. N., *Industrialization and Foreign Trade*, 1945, Annex Table I and VII.（ヒルガート著／山口・吾郷・本山訳『工業化の世界史』ミネルヴァ書房，1979年，表 I，VII）より作成。

鋼カルテルの間には，断絶面とともに連続面もみることができる。ECSC は，超国家的性格を持つ最高機関によって運営され，カルテル行為を禁止する点で国際鉄鋼カルテルとは異なる。しかし，反面，ECSC は域内の生産や投資を共同計画し，市場を円滑に機能させるため企業の活動を統制する権限を有しており，公的カルテルとしての側面を持つうえ，石炭と鉄鋼の共同市場を基礎に欧州建設を達成しようとする発想はルシュールの国際カルテル網にもとづく欧州統合構想にも通じる。また，ECSC 加盟6カ国のうちフランス，ドイツ，ベルギーおよびルクセンブルクの4カ国は国際鉄鋼カルテルの創設国であり，本部も同じくルクセンブルクに置かれた。ECSC の成立には戦間期におけるルシュールの構想や国際鉄鋼カルテルで培われた経験が影響していると見ることは可能であろう。

小　括

　第一次世界大戦で主戦場となったヨーロッパ各国では，1920年代になると再び戦前の自由市場経済への復帰が予定されることになったが，大戦がヨーロッパに与えた影響は大きく完全な自由競争体制に戻ることはなかった。第一次世界大戦後の混乱が落ち着きを見せた1920年代半ば，ヨーロッパにおいて国際カルテル形成の動きが活発化した。こうした状況をふまえて，国際経済会議の開催を提案したルシュールは，国際カルテルを組織しそれを国際連盟の監督下におくことで欧州の市場統合を実現する構想を示した。

　ベルギーにとっては，当時の国際経済情勢から国際カルテルの存在は認めても，ルシュールが主張するような国際カルテル網の形成や国際連盟による管理は，自由貿易体制への復帰を遅らせるものと映った。開放経済をとり，工業品の大半を輸出する経済にとってこの提案は懸念されるところであった。

　ただし，ルシュールの構想は，仏独間に連盟によって管理される石炭や鉄を対象としたヨーロッパ・カルテルを設立することにより，経済統合を促進させるというものであり，戦後の欧州石炭鉄鋼共同体を想起させる。成立時の国際経済状況が大きく異なるため両組織を短絡的に結びつけることはできないが，両者には戦間期の国際工業カルテルに垣間見えた欧州経済の同質性や相互補完性が背後に共通する条件として存在していた。

　一方，パン・ヨーロッパ運動を背景としたブリアンの提案は，国際連盟内に欧州連合研究委員会を設置するところまでこぎつけたが，緊迫する国際情勢と大不況の影響から挫折を余儀なくされた。もはや，1930年代の欧州の政治状況では協調よりも対立が支配的となった。しかし，ブリアンの提案によって欧州における地域協定の可能性が示されたことで，1930年代には欧州で各種の地域協定が締結されることになった。それは，とくに大不況下で勢力圏を持たず閉鎖的ブロックを形成し得ない小国同士で結ばれることになる。

　さらに，ブリアンの欧州連邦の提案は，第二次世界大戦後の欧州建設に引き

継がれたと見ることができる。すでに、ブリアンの提案には、「共同市場」や「欧州共同体」という言葉が使われていた。そして、1950年5月にフランス外相ロベール・シューマン（Robert Schuman）が発表した石炭鉄鋼共同体の構想（シューマン・プラン）では、「20年以上にわたって欧州統合のチャンピオンであったフランスは、常に平和のためにつくすことをその基本的目標としてきた。欧州は建設されず、戦争が起こった」[86]と述べて戦前のブリアン提案が実現されず再び仏独間で戦争が起こったことを示唆する。さらに、欧州石炭鉄鋼共同体が持つ不戦共同体としての側面、ドイツの参加が決定的に重要であったこと、それに比べてイギリスの参加にはフランスが積極的でなかったことなど、ブリアンの提案をめぐる各国の対応が歴史的教訓となっていた。

　戦間期の国際連盟を舞台とした欧州建設模索の経験、国際カルテルにみられる各国資本間の協調の経験、世界経済の崩壊をもたらした保護主義への反省、さらに国際カルテルが輸出カルテル化し、結果として世界経済のブロック化を促進したことに対する反省が戦後欧州建設の歴史的前提条件としてあった。とりわけ、EUの出発点となるECSCについてはこうした側面が強いと考えられる。

1) 第一次世界大戦後にヨーロッパが直面した経済的解体の危機については、Pollard, Sidney, *European Economic Integration 1815-1970*, London: Thames and Hudson, 1974, pp. 131-134.（シドニー・ポラード著／鈴木良隆・春見濤子訳『ヨーロッパの選択』有斐閣、1990年、185-189頁）を参照。
2) アメリカ企業のヨーロッパ進出については、Chandler, Alfred D. Jr., *Scale and Scope*, Cambridge: Harverd University Press, 1990, Chap. 6.（安部悦生・川辺信雄・工藤章ほか訳『スケール・アンド・スコープ』有斐閣、1993年、第6章「組織能力の拡大」）; Laux, James, *The European Automobile Industy*, New York: Twayne, 1992, Chap. 6-7を参照。
3) 今久保幸生氏は、戦間期におけるドイツ巨大電機企業による欧州市場での活動が、この地域の市場空間統合の基盤となった点を指摘している。今久保幸生「越境する巨大企業」渡辺尚編著『ヨーロッパの発見』有斐閣、2000年。
4) 国際カルテルの活動については、とりあえず次の国際連盟による研究を参照。

第2章　戦間期における欧州建設構想と国際カルテル　75

United Nations（以下，U. N. と略記），*International Cartels: a League of Nations Memorandum*, Lake Success, 1947.（長谷川幸生・入江成雄・森田憲訳『国際連合報告書　国際カルテル』文眞堂，1980年）；League of Nations（以下，L. N. と略記），*Review of the Economic Aspects of Several International Industrial Agreements*, by P. St. Benni (Itary), C. Lammers (Germany), L. Marlio (France) and A. Meyer (Luxembourg), Geneva, 1930.（以下，*Review of Economic Aspects* と略記）。

5）　U. N., *op. cit.*, p. 9.（邦訳，前掲書，5頁）。また，国際レール製造業者組合（International Rail Makers' Association：IRMA）については，とりあえず Razous, Paul, *Cartels, trusts et diverses ententes de producteurs: création, fonctionnement, contrôle*, Paris, 1935, pp. 57-58を参照。

6）　わが国における国際カルテルに関する先駆的研究として，有澤廣巳『カルテル・トラスト・コンツェルン（上）』改造社，1931年（有澤廣巳・脇村義太郎『カルテル・トラスト・コンツェルン』御茶の水書房，1977年に復刻）がある。また，最近の研究としては，Kudo, Akira and Hara, Terushi (eds.), *International Cartels in Business History*, Tokyo, 1992；Nussbaum, Helga, *International Cartels and Multinational Enterprises*, Teichova, Alice, Levy-Leboyer, Maurice and Nussbaum, Helga (eds.), *Multinational Enterprise in Historical Perspective*, London, 1986.（鮎沢・渋谷・竹村監訳『歴史のなかの多国籍企業──国際事業活動の展開と世界経済──』中央大学出版部，1991年）；Jones, Geoffrey, "The Expansion of British Multinational Manufacturing, 1890-1939", Okochi, A. and Inoue, T. (eds.), *Overseas Business Activities*, Tokyo, 1984；工藤章『イー・ゲー・ファルベンの対日戦略──戦間期日独企業関係史──』東京大学出版会，1992年がある。これら最近の国際カルテル研究においては，戦間期における国際的企業活動に注目するものや多国籍企業との関連を問うものが多い。

7）　国際連盟の経済問題への対応については以下を参照。Hill, Martin, *The Economic and Financial Organization of the League of Nations: A Survey of Twenty-Five Years' Experience*, Washington D.C, 1946；李修二「国際連盟『経済・金融機構』の活動方法　1920～1939」『四日市大学論集』第3巻，第1号，1990年。

8）　*Review of the Economic Aspects*.

9）　L. N., *The Monetary and Economic Conference (London, 1933): An account of the preparatory work for the conference and an outline of the previous activities of the economic and financial organization of the League of Nations*, Geneva, 1933, pp. 78-79.

10）　*Review of Economic Aspects*, p. 26.

11) L. N., *Cartels and Trusts and their Development*, by P. de Rousiers, Geneva. 1927, p. 18.
12) Ziebura, Gilbert, *Weltwirtschaft und Weltpolitik 1922/24-1931: Zwischen Rekonstruktion und Zusammenbruch*, Frankfurt am Main: Suhrkamp, 1984, p. 101. (G. チブラ著／三宅正樹訳『世界経済と世界政治──再建と崩壊 1922-1931』みすず書房, 1989年, 127頁).
13) 国際鉄鋼カルテルについては多くの研究があるが, とりあえず以下を参照。Kiersch, *op. cit.* (邦訳, 前掲書); Hexner, *op. cit.*; 工藤章, 前掲論文。
14) 戦間期の欧州建設構想に関する主要な文書は以下の文献に収録されている。Dumoulin, Michel et Stelandre, Yves, *L'idée européenne dans l'entre-deux-guerres*, Louvain-la-Neuve: Academia, 1992 ; Weigall, David and Stirk, Peter (eds.), *The Origins and Development of the European Community*, Leicester/London: Leicester University Press, 1992.
15) "Document 1.1 Giovanni Agnelli and Attilio Cabiati, 'European Federation or League of Nations ?', 1918", David and Stirk (eds.), *op. cit.*, pp. 6-7 ; Pinder, John, "Federalism in Britain and Italy: Radicals and the English Liberal Tradition", Stirk, Peter M. R. (ed.), *European Unity in Context: The Interwar Period*, London, 1989 ; 八十田博人「スピネッリの欧州同盟構想」日本EC学会編『ECの政治統合』有斐閣, 1993年, 2-3頁。
16) Keynes, John Maynard, *The Economic Consequences of the Peace*, The Collected Writings of John Maynard Keynes Vol. II, London/Basingstoke: Macmillan, 1971 (First edition 1919), p. 143. (早坂忠訳『ケインズ全集第2巻 平和の経済的帰結』東洋経済新報社, 1977年, 178頁)。
17) Keynes, *op. cit.*, pp. 167-168. (邦訳, 前掲書, 207-208頁)。
18) Coudenhove-Kalergi, Richard, "Paneuropa", *Neue Freie Press*, 16 November, 1922. (「パン・ヨーロッパ運動40年の歴史」『クーデンホーフ・カレルギー全集』第9巻, 鹿島研究所出版会, 1970年に所収)。
19) Coudenhove-Kalergi, Richard, *Pan-Europe*, Wien: Pan-Europa-Verlag, 1923. (R. N. クーデンホーフ・カレルギー著／鹿島守之助訳『パン・ヨーロッパ』鹿島研究所出版会, 1961年。鹿島守之助訳編『クーデンホーフ・カレルギー全集』第1巻, 鹿島研究所出版会, 1970年にも所収)。本書の図表は数値が正確な英語版を用いた。Do., *Pan-Europe*, Alfred A. Knopf, New York, 1926.
20) Coudenhove-Kalergi, *op. cit.*, 1923, p. XI (邦訳, 同上書, 30頁)。ただし, 訳は独自のもの。また, この文章は英語版にはない。

21) *Ibid., op. cit.*, pp. 21-23.（邦訳，同上書，46-47頁）。
22) *Ibid., op. cit.*, p. 43.（邦訳，同上書，65頁）。
23) *Ibid., op. cit.*, p. 44.（邦訳，同上書，66-67頁）。
24) 『クーデンホーフ・カレルギー全集』第1巻，180頁。
25) Heater, Derek, *The Idea of European Unity*, New York: St. Martin's Press, 1992, p. 128.（デレック・ヒーター著／田中俊郎監訳『統一ヨーロッパへの道』岩波書店，1994年，193頁）。ただし，訳文は翻訳書通りではない（以下，同じ）。
26) Urwin, Derek W., *The Community of Europe: A History of European Integration since 1945*, London/New York, Longman, 2nd edition, 1995, p. 5.
27) Heater, *op. cit.*, pp. 127-128.（邦訳，前掲書，192-193頁）。
28) *Ibid.*, p. 128.（邦訳，同上書，192-193頁）。
29) Coudenhove-Kalergi, "Three Years of Pan-Europe", *op. cit.*, New York, 1926, pp. 197-213.（クーデンホーフ＝カレルギー「パン・ヨーロッパ運動の三カ年」前掲書，第12章）。また，Document 1.2 Richard N. Coudenhove-Kalergi, "Three Years of Pan-Europe", 1926, Weigall and Stirk (eds.), *The Origins and Development of The European Community*, Leicester/London: Leicester University Press, 1992, p. 8も参照。
30) 第一回パン・ヨーロッパ会議については，Ibid.; Pegg, Charl H., *Evolution of the European Idea, 1914-1932*, Chapel Hill/London: University of North Carolina Press, 1983, pp. 71-74, を参照。
31) ヴォルフと彼が設立した中欧経済協会について詳しくは，藤瀬浩司「ユリウス・ヴォルフと中欧経済協会　1904-1918」『経済科学』（名古屋大学）第44号第3号，1996年を参照。
32) 1927年に仏外相ブリアンの提案によりまず米仏間で合意され，さらにケロッグ米国務長官の提案で1928年8月に15カ国がパリで締結した。後に63カ国がこれに参加した。国際紛争解決のためと国策遂行のための戦争の放棄を主な内容とする。
33) Bonnefous, Edouard, *L'europe en face de son déstin*, Paris, 1955, pp. 58-59.
34) Gerbet, Pierre, *La construction de l'europe*, Troisième édition révisée et mise à jour, Paris: Imprimerie Nationale, 1999 (1ère 1983), p. 33 ; Pegg, *op. cit.*, p. 33.
35) Heater, *op. cit.*, p. 124.（邦訳，前掲書，187頁）。
36) ルシュールは戦後に復興相としてフランス経済の近代化の必要性を認識しており，戦後フランスの経済政策に影響力を持った。ルシュールについて詳しくは，Carls, Stephan D., *Louis Loucheur and the Shaping of Modern France 1916-1931*, Baton Rouge/London: Louisiana State University Press, 1996；廣田功『現代フランスの

史的形成』東京大学出版会,1994年,とくに第4章「1920年代の『近代化』の歴史的特質」を参照。
37) Heater, *op. cit.*, p. 124.（邦訳，前掲書，188頁）。
38) 戦間期の欧州建設運動と経済界の関係については,以下を参照。Bussiere, Éric, *La France, la Belgique et l'organisation économique de l'Europe, 1918-1935*, Paris: Comité pour l'histoire économique et financière de la France, 1992, Troisième partie, Chapitre II ; Gerbet, *op. cit*, pp. 32-35 ; Pegg, *op. cit,*. Chapter 10 ; Bonnefous, *op. cit.*, pp. 57-59；廣田功,前掲書,185-186頁。
39) Heater, *op. cit.*, p. 124.（邦訳，前掲書，188頁）。
40) L. N., *The World Economic Conference: Final Report*, Geneva. 1927（以下，*Final Report* と略記), p. 15.
41) 例えば次のものがある。L. N., *Memorandum on the Iron and Steel Industry*, International Economic Conference, Geneva, 1927.
42) 準備委員会での議論については,安達清昭「1927年ジュネーヴ国際経済会議」藤瀬浩司編『世界大不況と国際連盟』名古屋大学出版会,1994年,73-75頁および小島健「国際工業カルテルと国際連盟」同上書,254-256頁を参照。
43) L. N., *Report and Proceedings of the World Economic Conference*, Vol. I, Geneva, 1927, pp. 129-134.
44) *Ibid.*, Vol. II, p. 149.
45) *Final Report*, p. 40.
46) *Ibid.*, pp. 41-42.
47) L. N., *General Report on the Economic Aspects of International Industrial Agreements*, Geneva, 1931.
48) *Ibid.*, pp. 28-32.
49) L. N., *Official Journal. Special Supplement*, No. 95, Records of the Twelfth Ordinary Session of the Assembly, Minutes of the Second Committee, Sep. 17th, 1931, pp. 25-26.
50) *Ibid.*, pp. 29-33.
51) *Ibid.*, p. 34.
52) *Ibid.*, Annex 11, Draft Report submitted by M. Louis Rollin.
53) 委員は以下の通り。Rollin（仏），de Michellis（伊），Bernis（西），Sir Arthur Salter（英），Posse（独）。
54) Coudenhove-Kalergi, Richard, *Crusade for Pan-Europe: autobiography of a man and a movement*, New York: Putnam's, 1943, p. 100.

55) Herriot, Edouard, *Europe*, Paris, 1930.（エリオ著／鹿島守之助訳『ヨーロッパ合衆国』鹿島研究所，1962年）．
56) Bonnefous, *op. cit.*, p. 60 ; Heater, *op. cit.*, p. 124.（邦訳，前掲書，189頁）．
57) Pegg, *op. cit.*, pp. 97-98.
58) ブリアンの欧州連合案については，とりあえず『クーデンホーフ・カレルギー全集』第2巻に収められている「ヨーロッパ国民」の第4章「パン・ヨーロッパ運動の歴史」，および植田隆子『地域的安全保障の史的研究』山川出版社，1989年，第5章「ブリアンの欧州連合案」を参照。前者は，注がなく根拠となる資料は示されていないため学術的価値は低いが，クーデンホーフ＝カレルギー個人の意見を知るうえで有益である。後者は史料にもとづく歴史研究であり学術的価値は高いが，安全保障面からの考察であり，本書とは異なった視点から分析している。
59) ブリアンの演説テキストは，以下に収録されている。《Discours d'Aristide Briand devant la Xe session de l'Assemblée de la Société des Nations》, *Le Plan Briand d'union fédérale européenne: Documents*, Genève, 1991, pp. 1-3 ; Mirkine-Guetzevitch, B. et Scelle, Georges, *L'union européenne*, Paris: Librairie Delagrave, 1931, pp. 33-35.
60) "Discours de Gustav Stresemann devant la Xe session de l'Assemblée de la Société des Nations", *Le Plan Briand d'union fédérale européenne*, pp. 3-4.
61) Mirkine-Guetzevitch et Scelle, *op. cit.*, Doc. No. 6.
62) 午餐会については，"Compte rendu de l'échange de vues qui a eu lieu à l'issue du déjeuner offert par Aristide Briand aux représentants des Etats européens à la Société des Nations", *Le Plan Briand d'union fédérale européenne*, pp. 5-10を参照。招待されたのは，アルバニア，ドイツ，オーストリア，ベルギー，イギリス，ブルガリア，デンマーク，スペイン，エストニア，フィンランド，ギリシャ，ハンガリー，アイルランド，イタリア，ラトビア，リトアニア，ルクセンブルク，ノルウェー，オランダ，ポーランド，ポルトガル，ルーマニア，ユーゴスラヴィア，スウェーデン，スイス，チェコスロヴァキアの26カ国である。
63) "Communiqué officiel remis à la presse, Le 9 septembre 1929", *Le Plan Briand d'union fédérale européenne*, pp. 10-11.
64) Dumoulin et Stelandre, *op. cit.*, p. 110.
65) レジェは1933年にフランス外務省の事務次官となったが，1940年にヴィシー政権により解任されアメリカに亡命した。事務次官の期間中，彼の欧州建設の支持者としての態度は変わらなかった。クーデンホーフ＝カレルギー「ヨーロッパ国民」『クーデンホーフ＝カレルギー全集』第2巻所収，101頁；デイヴィド・クリスタ

ル編集『世界人名辞典』岩波書店, 1997年, 404頁。
66) Heater, *op. cit.*, p. 134. (邦訳, 前掲書, 202頁)。
67) 覚書のテキストは, 以下に載っている。"Mémorandum sur l'organisation d'un régime d'union fédérale européenne présenté le 17 mai 1930 par le gouvernement français, Paris, le 1er mai 1930", *Le Plan Briand d'uion fédérale européenne*, pp. 37-45 ; Dumoulin et Stelandre, *op. cit.*, Texte 13 ; Mirkine-Guetzevitch et Scelle, *op. cit.*, Doc. No. 13.
68) 連盟規約第21条の地域協定に関して持った意義については, 植田隆子, 前掲書, 第1章, 第5章ほかを参照。
69) Pegg, *op. cit.*, p. 140 ; 植田隆子, 前掲書, 80頁。
70) クーデンホーフ゠カレルギー「ヨーロッパ国民」86-90頁。
71) 回答については, *Le Plan Briand d'uion fédérale européenne*, pp. 49-57 ; Mirkine-Guetzevitch et Scelle, *op. cit.*, pp. 71-173を参照。また, 反応についての分析は, Pegg, *op. cit.*, Chapter 17《The governments respond to the memorandum》; 植田隆子, 前掲書, 84-85頁を参照。
72) Pegg, *op. cit.*, pp. 151-152.
73) Ziebura, *op. cit.*, p. 162. (邦訳, 前掲書, 209頁)。
74) Ziebura, *op. cit.*, p. 105. (邦訳, 前掲書, 134頁)。
75) "Rapport du gouvernement français sur les résultants de l'enquête instituée au sujet de l'organisation d'un régime d'union fédérale européenne", *Le Plan Briand d'union fédérale européenne*, pp. 58-75 ; Mirkine-Guetzevitch et Scelle, *op. cit.*, Doc. No. 40, pp. 175-196.
76) Heater, *op. cit.*, p. 141. (邦訳, 前掲書, 210頁)。
77) "Institution d'une Commission d'étude pour l'union européenne lors de la Onzième session ordinaire de l'Assemblée de la Société des Nations", *Le Plan Briand d'uion fédérale européenne*, pp. 76-77 ; Mirkine-Guetzevitch et Scelle, *op. cit.*, Doc. No. 76, pp. 319-321.
78) cf. U. N., *op. cit.*, "Editorial Note and Preface". (邦訳, 前掲書, ⅰ-ⅵ頁) を参照。
79) 戦間期の主な国際カルテルについて, Ibid., Table 1-3. (邦訳, 前掲書, 付表Ⅰ～Ⅲ) を参照。
80) 第一次国際鉄鋼カルテルは国際粗鋼組合 (Internationale Rohstahl-Gemeinschaft, IRG), 第二次国際鉄鋼カルテルは国際粗鋼輸出カルテル (Internationale Rohstahl-Export-Gemeinschaft, IREG) と呼ばれる場合もある。国際鉄鋼カルテルにはいくつかの呼称があり, 定まっていない。cf. Kiersch, *op. cit.* ; Hexner, *op. cit.*, p. 6.

81) Haussmann, Frederick and Ahearn, Daniel, "International Cartels and World Trade: An Exploratory Estimate", *Thought*, Fordham University Quartely, September, 1944, pp. 433-434 ; cf. U. N., *op. cit.*, p. 2. (邦訳, 前掲書, 4頁).

82) Hexner, E., International Cartels in the Post-War World, *The Southern Economic Journal*, October 1943 p. 124 ; cf U. N., *op. cit.*, p. 2. (邦訳, 前掲書, 4頁).

83) 戦間期イギリスにおけるカルテルの形成については以下を参照。Hannah, Leslie, *The Rise of the Corporate Economy*, London/ New York: Methuen, 1983 (2nd edition). (レスリー・ハンナ著／湯沢・後藤訳『大企業経済の興隆』東洋経済新報社, 1987年)；森恒夫『講座 帝国主義の研究――両大戦間期におけるその再編 4 イギリス資本主義』青木書店, 1975年；大沢真理「両大戦間期イギリスにおける『独占』・『団結』と産業『計画化』」, 廣田功・奥田央・大沢真理編『転換期の国家・資本・労働――両大戦間の比較史的研究――』東京大学出版会, 1988年.

84) Aldcroft, Derek H., *The Inter-War Economy: Britain, 1919-1939*, New York: Columbia University Press, 1970, pp. 173, 285-292 ; U. N. *op. cit.*, p. 21 (邦訳, 前掲書, 40-41頁)；Arndt, Heinz W., *The Economic Lessons of the Nineteen-Thirties*, Hampshire: Gregg House, 1993 (First, London, 1944) pp. 109-110. (H. W. アーント著／小沢健二ほか訳『世界大不況の教訓』東洋経済新報社, 1978年, 134頁).

85) Arndt, *Ibid.*, p. 115. (邦訳, 前掲書, 140頁).

86) CEAB (Commisission des Communautés Européennes Archieves Bruxelles) 2 No. 14, Déclaration de Robert Schuman, 9 mai 1950.

第3章

世界大不況におけるヴァンゼーラントの政策提言

　1929年10月のアメリカにおける株価の大暴落をきっかけとして，世界は恐慌に突入した。恐慌対策として各国は関税引き上げなどによって保護貿易体制を強化し，それと並行して経済活動や市場に対する国家の介入が強化された。また，1932年にイギリスがオタワ会議によって英連邦経済圏を形成したことを皮切りに，自国および植民地などの勢力圏で自給的経済活動を行うアウタルキー政策がフランスなど勢力圏を持つ列強諸国で採用された[1]。

　ただし，1933年までは「国際機関と国際会議によって世界不況，金融恐慌および世界通貨・貿易制度の崩壊という破局的事件を克服するための熱狂的な試みが続けられた」[2]。1932年6〜7月にドイツの賠償とヨーロッパ各国の戦債問題を議論するために，イギリス，フランス，ベルギー，イタリア，ドイツ，日本が招請したローザンヌ会議は，7月3日に，通貨・経済問題について討議する国際会議の召集を決議した。国際会議の目的は，「現在の不況をもたらし長引かせていると思われる経済・金融上の困難を解決するために必要な対策を立てること」にあり，決議はこの会議の招集を国際連盟に要請した[3]。

　ローザンヌ会議の決議を受けて，6月12日から大不況対策を検討するためロンドンで国際連盟主催の世界経済会議（ロンドン通貨経済会議とも言う）[4]が国際連盟主催のもと開催された。同会議は，各国政府代表によって組織され，会議に寄せられた期待は高かった[5]。会議には，64カ国から専門家が集まり，大不況対策としてとくに貿易，通貨，信用，物価問題などを討議することになっていた。

　しかし，ロンドン世界経済会議は，最初から対米債務問題や金本位離脱問題で英米仏主要3国が対立した。さらに，7月3日のフランクリン・ローズヴェ

ルト（Franklin Roosevelt）米大統領による国際通貨の安定化に対する拒否を内容とするいわゆる「爆弾」宣言があり会議は崩壊した。結局，会議は7月27日に無期休会を宣言した[6]。ここに国際的な経済協調の動きは頓挫し，その後世界経済のブロック化が急速に進み，世界貿易は縮小した。大不況による世界経済の縮小は経済の対外依存度の高いベルギーにとって重大な事態であった。

　本章では，1930年代の大不況に対するベルギーの対応を検討することを通して，ベルギー経済の構造変化と欧州建設への動向を検出する。その際，本章ではとくに，ベルギーにおける新自由主義の経済学者であり銀行家，政治家でもあったポール・ヴァンゼーラント（Paul van Zeeland）に注目する。彼は，大不況下でベルギー国立銀行副総裁から首相に就任し，不況の克服に尽力しただけでなく，当時対立が激しくなっていたヨーロッパにおいて協調への道を探ることに努力した人物である。このようなヴァンゼーラントの内政と外交政策は，当時の世界において大きな注目を集めたが，今日では彼の活動はあまり知られていない。本章はヴァンゼーラントの活動と経済思想に焦点を当てることによって，ベルギーの欧州建設への関与の背景となったベルギーにおける新自由主義的欧州建設の考えに接近する。

第1節　ヴァンゼーラントの経歴と思想

　ポール・ヴァンゼーラントは，1935年にベルギー国立銀行副総裁から首相に就任し不況の克服に努め，戦後も1949年から54年まで外相として欧州建設に直接関与した人物である。本節では，1930年代における彼の大不況への対応と国際的な活動における欧州建設への志向について検証することによって，ベルギーの戦間期における欧州建設の取り組みの一端を明らかにする。ヴァンゼーラントは政界引退後の1960年代に回顧録の執筆に着手するが健康上の理由から出版に至らないまま1973年に他界した。しかし，近年，ベルギーの歴史家ヴァンサン・デュジャルダン（Vincent Dujardin）とデュムランが，回顧録の草稿を含む彼の個人文書や公文書をもとにして信頼のおける評伝を出版した[7]。そ

こで，まず，主にこの評伝によってヴァンゼーラントの生涯をたどることにする。

1893年11月，ヴァンゼーラントはエノー州ソワニー（Soignies）で8人兄弟の7番目の子供として生まれた。1897年6月には，後に国際決済銀行の支配人となる弟のマルセル（Marcel）が生まれたが，他の兄弟は早世した。彼の祖先は19世紀初めに宗教上の理由（カトリック）によってオランダからベルギーに移り住んだが，本人はフランス語系ベルギー人である。ヴァンゼーラントは1912年秋にルーヴァン大学に入学し，最初の2年間は哲学と文学を学び，その後，法学を学ぶ予定であった。

また，彼は，入学後，哲学や文学とともにトマス哲学を学んだ。これは，ルーヴァン大学哲学教授でメッヘレン（ベルギーの首位大司教座）のデジレ・ジョセフ・メルシエ（Désiré Joseph Mercier）枢機卿が行っていた教育で，世俗の学生をトミスムに導くものであった。メルシエのトミスムは，ローマの諸大学で行われていたようなトマスの教えを字義的に忠実に解釈し現代の科学や哲学との対話を拒否したものではなく，「科学に大きく門戸を開き，同時代のあらゆる思想に忠実な」ネオトミスムであった[8]。トミスム運動は，1879年8月4日に発布された教皇レオ13世（Leo XIII）の回勅『エテルニ・パートリス』によって大きく進展した。ルーヴァン大学には1882年にトマス哲学講座が創設され，最初の担当者がメルシエ枢機卿だった。トマス哲学は，19世紀末には上記のように厳格なトミスム（パレオ・トミスム）と進歩的なトミスムに分離していた。

メルシエのトマス哲学は，他の哲学と対話し現代科学の成果を取り入れることに積極的であるとともに，現代が抱える問題とくに経済問題と社会問題に学生たちの関心を喚起した。彼は，19世紀から発展してきたカトリック社会教説の指導者でもあった[9]。カトリック社会教説は，1891年の教皇レオ13世が発した回勅『レールム・ノヴァルム』（Rerum Novarum）によってカトリック教会の公認の教義となった。メルシエによってヴァンゼーラントもカトリック社会教説のグループに参加することになる[10]。

第一次世界大戦後の1920年メッヘレンにメルシエを会長にカトリック社会教説の国際組織である国際社会問題研究協会（Union international d'études sociales）が設立された[11]。1920年の時点で学生だったヴァンゼーラントがこの組織にどのように関与していたかは不明だが，1948年の協会員の名簿にはヴァンゼーラントの名前が載っている[12]。

　このように，ヴァンゼーラントは，法律学を志しつつも，他の学生に比べてよりカトリック的で，またカトリック社会教説の影響を受けた社会問題に強い関心を持つ学生であったと言える。

　ヴァンゼーラントが大学の3年に進学し法律学を学ぼうとした直前に第一次世界大戦が勃発した。1914年8月4日にドイツ軍はベルギーの中立を犯して侵攻した。ヴァンゼーラントは直ちに従軍したが，すぐにドイツ軍の捕虜となってしまった。彼が捕虜生活を終えベルギーに戻ったのは1919年1月初めであり，同年8月ようやく除隊した。

　第一次世界大戦はヴァンゼーラントに経済問題への関心を呼び起こした。復学した彼は当初の法律学志望を変更し，経済学を研究することにした。ヴァンゼーラントにとって重要な問題は戦後再建策であり，経済・金融問題が他のすべての問題に勝っていると思われた。第一次世界大戦後の世界経済におけるアメリカの重要性を認識したヴァンゼーラントは，米国への留学を希望した。当時，ベルギー救援委員会（Committee for Relief of Belgium：CRB）の奨学金で米国に留学生が送られることになっていた。彼は，CRBのキーマンでありベルギー金融界の指導者であるソシエテ・ジェネラルのエミール・フランキ（Emile Francqui）のもとを訪れ，通貨と信用の第一人者であるプリンストン大学のエドウィン・ケメラー（Edwin Kemmerer）のもとで学びたいと，アメリカ留学を要請した。彼の希望はかなえられ，1920年9月に彼は24名のベルギー人留学生の一人としてアメリカに出航した。留学生のうち，医学生10名，技術系学生8名であり，社会科学系の学生はわずかであった。

　ケメラーのもとでヴァンゼーラントはアメリカにおける通貨改革を修士論文のテーマとして取り組んだ。ヴァンゼーラントは，ニューヨーク連邦準備銀行

でも研修し、ケメラーの指導に従って多くの専門家と会った。1920～21年のプリンストン大学での研究によって、ヴァンゼーラントは経済学修士号を取得した[13]。

1921年に帰国したヴァンゼーラントは、ベルギー国立銀行に入行した。そして、1922年には修士論文をもとに『1913年から1921年のアメリカ合衆国の銀行改革』[14]と題する著書を出版した。本書にはケメラーによる序文が寄せられた。ケメラーは「アメリカの銀行についての、申し分なく良識ある批判的な報告である」[15]と本書を高く評価した。ヴァンゼーラントは同書のなかで、アメリカの銀行改革についての分析をもとに、政治が金融に介入することを批判し、金融の独立性を支持した[16]。

第一次世界大戦後、アメリカは唯一の債権国となり、1919年にはいち早く金本位制に復帰した。このため、ドルに対する信用は世界的に高まり、アメリカの通貨システムに関する知識はヨーロッパ各国で必要とされた。この問題に精通するヴァンゼーラントは、1922年以降、ジェノヴァ会議をはじめとする国際経済会議のベルギー代表団に加わることになった。

ヴァンゼーラントは国立銀行の経済研究局に所属し、1925年になるとレオン・デュプリエ（Léon -H. Dupriez）、ロベール・ルモワン（Robert Lemoine）、ジャン＝ジャック・ヴァンサン（J. -J. Vincent）などの同僚とともに財務省と密接な連絡を取りながら金本位制復帰に向けて研究を行った。1926年、ベルギーは通貨価値の安定化に成功し、金本位制に復帰した。その直後の1926年12月、ヴァンゼーラントは33歳という異例の若さで国立銀行の理事に任命された。国立銀行総裁のルイ・フランク（Louis Franck）は法律家であり、通貨理論の専門家であるヴァンゼーラントが事実上、中央銀行政策を執行することになった[17]。

ベルギー国立銀行理事として、ヴァンゼーラントは数々の国際会議に参加し、人間関係を含めて経験を積んでいった。そして、彼は1930年バーゼルに設立された国際決済銀行（BIS）の創設に大きく関与した。国際決済銀行の支配人には弟のマルセル・ヴァンゼーラント（Marcel van Zeeland）が就任した。マルセルはルーヴァン大学で法学を学んだ後、アメリカ・ニューヨークの巨大商業

銀行であるナショナル・シティ銀行のブリュッセル支店で副支店長を務めていたが，兄の推薦で国際決済銀行の支配人となった[18]。また，ポールも同行の理事代理に就任し，アメリカ留学するにあたって助力を受けたベルギー・ソシエテ・ジェネラル総帥のフランキも国際決済銀行の理事に就任した。

　一方，ルーヴァン大学では，1925年頃から経済学の研究・教育が活発になり，その中心にはヴァンゼーラントと親しいフェルナン・ボードワン（Fernand Baudhuin），デュプリエ，ガストン・エイスケンス（Gaston Eyskens）らがいた。1928年，ヴァンゼーラントは国立銀行理事と兼職で同大学で金融分析の講義を担当することになった。また彼は同年，ルーヴァン大学経済研究所（Institut des Sciences Économique de l'Université de Louvain）の創設に加わり所長に就任した。研究所は，ベルギー経済の実証分析で評価を確立しベルギーの代表的経済研究所になるとともに，自由主義的な研究所のスタッフや関係者は，ルーヴァン学派（École de Louvain）と呼ばれるようになった[19]。

第2節　ヴァンゼーラントの大不況分析と政策提言

　経済学者としてのヴァンゼーラントを国際的に著名にしたのは，1933年の著書『ヨーロッパの概観　1932年』[20]である。大恐慌下のヨーロッパ経済を分析し，その解決策を提言した本書は国際的に注目され，英語版やオランダ語版も出版された。もともと本書は，アメリカのジョンズ・ホプキンス大学の招きでヴァンゼーラントが1933年5月に行った一連の講演のために準備されたものである[21]。本書は全4部で構成されている。以下では本書の内容に沿って，ヴァンゼーラントの分析をたどることにする。

　第1部「序論」では，経済恐慌の源は先の大戦とその後の平和のなかにあるとして，戦後経済の問題点を指摘する。国際金融面では，イギリスの国際収支における大幅な黒字と国際貿易におけるイギリスの比重が低下したため，戦前主要な役割を果たしたロンドン市場の地位が後退した。ロンドンの抜けた穴を埋めることができたのは，巨大市場のパリとニューヨークであった。しかし，

これらの市場はロンドンが持っていた市場についての深い知識や多様なサービス機能そして高い適応能力を欠いていた。さらに米仏は柔軟な関税政策と輸入において多様な貿易を展開する基本的条件を持っていなかった。

こうした国際金融上の問題は，1931年5月オーストリアのクレジット・アンシュタルトの破綻がヨーロッパ全体に広がることを食い止めるどころかむしろ危機を増幅し，1931年9月21日にはスターリングの金本位離脱に至った。この結果，1932年のヨーロッパは，金本位停止国，為替管理国，金本位国の三つに分裂していた[22]。

第2部「恐慌との戦いと挫折」では，恐慌発生後の各国や国際機関による取り組みが検討される。ここでまず，恐慌に対して各国が経済ナショナリズム的政策をとった点が批判される。恐慌の明らかな特徴はその世界性にあり，国際会議や専門家の会議が保護主義の不利について指摘しても現実には各国が近隣諸国を犠牲にして恐慌を乗り切ろうとして保護主義政策を採用している。関税引き上げの効果が低下すると，次は数量制限に乗り出し，さらに輸入禁止措置に行き着くが問題は解決されない。また，金融面でなされた為替管理，モラトリアム，清算協定も状況を改善するまでには至っていない[23]。

以上のような無計画な恐慌との戦いは大きな敗北へと導き，さらに国際連盟や国際決済銀行の役割について疑問が投げかけられた。国際連盟は行動のための手段を奪われており，アメリカが参加しないなど大きな限界を持つ。しかし，それにもかかわらず，衛生問題，少数民族の保護，国際経済における基準の統一など重要な分野で成果をあげてきた。ロカルノ条約からローザンヌ会議までの国際協調における連盟の役割は無視できない。さらに，ヴァンゼーラントは，大国が支配する理事会（Council）のあり方に疑問を示し，国際的問題においては，小国の方がエゴイズムや偏見から自由であり，より明るい見通しを示す点を指摘した[24]。

国際決済銀行においては，ノーマン・イングランド銀行総裁とストロング・ニューヨーク連邦準備銀行総裁の連携を軸に中央銀行間の協力が順調に進んだ。恐慌に対しても同行の枠組みのなかで中央銀行間協力は機能したが，しかし，

同行には恐慌に立ち向かう能力が欠けており，国際連盟と同様に有効な対策を取ることはできなかった[25]。

ただし，国家的エゴイズムが蔓延していたなかにあっても，他方で，これに反対する考えや力も存在した。共通の困難に対して，現実的で効果的な共同行動を組織するために，当時，いくつかの国際会議が開催された。1932年2月13日のドイツ，ベルギー，フランス，イギリス，イタリア，日本の呼びかけで同年6月16日に開催されたローザンヌ会議では，フーバー・モラトリアム（1931年6月20日発表）と戦債・賠償問題への対応が議論された。

会議は約1カ月の交渉を経て7月9日に最終議定書が調印された。この会議では，最大の債権国であるフランスとベルギーの譲歩によってドイツの賠償が削減された。しかし，解決されたのは賠償問題だけであった。決定的解決のためにはアメリカの協力が欠かせなかった。こうして，ローザンヌ会議は，国際連盟の呼びかけによる世界経済会議の開催とその準備のためにアメリカ代表を含む専門家委員会を設置することを決定した[26]。会議の決定は1933年6月に開催されたロンドン世界経済会議として実現した。

恐慌との戦いを目的に行なわれた国際的取り組みのなかで，ヴァンゼーラントは，ヨーロッパ小国によって締結された経済協力協定が持つ意義を強調する。1930年12月22日の低地諸国とスカンジナヴィア諸国により調印されたオスロ協定は，相互の連携を強化することと関税休戦を目的としていた。また，協定は他の国の参加も認めており，オスロ協定には自由貿易促進の萌芽があるとヴァンゼーラントは評価した[27]。

さらに，ヴァンゼーラントは低地諸国3国が1932年7月18日，ローザンヌ近郊のウーシーにおいて締結したウーシー協定の意義を強調する。ウーシー協定は，毎年10％ずつの関税引き下げを行い5年間で現行関税率を50％引き下げること，また，いかなる新規の禁止措置や制限措置も課さず，現行のこれらの措置を速やかに撤廃することを規定していた。そして，この協定への参加はすべての国に開かれていた。ウーシー協定は国際的な関税戦争のなかで関税引き下げを内容とする建設的な試みであったが，低地諸国がそれまでに結んでいた通

商協定に含まれていた最恵国条項を盾に英米がウーシー協定を認めなかったことにより発効には至らなかった。しかし，ヴァンゼーラントは，これらの地域協定が世界的な貿易自由化の種をまいた点を評価し，来るべき国際経済会議が好ましい雰囲気をもたらすならば，この種が成長するだろうと期待を表明した[28]。

第3部「基本的諸問題」では，これまで検討してきた努力や失敗をもとにして，三つの重要問題に対する解決策が考察される。第一は，アウタルキーか国際経済かという問題である。ヴァンゼーラントは，まず，アウタルキーが，アメリカやイギリスのような資源や勢力圏を持つ国においてさえも現実には不可能であり損害が大きいことを論証する[29]。

そして，彼は，経済面での国際協力が必要であると述べ，自由貿易が世界大不況克服の唯一の手段であると訴える。ただし，自由貿易体制下で各国民経済は一つに融合するわけではなく，各国独自の特色や固有の組織，自然的条件の優位を保つべきである。また，そうした各国の間で結ばれる地域協定や類似した経済間で結ばれる集団協定が，確実に国際組織への一歩となり，一般的性格の協定の締結を容易にする。貿易障壁の撤廃や恒久的国際秩序の保障のためには国際組織が必要であり，その庇護の下で資本や財の自由移動が復活することになる[30]。以上に見たような，地域協定の役割を重視し，それをもとに世界的な自由貿易体制を目指すとする経済観は，ヴァンゼーラントが戦後に欧州建設を推進することにつながるものとしても注目される。

第二の問題は，ディリジスムかレッセフェールかという経済政策をめぐる問題である。ヴァンゼーラントによれば，自由主義の経済法則が機能していたのは1860年頃を頂点とする19世紀であり，その中心には工業，通商，金融における三重の優位を持つイギリスすなわちロンドンが君臨していた。しかし，第一次世界大戦前から国家による保護主義的介入が見られ，民間経済においてもカルテルが結成されるなど国際経済には大きな変化が現れた。この傾向は，大戦後さらに強まった[31]。ヴァンゼーラントは，このような資本主義の変容を認めたうえで，市場法則が貫徹する自由主義的な経済が最も人々に幸福をもたらす

と考え、むしろ自由を保障するために公権力の介入が必要であると考えた。まさにヴァンゼーラントは、古典的自由主義にもはや戻れないことを理解し、自由主義の刷新を目指した新自由主義者であった。

　ヴァンゼーラントは、自由主義刷新の指針をカトリック社会教説に求める。1931年の教皇ピウス11世（Pius XI）の社会回勅『クアドラジェジモ・アンノ』（Quadragesimo Anno）から、まず彼は、個人や下位の団体の自立性を尊重しつつ国家の社会的役割を重視する補完性原理の重要さを指摘する[32]。次いで、同回勅から経済と競争および公権力について述べた以下の文章を引用する[33]。

- よく秩序づけられた経済体制の到来を競争の自由な働きに期待することはできない。
- したがって、経済生活を正しく有効な指導原理の支配の下に置き直すことが絶対に必要である。
- しかしながら、われわれの知るところでは、国家が必要かつ十分な援助または扶助にとどまらず、私的意志行為に取って代わるのではないかとひどく恐れているものが全くいないわけではない、と言わなければならない。
- 他方、必然的な結果として、この目的（よりよい社会的均衡の確立）は、技術的・職業的・社会的能力の貢献が大きくなればなるほど、より確実に達成されるであろうと信じる。
- 合理的で正しい限度のなかにある自由競争とくに経済権力は、公権力に属するすべてのことがらについて、公権力のもとに実際に服従しなければならない。

　ヴァンゼーラントによれば、より大きな自由とより大きな秩序に向かう二つの傾向は調和する。ただし、「現在の状況下で完全なレッセフェール体制に戻ろうとすることはユートピアである。（中略）われわれが落ちてしまった沼から抜け出すためには、決定的な介入が必要であることに疑問はない」[34]が、介

入の仕方が問題となる。すなわち，経済法則を理解し，必要不可欠な場合に限り介入は行われるべきであり，経済法則が十分機能するようにしなければならない。こうした介入こそが，完全な自由のために必要な不可欠の条件である。

経済への介入を行う権力は国家であり，全般的福祉のために私的利害を均衡させるのは国家の基本的な機能である。したがって，国家が行うのは積極的・直接的な経済への介入であるディリジスム（指導経済）ではなく，経済政策である[35]。ヴァンゼーラントは，自由競争を基本としつつも秩序を重視し，国家による一定の介入は認めるものの公権力の乱用については警戒する。

第三の問題は，政治の優位か経済の優位かである。これまで，政治に比べ経済は世論の関心を引いてこなかった。ヴェルサイユ条約は，経済を無視して講和条件をまとめたが，それは戦後の経済混乱を助長し成長を妨げる要因となった[36]。大規模資本主義体制は過去100年間に経済の基礎条件を根本的に変化させてきたが，その変化はまだ終わっておらず，現在は移行期にある。このような移行と国際化が進む時代において，経済問題は政治権力の最大の関心事となってきている[37]。

経済問題は戦前よりも一層ヨーロッパにおいて重要となっている。しかし，経済成長の速度が速すぎるため，この問題に対応するように政治機構の発展が追いついておらず，世論もまた新しく複雑な経済現象に対応する準備ができていない。こうした状況把握をもとに，ヴァンゼーラントは，経済問題の解決のためには政治や他のさまざまな力がヨーロッパにおいては大きく寄与することを主張した[38]。

第4部は「適用と結論」と題され，まず，ベルギーの事例が考察される。ベルギーは，人口が少ないうえ石炭を除けば天然資源に乏しく，ドイツとフランスに挟まれた地理的条件を持っており，国際的条件に大きく依存する国である。しかし，世界恐慌に直面して，他の経済ナショナリズムによる保護措置を採用する国よりも，ベルギー経済の状態は比較的良好である。貿易面では，1927年を基準とすると1932年は，ベルギーの輸入・輸出が56.4％，56.7％であるのに対して，ドイツ32.8％，56.1％，フランス56.2％，35.7％，アメリカ31.7％，

34%である。失業率も，ベルギーは，ドイツやアメリカを大きく下回っている。また，銀行も大きな倒産はなく資産状態はとくに悪くない[39]。

大不況下においてベルギー経済が相対的に良好な理由として，ヴァンゼーラントは，ベルギーが国際的な通貨・経済関係のルールを信頼し尊重している点を挙げる。すなわち，保護主義的政策を取らず，関税政策と為替政策が自由主義的であることによって，ベルギー経済は国際経済の変動に柔軟に対応した。具体的には，ベルギーの経営者は好況期に形成した蓄積を活用しつつ生産費の引き下げに努力するなど驚くべき柔軟性を示し，労働者も物価下落によって必要とされた賃金引き下げに応じた。ベルギーは景気の下降局面で求められた犠牲を経営者も労働者も受け入れたことにより，他国に比べ恐慌による被害を軽減することができたのである[40]。

国際関係における自由主義的ルールに信頼をおくベルギーでは，世界恐慌を解決するために国際的な協力・行動が必要であることで世論が一致しており，この点で政府を支持している。したがって，国際連盟の専門家が提案している世界会議の開催はベルギーの世論と一致したものである[41]。

結論として，ヴァンゼーラントは，世界経済が直面している問題の解決には，通商障壁の撤廃，資本移動の自由化と再組織化，国際通貨体制の再建の三つが必要であると述べ，それぞれの解決について次のように提言する。

第一の通商障壁の撤廃のためには，まず数量制限と輸入許可制度の撤廃が必要であり，とくに国際競争における基本的規則の再建が重要である。次に関税障壁の引き下げが必要となる。複雑な関税障壁をなくすためには，関税表の簡素化が有効であり，各国は国際連盟によって提案された関税表を採用すべきである。段階的な関税引き下げを行う国家間の協定が拡大されるべきであり，ウーシー協定は一つの指針および先行例となる[42]。

第二の資本移動の自由化は，国際経済における金融機構の再建と再起動によって達成される。資本の自由移動の主要な障害は，為替管理や清算協定などであり，これらが撤廃されるならば，民間のイニシャチヴによって国際金融はもとの姿に戻ることができる。しかし，以上の措置を取るためには，移行のため

の措置や金融機構の再起動を容易にするための方法が必要である。すなわち，大型公共工事，特別基金，中期信用のための機関，保証のための国家支援などである。これらの政策は，各々が持つ利点を考慮して採否が判断されるべきであり，また，国際決済銀行など既存の組織を活用することも重要である。ヴァンゼーラントは，国際金融における信用面での保証や信用拡大などで国際決済銀行が大きな役割を果たすことが可能となるよう同行の機能拡充を訴えた[43]。

　第三の国際通貨体制の再建について，ヴァンゼーラントは，金本位制への復帰以外に現実的に可能な選択はないと確信していた。ただし，国家主義的な撤退や孤立が広がる現在の条件下では，金本位制を含めていかなる通貨体制も存続できない。金本位制の運用規則を新たに定義するとともに，国際的に良好な雰囲気が必要である。これらのことは，それほど難しいことではない。発券銀行間の協力がそれを証明している。適切な枠組みに復帰した国際金本位制は，世界中で財と資本の流通を復活させ，為替と物価の安定を再度確立する。金本位制の再確立は，世界が希望する復興の堅固な土台となるとされた[44]。

　最後にヴァンゼーラントは，これまでの経済ナショナリズムによって袋小路に入ってしまった失敗の経験から人々の意識が変化し，1年前には思いもよらなかった犠牲を払う用意があり，新しい方策をとる覚悟ができていることに期待を表わす。以上の計画が独創的なものではないことをヴァンゼーラントは認める。しかし，必要なものは多くの勇気と忍耐であり，多くの幻想を捨てるべきであるとして，独自性への要求はしばしば真理への妨げとなるというメルシエ枢機卿の言葉を紹介している[45]。

　以上の解決策は，問題が相互に依存しているので，一つだけを行っても効果はなく，全般的計画にもとづいてこれらを一挙に行う必要がある。また，本書の範囲を超えるが，小麦，銅および銀など重要産品の生産や利用の条件に秩序を再建する手段を考える必要もある。そこで，ヴァンゼーラントは，1932年のローザンヌ会議で開催が決定された世界経済会議への期待を示す。

　彼によれば，現在，国際協力の真の精神が生まれてきている。とくに，第一次世界大戦後の歴史に暗い影を投げかけてきた最大の経済大国アメリカに変化

が見られ，これまでのように消極的な態度に固執することが不可能であることを理解しているように見える。もし，アメリカが世界経済会議において明確で建設的な行動をとるならば，即座にヨーロッパ列強諸国がこれに続き，最終的に多数の国が続くであろう[46]。

　他方でヴァンゼーラントは，世界経済会議が仮に成功し景気が回復したとしても，再度恐慌が起こる可能性があるとの見方を示した。なぜなら，根本的な問題は未だ多く残され，会議によって完全には解決されるものではないからである。すなわち，技術進歩と経済発展から生まれた新しい条件のもとで，国際経済活動の組織化または再組織化が問題となっているが，政治はそれに適応できていない。将来，国際経済秩序が国家の不協和によって転覆させられるのを避ける方策を見つけなければならない。そのためには，政治・経済などすべての面での国際活動の組織化が欧米の良識ある人々の主たる関心事とならなければならないと述べて，ヴァンゼーラントは本書を締めくくった[47]。

　以上のようにヴァンゼーラントは，本書の出版直後にロンドンで開催されることになっていた世界経済会議で欧米諸国の協調と経済自由化が促進されれば，不況克服の第一歩になることを主張した。そして，彼は，会議の成功がアメリカの態度如何によることを理解していたが，その後の歴史が証明するようにアメリカの態度変化を楽観的に見ていた。ただし，ヴァンゼーラントの当時の経済に対する批判的認識は注目に値する。彼は，現代資本主義がもはや自由放任では十分に機能せず，大恐慌を再度引き起こす可能性があるとして，国際的な政治・経済の組織化を行ったうえで，自由な通商や資本取引ができる世界経済の枠組を作る必要があると考えた。

　しかし，本章の冒頭で述べたように，ロンドン世界経済会議はアメリカの通貨問題での国際協調の拒否によって挫折し，国際的な経済協調を基盤に世界経済を再建しようとしたヴァンゼーラントの提言は葬り去られた。

第3節　ヴァンゼーラント内閣の政策と意義

1．ヴァンゼーラント内閣の成立

　1934年3月にヴァンゼーラントは国立銀行の副総裁に就任した[48]。さらに，彼は1934年6月には無任所大臣としてカトリック党・自由党連立のシャルル・ドゥブロックヴィル（Charles de Broqueville）政権に入閣した。しかし，ヴァンゼーラントはこの内閣と経済政策をめぐって意見が合わず秋には大臣職を辞任することを決意した。その理由は，当時ベルギーで取られていた金防衛のためのデフレ政策にあった。ロンドン世界経済会議の挫折後，ベルギーはフランス政府が主導する金ブロックにオランダ，スイスとともに参加し，地域主義的経済同盟の道を模索した。このため，金ブロック各国は金本位維持のためデフレ政策を取ったが，大不況の影響がこの時期金ブロック諸国に及ぶと金流出の危機が高まり，金ブロック諸国はさらに厳しいデフレ政策を取らざるを得なくなった。国立銀行とヴァンゼーラントはこうした金防衛のデフレ政策は不況克服につながらないとして反対であり，平価切り下げを主張した[49]。ヴァンゼーラントは，10月から辞職の意向を首相に伝えていたが，11月13日ドゥブロックヴィル内閣は経済困難のなか総辞職した[50]。

　1934年に金流出の危機に見舞われたベルギーでは，工業界とルーヴァン学派の経済学者たちによって，ベルギー・フラン切り下げのキャンペーンがラジオ，新聞などを通じて行われていた[51]。平価切り下げキャンペーンの中心となったルーヴァン学派の経済学者にはボードワン，デュプリエであり，ヴァンゼーラントも彼らと考えは同じであった。また，後にエール大学教授となるロバート・トリフィン（Robert Triffin）は彼らに経済学を学び，研究所の助手となり，この問題を研究していた[52]。トリフィンの分析によれば，当時のベルギー・フランは25～30％過大評価されていた[53]。

　ルーヴァン学派のなかで最も積極的に平価切り下げの提言を行ったのはボー

ドワンだった[54]。彼は，1934年9月には財務省と関係を持ち，平価切り下げを進言している。さらに，ボードワンは1935年3月には公式にベルギー経済救済策としてベルギー・フラン切り下げを不可避と発言した。この発言は，資本と金の流出を加速化させた。1935年1月21日から3月5日の間に約5億金ベルギー・フランが流出した。さらに，ボードワンの発言後，3月11日月曜日に3,500万フラン，火曜日5,000万フラン，水曜日7,700万フラン，木曜日1億8,000万フラン，金曜日3億5,400万フラン，土曜日は2時間で2億8,000万フランが流出したのである[55]。1935年3月19日ついにジョルジュ・テュニス（Georges Theunis）内閣は崩壊した。このように，次に誕生するヴァンゼーラント政権に，ルーヴァン学派は深く関与していたのである。

2. ドゥマンとの協力

1934年春以降，ヴァンゼーラントは，野党労働党の理論家アンリ・ドゥマン（Henri de Man）[56]と会い，新政権に向けての準備を行っていた。ドゥマンは，1928年の著書『マルクス主義を超えて』[57]において，マルクス主義を労働者の意識と知識人の役割を無視するものと批判し，戦間期の社会主義運動に大きな影響を与えた人物である。ドゥマンは1929年にフランクフルト大学経済・社会学部の講師となり，社会心理学を教えていたが，ベルギー労働党党首エミール・ヴァンデルヴェルデ（Emile Vandervelde）の要請とナチス政権の誕生によって，1933年4月に帰国した。

ベルギーに戻ったドゥマンは，大不況とファシズムの台頭に対処するための構想に着手した。この構想は計画主義（Planisme：プラニスム）と呼ばれるもので，まず10月10日の労働組合委員会の高等評議会での講演「ベルギーのための経済計画」として発表された。プラニスムの考えは瞬く間に労働者の広範な支持を得た。当時労働党内では右派指導部とポール＝アンリ・スパーク（Paul-Henri Spaak）が率いる左派が対立していたが，プランは労働者の支持を背景に両者の橋渡しをした。11月15日に労働党，労働組合，協同組合の3者の代表からなる15人委員会においてプランは採択された[58]。次いで，1933年12月25日

クリスマスの党大会において労働党の新しい政策綱領である労働プラン（Plan du travail）59)が圧倒的多数で可決・採択された。

労働プランの目的は，社会主義を実現することではなく，社会主義的手段によって恐慌を撃退することにある。そのための方策としては，国家の構造改革によってまずケーキ（国民所得）の規模を大きくすることが必要である。構造改革と反ファシズム闘争のためには労働者以外の諸階級とりわけ中産階級との同盟が必要となるが，それは可能である。なぜなら，中産者層は独占と金融資本のもとで危機に陥っており，労働者と中産者はともにケーキの拡大という点で共通の利害関係を持つからである。

したがって，労働プランは，混合経済と政府による経済計画を主張し階級闘争を拒否する。すなわち，経済に対する政府の指導と管理を基調とし，労使協調を原則とする経済政策を行う。こうした政策によって危機に陥った資本主義を改革し再建することが緊急の課題であり，一連の構造改革を通じて社会主義を実現するというものだった。政策の主眼としては，銀行部門と独占的重工業部門の国有化が挙げられる。これら以外の自由な競争が支配する産業部門は民間のままとするが，国家は貸付政策，商業政策，財政政策，社会政策によって介入することができるとされる。また，公共事業を通じての積極的投資によって需要を拡大し景気を浮揚させる。また，こうした構造改革を行う国家は強力なものでなければならず，新たに全国経済復興局（Office National du Redressement Économique）のような機構を設立して経済への介入を行う。

プラニスムの思想と運動は，ベルギーにとどまらず欧州各国に即座に波及していったが，とくにフランスにおいて独自の発展を遂げ，フランス人民戦線の政策にも大きな影響を与えた60)。

ドゥマンは，プランは労働者のみならず不況の打撃を受け政府のデフレ政策に反対する中産階級の支持を得られ，彼らがファシズムに取り込まれることを阻止することになると考えた61)。そして彼は，『クワドラジェジモ・アンノ』による現代の資本主義の独占批判に依拠して，カトリック教徒に対してもプランへの関心を引き起こした62)。労働プランに対しては，経済的苦境に有効な対

策を出さない政府に不満を持っていたカトリック民主派（カトリック社会教説を重視する立場）や自由党の若手からも支持が寄せられた[63]。

当時，ケインズの主張やニューディール政策に注目していたヴァンゼーラントも，労働プランに強い関心を持った[64]。1934年春にヴァンゼーラントはドゥマンと初めて会談した。両者はお互いの考えが類似していることを確認した。機能不全に陥った自由主義を政府の介入政策で刷新しようと考えた新自由主義者ヴァンゼーラントとプランによる経済活動の管理によって国民経済を再建しようとした社会民主主義者ドゥマンとは政策面で共通点が多かった。ドゥマンは，政府のデフレ政策に批判的で平価切り下げを必然と考えていたヴァンゼーラントを次期政権の最良の候補と考えた。11月のヴァンゼーラントの大臣辞職後，両者の間で政府綱領について合意がなされた。そして，1935年3月までには新政府の経済政策について詳細な打ち合わせが行われた[65]。1年近くの政策をめぐる会談を通じて，ドゥマンの考えはヴァンゼーラントの考えにより接近するようになり，ヴァンゼーラントは新政権において労働党の協力を得ることに自信を深めた[66]。

3．第一次ヴァンゼーラント内閣による不況克服策

国家的危機に直面した国王レオポルド3世は，1935年3月25日，ベルギー国立銀行副総裁ヴァンゼーラントを首相に任命し，それまでのカトリック党と自由党に労働党を加えた3党連立の挙国一致内閣によってこの経済困難を乗り切るよう要請した。

この内閣には労働党から旧世代のヴァンデルヴェルデと新世代のプラニストのドゥマンおよび左派の指導者スパークが入閣した。ヴァンデルヴェルデは無任所大臣だったが，ドゥマンは公共事業・失業対策大臣に，スパークは運輸・通信大臣に就任した。こうして，ネオ・コーポラティスト的性格を持つ政府が形成された[67]。なお，最重要の財務大臣には自由党のマックス＝レオ・ジェラール（Max-Léo Gérard）が就き，外相はヴァンゼーラントが兼務した。

1935年3月29日，ヴァンゼーラント内閣は不況克服策を中心とする法案を議

会に提出した。法案の概要は，1年間の権力を内閣に保障すること，ベルギー・フランの安定化，公債の低利借換え，銀行信用のコントロール，大規模公共事業会社による失業者の吸収，中央抵当機関の設立，そして外交面ではソ連の承認であった[68]。計画は上下両院において承認されたが，カトリック党の右派と自由党の半数が反対した[69]。自由党は19世紀の結党以来ベルギーにおけるマンチェスター学派の政党であり，財務大臣に自由党のジェラールが就任したとはいえ政府による経済への介入には批判的であった。また，カトリック右派は，社会主義政党である労働党が影響力を増大させることを警戒していた。

　1年間のフリーハンドを得たヴァンゼーラント内閣は，まず，4月1日ベルギー・フランを28％切り下げた。こうして，ベルギーは事実上金ブロックを離脱した。この結果，金流出は止み，外国に流出していた資金はベルギーに還流し銀行は十分な流動性を確保し，銀行倒産の危機は回避された。この結果，輸出は増大し，デフレは終息し物価が上昇し始め，失業者は減った[70]。

　しかし，ヴァンゼーラントの経済政策はプラニストの期待に反するものであった。国家の経済への介入という点で重要な意味を持つ経済復興局（Office de Redressement Économique）が4月19日に設立されたが，経済復興局は独自の予算を持たず，政府の経済政策の調整・監督および各種公共工事の具体的方法を研究する機関にすぎなかった[71]。プラニストが主張したエタティザシオン（国家管理）は行われず，失業者の吸収と経済の再建のために重要だと考えられていた公共工事も財政危機とインフレを懸念するカトリック党右派と自由党の抵抗にあい大規模には行われなかった。経済復興局は1939年まで存続したがその間ベルギー経済にほとんど何の効果も与えなかった[72]。

　銀行改革においては，7月9日の法令によって独立性を持つ銀行委員会が設立された。銀行委員会は，銀行の機能に関する規則を策定し，流動性と準備金の比率を定め，利子率の最高限度を決める権限を持った。委員会は，銀行に対する監督権限だけでなく証券市場に対する監督も行い，委員会が金融市場を撹乱するとみなした証券の発行には厳しい規制が課せられた。しかし，ヴァンゼーラントの要請により銀行業への国家の介入は大分緩和されて行われた。ヴ

ァンゼーラントは，金融改革の目的は預金者保護にあり，それ以上の統制は必要ないと考えていた[73]。

これ以外にも，低利な公債への切り替えによる政府債務の軽減，金融市場における流動性確保のための再割引・保証機構の設立，失業対策のための全国職業紹介・失業局の設立など一連の政策が取られた。しかし，これらが景気の回復に果たした役割は大きくなかった[74]。

ヴァンゼーラント政権が発足して1年間に輸出額は2倍になり，デフレは終息したが物価上昇率は9％に止まり，ベルギー経済はほぼ1年で回復を遂げた。輸出量も前掲図1-2（本書26頁）から分かるように1932～35年まで停滞していたが，1936～37年に急速に増大した。ベルギーの輸出拡大を担ったのは工業生産の回復である。表3-1の品目別貿易比率の推移に示されているように輸出入とも品目構成に大きな変化はないが，ベルギー輸出の中心は金属製品，繊維，鉱物などの鉱工業製品が半分以上を占める。こうしたヴァンゼーラント政権下の経済回復の最大の要因はベルギー・フランの切り下げであった。また，平価切り下げは4月から11月にブリュッセルで開催された万国博覧会に海外からの観光客を引き寄せ景気を後押しした[75]。

4．第二次ヴァンゼーラント内閣

ベルギーは最悪の事態は脱したものの，経済の本格的回復までには至らず，政治的にはファシズムと共産主義の攻撃にさらされていた。1936年5月に行われた総選挙の結果は，表3-2から分かるように前回1932年の総選挙に比べて与党3党が後退し，極右と共産党が躍進した。ワロン圏で人気のあるレオン・ドゥグレル（Léon Degrelle）に率いられた右翼のレックス党（Rexistes）は初の国政選挙で11.49％もの得票を得て下院で21議席を獲得した。また，フランデレン民族同盟（Vlaams Nationaal Verbond：VNV）も7.1％を獲得した。下院においてカトリック党は16議席を減らし63議席となり，自由党は1議席減の23議席であり，労働党は3議席を失ったものの70議席を確保し第一党となった。しかし，労働党は組閣に失敗し，6月13日に第二次ヴァンゼーラント内閣が発

表 3-1 品目別のベルギー貿易の推移（1925〜37年，総額に占める%）

	1925	1926	1927	1928	1929	1930	1931	1932	1933	1934	1935	1936	1937
〈輸 出〉													
動物製品	9.5	10.3	10.6	10.2	10.1	8.3	8.7	9.2	10.3	8.5	9.4	10.3	9.6
植物製品	7.3	6.2	6.6	6.9	6.0	5.5	7.2	8.2	7.3	7.4	7.7	7.8	7.9
鉱　物	8.2	8.7	7.3	7.5	8.1	9.2	10.7	11.7	11.8	11.7	11.4	11.9	10.9
化　学	4.0	4.0	4.1	4.2	4.7	4.9	6.7	7.1	7.3	7.3	6.7	6.5	6.3
繊　維	16.6	15.4	14.8	14.5	13.1	13.1	12.7	10.6	11.0	11.4	11.0	11.8	11.1
金属製品	23.1	22.3	25.0	23.0	24.2	26.3	23.2	26.2	26.2	28.4	27.9	25.2	30.0
機　械	4.4	4.0	4.3	4.3	4.6	5.3	4.4	4.1	3.3	3.3	3.9	4.1	4.6
〈輸 入〉													
動物製品	14.7	13.8	15.6	14.9	13.4	12.3	12.9	12.8	13.1	11.9	13.2	13.9	12.2
植物製品	31.9	31.4	29.2	26.1	23.3	22.8	21.4	21.9	22.4	23.5	24.8	27.1	26.1
鉱　物	19.0	20.1	19.6	20.7	19.8	18.9	19.6	18.8	17.9	18.7	17.4	18.0	20.5
化　学	2.9	3.4	3.3	3.1	3.0	3.1	4.2	4.0	4.1	4.6	4.3	3.9	3.3
繊　維	6.0	5.8	6.7	6.3	6.2	6.0	5.9	5.4	5.5	5.2	4.1	3.2	3.0
金属製品	5.2	5.6	6.0	8.0	9.7	8.9	8.5	6.7	8.6	9.0	9.5	9.6	11.5
機　械	3.8	4.1	4.3	5.0	6.3	7.9	6.9	6.2	5.7	5.5	5.3	4.9	4.8

(出所) Hogg, Robin L., *Structural Rigidities and Policy Inertia in Inter-War Belgium*, Brussel; Paleisder Academien, 1984, p. 114.

表 3-2 ベルギー総選挙の結果（1936年5月24日実施）

	選挙前	選挙後	増減
〈下　院〉			
カトリック党	79	63	−16
労働党	73	70	−3
自由党	24	23	−1
レックス党	0	21	21
フランデレン民族同盟	8	16	8
共産党	3	9	6
合　計	187	202	15
〈上　院〉			
カトリック党	74	57	−17
労働党	63	66	3
自由党	21	19	−2
レックス党	0	12	12
フランデレン民族同盟	1	9	8
共産党	0	4	4
合　計	159	167	8

(出所) [Van Zeeland, Marcel], L'experience van Zeeland en Belgique, Lausanne: Payot, 1940, p. 170より作成。

足した。この内閣においては，ドゥマンが財務相，スパークが外相の要職に就いた[76]。しかし，第二次ヴァンゼーラント内閣は多難な船出を強いられた。

隣のフランスでは5月3日に人民戦線が勝利し，労働運動が高揚し6月7～8日には団体協約や賃金引き上げを内容とするマティニョン協定が結ばれた。これに刺激されてベルギーの労働運動も激化し，週40時間労働や賃上げなどを要求してアントウェルペン港から全国に山猫ストが広がり，6月15日にはゼネストが宣言され参加者は50万人に達した[77]。ゼネストに直面した政府は，6月17日に政府，経営者，労働組合の3者によって構成される全国労働会議を開催し，事態の収拾を図った。この結果，政府は広範な社会改革を労働者に約束し，賃金引き上げ，年最低6日の有給休暇，過酷ないし危険な労働における週40時間労働などについて協定が締結された[78]。

さらに6月24日に議会に提出された政府宣言は以上の合意を確認するにとどまらない，大幅な経済・社会の構造改革を内容としていた。その主なものは，疾病・廃疾強制保険，集団協約原則の拡大と同数委員会制度の一般化，義務教育期間の延長，退職年齢の前倒し，公共事業による労働力需要の拡大である。さらに，電気，保険会社，軍事産業，信用の各部門における政府による統制も約束した。国家の行政機構の改革としては，国務院（コンセイユ・デタ）と国家改革研究センターの設置が決まった。政府宣言は，上下両院で圧倒的多数で可決された[79]。

以上のように，第二次ヴァンゼーラント政権は，労働党の比重の増加と労働運動への対応のために社会的性格を強めた。不況克服において労働党の協力は必要であったが，ヴァンゼーラント自身が資本主義経済の刷新のために経済・社会秩序の再建を不可欠であると認識していたからである。このため，ヴァンゼーラント政権の政策については，ブルムの実験やニューディールと同列に見られることも多い[80]。たしかに有給休暇制度や週40時間労働などフランス人民戦線と類似した政策もある。また，経済復興局や銀行委員会など各種のコーポラティズム的機関が設置されたことも事実である。しかし，銀行の国有化はなされず，信用部門に対する管理は緩やかであり，大企業に対する管理も行われ

なかった。コーポラティズム的機関の権限は限定されており，経済に大きく介入することはできなかった。むしろ，ヴァンゼーラントの経済政策は，『ヨーロッパの概観 1932年』の提言をほぼ具体化したものであったといえる。

1940年にマルセル・ヴァンゼーラントは『ベルギーにおけるヴァンゼーラントの実験』と題するヴァンゼーラントによる政策を考察する書物を刊行した[81]。本書では，まず，19世紀以来の自由主義が独占の形成に見られるように自由競争の基本的条件を破壊し，マンチェスター学派の理論の適応は貧困者に犠牲を強いるものとなっており，受け入れがたいと述べる[82]。ヴァンゼーラントは，衰退した自由主義を刷新するために経済への介入が必要であると考えた。すなわち，自由主義の不足と消極性を補い，経済変動の結果に対して諸個人を保護する方向で介入を行うことが必要となる。また，こうした介入を行えるのは「社会的，国民的，権威的」な政府でなければならない[83]。

政府は経済法則が十分機能するよう経済に介入するが，それは自由競争が行われる枠組みを作る目的に限定される。したがって，ヴァンゼーラントによる政策は，マンチェスター学派が主張する自由放任でもプラニストが主張する経済的「エタティスム」（国家管理主義）でもなく，国家の手に経済的権限を集中することによって，個人と企業に経済活動の自由を保障し，独占的自由主義の行き過ぎと戦う新自由主義的なものであった。また，ヴァンゼーラントは階級闘争の命題を否定し，労働者と資本家の協調が可能であるとして，労使協調を促進した。また，こうした考えにもとづいて，職能団体の結成を勧め，社会的集団を公的に再編成したのである[84]。

ヴァンゼーラントの政策思想の背景にはカトリック社会教説があった。経済への介入を行う政策は社会への貢献を使命とするエリートによって運営されなければならない。ヴァンゼーラントによれば，1931年の回勅『クワドロジェジモ・アンノ』は，「奉仕する」ことのみを求めるエリートに向けて発せられたのである[85]。そして，ヴァンゼーラントこそ回勅を熟知し，その実践を試みた人物であった。国立銀行の彼の理事室の書棚には，経済書と並んで『クワドロジェジモ・アンノ』が置かれていた[86]。

5. ファシストとの戦いと首相退任

　第二次ヴァンゼーラント政権が発足して1年後にファシストから重大な攻撃がなされた。極右政党にはフランデレン地方を地盤とするフランデレン民族主義党とワロン地方を地盤とするレックス党があった。親ナチスのレックス (Rex) はもともとカトリック党右派の組織であり、カトリックの出版社であるレックスを母体としていた。1930年にドゥグレルがこの出版社の編集者に任命されると、折からの不況を背景にレックスは瞬く間に政治的色彩を帯び、カトリック右派に影響力を持った[87]。党首ドゥグレルはワロン地域でとくに人気が高かった。

　ドゥグレルは、総選挙での勢いに乗って下院を解散し、右翼で過半数を制することをもくろんでいた。そこで、1937年3月7日にブリュッセルのレックス党の代議士全員とほかに1名の同党の代議士が辞職することを発表した。この結果、1937年4月11日にブリュッセルで補欠選挙が行われることになり、同補選にドゥグレルが立候補した。ベルギー民主主義の危機に直面した首相のヴァンゼーラントは、補選への立候補を表明し、ドゥグレルと対決することになった。ただし、当初与党3党の足並みは揃わなかった。最初から労働党と共産党はヴァンゼーラントをファシズムに対抗できる唯一の候補として支持し、自由党もこれに続いた。しかし、カトリック右派がドゥグレル寄りだったことからカトリック党は混乱していた。選挙ではドゥグレグが宗教的心情に訴えたのに対して、左翼と自由党の支持を受けるヴァンゼーラントは宗教には触れなかった。しかし、決定的な支援はカトリック教会から来た。4月8日、ベルギー首座大司教のファンロイ (J.-E. van Roey) 枢機卿は、レックスは国家と教会にとり危険であるとの考えを表明した[88]。このドゥグレル批判は、カトリックのドゥグレル離れを引き起こした。ファンロイは1926年に亡くなったメルシエを継いでメッヘレンの司教座に就いた人物であり、カトリック社会教説の国際社会問題研究協会の会長も務めていた。選挙結果は、ヴァンゼーラント27万5,000票 (76%)、ドゥグレル6万9,000票 (19%) と大差がついた[89]。レックス党は

これ以降，ナチス・ドイツによるベルギー占領までベルギー政治の表舞台に登場することはなかった。

　この勝利によってヴァンゼーラントは，国内だけでなく国外でも能力ある政治家，民主主義の救済者としての評価を完全なものとした。ベルギーの著述家でジャーナリストのリュク・オメル（Luc Hommel）は選挙後にパリのプロン社から『ポール・ヴァンゼーラント』[90]を出版し，ヴァンゼーラントの経済政策の成功とファシストに対する勝利を称賛した。また，5月に彼が訪米した際，ニューヨーク・タイムズ・マガジンは，2頁すべてを使って彼の経済学者としての才能とファシズムに対する勝利を高く評価した[91]。

　しかし，1937年夏からヴァンゼーラント政権内で対立が起きた。一つの問題は，第一次世界大戦でドイツ軍に協力した市民権剥奪者に対する特赦法案をめぐる問題である。この法案に対して自由党では反対が強くあり，同党出身の法務大臣が辞任するなど与党内が混乱した。ただし，最終的には特赦は認められた[92]。

　第二の問題はヴァンゼーラントと国立銀行との関係をめぐってのものだった。ヴァンゼーラントが首相になってからも国立銀行から理事の手当てを得て，さらに首相を辞めた後は再び国立銀行副総裁に復帰することになっているとの指摘がまず右翼から出された[93]。この問題を調査し報告書を作成した所管大臣のドゥマン財務相は，ヴァンゼーラントに責任はないと彼を擁護する一方で，こうした対応をした国立銀行理事会を非難した。ドゥマンは8月21日には総裁フランクの辞任を要求したが，フランクは拒否した。このため8月28日の閣議は混乱しドゥマンはヴァンゼーラントの辞任を要求し，他方，スパークはドゥマンに反対してヴァンゼーラントを擁護したため労働党閣僚も分裂した。同日ドゥマンの報告書はプレスに公表され，世論の反応は悪化した。この結果，8月末ヴァンゼーラントは辞任の意向を国王に伝えたが，9月7日に議会を召集し，彼に対する中傷に回答することになった。ヴァンゼーラントの演説は成功し，9月10日に上下両院は「首相の潔白と無私無欲に敬意を表する」議事日程を圧倒的多数で可決し，国王も辞任を遅らせるよう求めた。しかし，政争に嫌気が

さしたヴァンゼーラントは，1937年10月25日に首相を辞任した[94]。

　後任の首相には，自由党のポール＝エミール・ジャンソン（Paul-Emile Janson）が就任した。しかし，フランクの死去により空席となった国立銀行総裁の後任の人選で再度スパークとドゥマンは対立した。スパークはヴァンゼーラントを推し，ドゥマンは銀行委員会委員長のジョルジュ・ジャンセン（Georges Janssen）を推した。結局国王レオポルド3世は1938年1月ジャンセンを総裁に任命した。ただし，ドゥマンは38年3月に財務相を辞める。一方，スパークは外相としてベルギーの中立外交に尽力し，38年5月15日にはベルギー労働党初の首相となった[95]。スパークは，プラニストとは決別し財務相に第1次ヴァンゼーラント政権と同じジェラールを起用した。また，外交政策では中立政策をとり，戦争の回避に尽力した。

　1939年に行われた総選挙では，レックス党は下院で4議席と惨敗した。与党3党は得票の80％以上を獲得し，カトリック党が第1党に復帰した。ただし，フランデレン民族同盟は8％の得票率を確保し16議席から17議席となり，フランデレンにおいては自由党を抜き第3党になった[96]。スパーク政権は39年1月まで続き，2月から首相にはカトリック党のユベール・ピエルロ（Hubert Pierlot）が就任した。1939年に労働党の党首となったドゥマンは，ピエルロ内閣の副首相も務めた。また，財務相にはテュニス内閣と同じカミーユ・ギュット（Camille Gutt）が就任した。

第4節　自由主義的国際経済秩序の提案

1．ヴァンゼーラント報告の背景

　1936年はヨーロッパの政治情勢が急激に悪化した年であった。すなわち，3月にドイツがライン非武装地帯に進駐し，5月にイタリアがエチオピアを併合，7月にはスペイン内戦の勃発により民主主義陣営とファシズム陣営との対立が先鋭化した。こうした状況のなかで，民主主義陣営は二重の課題に直面した。

第一は,大不況で不安定となった国内の社会的・経済的安定であり,第二は,国外におけるファシズムの脅威への対応である。この二重の課題を解決するためには,国際的な緊張を緩和し国際経済秩序を回復することによって,国内の経済発展を図ることが必要であると考えられた。この民主主義国の試みは1936年後半から1938年前半までの経済宥和政策として遂行された[97]。

国際経済秩序の再建の最初の成果は,1936年9月25日に英米仏3カ国によって発表された共同宣言(三国通貨協定)である[98]。これは通貨,経済,通商協力に道を開き,1933年のロンドン世界経済会議を葬ったアメリカの孤立政策の終了を告げるものだった。協定は,3国が国際経済の再建と平和の確保に寄与する意思を明確に示し,フランの切り下げを歓迎した。そして,国際貿易の発展がこれらの目的にとって重要であるとの立場から輸入割当と為替管理の撤廃を目指して,これらを緩和する措置が遅滞なく取られることを最重要の課題とした。また,本協定への他の国の協力も呼びかけられた。

フランスはこれを受けて10月2日ついにフラン切り下げに踏み切った。また,協力の呼びかけに応じて,9月26日にベルギーが,11月21日はスイスとオランダが,同協定への参加を表明した。しかし,三国通貨協定は条約文のない共同宣言であり,具体化するための規程が存在しない大雑把なものであった。この協定の具体化がヴァンゼーラントに託されることになる。

一方,ドイツも国際経済外交を推進しようとしていた。1936年のマティニョンでのレオン・ブルム(Léon Blum)とアドルフ・ヒトラー(Adolf Hitler)の会談で,ライヒ経済相ヒャルマル・シャハト(Hjalmar Schacht)は国際連盟の枠外で国際会議を組織することを提案した。さらにシャハトはイギリス政府主席経済顧問フレデリック・リース=ロス(Frederick Leith-Ross)に対しても三国共同宣言にドイツが協力する意思があることと国際経済会議の提案を行っていた。英仏両政府はドイツの提案に対して具体的な反応を示さなかったが,アメリカ政府はドイツの提案に関心を示した[99]。

ドイツの動きに対してフランスのブルム首相は,金融問題専門の高官ジャック・リュエフ(Jacque Rueff)をイギリスに送り,イギリス政府との意見交換

を行った。これを受けてリース＝ロスは10月15日シャハトに会議開催は時期尚早であるとの手紙を送った。こうして，1936年秋からリース＝ロス，リュエフ，シャハトによる通貨・金融問題を中心とする経済外交が展開された。

　この時期ベルギーは，第一次世界大戦後に結んだフランスとの秘密同盟を破棄し中立政策に転換したばかりであった。ヴァンゼーラント首相とスパーク外相による中立の宣言は1936年10月14日に出された。この政策をイギリスは受け入れドイツは歓迎したが，それまで同盟を結んでいたフランスでは評判が悪かった。こうしたなかで11月27～28日にヴァンゼーラントはイギリスを訪問した。ヴァンゼーラントはネヴィル・チェンバレン（Neville Chamberlin）財務相とベルギーの中立政策について会談した後，リース＝ロスとドイツの提案について検討した。この会談では具体的な合意は得られなかった。

　シャハトはこの間ロンドンへの圧力を強めることを意図してアメリカ政府への誘いを強化していた。翌年の1月18日にリース＝ロスはアントニー・イーデン（Anthony Eden）外相とチェンバレンからドイツとの交渉を検討する許可を得た。1月21日，ヴァンゼーラントはリース＝ロスへの書簡で，三国通貨協定を活用して新しい国際経済秩序を構築するための研究を開始すべきであり，ベルギーは「新経済イニシャチヴ」の準備研究を行うと伝えた。リース＝ロスはヴァンゼーラントの提案について，チェンバレン，シャハト，リュエフから同意を取り付けた。その後，リース＝ロスはリュエフと，ヴァンゼーラントの提案を受け入れて，彼にその研究を委嘱する方向で英仏両政府間の調整を行った[100]。

　ヨーロッパ主要国の経済・金融の専門家による経済外交の末に，ヴァンゼーラントへの研究委嘱が発表された。1937年4月3日，イギリス，フランス両政府は，ベルギー首相ヴァンゼーラントに三国共同宣言を有効にするために国際貿易における障壁を除去し貿易を拡大させる可能性についての研究を正式に依頼した。

　英仏両国政府がヴァンゼーラントに依頼した意図としては，彼が国際的に著名な経済学者でありベルギー経済の危機を克服した政治家であること，また，

ベルギーは小国ではあるが発展した工業国であり英仏などと類似した経済を持つこと，さらにベルギーが中立国となったことでドイツが提案を受け入れる可能性があったことが考えられる。

2. 報告作成の経緯

ヴァンゼーラントは，経済官僚で金融の専門家であり国際交渉の経験が豊富なモーリス・フレール（Maurice Frère）[101]を協力者とした。ヴァンゼーラントとフレールは，欧米各国を訪問し有力政治家やエコノミストと会談し，また，国際商業会議所や国際連盟の各種委員会でも情報を収集した。

とくに1937年6月の訪米は大きな意味を持っていた。ヴァンゼーラントは6月20～21日にプリンストン大学を訪問し名誉博士号を授与されることになっていた。この私的な目的の訪米を利用して，ヴァンゼーラントは，まずローズヴェルト大統領と第一次世界大戦のベルギーの対米戦債の清算について話し合った。ローズヴェルトは，ベルギーには戦債を清算する能力がないことを承知しておりこの問題の処理には懐疑的であった。しかし，ローズヴェルトは「ヴァンゼーラントは真の友人であり，ニューディールを模倣した」[102]と語っており，ヴァンゼーラントに対しては好意的であった。

ヴァンゼーラントは英仏からの委嘱研究についてもローズヴェルト大統領，コーデル・ハル（Cordell Hull）国務長官，ヘンリー・モーゲンソー（Henry Morgenthau Jr）財務長官等と会談した。ローズヴェルトとヴァンゼーラントとは，4回目で最後となる6月29日の会談で次のような原則に合意した。すなわち，アメリカは三国共同宣言に参加した国による公式会合に参加する。ただし，この会議にはスカンジナビア諸国も参加する。さらに，第2段階としてドイツとイタリアも交渉に参加する。このように，両者の会談によって，ファシズム諸国に対する宥和外交の推進と新しい国際秩序の構築にアメリカが乗り出す意図が示された。

アメリカはまた，国際会議参加の条件として次の二つを挙げた。第一は，イニシャチヴはヨーロッパから来なければならないというものである。これは，

米国内の内政重視の世論に配慮したものと考えられる。第二は，ヨーロッパが通商における各種障壁を撤廃することによって国際経済の拡大と秩序ある通貨体制を確立・維持するという通商政策の全般的原則について合意しなければならないというものである[103]。

　ヴァンゼーラントはアメリカから戻るとローズヴェルトとの合意を踏まえて英仏との協議を開始した。7月6日にはロンドンでヴァンゼーラントはイーデンとチェンバレンから歓迎を受け，ロンドンへの公式報告はパリにも送られた[104]。しかし，1937年夏からのベルギー国内の問題に忙殺されたために，ヴァンゼーラントの任務の基本的部分はフレールに託された。フレールは意見交換のための覚書を7月16日にロンドンに，19日にはパリへ送るなど英仏との協議に入った。

　しかし，イギリス政府では，ベルギーが国際連盟を無視して新しい国際機関を作る提案をするのではないかとの懸念が生じ，フレールの仕事は難航する。このきっかけとなったのが，ベルギー国王レオポルド3世からヴァンゼーラントへの7月21日付書簡で，7月24日にベルギーのプレスを通じて公表された。書簡はヴァンゼーラントの任務の重要性を強調し世界経済の合理的組織化の要素が見つかるまでなされると述べるとともに，新しい経済研究組織の創設を提案していた。

　国王はこの手紙のコピーをローズヴェルトとベニト・ムッソリーニ（Benito Mussolini）にも送った。国王の国際連盟を無視した手紙はイギリスの不審と苛立ちを招いたが，ファシズム諸国は歓迎した。アメリカも独伊との経済協力計画が血なまぐさい対立を回避するものとして評価し，ローズヴェルトは8月25日のレオポルド3世への返信で支持を表明した。また，ローマ教皇ピウス11世も国王の手紙に好感を表明した[105]。

　しかし，報告の作成にはイギリスの意向を無視することはできなかった。8月初めからイギリスは通貨問題でもヴァンゼーラントの提案に難色を示した。ヴァンゼーラントは国際決済銀行に共通基金を創設し世界的な信用問題に対処することを報告の主要な部分としようと考えていたが，イギリスの同意が得ら

れないことから，報告ではこの提案は弱められることになった[106]。

イギリス政府は，ベルギーとの折衝を9月の国連経済委員会後の10月に遅らせた。イギリスにはヴァンゼーラントに同委員会を通じて圧力を加える意図があった。9月6～10日にリース＝ロスを委員長として国際連盟経済委員会が開催された。委員会ではヴァンゼーラントの任務でもある三国通貨協定で提起された割当と為替管理の撤廃について議論された。委員会にはベルギー外務省事務局長のフェルナン・ヴァンランゲノーヴ（Fernand Vanlangenhove）が出席していた。彼は，フレールの友人であり，ヴァンランゲノーヴを通じてリース＝ロスを中心とする委員会の立場はフレールに伝わったものと考えられる。経済委員会の報告は，割当と為替管理の撤廃計画の実施を提案する内容となった[107]。

報告の完成は，各国での情報の収集に時間をかけ，さらにイギリスとの調整が長引いたため予想よりもかなり遅れた。ヴァンゼーラントは12月初めに報告の原案をフランス，アメリカ，ドイツ，イタリアに送った。1937年年末から38年1月にかけてヴァンゼーラント報告は国際的に注目を集めていた。ヴァンゼーラントは，各国政府の反応を確認してから若干の手直しをして，1938年1月26日付で報告を完成し，28日に公表した[108]。

3．報告の内容

ヴァンゼーラント報告は，全3部構成で第1部「序文」，第2部「国際貿易における直接的障壁とその緩和措置」，第3部「成功に必要な一般的条件」となっている。第1部では，アウタルキーを批判し，国際貿易の発展こそが国内における経済的繁栄をもたらす道であると主張する。報告は恐慌後に各国がとった孤立的な政策がかえって恐慌を激化させたこと，アウタルキーの程度にかかわらずいかなる国も恐慌を免れ得ないことを指摘する。ここで述べられているアウタルキーに対する批判は『ヨーロッパの概観　1932年』とほぼ同様の主張である。

そして，報告は，1937年6～9月の国際連盟経済委員会をはじめとして国際

商業会議所,国際連盟原料問題調査委員会など全般的解決に向けての取り組みがいくつかの国際機関によって取られ始めた点を評価する。ヴァンゼーラントは,こうした国際協調の方向で行動を試みることは可能であり,成功の見込みはあると述べて,序文を結ぶ[109]。

第2部では,国際貿易を阻害する要因が,経済分野と金融分野に存在していると指摘する。経済分野では関税,間接的保護,輸入割当制が批判され,自由貿易への回帰が主張される。関税に関連して報告は,最恵国条項を含む地域的・集団的協定を提唱し,貿易障壁の緩和を目的とする地域協定は最恵国条項に対する例外措置として認めるべきであると主張する。これは,ウーシー協定が互恵条項が障害となって実現しなかった経験やオスロ・グループの拡大を視野に入れたものと思われるが,戦後の欧州経済統合にもつながる提案である。

間接的保護には,行政による制限的慣行,関税表の極端な細分化やダンピングなどがあるが,これらに対しては問題処理のための手続きと仲裁機関が必要である。そして,ヴァンゼーラントは1932年の国連理事会の決議によって設置された「国家間経済紛争調停手続き」(Procedure for friendly settlement between states of differences of an economic character)と国際商業会議所の仲裁裁判所を利用することを提案する[110]。

輸入割当については,国際貿易の発展に対する最大の障害であるとして報告は厳しく批判し,とくに工業製品に対する輸入割当については原則として撤廃を勧告した。ただし,「輸入割当の廃止は,国際カルテルの撤廃を決して意味しない」[111]として,むしろ一般的利害に合致する国際カルテルの活動を確保するのに必要な場合には,割当制度の維持を図る場合があると述べている。第二次世界大戦後と違い戦前はカルテルの効用を認める立場が有力であり,報告もこうした考えを共有していた[112]。また,農産物の輸入割当については,農産物が工業製品とは違って季節的で腐りやすく,需要の収縮に弾力性を持たないなどの特質があることが考慮されなければならないとして,割当はより弾力的に行うべきであるが絶対的な輸入割当制限はすべきでないとされた。

金融分野に関しては,通貨の混乱や資金移動の困難が国際貿易に与える深刻

な影響が強調され，現状において為替管理制度と清算協定の存続が国際貿易の発展にとって最大の障害になっていると指摘する[113]。報告によれば，この問題の最善策は国際金本位制の再建であるが，これは経済・金融面での国際均衡が回復した時にのみ実現可能であり，現在は時期尚早である。したがって，現状でできる最善の方策は，経済・金融両面での国際協定を締結し，これを長期間運用することによって上記の問題の根本的解決を実現することである。

そこでまず，1936年の三国通貨協定を現状に適用できるよう改訂し，すべての国が参加できるようにすることによって通貨の安定を実現し貿易の拡大を図ることを提案する。協定締結国は相互の平価を決め一定範囲内に変動を維持することを約束する。商業活動が通貨変動リスクから解放され，いったん国際貿易が再建されれば，一連の困難とくにクレジットに関する困難は私的イニシャチヴが正常に作用するようになるため即座に解決されることになる。

一方，資金移動に対する主な制限である為替管理と清算制度については，段階的撤廃が提案された。為替管理が漸次的に廃止される再調整期間における貿易金融を容易にするために，国際決済銀行による相互的クレジットを活用し，国際決済銀行は多角的決済の清算所となる。また，貿易取引の金融を容易にするために，すべての参加国の出資による共同基金を創設する。これは戦後のIMFを先取りする構想であるが，報告は基金を管理する国際機関として国際決済銀行が適当であるとした。このように，ヴァンゼーラントは自身がかつて理事代理を務め弟が営業局長を務めている国際決済銀行に新しい時代の国際金融において新たな役割を担わせようとした[114]。

ただし，報告によれば，「以上のような国際金融上の例外的措置の必要性はすぐになくなる。いったん国際経済が活力と柔軟性を回復すれば，私的機関は多くの場合即座に適応する」[115]からである。このように，ヴァンゼーラントは市場の自動調整メカニズムに信頼を置いており，国際市場が正常な状態に戻るための経過措置として，国家間協力による例外措置と国際決済銀行の活用を提言したのである。

最後の第3部では，国際貿易の障害を取り除き貿易を拡大するための具体的

な解決策が示される。報告は，理性と共通利害にもとづいた新しい試みを提案するものであり，任務の限界を超えない（政治面には触れない）経済的性格を持つ実際的解決の途を探求したものとなった[116]。

　第3部では，まず，国際貿易が直面している困難の要因として，関税政策，為替管理，資本移動，通貨の安定，割当制度があると指摘する。これらは相互に密接に関係しているため，包括的な解決策がとられなければならない。しかし，これらの国家による保護措置は元来軽々に採用されたものではなく，余儀なく取った武器であり，理由のないものではない。したがって，新しい制度が現在よりも大きな利益をもたらし，新制度への移行が危険をもたらすものではないように準備しなければならない[117]。

　以上の前提のもとで，「国際経済関係の働きに対する現実の障壁」として，6点が挙げられる。すなわち，①植民地再分配が要求される原料の不平等な分布，②正常な貿易を妨げる特恵制度，③資本の不均衡な配置，④人口問題とくに移民問題，⑤債務問題，⑥再軍備問題である[118]。

　このうちヴァンゼーラントが具体的な提案をしたのは①の事項だけであった。報告は，委任統治制度を見直して国家的要素を除去し，経済的・政治的に完全に国際化すべきであることを提案した。原料の入手には門戸開放が必要であるが，こうした門戸開放制度はすでにベルギー領コンゴで行われており，これを一般化しようとする提案である。また，こうした制度が適用できない植民地では，資本が国際的に公平に配分された国際資本によって特権会社を設立するという解決策も示された。さらに，原料問題の解決策としては植民地と工業国が協定を締結し，原料の輸入を公共工事（橋，鉄道，港湾の建設など）で支払い，保証のために仲介的金融が本国によってなされることが提案された[119]。

　最後にヴァンゼーラントは，報告で提示した解決策を実施に移すための方法として，国際的な「経済協力協定」を締結し，これによって貿易障壁の緩和を図る枠組みを作ることを提案した。本協定はなるべく多くの国を包含し，いかなる場合にもすべての国に開かれたものとする。協定の目的は加盟国国民の生活水準の引き上げにあり，それを実現するために参加各国の共同の利益に反す

る慣行を自制し，相互の経済関係から生ずる問題と困難を相互の理解と援助の精神において検討する。さらに，この一般的協定のもとで，またその精神に則り別のより詳細な取り決めを締結することも提案された[120]。

　この協定は，国際連盟の経済委員会と金融委員会，国際決済銀行，国際商業会議所および国際農業機関などの専門機関の協力によって，容易にすばやく実現される。また，この計画を実現するためには経済大国の支持が欠かせない。少なくともフランス，イギリス，アメリカ，ドイツおよびイタリアによる準備会合を開催し，金融機関や信用が戦争目的に使用されないよう保障を取り付けることが必要である。準備会合での各国の姿勢が積極的で希望の持てるものであれば，本報告を土台に建設的な行動計画が起草され，協定が調印されるべきである[121]。報告の最後で示された計画は，戦後のGATT（関税と貿易に関する一般協定）のマスター・プランともいえるものであった。

　ヴァンゼーラント報告は，国際協調を漸次的にでも実現することによって，国際貿易における障壁を緩和することを通して，貿易を拡大し，平和裏に各国に繁栄を実現することを意図したものだった。また，報告は国際協調のための機関として国際連盟の役割に一応期待を示すが，しかし，ドイツ，イタリア両国が国際連盟から脱退した後，大国が定期的に会合できる唯一の国際機関である国際決済銀行の役割がきわめて重要であることを強調した。

　こうした内容を持つヴァンゼーラント報告は，依頼国である英仏両大国の意向を尊重せざるを得なかった点があるとはいえ，ベルギーの当時の対外経済政策に沿ったものでもあった。すなわち，保護措置の段階的緩和や関税休戦はウーシー協定やオスロ協定の路線を世界に拡大するものであり，対外依存度の高い小国ベルギーの利害を反映していた。

4．報告に対する評価と歴史的意義

　欧米各国政府は，ヴァンゼーラント報告に対して好意的反応を示した。ドイツとの宥和を目指していた英首相チェンバレンは報告を高く評価した。また，ヴァンゼーラント報告に注目してきたアメリカ国務省は，1937年1月27日には

報告書を新聞社で利用可能とした。

　社会的影響力の大きかったアメリカの著名なコラムニストで新自由主義者のウォルター・リップマン（Walter Lippman）は，1月29日のニューヨーク・ヘラルド・トリビューンでこの報告を高く評価する論説を掲載した[122]。リップマンは，まず，ヴァンゼーラントについて「不況に対処した政治家のなかでおそらくは最も有能で，最も困惑することなく，最も確固としていた」[123]とその能力を称賛する。ヴァンゼーラントが報告を作成した目的は，世界がより繁栄することによって，戦争や革命の危険を取り除くことができると考えたからである。そして，報告の立場は「自由主義的綱領」（a liberal program）であり，ローズヴェルト大統領やハル国務長官が関税・為替面で進めている政策を促進し，米英仏，スカンジナビア諸国およびオランダ，ベルギーなど中立国の国民が望む経済世界であると評価する。

　しかし，ヴァンゼーラント報告に対する欧米諸国の世論の評価は，概ね低かった。報告は多くの経済問題において悲観的であるため提案は慎重すぎ，一方，ファシスト独裁政権との協調の可能性については楽観的であるとの批判が多かった[124]。ヨーロッパでヴァンゼーラント報告を歓迎したのは，宥和政策を取る政府を除いては，ドイツとの戦争を回避したいと願っていた平和主義者たちなど少数に限られていた[125]。

　従来の研究においても，ヴァンゼーラント報告はあまり評価されてこなかった。第二次世界大戦中にイギリス王立国際問題研究所に設置された戦後経済再建委員会によって作成された報告において，著者のハインツ・アーント（Heinz Arndt）はヴァンゼーラント報告を，「国際的な経済協力の基盤を見出そうとした最後の試みのなかで，最も野心的なもの」であり，「これは国際連盟のさまざまな委員会やその他によって以前行われたほとんどの自由主義的提案を，包括的な国際的な経済協力計画の基礎として現実の条件に適合させようとした，良心的な試みであった」と評価する。しかし，アーントも，この報告の「勧告は政治的条件から挫折せざるをえなかった」[126]と結論づけた。

　さらに，アメリカの経済学者チャールズ・キンドルバーガー（Charles

Kindleberger）は有名な大不況研究において，ヴァンゼーラント報告を非実際的であったと厳しい評価をしている。キンドルバーガーによればその理由の一つは，迫りくる戦争と再軍備という国際情勢であり，また，同報告の貿易障壁の軽減についての提案は「アメリカの参加による強力な支持が得られて初めて，それは実行されうるものであった」が，アメリカには世界経済再建のために指導性を発揮する意図はなかったからである[127]。

たしかに，報告の提案は当時の世界においては実現困難なことであった。しかし，ヴァンゼーラント報告の内容を詳細に検討するならば，第二次世界大戦後のIMF・GATT体制と欧州建設を先取りした，時代の先端をいく提案であった点が注目され評価されるべきである。1972年に出版された報告の復刻版の序文でデイビッド・ルコビッツ（David C. Lukowitz）は，ヴァンゼーラント報告は欧州統合の実現に貢献したきわめて重要な文書であると見ることができると述べている[128]。

ヴァンゼーラント報告の作成過程を研究したデュムランも，ヴァンゼーラント報告を，当時の宥和外交の好例であると同時に，欧州建設と大西洋同盟の歴史に属するものであると評価する[129]。ヴァンゼーラントは，第二次世界大戦中ロンドンにあったベルギー亡命政府の戦後問題研究委員会（CEPAG）の委員長を務めて，戦後再建構想を準備した。この委員会は，ヴァンゼーラント報告をもとに研究を行い，政府に対して欧州経済統合や大西洋同盟を支持するいくつかの報告書を提出し，戦後における国際協調と欧州統合への道を準備した[130]。

小 括

1930年代の大不況に対して，1933年6月，各国の協調によって不況に対処することを目的としてロンドン世界経済会議が開催されたが，何の対策も出せないまま休会した。しかし，1930年代の大不況下での政策提言には第二次世界大戦後に実現する国際的自由貿易や欧州の市場統合につながるものがあった。本章で検討したポール・ヴァンゼーラントはこうした動向の中心人物の1人であ

り，当時から彼の政策と経済思想は国際的に注目されていた。ヴァンゼーラントは大恐慌下のヨーロッパ情勢を分析し，国際協調とりわけヨーロッパ諸国間の協調と経済の自由化により不況を乗り切ることを提言した。また，国内においては国家による経済への介入を自由競争を阻害しない限度で行うことにより，不況の克服に成功した。さらに，1938年1月のヴァンゼーラント報告では，当時の厳しい国際情勢のなかでも国際経済協調とりわけヨーロッパにおける経済協調を訴えた。

　こうしたヴァンゼーラントの経済思想は，自由主義の不足を国家による経済政策で補い，自由主義を復活させる新自由主義であった。ファシズムと社会主義の台頭した1930年代，欧米においては機能困難に陥った自由主義の刷新を目指す新自由主義が誕生した[131]。1980年代のロナルド・レーガン（Ronald Reagan），マーガレット・サッチャー（Margaret Thatcher）の政策的支柱となったフリードリヒ・フォン・ハイエク（Friedrich von Hayek）やミルトン・フリードマン（Milton Friedman）の新自由主義もこの30年代に起源を持つ新自由主義の一潮流である。

　新自由主義の歴史的起点となったのは，1938年8月にパリで開催されたウオルター・リップマン・シンポジウムであったことが近年の歴史研究で明らかにされた[132]。シンポジウムは，リップマンの著書『善い社会』[133]がフランスで高い評価を得たことから，哲学者のルイ・ルージエ（Louis Rougier）が提唱して開催された。シンポジウムには，ハイエク，ルートヴィヒ・フォン・ミーゼス（Ludwig von Mises），ヴィルヘルム・レプケ（Wilhelm Röpke），ロベール・マルジョラン（Robert Marjolin），リュエフなど当時の著名な自由主義の経済学者を中心に26名が参加した。ベルギーからの参加者は1人であったが，それはポール・ヴァンゼーラントの弟で国際決済銀行営業局長のマルセル・ヴァンゼーラントであった。

　リップマンは『善い社会』において，現代は分業と市場経済の発達により大きな社会になりつつあり，こうした相互依存と豊かな技術によって「人類はこの地球に善い社会が到来する可能性を見出した」と述べる[134]。市場経済と相互

依存による富の増大は喜ばしいことである。しかし,リップマンは市場経済には残酷な側面があり,市場で失敗した人にきわめて過酷な状況が待っている点を問題として指摘する[135]。この市場が持つ欠陥が集産主義を生み出してしまったが,これは悲劇的なことである。しかし,それは古典派経済学者が社会問題を無視したためでもある[136]。社会問題を重視するリップマンは現代経済が持つ高い生産性を機能させ,善い社会を実現させるために市場経済を規制することが必要であり,またそれは可能であると主張する[137]。

シンポジウムでは,討論の末に新自由主義の綱領というべき「自由主義のアジェンダ」が採択された[138]。アジェンダは自由主義の基本公準を市場における価格メカニズムとするが,経済活動の枠組みとなる法体制は国家の手に委ねられ,また国家が租税によって社会問題などを解決することを認めた。出席者からはとくに国家介入の限界や性格についてさまざまな意見が出されたが,自由市場が機能するうえで国家の積極的役割を認める点,社会問題を重視する点で一致していた。

ウォルター・リップマン・シンポジウムは,新自由主義の国際組織として自由主義刷新国際研究センター（Centre international d'études pour la renovation du libéralisme）を設立し,本部をパリに置くことを決定した。国際研究センターは1939年から活動を開始し,当初の会員は87名でありその半数強がフランス人だった[139]。フランス人にはプラニストの労働運動指導者が数名おり,また,1926年に欧州経済関税同盟を設立して欧州の経済統合を推進しようとした経済学者のジッドもいた（第2章参照）。ベルギー人の会員にはマルセル・ヴァンゼーラントのほかにポール・ヴァンゼーラント,ルーヴァン大学のボードワンとデュプリエ,ヴァンゼーラント政権の財務相ジェラール,ヴァンゼーラント報告の協力者であるフレールがいた。また,1937年のドゥグレルに勝利した選挙後に『ポール・ヴァンゼーラント』[140]を出版し,ヴァンゼーラントの人柄や経済政策を高く評価した作家でジャーナリストのオメルもセンターの会員だった。このようにヴァンゼーラントおよび彼に近いルーヴァン学派を中心としたベルギーの経済の専門家たちは,政府の介入によって自由主義の刷新を目指す新自由主義者であった。

大不況とファシズムの脅威に対して打ち出されたヴァンゼーラント報告も自由主義刷新国際研究センターも第二次世界大戦の勃発によって挫折する。しかし、こうした思想と活動は第二次世界大戦後にさまざまな形で引き継がれることになる。戦後の欧州建設に彼らの多くが関与することになった。

1) フランスの植民地包摂政策については、権上康男『フランス帝国主義とアジア』第6章「繁栄と恐慌下の銀行経営」東京大学出版会、1985年を参照。
2) Arndt, Heinz W., *The Economic Lessons of the Nineteen-Thirties*, Hampshire: Gregg House, 1993 (First 1944), p. 234. (H. W. アーント著／小沢健二ほか訳『世界大不況の教訓』東洋経済新報社、1978年、302頁)。
3) League of Nations, Monetary and Economic Conference, *Draft Annotated Agenda*, submitted by the preparatory commission of experts, Geneva, 1933, p. 5.
4) 同会議については日本政府の対応を中心に分析した研究として以下がある。伊藤正直「1933年ロンドン国際経済会議と日本――貿易・通商問題を軸にして――」後藤靖編『日本帝国主義の経済政策』柏書房、1991年；同「1933年ロンドン国際経済会議と日本――予備的検討――」『経済科学』第34巻第4号、1987年。
5) L. N., *The Monetary and Economic Conference (London, 1933): An account of the preparatory work for the conference and an outline of the previous activities of the economic and financial organisation of the League of Nations*, Geneva, 1933, p. 5.
6) ロンドン世界経済会議については、藤瀬浩司編『世界大不況と国際連盟』名古屋大学出版会、1994年所収の各章を参照。
7) Dujardin, Vincent et Dumoulin, Michel, *Paul van Zeeland 1893-1973*, Bruxelles: Racine, 1997.
8) Van Steenberghen, Fernand, *Le thomisme*, Que sais-je?, Paris: PUF, 1983. (フェルナンド・ファン・ステンベルゲン著／稲垣良典・山内清海訳『トマス哲学入門』文庫クセジュ、白水社、1990年、123頁)。
9) カトリック社会教説については、とりあえず、Duroselle, J.-B., *Histoire du catholicisme*, Que sais-je?, Paris: PUF. (J.-B. デュロゼル著／大岩誠・岡田徳一共訳『改訳 カトリックの歴史』文庫クセジュ、白水社、1967年、128-131頁)を参照。
10) メルシエについて詳しくは、Boileau, David A *Cardinal Mercier: A Memoir*, Louvain: Peeters, 1996 ; Georges, G., *Cardinal Mercier*, Longmans, London, 1926を参照。
11) Boileau, *op. cit.*, p. 185.
12) L'Union Internationale d'Etudes Sociales, *Code Social: Esquisse de la doctrine*

sociale catholique, nouvelle synthèse, 3ᵉ éd., Bruxelles/Paris, 1948.（久保正幡監修『社会綱領』有信堂，1959年）。なお，この名簿には初の日本人会員として，東京大学教授の田中耕太郎の名が載っている。

13) Dujardin et Dumoulin, *op. cit.*, pp. 23-25.
14) Van Zeeland, Paul, *La réforme bancaire aux États-Unis d'Amerique de 1913 à 1921: Le système de la Réserve Fédérale*, Bruxelles/Paris: Emile Bruylant, 1922.
15) Kemmerer, Introduction, *ibid.*, p. XI.
16) *Ibid.*, p. 270.
17) Van der Wee, Herman et Tavernier, K. *La Banque nationale de Belgique et l'histoire monétaire entre les deux guerres mondiales*, Bruxelles, 1975, pp. 358-359.
18) Dujardin et Dumoulin, *op. cit.*, p. 28; トレップ著／駒込雄治・佐藤夕美訳『国際決済銀行の戦争責任』日本経済評論社，2000年，48頁。
19) Baudhuin, Fernand, *Histoire économique de la Belgique 1914-1939*, Tome Premier, Bruxelles: Emile Bruylant, 1946, pp. 328-329.
20) Van Zeeland, Paul, *Regards sur l'europe 1932: Essai d'interprétation de certaines manifestations du nationalisme économique*, Bruxelles: Office de publicité, 1933 ; do., *A View of Europe, 1932*, Baltimore: The Johns Hopkins University, 1933 ; do., *Beschouwingen over Europa*, 1932, Traduction de M. Henri van Criekinge, Bruxelles: N. V. Standaad Boekhandel, 1933.
21) MacMurray, John V. A., "Introductory Note", *A View of Europe, 1932*, p. v.
22) Van Zeeland, *Regards sur l'europe 1932*, pp. 29-31.
23) *Ibid.*, pp. 35-76.
24) *Ibid.*, pp. 78-85.
25) *Ibid.*, pp. 86-96.
26) *Ibid.*, pp. 99-105.
27) *Ibid.*, pp. 123-124.
28) *Ibid.*, pp. 129-130. オスロ協定とウーシー協定について詳しくは，Van Roon, Ger, *Small states in years of depression*, Assen, Maastricht: Van Gorcum, 1989, pp. 3-71, および小島健「ヨーロッパ統合の中核」渡辺尚編著『ヨーロッパの発見』有斐閣，2000年，122-123頁を参照。
29) Van Zeeland, *op. cit.*, pp. 133-139.
30) *Ibid.*, pp. 139-141.
31) *Ibid.*, pp. 146-148.
32) *Ibid.*, pp. 155-158. 補完性原理については，とりあえず，本書終章を参照。

クアドラジェジモ・アンノは，レオ13世が1891年に発表しカトリック社会教説の起点となった『レールム・ノヴァルム』発布40周年を記念して出された回勅である。

33) Van Zeeland, *op. cit.*, pp. 157-158. なお，翻訳において，「クアドラジェジモ・アンノ」『教会の社会教書』中央出版社，1991年を参考にした。
34) *Ibid.*, p. 160.
35) *Ibid.*, pp. 169-170.
36) *Ibid.*, pp. 172-173.
37) *Ibid.*, pp. 174-175.
38) *Ibid.*, pp. 183-185.
39) *Ibid.*, pp. 214-215.
40) *Ibid.*, pp. 216-217.
41) *Ibid.*, p. 218.
42) *Ibid.*, pp. 237-238.
43) *Ibid.*, pp. 238-240.
44) *Ibid.*, pp. 240-242.
45) *Ibid.*, pp. 242-243.
46) *Ibid.*, pp. 244-246.
47) *Ibid.*, pp. 248-249.
48) Van der Wee et Tavernier, *op. cit.*, p. 359.
49) Dujardin et Dumoulin, *op. cit.*, p. 38.
50) *Ibid.*, pp. 40-41.
51) フラン切り下げキャンペーンについて詳しくは Van der Wee et Tavernier, *op. cit.*, pp. 268-283参照。
52) *Robert Triffin donseiller princes: Témoignage et documents*, Bruxelles: CIACO, 1990, p. 16 ; Kindleberger, Charles P, *The World in Depression 1929-1939*, London: Allen Lane The Penguin Press, 1973, pp. 251-252. (キンドルバーガー著／石崎昭彦・木村一朗訳『大不況下の世界 1929-1939』東京大学出版会，1982年，224頁)。
53) Robert Triffin, "La théorie de la surévaluation monétaire et la dévaluation belge", in *Bulletin de l'institut des Recherches Econmiques de l'Université de Louvain*, IX, No. 1, novembre 1937.
54) Baudhuin, *op. cit.*, pp. 328-329. ボードワンの平価切り下げ論については，do, *La dévaluation de franc belge*, Bruxelles: Édition Universelle, 1935に詳しい。
55) Dumont, Georges -Henri, *Histoire des belges*, Tome III, Bruxelles: Charles Desssart, 1956, p. 249.

56) ドゥマン（1885～1953年）は，ファースト・ネームとしてアンリ（Henri）以外にヘンドリック（Hendrik），ヘンリー（Henry）を用いている。ドゥマンについて詳しくは，Dodge, Peter, *Beyond Marxism: The Faith and Works of Hendrik de Man*, The Hague: Martinus Nijhoff, 1966；桜井哲夫『知識人の運命』三一書房，1983年，第5章「ヘンドリック・ド・マン」を参照。

57) De Man, Henri, *Au delà du marxisme*, Bruxelles, 1927（Paris, 1974）．本書は，1926年にドイツで出版した『社会主義の心理学のために』（*Zur Psychologie des Sozialismus*）のフランス語版である。同書について，詳しくは，Dodge, *op. cit.*, pp. 71-89；Lefranc, Georges, *Histoire des doctrines sociales*, Montaigne, 1966, pp. 245-250．（ジョルジュ・ルフラン著／花崎皋平訳『現代ヨーロッパ社会思想史』（下）社会思想社，1976年，90-99頁）；桜井哲夫，同上書，171-174頁を参照。

58) Lefranc, *op. cit.*, p. 259．（邦訳，前掲書，112頁）；Sturmthal, Adolf, *The Tragedy of European Labor*, Colombia University Press, 1951, p. 227．（シュトゥルムタール著／神川信彦・神谷不二訳『ヨーロッパ労働運動の悲劇』Ⅱ，岩波書店，1958年，61頁）。

59) 労働プランについては，de Man, Henri, *Après coup*, Bruxelles: Toison d'or, 1941, pp. 203-247；Dodge, *op. cit.*, pp. 124-148; Lefranc, *op. cit.*, pp. 258-263．（邦訳，前掲書，112-117頁）；佐伯哲郎「ヘンドリック・ド・マンのプラニズム」『明治大学大学院紀要』第19集，1981年を参照。

60) フランスにおけるプラニズムの展開については，廣田功『現代フランスの史的形成』東京大学出版会，1994年，215-226頁を参照。

61) Sturmthal, *op. cit.*, p. 226．（邦訳，前掲書，60頁）。

62) Lefranc, *op. cit.*, pp. 262-263．（邦訳，前掲書，116-117頁）．

63) Dujardin et Dumoulin, *op. cit.*, p. 37.

64) Cook, Bernard, *Belgium: A History*, Berne: Peter Lang, 2004, p. 117.

65) De Man, *op. cit.*, 1941, pp. 242-244；Lefranc, *op. cit.*, p. 263．（邦訳，前掲書，117頁）。

66) Dodge, *op. cit.*, p. 164；Dujardin et Dumoulin, *op. cit.*, p. 45.

67) Cook, *op. cit.*, p. 117.

68) Dujardin et Dumoulin, *op. cit.*, p. 48.

69) *Ibid.*, p. 49.

70) 「国際決済銀行第6年次報告」平田喜彦訳『国際決済銀行年次報告書　第3巻』日本経済評論社，1980年，40-41頁。

71) Dodge, *op. cit.*, p. 168；Dujardin et Dumoulin, *op. cit.*, p. 51.

72) Mommen, André, *The Belgian Economy in the Twentieth Century*, Routledge, 1994, p. 31 ; Baudhuin, Fernand, *Belgique 1900-1960: Explication économique de notre temps*, Bruxelles, 1961, p. 169.
73) Dujardin et Dumoulin, *op. cit.*, p. 51 ; Baudhuin, *op. cit.*, t. I, 1946, p. 346.
74) Dujardin et Dumoulin, *op. cit.*, pp. 51-52 ; Baudhuin, *op. cit.*, 1961, p. 169 ; Mommen, *op. cit.*, pp. 31-32；「国際決済銀行第6年次報告書」前掲書所収，90-91頁。
75) Baudhuin, *op. cit.*, 1961, p. 170.
76) [Van Zeeland, Marcel], *L'expérience van Zeeland en Belgique*, Lausanne: Payot, 1940, pp. 170-172 ; Dujardin et Dumoulin, *op. cit.*, pp. 59-61.
77) Bitch, *op. cit.*, pp. 223-224 ; Dujardin et Dumoulin, *op. cit.*, pp. 63-64.
78) Mommen, *op. cit.*, p. 31 ; Dodge, *op. cit.*, p. 169.
79) *Ibid.*; Dujardin et Dumoulin, *op. cit.*, pp. 64-65.
80) Dumont, Georges-Henri, *La Belgique*, Paris: Press Universitaire de France, Que sais-je?, 1991, pp. 84-85.（デュモン著／村上直久訳『ベルギー史』文庫クセジュ，白水社，1997年，92頁）。Fanck, Louis R., *Démocraties en crise: Roosevelt, van Zeeland, Léon Blum*, Paris: Rieder, 1937, pp. 24-43; Cook, *op. cit.*, pp. 118-119.
81) [Van Zeeland, Marcel,] *op. cit.* 同書にはポールの序文が付けられており，本書の内容にポールも同意していることが分かる。
82) *Ibid.*, pp. 283-284.
83) *Ibid.*, p. 285.
84) *Ibid.*, pp. 286-287.
85) *Ibid.*, p. 307.
86) Hommel, Luc, *Van Zeeland: Premier minister de Belgique*, Paris: Plon, 1937, p. 79.
87) Dujardin et Dumoulin, *op. cit.*, pp. 82-83 ; Bitsch, *op. cit.*, pp. 206-208.
88) Dujardin et Dumoulin, *op. cit.*, pp. 90-92.
89) *Ibid.*, p. 93 ; Bitsch, *op. cit.*, p. 208 ; Hommel, *op. cit.*, p. 87 ; Dumont, *op. cit.*, pp. 84-85.（邦訳，前掲書，92頁）。
90) Hommel, *op. cit.*
91) *New York Times Magazine*, May 9, 1937 ; Dujardin et Dumoulin, *op. cit.*, p. 95.
92) Dujardin et Dumoulin, *op. cit.*, p. 71.
93) Van der Wee et Tavernier, *op. cit.*, p. 309.

94) Dujardin et Dumoulin, *op. cit.*, pp. 98-100.
95) スパークについては，彼の個人文書を研究した詳細な評伝が出版されている。Dumoulin, Michel, *Spaak*, Bruxelles: Racine, 1999.
96) Bitsch, *op. cit.*, p. 208.
97) Dumoulin, Michel, "La mission van Zeeland: Essai de clearing diplomatique de l'appeasement（1937-1938）", *Relations internationales*, no 39, 1984, pp. 356-357.
98) 三国通貨協定については，須藤功『アメリカ巨大企業体制の成立と銀行』名古屋大学出版会，1997年，第8章「世界大不況下の国際通貨強調とアメリカ」および山本栄治『基軸通貨の交替とドル』有斐閣，1988年，第4章「1936年三国通貨協定とドル」を参照。
99) Dumoulin, op. cit., pp. 356-358.
100) Ibid., pp. 358-359.
101) 財務省高官を務めたフレールは，1942年に亡命政府側に移り，戦後，ベルギー国立銀行の総裁に就任し，1946年にはBIS理事会の議長になった。トレップ，前掲書，111頁。
102) Dujardin et Dumoulin, *op. cit.*, p. 70.
103) Dumoulin, op. cit., pp. 365-366；Dujardin et Dumoulin, *op. cit.*, p. 70.
104) Dumoulin, op. cit., p. 366；Dujardin et Dumoulin, *op. cit.*, pp. 70-71.
105) Dumoulin, op. cit., p. 367；Dujardin et Dumoulin, *op. cit.*, pp. 72-74.
106) Dumoulin, op. cit., p. 368.
107) Dujardin et Dumoulin, *op. cit.*, pp. 369-370.
108) P. van Zeeland, Report presented by M. van Zeeland to governments of the United Kingdom and France on the possibility of obtaining a general reduction of the obstacles to International Trade, January 1938. 本報告はウオルター・リップマン（Walter Lippman）のニューヨーク・ヘラルド・トリビューン紙に寄稿した論評も付されて1938年に出版され，さらに1972年にDavid C. Lukowitzによる新たな序文も付されて復刻された。本書では次の復刻版を用いる。*International Economic Reconstruction by Paul Van Zeeland with a comment by Walter Lippman*, New York/London: Garland, 1972（以下，*van Zeeland Report*と略記）。
109) *van Zeeland Report*, pp. 83-86.
110) *van Zeeland Report*, pp. 90-91.
111) *van Zeeland Report*, p. 92.
112) 当時のカルテルをめぐる議論については，小島健「国際連盟と国際工業カルテ

ル」藤瀬浩司編，前掲書，1994年参照。
113) *van Zeeland Report*, p. 93.
114) *van Zeeland Report*, pp. 94-99. 国際決済銀行の機能に関しては，矢後和彦「戦後再建期の国際決済銀行」秋元英一編著『グローバリゼーションと国民経済の選択』東京大学出版会，2001年が有益な示唆を与える。
115) *van Zeeland Report*, p. 99.
116) *van Zeeland Report*, pp. 100-101.
117) *van Zeeland Report*, p. 101.
118) *van Zeeland Report*, p. 104.
119) *van Zeeland Report*, p. 105.
120) *van Zeeland Report*, pp. 106-107.
121) *van Zeeland Report*, pp. 108-109.
122) Lippman, Walter "The van Zeeland Report", *New York Herald Tribune*, January 29, 1938. この記事は，*van Zeeland Report*, pp. 110-113に再録されている。
123) Lippman, op. cit., p. 110.
124) Dumoulin, op. cit., p. 371.
125) David C. Lukowitz（Hamline University, St. Paul, Minnesota）, "Introduction", *van Zeeland Report*, pp. 9-11.
126) Arndt, *op. cit.*, p. 248.（邦訳，前掲書，315-316頁）。
127) Kindleberger, Charles P., *The World in Depression 1929-1939*, London: Allen Lane The Penguin Press, 1973, pp. 280-290.（キンドルバーガー著／石坂昭彦・木村一朗訳『世界大不況下の世界 1929-1939』東京大学出版会，1982年，261-262頁）。
128) Lukowitz, op. cit., p. 12.
129) Dumoulin, op. cit., p. 372.
130) Dujardin et Dumoulin, *op. cit.*, p. 77；第4章第2節参照。
131) すでにドイツでは1930年代の初期に新自由主義が確立しつつあった。雨宮昭彦『競争秩序のポリティクス』東京大学出版会，2005年を参照。
132) Denord, François, "Aux origins du néo-libéralisme en France: Louis Rougier et le Colloque Walter Lippmann de 1938", *Mouvement socials*, no 195, 2001；権上康男「新自由主義の歴史的起源と戦後フランス資本主義（1938-73年）」『歴史と経済』第181号，2003年。
133) Lippmann, Walter, *The Good Society*, Boston: Little, Brown, 1937.
134) *Ibid.*, p. 194.
135) *Ibid.*, p. 171.

136) *Ibid.*, pp. 210-211.
137) *Ibid.*, pp. 213-214.
138) 「自由主義のアジェンダ」について詳しくは，権上康男，前掲論文，25-26頁を参照。
139) 会員名はセンターの定款第4条に載っている。本資料は権上康男氏よりご教示いただいた。Centre international d'études pour la rénovation du libéralisme, *Statuts*, 21/4/39.
140) Hommel, *op. cit.*, 1937.

第4章

ベネルクス関税同盟の設立

　EU原加盟国のうちベルギー，オランダ，ルクセンブルクの低地諸国は，ECSC発足以来常に欧州建設の中心にあったばかりでなく，1948年から関税同盟を発足させ，欧州経済統合の先鞭をつけた。第1章で示したように，ベルギーとルクセンブルクは，すでに第二次世界大戦前に経済同盟を形成していたが，第二次世界大戦中に低地地方の3「小国」は通貨協定と関税協定を締結し，戦後すぐに経済同盟へと発展することに合意していた。

　ベネルクス（BENELUX）とは，ベルギー，ネーデルラント（オランダ），ルクセンブルクの頭字をつづり合わせて作られた語である。この呼称は，第二次世界大戦直後に3国が関税同盟を発足させようとしていた頃に初めて用いられた[1]。したがって，ベネルクスは比較的新しい呼称であるが，戦後3国が地域統合を進めていく意志を示した語として，それまで3国を総称する場合に用いられた低地諸国（Low Countries）という呼称よりも好まれて用いられて今日に至っている。

　ベネルクス3国は1958年2月に経済同盟条約に署名し，1960年にはベネルクス経済同盟が正式に発足し，EECに先んじて商品，労働力，資本が自由に移動する経済同盟を実現した。ベネルクス諸国は今日までEUにおいてその経済規模や人口規模に比して大きな発言力を保持している。

　本章の目的は，欧州建設の「推進国」でありまた「ヨーロッパの実験室」（Laboratoire de l'europe）とも呼ばれるベネルクス同盟が，戦間期の困難な時期を経て第二次世界大戦中に構想され，戦後に関税同盟が成立するに至った経緯を明らかにすることにある。ベネルクス同盟の形成史は，戦後に欧州建設が始まり，拡大・深化した背景を考察するうえで必要なばかりでなく，EUに参

加した他のヨーロッパ小国の対応について検討する際にも有益であろうし，現在グローバル化が言われるなかでなぜ自由貿易協定（FTA）などの地域経済統合が追及されているのかを歴史的に考察するうえでも示唆を与えるだろう。

第1節　大不況下における小国間経済協力の試み

1．オスロ協定とウーシー協定

　1930年代の大不況のなか，ヨーロッパ各国は20年代にも増して高関税を中心とする保護貿易政策を採用した。とりわけ，植民地や勢力圏を持つ大国は，アウタルキー的ブロックの建設に乗り出した。表4-1から分かるように，イギリス，フランスをはじめ植民地所有国は，この時期，「帝国」における貿易関係を強化することによって不況の乗り切りをはかった。低地諸国でもオランダが，東インド植民地への依存度を高めたが，それでも英仏に比べると「帝国貿易」の比重は小さかった。さらに，ベルギーの場合，30年代後半にコンゴからの輸入の伸びが見られるが，他の国と比べてコンゴ植民地との貿易は大きな比重を占めなかった。むしろ，ベルギーはヨーロッパの近隣諸国との関税休戦や地域経済同盟を形成することで大不況に対処することを試みた。

　国際連盟が提唱した関税休戦は1930年のジュネーヴ会議で挫折を味わうが，1930年12月22日，ベルギー，ルクセンブルク，オランダ，デンマーク，ノルウェー，スウェーデンの6カ国はオスロにおいて関税休戦に関する協定に調印した。オスロ協定（Oslo Convention）は，関税率の変更を相互に優先的に通知し，経済協力と貿易障壁の引き下げを行うことを内容とするものだった。

　オスロ協定は1932年2月7日に発効し，33年11月28日にはフィンランドも加盟した。これらの国は「オスロ・グループ」と呼ばれ，第二次世界大戦の勃発まで30年代を通じて定期的に会合を持ち，通商の拡大について協議を重ねた[2]。オスロ協定は大国の協力を得ることができず，緩やかな保護主義規制を行うにとどまったが，小国間の関税休戦は一定の効果を持った。前掲表1-3（本書

表4-1 ヨーロッパ各国の「帝国貿易」の割合

(単位:%)

	1929	1932	1935	1938
	輸　出			
イギリス(a)	44.4	45.4	47.6	49.9
フランス(b)	18.8	31.5	31.6	27.5
ベルギー(c)	2.6	1.3	1.0	1.9
オランダ(d)	9.4	5.9	5.7	10.7
イタリア(e)	2.1	3.6	14.3	23.3
ポルトガル(f)	12.7	13.9	12.3	12.2
	輸　入			
イギリス(a)	30.2	36.4	39.0	41.9
フランス(b)	12.0	20.9	25.8	27.1
ベルギー(c)	3.9	3.8	7.3	8.3
オランダ(d)	5.5	5.0	7.2	8.8
イタリア(e)	0.5	1.1	1.9	1.8
ポルトガル(f)	7.9	10.4	8.2	10.2

(注) (a)英連邦，植民地，保護領など。(b)植民地，保護領，委任統治領。(c)ベルギー領コンゴ。(d)海外領土。(e)植民地およびエチオピア。(f)海外領土。
(出所) League of Nations, *Review of World Trade 1938*, Geneva, 1939, p. 34より作成。

27頁）からベルギー貿易の相手国の割合を見ると，1920年代と比較して1930年代前半にフランス，ドイツ，イギリス，アメリカの比率が減少しているのに対して，オランダとの貿易はほぼ同じ比率であり，スカンジナビア諸国などその他の地域との貿易比率が上昇した。

　オスロ・グループのうち低地諸国3国は，一層の経済関係の緊密化を狙ってより斬新な相互に関税を引き下げる協定を締結した。1932年6月のローザンヌ会議に出席したベルギー，ルクセンブルク，オランダ代表は，7月18日にスイスのウーシーにおいて新しい通商協定に調印した。ウーシー協定（Ouchy Convention）の内容は，オスロ協定と比べより具体的で大幅な関税の引き下げを目指すものであった。協定では，現行の関税を毎年10％ずつ段階的に引き下げ，5年間で関税率を半分にすること，輸入に対する禁止や制限の撤廃，そして最恵国条項の無制限かつ無条件の適応が規定された。また，ウーシー協定は他の国にも開かれており，参加を希望する国は加盟することができた。

ウーシー協定が締結された1932年にオランダ商業会議所ベルギー支部は、低地地方3国における経済関係の緊密化に関するアンケートを3国の実業家に対して行った。このアンケート結果から、回答の87％が低地諸国における経済同盟ないし関税同盟の設立に賛成していることが判明した[3]。

ただし、ウーシー協定が有効になるには、非加盟団から最恵国条項における相互関税引き下げの権利の放棄を得る必要があった。しかし、イギリスをはじめとする大国が最恵国条項の放棄に反対したことから、ウーシー協定は発効するには至らず失敗した[4]。ウーシー協定の内容はベネルクス関税協定に比べれば当時の世界経済情勢からきわめて控えめなものとならざるを得なかったが、ベネルクス関税同盟の原型とみなすことができる協定が3国によって締結され、産業界の圧倒的支持を得ていたことは注目に値する。

また、1931年以降、国際収支の危機に陥った諸国による通貨切り下げや金本位の放棄が続くなかで、金本位の維持を目的としてヨーロッパ諸国間で協調がはかられた。それは、金ブロックと呼ばれ、1933年のロンドン世界経済会議が7月にアメリカの為替安定化反対によって挫折したことに対抗して、フランス、オランダ、イタリア、ベルギー、スイス、ポーランドが金本位を維持することを表明したことに始まる。金ブロック諸国は相互に協力しながら、国内ではデフレ政策を採り、平価と兌換の維持に努めた。しかし、ベルギーが1935年4月1日に金ブロックを離脱したように脱落する国が増加し、1936年の金ブロックの盟主フランスの金本位放棄により金ブロックは崩壊した[5]。

2．ベルギー・ルクセンブルク経済同盟（UEBL）条約の改正

ウーシー協定の挫折後、大恐慌の波が金ブロック諸国にも押し寄せ各国が保護主義に向かうなか、ベルギー、ルクセンブルク両国も経済同盟よりも国内経済の防衛を優先するようになった。両国は自国産業の保護を優先した保護主義的政策を別々に採るようになり、経済同盟に亀裂が生じる結果となった。

とりわけ強力な保護主義的措置が講じられたのは、不況が激しく襲った農業分野においてであった。その手段となったのは、輸入数量制限や輸入許可制な

どの関税以外の方法（非関税障壁）である。このような関税に代わる保護措置は，当時の世界でかなり広く採用されていたが，1921年に調印された UEBL 条約には非関税障壁に関する規定がなくこうした事態に対応できないまま，UEBL は1933～34年頃には分裂の兆候を見せた[6]。

さらに，1935年4月のヴァンゼーラント政権によるベルギー・フラン切り下げ・金ブロック離脱政策は UEBL の通貨同盟に大きな亀裂をもたらした。ベルギー・フランの切り下げに対して，ルクセンブルクは，ベルギーに完全には追随せず，小幅な切り下げにとどめた。この結果，ベルギー・フランはルクセンブルク・フランに対して25％減価した。ルクセンブルクがベルギーの金融政策に完全に従わないことから，UEBL の主要な柱である通貨同盟が動揺を示した[7]。

ヴァンゼーラント政府はルクセンブルクとの経済同盟を維持し，大不況による困難な事態に対応するため，1935年5月に1921年の UEBL 条約を改正する複数の協定を締結した。この条約改正によって，国際収支を守り外国との競争から国内産業を保護する新しい共通手段として輸入数量制限や輸入許可制が導入されることとなった。そして，それまで国ごとになされていた輸入割当，輸入許可制，輸入税などの輸入制限は，共通政策の下に置かれた。共通政策を実施するために混合執行委員会（Commission administrative mixte）が新設された。同委員会においては両国同数の官僚出身の委員によって構成されることになり，同盟におけるルクセンブルクの立場が強化されたものになった[8]。

新協定は，同盟内における自由通商の原則を確認したが，大幅な例外を認め，1921年の条約に比べて両国の独自な経済政策を追認した。とりわけ，ルクセンブルク農業の保護については，じゃがいも，卵，リンゴをはじめいくつかの産品でベルギーからの輸入を制限することが認められた。また，農産物，石炭，コークスなどには両国で別々の数量制限が課せられたため，第三国を経由しての輸入に対処するため両国国境で検査が行われた[9]。

金融面では，新協定によって21年条約でルクセンブルクに認められていた独自に発券できる上限額が2,500万ルクセンブルク・フランから1億2,500万ルク

センブルク・フランへと引き上げられた。しかし，ベルギー・フランの切り下げ後も1.25ベルギー・フラン＝1ルクセンブルク・フランの固定相場で交換され，ルクセンブルク・フランの流通量は少量であったので，通貨同盟は基本的には安定していたと言うことができる[10]。

以上に見てきたように，大不況に直面したUEBLでは，1930年代前半に部分的亀裂が生じた。しかし，1935年5月の一連の協定にもとづく条約改正によってUEBLの保護主義的性格は強まったが，域外に対する共通通商政策は維持され，経済同盟分裂の危機を乗り切ることができた。条約改正は，全体としてベルギーがルクセンブルクに譲歩するものだった。すなわち，ルクセンブルクには，自国農業保護のために，ベルギーからのいくつかの農産物の輸入を制限する権利が認められた。また，1921年条約で設置された機関においてはベルギー人がルクセンブルク人を上回る構成となっていたのに対して，新設の混合執行委員会では両国同数となった。

なお，基幹産業である製鉄業では，問題はこれほど深刻にならなかった。なぜなら，1933年からの第二次国際鉄鋼カルテルが各国に輸出割当を行い，これが守られていたからである。第二次国際鉄鋼カルテルには，第一次には参加しなかったイギリスが1935年に，次いでアメリカが38年に協力関係を持ち，30年代後半の鉄鋼貿易の大半は同カルテルの支配下に置かれた。

一方，オスロ協定は，1937年5月28日に調印されたハーグ協定によって強化されることになった。ハーグ協定は，加盟国に対する特別な関税上の優遇措置を定め，とくに当時広く行われていた輸入割当の大幅な削減を主な内容とするものであった。また，第3章でみたように，1938年1月に発表されたヴァンゼーラント報告も，割当制を貿易拡大の障害としており，ハーグ協定と同じ見解に立っていた。また，同報告は関税引き下げを目的とする協定については最恵国条項を例外にすべきであると，ウーシー協定の立場を支持した[11]。

しかし，1935年から37年にかけての小国による数量制限撤廃の提案は，東欧や南欧におけるドイツの増大する影響力などの厳しい経済情勢と迫りくる戦争という政治情勢によってもはや効果を上げることはできなかった。ハーグ協定

は，1938年5月のストックホルム宣言により1年間で失効を余儀なくされた[12]。オスロ協定は，緩やかな規制しか行わなかったので約10年続いたが，世界経済のブロック化を阻止し不況を克服する役割を果たすことはなかった。

第2節　第二次世界大戦中のベネルクス同盟構想

1．亡命政府による関税同盟構想の受け入れ

第二次世界大戦勃発時，低地諸国はすべて中立政策をとっていた。しかし，1940年5月10日未明，ドイツ軍はベルギー，オランダ，ルクセンブルクに警告なしに侵攻した。ベルギーでは，国王レオポルド3世がドイツに降伏し国内にとどまったが，政府は降伏を拒否しロンドンに亡命政府を樹立した。オランダでは，女王と政府がともにロンドンに逃れ亡命政府を作った。また，ルクセンブルクは大公女と政府がカナダのモントリオールに亡命政府を作り抗戦したが，外相のベッシュはロンドンにあった[13]。

ドイツの占領を受けたベルギーから逃れたピエルロ政府は，1940年8月に8閣僚が辞任にした後，同年10月ロンドンにおいて亡命政府を樹立した[14]。ただし，亡命政府の内閣は首相（農相を兼任）のほかにスパーク外相，ギュット経済相兼財務相，アルベールト・デフレースハウェル（Albert de Vleeschauwer）植民相のわずか4名で構成された。

第二次世界大戦は，1941年6月にドイツがソ連に侵攻し同年12月に日本が真珠湾を攻撃したことによってアメリカとソ連が参戦した。これを転機として，1942年末までには連合国勝利の確信が強まり，連合国側では戦後再建に向けた研究が本格化した。

亡命政府の課題は，ドイツに対して抗戦することと戦後再建を準備することであった。政府は，戦後世界において，ベルギーのような小国が存続できるかをとくに危惧していた。こうした不安は，低地諸国ばかりでなく同じように亡命政府を作っていたチェコスロバキアやポーランドなど中東欧諸国にとっても

共通であった。ベルギーはこれら小国とロンドンにおいて連絡を取り協調しつつ、戦後構想を作っていく。

低地諸国の関税同盟を最初に提案したのは、ギュット財務相だった。1941年にアメリカを訪れたギュットは、旧知のオランダ人実業家で後の亡命政府財務相となるヨハネス・ファンデンブルーク（Johannes Vandenbroek）からUEBLとオランダとの関税同盟を提案されこれに賛成した。2人は、関税同盟案が終戦後の両国内で反対を受けることを予想して、亡命政府が帰国する前に条約を締結すべきであることでも意見の一致をみた[15]。

ギュットは、この会談について1941年6月スパークに書簡で知らせ、7月の閣議で正式にオランダとの関税同盟を提案した。しかし、スパークを含む他の3閣僚は一致してこの提案に反対した。オランダとの関税同盟は、競争力が劣るベルギー農業生産者の反対に遭う不人気な政策と受け止められた。

そして、誰よりも外相スパークがこの提案に反対であった。従来、スパークの回顧録によってスパークが当初からベネルクス同盟案を支持してきたように考えられてきたが、こうした理解は誤りといえる。スパークは、当時、イギリスが加わる集団安全保障体制を最優先すべきであると考えており、経済同盟を作るうえでもイギリスの参加は不可欠と考えていた[16]。

スパークは、側近のヴァンランゲノーヴにギュットの提案を研究させていた。結果は、オランダ農業に対して劣位にある農業者の反対、税制統一の困難性、通貨同盟など利害調整の難しさがあり、関税同盟の実現には懐疑的にならざるを得ないというものだった。この研究では関税同盟のもたらす利益については触れず、ギュットの見解とはすれ違っていた。

一方、オランダ政府側では、1942年春頃まではヨーロッパよりもアジアの東インド植民地の状況に関心が高かった。しかし、日本が東インド植民地の支配権をオランダから奪ったことにより、オランダはもはや植民地に希望をつなぐことができない状況になった。

1942年12月、ギュットに関税同盟を提案したフアンデンブルークがオランダ政府の財務大臣に迎えられた。しかし、ベルギーと同様に当初は関税同盟設立

に政府内の支持が得られなかった。ベルギーとの関税同盟には，とくに国内の鉱工業生産者からの反対が予想されたためであった。

　ロンドンにおいてギュットとフアンデンブルークは緊密に連絡を取り合い，スパークとオランダ外相エールコ・ファンクレフェンス（Eelco N. Van Kleffens）に関税同盟がもたらす大きな経済効果を説明し，両者を説得することに努力した。ギュットはオランダとの関税同盟の利点を挙げ，スパークへの説得を粘り強く続けた。ギュットが指摘した主要な点は，両国の関税同盟による大市場の創出による効果，第三国との通商交渉で有利な立場を確保できること，より大きな経済圏創出への第一歩となることなどである。オランダとの関税同盟の利点を理解したスパークとヴァンランゲノーヴは，1943年初めにはギュットの提案を受け入れた。また，ほぼ同時期，オランダのファンクレフェンス外相も関税同盟構想を受け入れた。

　1943年初めに両国外相が関税同盟に合意することになったのには，戦争の遂行と戦後の再建についての協議が英米ソ3大国で行われ，小国がこれらの交渉から除外されていることに対する苛立ちも寄与していたと考えられる[17]。こうしてベネルクス同盟計画はギュット主導で，後述する占領下における国内の研究グループの成果を受けながら，スパークも協力して進行した。

　なお，ルクセンブルク外相ベッシュはスパークと常時連絡を取り合い，ベルギーのオランダとの関税同盟政策を支持し，ベルギーが UEBL を代表してオランダと交渉することを承認した。戦時中に独自の財源を持たなかったルクセンブルク政府は，コンゴ植民地からの資金に支えられたベルギー政府からの低利の融資に大きく依存していた。また，ロンドンには交渉を行える経済専門家もいなかった[18]。

2．通貨協定の締結

　UEBL とオランダとの関税同盟より先に通貨協定がまず締結されることになった。1942年にイギリスとアメリカが戦後の世界経済の再建に向けて計画を準備していることが明らかになった。ギュットは英米の構想を探るため，1942年

6月17日に亡命政府高官のヴァンランゲノーヴ，ユベール・アンジョー（Hubert Ansiaux），ジェフ・ルンス（Jef Rens）を伴ってイギリス案の起草者で財務省顧問のケインズと会食した。ケインズは，イギリス，アメリカ両政府が，戦後に戦前への復帰ではない新しい国際経済秩序を構築することを意図しており，現在英米間で新しい国際通貨制度について交渉中であることを示唆した。ベルギー亡命政府の高官たちは，戦後国際通貨構想が英米2大国の手によって作成されつつあり，小国が蚊帳の外に置かれていることを知り衝撃を受けた[19]。

ベルギー亡命政府の経済専門家たちは，オランダとの関税同盟が新しい国際経済秩序と調和しなければならないと考えた。なぜなら，1930年代のウーシー協定が英米の反対に遭って挫折した経験からも，オランダとの関税同盟は戦後秩序の構築国である英米によって承認される必要がある。そのためには，まず，新しい国際通貨制度が作られる前にベルギーとオランダの通貨関係を規定し，英米によって開催される国際経済会議には両国が共同で臨むことが有益であると考えられた[20]。

こうして，英米の計画が具体化する前にベルギーとオランダとの通貨協定を締結し，このベルギーとオランダの通貨同盟が後のケインズ，ホワイト案と両立し，戦後通貨秩序のなかに位置づけられる必要があるとの結論に至った。ベルギーとオランダの外相と財務相による会談が開催され，その結果，1943年1月から2月に通貨協定についての専門家による準備作業が行われることになった。両国政府によって設立された専門家委員会は，ベルギー側代表が国立銀行副総裁アンジョーと化学企業ソルベー社出身で政府顧問のルネ・ボエル（René Boël），オランダ側代表が財務省のヤン＝ヴィレム・ベイエン（Jan-Willem Beyen）とオランダ領インド政庁金融顧問のクレナ・デヨング（Crena De Jongh）によって構成された[21]。

専門家委員会による通貨協定案は1943年3月の外相，財務相の会議において基本的に承認され，これをもとに最終的な調整が行われることになった。一方，1943年4月にはアメリカの国際安定基金案（ホワイト案）とイギリスの国際清算同盟案（ケインズ案）が正式に発表され，戦後国際通貨体制についての本格

的な交渉が始まり，通貨協定案の完成が急がれた。

　1943年6月，ギュットの提案によって通貨協定の14条で，協定が為替安定化のための国際協定参加に反対しないことが付け加えられた。両国政府は協定の調印前に英米の事前承認を取り付けようとした。これは，ウーシー協定失敗の教訓に加えて，戦後秩序が英米を中心に構築されることを意識したからにほかならない。ベルギー，オランダ両政府は，通貨協定について，これが戦後構築される自由貿易体制と安定的な通貨システムに合致することを強調し，ケインズやアメリカ案の起草者で財務省高官のハリー・ホワイト（Harry D. White）を含む英米当局者から事前承認を取り付けた[22]。

　1943年10月21日にUEBLとオランダとの通貨協定は締結された。ここにベネルクス同盟の歴史は始まる。協定文と協定の趣旨を説明する宣言が同日英米両政府に通知され，英米両政府とも通貨協定を歓迎する意向を示した[23]。

　通貨協定の主な内容は，(1)為替レートの固定，(2)レート改正の場合には事前協議を行うこと，(3)国際収支が不均衡に陥った場合には相互に信用を供与すること（借款）であった。また，この通貨同盟にはベルギー領コンゴとオランダ植民地も含まれる。

　為替レートは戦前の水準にもとづいて決められたが，オランダ・ギルダーが若干切り下げられ，1ギルダー＝16.52ベルギー・フラン（100ベルギー・フラン＝6.053ギルダー）にレートが固定された。そして，両国は相互の承認なくしては公定相場の変更を行うことはできなくなった。このレートは1949年のギルダー切り下げまで変更されなかった。なお，ベルギーと通貨同盟を結んでいるルクセンブルク・フランはベルギー・フランと等価である。

　また，相互の貿易を促進するために，黒字国の中央銀行がその国の通貨で赤字国の中央銀行に10億ベルギー・フランを限度として融資することを定めた。返済は債権国の通貨，金，そのほか合意された外貨で行われる。さらに，貿易収支の不均衡が拡大しそれ以上の貸し越しが必要となった場合は，両国で協議し信用供与の拡大が図られる。

　このように通貨協定は，加盟国間の通貨・金融関係を安定させ，そのことに

よって域内の貿易を活発化し，経済関係を緊密にすることを目的にしていた。

3. 本国とロンドンにおける研究活動

ベルギーとオランダとの経済同盟の問題は，ロンドンと占領下の本国で多くのグループによって戦後再建構想の一貫として研究された。これらの研究グループのうちのいくつかは亡命政府との間に緊密な関係を持ち，政府のベネルクス同盟構想に影響力を持った[24]。

ベルギー側では，亡命政府が主導して元首相のヴァンゼーラントが委員長を務める戦後問題研究委員会 (Commission belge pour l'étude des problemes d'après-guerre：CEPAG) がロンドンで1941年に発足した[25]。なお，委員会の事務局長にはスパーク側近のルンスが就任した。CEPAGは亡命政府による正規の委員会であるが，ロンドンに亡命した有力政治家の政府に対する不満を解消する目的も持っていた。

CEPAGはベルギーが西欧全体に及ぶ地域統合に参加すべきとの見解であり，オランダの研究組織ばかりでなく，アメリカ，イギリス側とも協議や情報交換を活発に行った。CEPAGは継続的に政府に報告書を提出し，1943年の第5次報告ではベネルクス同盟交渉が進んでいることを指摘したが，ベネルクス交渉で具体的な提案を行うことはなかった[26]。

一方，ベルギー国内では，占領直後から戦後再建を視野に入れたレジスタンスによるいくつもの非合法研究グループが活動していた。それらは地下組織であるため正確な数や活動を確認することは困難であるが，確認できる主要な組織は亡命政府の意を受けたグループ，社会主義者，キリスト者，自由主義者などによるものがある[27]。

これらのうち，経済問題の研究で重要な役割を果たしたのが，ジャン＝シャルル・スノア・エ・ドッピュース (Jean-Charles Snoy et d'Oppuers) を中心とするグループであった[28]。1940年8月経済省事務総長スノアは，占領軍による解任後，直ちに知人の外交官，高級官僚に呼びかけて「エグモント通りグループ」と呼ばれる研究会を組織し，経済関係の情報収集と研究を開始した。

この組織は，常設事務局と連絡網を持ち議事録を作成していた最も重要な研究組織であり，グループのなかには，ウーシー協定の責任者でオランダとの関税同盟を志向するマックス・シュエテンス（Max Suetens）外務省対外通商局長も有力メンバーとして参加した。

同グループはロンドンの政府と連絡を取るとともに，国内の金融界から支援を受けていた。ベルギー・ソシエテ・ジェネラルのアレザンドル・ガロパン（Alexandre Galopain），前財務大臣でブリュッセル銀行のジェラール，クレジットバンクのフェルナン・コラン（Fernand Collin）のベルギー金融界を代表する3人は，1940年5月亡命するスパークとギュットからベルギーを託すとの指令を受けていた。3人はスノア達の活動を支援するため財政的援助をし，銀行の調査室の利用などの便宜も与えた[29]。1941年からエグモント通りグループの研究レポートがロンドンの亡命政府に送付された。

エグモント通りグループ以外にも占領下のベルギー国内では官僚，経営者，知識人によるいくつかの研究グループが活動していた。1941年11月スノアは，これらの研究グループの活動を調整し統括する組織としてとして経済研究グループを結成した。これには，エグモント通りグループのほかにベルギー公共財政機関，アントウェルペン商業会議所，ルーヴァン大学経済研究所，ベルギー研究・資料センター（CBED），銀行研究所などが加わった。

経済研究グループの重要メンバーとしては，スノア，シュエテンスのほかにルーヴァン大学教授ボードワンがいた。1941年12月経済研究グループの委員長にルーヴァン大学教授のアンリ・ヴェルジュ（Henri Velge）が就任し，翌年1月から同研究グループは正式に活動を開始した。

国内での個人や研究グループのレポートは，マイクロフィルムにしてレジスタンス組織のTégal，Tounay，Zéroなどを通じてロンドンの国家保安局調査課に送られた。同課は担当の部局に資料を送付した。亡命政府とCEPAGはこれらの資料を重要視して利用することになる。また，ロンドンからの質問や資料も同じ組織を通じて国内に持ち込まれた。

経済研究グループは，ほぼ同規模の人口，経済力を持つオランダとの経済協

力に賛成した。それは，ベルギー解放直後に出版された経済研究グループの総括報告書[30]からも明らかである。総括報告書の第7章は「オランダとの関税・経済同盟」と題され，オランダと速やかに関税協定を実施することに賛成している。ただし，報告書はそのための条件として，オランダの保護主義的政策の是正，関税，消費税，取引高税，財政制度および賃金の相違を克服することを求めた[31]。なお，経済研究グループはフランスとの関税同盟には反対した。その理由は，ベルギーはフランスに比べ劣っておりパートナーとして対等でないことが指摘されている。

また，ベルギー国内の研究は，広域的な欧州統合に対しては積極的でなかった点も注目される。レジスタンスの多くは，欧州建設などの言葉を親ナチス的であるとして忌避した。すなわち，占領下では多くのパンフレット，書籍，ラジオなどを通じてナチスによる欧州建設のプロパガンダがなされていた。これは，1939年にドイツで出された広域経済圏（Grossraumwirtschaft）構想にもとづくもので，占領地域の協力を得るためナチスによって宣伝された。

例えば，1987年にスノアが行った証言において「占領下の欧州でナチスによるヨーロッパ支持の大プロパガンダがあったことを無視すべきではない」[32]と述べていることからも，こうした欧州建設の文句を素直に受け入れられないレジスタンスの感情が見て取れる。

オランダ側では，ロンドンでユニリヴァー取締役ポール・レイクンス（Paul Rijkens）によって再建問題研究グループが政治家，官僚そして実業家合計220名を結集して作られた。同研究グループは1941年から45年の間にオランダ亡命政府に対して29本もの報告書を提出し，政府の方針に大きな影響力をあたえた[33]。

占領下のオランダでは多数のレジスタンスが逮捕され，ベルギーほど多くの研究はなされず亡命政府との緊密な連絡もなかった。ただし，大不況期に関税同盟についての意見調査を行ったオランダ商業会議所は，1944年前半に再び同様のアンケートをベルギー，オランダ両国主要産業に対して行い，大多数の生産者が関税同盟を支持していることを明らかにした。このアンケートはベネル

クス各国政府に産業界の支持を確認させることになった[34]。1943年以降,ロンドンでは両国研究グループ間で,研究成果や情報の交換が活発化し,関税同盟を準備する研究面での交流が進んだ。

第3節　ベネルクス関税協定の締結

1．ベルギーにおける関税同盟の検討

　ベルギー亡命政府における関税同盟計画は通貨協定締結後本格的に始められた。本国またはロンドンで作成された報告書は,関税同盟の影響を工業については利益が大きいと評価し,農業についてはベルギー農業がオランダとの競争に耐えうるか不安視するものが多かった。とくに,石炭業と鉄鋼業については,オランダ国内に原料・資源がなく戦前からベルギーとの格差が歴然としており,戦後においてもベルギーの圧倒的優位が予想されていた。

　機械工業についても楽観的な見通しが強かった。外務省公文書館には「ベルギーとオランダの関税同盟がベルギー機械工業に与える影響」と題するブリュッセル発1944年1月28日付の専門職業グループ事務局長からの報告書が所蔵されている[35]。同報告は,ベルギー機械業を三つに分類するとともに,ベルギーの輸出に対する関税同盟の影響を,1943年初めに行ったアンケート調査をもとに詳細に分析している。

　まず,原動機,ポンプ,送風機の第1分類では,オランダにはStork社,Serkspoor社といった有力メーカーがあり,関税同盟においてはベルギー企業と激しい競争が予想される。とくに,船舶用小型ディーゼルモーター,遠心性コンプレッサー,ポンプではベルギー企業が消滅する。ベルギーが圧倒的優位となるのが固定・半固定のディーゼルモーター,高圧冷蔵施設用ピストン・コンプレッサー,換気装置である。また,ベルギーとオランダとの激しい競争が予想される部門が,船舶用大型ディーゼルモーター,鉄道用ディーゼルモーター,タービン,蒸気機関である。

第2の分類は工作機械とその関連工業である。第2分類は第1分類と大きく異なり，オランダにはライバルとなるような企業は存在しない。このため，関税同盟による市場の拡大はかなり期待できる。推計では第2分類の合計でオランダは2億ベルギー・フランから2億5,000万ベルギー・フランの輸入をすることになる。

　第3分類はその他の機械工業で，鉄製高圧コック製造工業と印刷用銅シリンダー工業ではオランダが優位だが，この二つの例外を除けばオランダに競争力のある企業は存在しない。この分野ではオランダとベルギーは補完的関係にあり，オランダ市場の輸入は1億ベルギー・フランと見込まれる。

　しかし，農業に関してはベルギーがオランダとの競争に勝てないとして，危惧する意見が強かった。オランダは戦前から農業輸出に補助金を支出し，また賃金もUEBLに比べ低かったので安価に農産物を輸出していた。戦時中，ベルギー国内ではCBED農業委員会やボードワンによってオランダとの関税同盟がベルギー農業に与える影響について研究がされていた[36]。ボードワンはオランダが戦前の体制に戻ることはなく，したがって牧畜以外の部門ではベルギー農業は十分に競争できると楽観的な見方を示していた[37]。

　一方，スノアを議長とする農業委員会では，オランダが戦前と同様の農産物のダンピング輸出をする可能性が指摘された。また，牧畜や小運河による輸送面などオランダには競争面で優位になる面を持っているとして，農業における関税同盟を不安視する意見があった[38]。また，1943年付で外務省公文書館に保管されている「ベネルクス」とタイトルが鉛筆書きされた報告書においても，オランダは保護政策を取らないベルギーに向けて農産物輸出を行ってくるのでベルギー農業者は関税同盟に反対することになるだろうと述べていた。このように，ベルギー農業への十分な保証がないままでの関税同盟には多くの危惧の念が示された[39]。

　さらに，両国ともに海外に植民地を持っており，植民地の扱いも関税同盟設立において問題となった。両国の植民地はともに本国からの輸入に対して優遇措置を取っていなかったが，本国の植民地化からの輸入に関しては相違があっ

た。すなわち、オランダは植民地からの輸入を第三国からの輸入と同様に扱っていたが、ベルギーはコンゴ植民地からの輸入に対して免税特権を与えていた。

したがって、植民地からの輸入に対して免税特権を与えるのか廃止するのかが問題になった。協議の結果、オランダとベルギーの海外領土からのベネルクス諸国に輸入された場合は、関税上の優遇措置（免税を含む）が認められることになった。

2. 共通関税の設定交渉

通貨協定交渉がほぼ決着した1943年3月のベルギーとオランダの外相・財務相会合で、関税同盟設立交渉を始めることが合意された。両国政府とも、国内において競争上不利になる産業を中心に反対が予想されることから、亡命政府が帰国する前に協定に調印することが必要であることを理解していた。

しかし、関税制度、国内税制、経済政策が大きく異なるベルギーとオランダの間に、すぐに完全な関税同盟を形成することは政治的にも技術的にも困難であることが分かってきた。そこで、両国の外相と財務相は1943年5月の会談で、段階的に関税同盟を設立することとし、まず暫定的な計画を策定することで合意した。1943年10月までに関税協定の概略が決まり、域内の共通国境における関税の廃止と域外からの輸入に対する共通関税の設定が合意された。

関税協定交渉において、大きく相違する両国の関税制度をどのように一本化し共通関税を設定するかが最大の問題であった。オランダの関税方式は主に従価税であり、関税表には課税される品目のみがアルファベット順に記載されていた。オランダの関税表には850品目が載せられその大半700品目は従価税、約100品目が従量税、残り約50品目が両税を合成したものであり、関税表に載っていない物品については自動的に無関税での通関となる。このようにオランダの関税制度は系統的でも厳密でもなく、きわめて単純なものだった。

一方、ベルギー・ルクセンブルク経済同盟では従量税が主であり、課税されると否とにかかわらず、膨大な量のすべての品目を系統的に分類・列挙して関税表に載せ、それぞれ最低率、通常税率、最高税率を示す複雑なものであった。

最高税率は自国産品に対して差別的待遇をする相手国の産品に適用される。この一覧表による徴税方法は，国際連盟によって推奨された近代的なものであった。1924年に作られた関税表には3,600品目が挙げられていた。その内訳は600品目が無関税であり，2,600品目が従量税方式で課税される。また，400品目については従価税方式が取られた[40]。戦前の両国の関税制度は根本的に異なった原理にもとづいていたのである[41]。

　1943年10月20日に外務省からスパークとヴァンランゲノーヴの名前でピエルロ（首相・農相）とギュット（経済相・財務相）に同じ文面の書簡が送られた[42]。書簡の内容は次の通りである。関税同盟締結において第一に重要なのは第三国からの輸入品に対する共通関税の設定である。ベルギー代表は国際連盟分類によるリストを提出し，オランダ代表はベルギーに従価税方式を受け入れるよう要求してきた。ベルギーとしては従量税に代わる従価税がどの程度になるか調べ，その後，共通関税について合意する意向である。

　この書簡にギュットは10月29日付返信で関税同盟計画について外務省と財務省の作業を調整することが必要であるとして，そのための定期会合の議長にヴァンランゲノーヴ，財務省の代表としてアンジョー，経済省の代表としてヴァンカンプノ（Van Campenhout）を推薦した[43]。

　さらにギュットは11月16日付のスパーク宛の書簡[44]で，オランダとの関税について私見を述べた。ギュットは，戦争直後に価格の大幅な変動が予想されることから従価税のほうが望ましいと従価税に賛成した。また，ギュットは援助物資への免税を支持した。最後に消費税（droits d'accises）の統一について，オランダとの交渉を進める意向を示し，財務当局と直接税と間接税について条文を検討したいと述べている。

　交渉の結果，共通関税は両国の従来の制度を折衷したものとなった。すなわち，関税同盟の課税方式はオランダに倣い従価税方式が採用され，関税商品分類については1937年に国際連盟が推奨した体系的なリストを採用した。この結果，関税品目数は991となった。ただし，このうち350品目については戦後の混乱が平常に回復するまで一時的に停止される。また，これまでと同様に石炭，

ゴム，繊維，石油などの原料などは自由品目とされ課税対象からはずされていた。同じ11月16日にギュットからスパークに経済部内で作成されたオランダ・ベルギー協定についてのノートが送付された。このノートには，すべての救援物資に対して関税を免除することがオランダとベルギーの間で合意されたと記されている[45]。

関税制度についての合意ができたことにより，1943年11月から対外共通関税の水準を決めるベルギーとオランダの専門家による膨大な量の作業が進められた。専門家による作業は，1944年5月に終了した[46]。

さらに，1943年11月22日に外務省からピエルロとギュットに送られた手紙ではベルギーの関税を国際連盟の分類に従って従量税から従価税にする第2次リストを送ったと述べられている[47]。第2次リストには分類番号193〜389が載せられ，その後も12月7日付の手紙で第3次リスト（390〜440番）というように，第4次，5次，6次と次々と関税表のリストが作成されていった[48]。

関税表作成の作業はベルギー側ベール（Baert）とオランダ側ドゥフリ（Devries）によって進められた。ベールはヴァンランゲノーヴに作業経過を随時報告していた。1944年3月1日付のヴァンランゲノーヴからギュットへの手紙には，関税表立案の作業についてベルギー・ルクセンブルク経済同盟とオランダで実施されている関税規定をもとに，国際連盟によって作成された統一分類にもとづいて準備が進んでいることが報告された[49]。

さらに3月2日のヴァン・ランゲノーヴからギュットへの手紙では第7次の関税リスト（607〜670）とともに1日付でベールからきた手紙が添付されていた[50]。そこには，援助物資などを免税とすることが示されたと報告されていた。

ヴァンランゲノーヴからギュットへは第8次のリスト（671〜755番）が3月14日付で，第9次リスト（757〜907番）が3月19日付で送付された[51]。さらに，1944年4月22日付手紙に11次と12次のリストが添付され，これによって908番から991番までの関税表が完成したことになり，作業が完了した[52]。

ベルギー・ルクセンブルク経済同盟とオランダの税率の一本化による共通税

率の決定は両者の交渉に委ねられ決着を見た。個々の品目ごとに交渉が行われタバコの場合にはベルギーが高率関税を望み，オランダが低率を主張するなど正反対の場合もあった。しかし，概ね税率の一本化は予想していたよりも困難ではなかった。その理由としては，両地域とも元来税率が低かったこと，また，戦後において税率は国家にとり重要性が低かったことである。なぜなら，戦後の貿易は主に数量制限によって統制され，また，国内価格の上昇を引き起こす高率関税は価格統制の点からも問題があったためである。

　関税表原案が完成したことを受けて，ベルギー政府内の検討と調整が図られた。5月12日ヴァンランゲノーヴは財務省，経済省，農業省に書簡を送り，ベルギーとオランダで交渉してきた関税表の原案が完成したので検討を依頼する旨の要請を行った[53]。最初の検討会議が5月23日であることも通知された。

　また，同じ5月12日スパークはルクセンブルク外相ベッシュに手紙を送り，オランダとの関税同盟計画がこれから政府の関連する部署によって検討され，この会議の議長には外務省の事務総長（ヴァンランゲノーヴ）がなること，ついてはルクセンブルクからもこの会議に代表を派遣するよう要請がなされた[54]。これに対して，ベッシュからは5月23日から始まる会議にルクセンブルク外務省官房長官アルフォズ・アルス（Alphose Als）が参加することが通知された[55]。

　関税協定によって，3国はベネルクス域外からの輸入に対しては共通の関税を課し，同時に域内の貿易では関税が廃止されることになった。しかし，関税が廃止されても，数量制限，輸入割当，輸入許可，為替管理などの保護主義措置は存続することになっていた。また，消費税など間接税の税率も統一されないままであった。

　なお，関税協定第8条は，関税同盟発足後に速やかに完全な経済同盟条約が起草され締結されるべきことを定めていた。経済同盟が設立されると，ベネルクス域内における商品，人，資本は自由に移動できることになる。

3. アメリカ政府からの了解取り付け

　関税協定作成の作業が進む1944年前半からベネルクス諸国は，通貨協定のと

きと同様に英米両政府に計画を説明し，事前の承認を得る努力を行った。駐アメリカ特命大使テュニスからスパーク外相宛の1944年2月12日付手紙は同日のニューヨーク・タイムズに載ったベネルクス同盟を歓迎する記事を添付し，アメリカの新聞や世論はオランダとの金融協定に好意的である旨を記している[56]。これ以外にも1944年2月はワシントン・ポストやクリスチャン・サイエンス・モニターなどアメリカの新聞記事が送付されており，ベルギー外務省がアメリカの反応に強い関心を持っていたことが分かる。

関税協定の交渉が進む1944年6月23日スパークは在アメリカ大使館に電報を送り，アメリカ政府への働きかけを要請した。これを受け6月30日に大使館参事官は国務省経済局長のハリー・ホーキンス（Harry Hawkins）と会見した[57]。ホーキンスはアメリカ政府がベルギーとオランダの関税同盟を好意的に受け止めているが，これからどのような精神で関税同盟が結ばれアメリカとの貿易にどのような影響が出るかを検討するだろうと述べた。また，アメリカが現在，国際通商における障害を切り下げる目的で多国間協定案を検討中であることを伝えた。この会見ではベルギー大使館参事官はベルギーとオランダの関税同盟について説明した覚書をホーキンスに渡した。ホーキンスは2週間以内にアメリカ政府の対応について詳しく説明することを約束した。

覚書には，次のことが記されていた。ベルギー，オランダ，ルクセンブルクの3国は通貨協定調印後，より緊密な経済協力を目的として政府間で関税同盟の創設を検討している。現在，共通関税設定のため，商品分類についてはすでにベルギーが採用している国際連盟分類を採用すること，関税の方式はオランダに倣って従価税方式をとること，関税同盟は本国のみに適用され，植民地は除かれることが決まった。アメリカとベルギーとの既存の協定との関連では，1875年3月8日の通商・航海条約と1935年2月27日の貿易協定が関係する。したがって，ベルギーにとっては，アメリカ政府がこの関税協定にどのような態度を取るのか，また協定が成立した場合アメリカ政府はどのような条件を付けてくるのかが問題であった。

8月4日ベルギー大使館参事官はホーキンスと再度会談した[58]。この会談に

は国務省貿易協定局長のフロラー（Flowler）も同席した。ホーキンスは関税協定に対するアメリカ政府の基本的な立場について，好意的ではあるが計画の全体が不明でもありア・プリオリに好意的ではないと繰り返し述べた。

また，ベルギーが従量税方式から従価税方式に転換しオランダと共通関税を設定すると，アメリカ・ベルギー両国の通商協定に追加条項が必要になるが，アメリカにとっては従来よりも関税率が低いのであれば問題ないとの立場を示した。しかし，もしアメリカ産業が従来よりも関税率が高いと判断したならばアメリカ政府は貿易協定法（Trade Agreement Act）に従ってヒアリングを行うだろうと述べた。

ベルギー大使館参事官は，関税同盟は貿易が自由に行われる地域を形成することを目的とするものであることを強調した。参事官はホーキンスとの会談を通じてアメリカ側がオランダとの関税同盟に好意的であるとの印象を持ったようである。

1944年8月に関税協定交渉はほぼ終了した。8月26日にはスパークの代理としてヴァンランゲノーヴが署名したルクセンブルク外相ベッシュ宛の関税協定への承諾を求める書簡が出された[59]。ルクセンブルク政府の合意も得て，ベネルクス関税協定は1944年9月5日ロンドンで調印された。関税協定は各国亡命政府によっても事前の承認を受けていた。

1944年9月5日，ベルギー・ルクセンブルク経済同盟とオランダとの関税協定がロンドンにおいて締結された。協定の正式名称は「ベルギー・オランダ・ルクセンブルク関税協定」であり，ベネルクスの語は用いられていないが，これ以後一般にはベネルクス関税協定と呼ばれる。調印は，ベルギー亡命政府が帰国する直前のことであった。解放後，帰国してからの関税協定調印は国内で反対に遭うことが予想されるため，帰国前に亡命先のロンドンで調印され既成事実化が図られた。ベルギー政府が帰国したのは調印直後の9月8日であった。

1944年9月7日にはスパークから連合国の各国外相に関税協定文を同封したこの関税同盟に賛意を求める書簡が出された。これに対してとくに反対はなかったようであり，ベネルクス関税同盟は第二次世界大戦後の世界においてヨー

ロッパ地域協力の先駆例として注目を集めていくことになる。

第4節　戦後復興とベネルクス関税協定の発効

1．戦後復興の相違

　関税協定の発効は，協定第9条により3国政府の帰国後に予定されていた。しかしながら，終戦後に発効したのは通貨協定だけで，関税協定は発効が遅れた。関税同盟は両国がほぼ同時に解放され，同じ経済状態から戦後復興がなされるとの想定のうえに計画されていた。すなわち，関税協定第9条によれば，ベルギー，オランダ両政府が帰国したならば，協定は暫定的に直ちに効力を発揮することになっていた。そして両国が同じ経済政策をとり，関税同盟を実現し経済同盟に発展することが決められていたのである。ところが，現実には3国のドイツ占領軍からの解放は大きく違った経緯をたどることになる。解放の時期がベルギー，オランダ両国で大きく異なったことに加え，オランダの解放後の経済再建は予想以上に困難をきわめた。

　1944年6月の連合軍によるノルマンディ上陸作戦の成功後，ベルギーの解放は急速に進み9月にはほぼ全土が解放され，9月8日に亡命政府は帰国した。しかし，オランダでは南部の解放は早かったもののライン河を防衛線とするドイツ軍の激しい抵抗に遭い，北部主要都市では解放が遅れ1944～45年の冬は飢饉に苦しんだ。オランダが解放され政府が帰国したのは，ベルギーよりも8カ月遅いドイツ降伏直前の1945年5月4日だった[60]。

　こうしたベルギー，オランダ両国の解放に至る経緯の違いは関税同盟の発足を遅らせることとなった。戦後，ベルギーは順調に復興を遂げていくことができた。まず，ギュット財務相は1944年10月6日の通貨改革法によって，占領中に増大した旧紙幣を預金封鎖し新紙幣に切り替えこれを漸進的に流通させることで，第一次世界大戦後にみられたような極端なインフレーションを回避することに成功した。1945年末までに通貨量は戦前水準（460億ベルギー・フラン）

に戻った。このインフレ抑制策は，復興にとって安定した土台を提供した[61]。

ベルギーでは，ドイツ軍による生産設備や交通網に対する破壊が他のヨーロッパ諸国と比較して少なく，製鉄や機械などの工業を中心に，近隣諸国の復興需要に応えてめざましい回復を遂げた。さらに，アントウェルペン港も破壊から免れたため，1944年冬からはアメリカ軍の補給基地として多額のドルを獲得した。また，戦争中から貴重な外貨を生み出して亡命政権を支えた植民地コンゴも銅やウランなどの地下資源の輸出によってドルを獲得し本国ベルギーの国際収支の安定均衡に貢献した[62]。

ベルギーでは，復興直後の時期には賃金や物価の高騰の抑制を目的として統制的政策がとられたが，経済の急速な回復によって，政府の経済への干渉を最小限とする自由主義的な経済運営が行われていくことになる。こうした不干渉政策の結果，ベルギーでは賃金・物価が高騰したが，あくまでも通貨政策を通じてインフレーションを調整する政策を堅持した。

ルクセンブルクでは，亡命政府が1944年9月23日に帰国したが，45年1〜2月にはドイツとの激しい戦いが行われ被害を受け，ベルギーほど復興は容易ではなかった。しかし，ベルギーとの経済同盟やアメリカ軍からの援助のおかげで，1946年にルクセンブルクはベルギーとともに西ヨーロッパ諸国のなかで最初に配給制をやめるところまで回復を遂げた[63]。

他方，オランダの戦後復興はベルギーやルクセンブルクに比べはるかに深刻で困難をきわめた。オランダは解放が8カ月も遅れたうえ，ドイツ軍による持ち去りや戦争による破壊によって，ロッテルダムをはじめとする港湾，道路や鉄道などの交通網，工場などの生産設備が大きな被害を受けた。そのうえ，退却するドイツ軍によって国土保全の役割を果たす堤防も破壊されて，国土各地が水浸しになり大きな被害を受けた。ベルギーが総資本の3.8〜10%を戦争中に失ったと推計されているのに対して，オランダとルクセンブルクは約1/3を失ったと推計されている[64]。ルクセンブルクは国の規模が小さいために回復は早かったが，オランダでは生産活動の再開には，多くの時間を要した。

さらに，大戦前まで本国に大きな利益をもたらした東インド植民地は，日本

の敗戦直後からインドネシア独立戦争が始まったことにより，軍事支出が増大しオランダ経済にとり重荷となった。国際収支面でも東インド植民地が産出する錫は世界商品として戦前のオランダに利益をもたらしていただけに打撃は大きかった。また，ロッテルダム港を通過するドイツとの通過貿易も途絶え，オランダの国際収支はさらに悪化した。そのうえ，表4-2から分かるように，戦後のオランダでは，植民地からの引揚者もあって，人口が増大し失業問題も深刻であった。

表4-2　ベネルクス諸国の人口比較

(単位：1,000人)

国　名	1930	1947	1957
ベルギー	8,092	8,512	9,027
オランダ	7,936	9,716	11,096
ルクセンブルク	300	291	316

(出所)　Meade, et al. op. cit., p. 177.

　戦後の劣悪な経済状態からの復興を目指して，オランダでは統制的・計画的な経済政策が実施された。統制は経済の各分野および配給制，賃金・物価の統制，補助金，投資管理などがその代表的なものだった。また，財務大臣ピーテル・リーフティンク（Pieter Lieftinck）によってベルギー同様に旧通貨の預金の強制と封鎖，新紙幣への切り換えが行われ，インフレを抑制することに成功した。しかし，潜在的な需要は高く物価への急騰圧力が強いため，政府による賃金・物価を厳しく統制する政策は，その後も長く続けられた[65]。

　対外的には，国際収支の悪化を防ぐため貿易管理と為替管理が厳格に行われた。しかしながら，オランダは，復興のために外国からの輸入を行う必要があり，外貨準備の不足に常に悩ませられた。国際収支の危機に直面したオランダは，輸出を伸ばすために政府主導で生産を回復することが至上命題となった。著名な経済学者のヤン・ティンベルヘン（Jan Tinbergen：英語読みティンバーゲン）を中心として策定された経済計画のもとオランダはしだいに近代的な工業国家へと変貌を遂げていくが，戦後しばらくの間は近隣諸国とりわけベルギーと比べて経済力は劣位にあった。

　このように，オランダの復興の遅れに加え，両国がきわめて異なる経済政策を取っていたことも関税同盟の発足が遅れる原因となった。ベネルクス諸国の

対応の相違の根底には経済政策思想の違いが横たわっていた。オランダは戦前から農産物に対する補助金，戦後の統制経済に見られるようにきわめて干渉主義的な経済政策が取られた。他方，ベルギーでは独立以来自由主義的伝統が強かった。大不況期においても自由主義の不足を補うヴァンゼーラントらの新しい自由主義的な経済政策が採用され，終戦直後の短期間の配給制・物価統制を除けば経済が軌道に乗ったこともあり，干渉主義に懐疑的であった。

2. 関税協定交渉

以上のような理由から関税協定の批准の目途は立たなかった。オランダでは，域内貿易の自由化によってUEBLから大量の工業製品が流れ込むことを恐れた工業界が関税同盟に反対していた。他方，オランダが頼みとする農産物分野では，競争力で劣るUEBLの農業生産者による反対があった。

ようやく，1946年4月に戦後初めての閣僚級会議が開かれ，関税同盟実現のためには協定の詰めの作業が必要であることが合意された。そこでまず，両国は1946年6月から47年5月まで有効の暫定通商協定を締結した。これにより，ベルギーはオランダに対して3億2,000万ギルダーを輸出し，オランダはベルギーに対して1億5,000万ギルダーを輸出することが決まった。オランダの貿易赤字に対してはベルギーがオランダに借款を供与するが，今後数年の間，オランダはベルギー，ルクセンブルクから鉄鋼，ガラスなどを輸入し，オランダ国内において鉄鋼，機械，金属工業などを発展させないことを約束した。

1946年6月1日にはブリュッセルにベルギー，オランダ共同事務局が開設され事務局長にオランダ人が，副事務局長にはベルギー人が就任した[66]。共同事務局は，運輸，郵便，通貨，工業，農業，物価，賃金など専門的問題を研究する数多くの委員会を設けた。

ベネルクス同盟に対するベルギー，オランダ両国民の意識について，1946年末から47年初めにかけて行われたギャラップの世論調査を見てみよう。オランダではベネルクス同盟支持が80%，不支持3%，意見なし17%であった。これに対して，ベルギーでは支持が69.3%，不支持7.2%，意見なし23.5%であっ

た[67]。

　ベネルクス同盟に対してはベルギー，オランダとも高い支持が認められるが，支持率はオランダのほうが高い。オランダの農民はドイツにおける食糧市場を喪失したのでその代替をベルギー市場に期待し，関税同盟を歓迎した。しかし，ベルギーではフランデレンの保守的な農民団体を中心に，オランダからの農産物輸入とりわけ，牛乳，バター，チーズの市場開放に対して反対論が強かった[68]。

　UEBLとオランダとの交渉の結果，3月14日にハーグで関税協定を補完する議定書が調印され，共通関税率が決定され，1947年9月1日からの協定の発効が合意された[69]。しかし，農業と税制については，この議定書では合意に達せず，さらに交渉が続けられた。

　最大の問題は農業問題であった。ベネルクス同盟域内における農産物の貿易には関税はかからない。しかし，関税以外の障壁が農産物の貿易を大きく制限した。ベルギー，オランダ両国の農産物価格は異なっていたが，戦争直後からベルギー農産物価格はオランダの価格を上回って高騰し，戦後さらにその差は拡大した。

　オランダの農業保護制度は戦後も維持され，生産者にダンピング輸出を保証する補助金を支出するとともに，国内では賃金・物価の統制を行った。オランダでは生産者の組織に権限を与え生産者組織を通じて統制が行われた。この結果，輸出価格との差額を埋めるためにも国内の農産物価格は高価であった。ベルギー農業の生産性は，牧畜を除けば最高レベルのオランダ，デンマークに近かった。しかし，ベルギー政府は農家を自由競争のなかに置き，統制を行うことはなかった。また，ベルギーの賃金はオランダに比べ相当高く，オランダの統制的政策が続く限り農業における自由化は困難だった[70]。

　1947年5月9日にベネルクス諸国間で農産物貿易に関する原則が合意され，議定書が結ばれた[71]。加盟国は自国の農業生産者に最低価格を設定することで，公正な利益を保証することが認められた。また，加盟国は最低価格を維持するために，ベネルクス域内・域内諸国からの農産物輸入を制限する権限を与えられた。

これによって，オランダの農産物がベルギーに輸出されるときに価格を均等にするための税金が徴収されることになった。これは輸出国であるオランダにおいて課せられた。ただし，この価格を均等にするための徴税制度は1950年に変更され，税金は両国で均等に分けられた[72]。

　もう一つの大きな困難は税制の統一だった。3国において重要な収入源であったのはビール，酒類，タバコ，砂糖などにかかる物品税であった。しかし，税率に大きな差があるうえ，課税対象となる物品も塩に対してはオランダでは課税するがベルギーでは課税せず，他方ベルギー・ルクセンブルクではマッチやマーガリンに課税するなど異なっていた。

　取引高税も問題になった。ベルギーでは商品流通に対して4.5％の課税が行われている（消費者への販売は無税）。オランダでは0.5～2％，4％と対象によって一律ではない。しかし，税制の統一には至ることはなかった。

　こうして不統一な部分を残しながらもできるところから関税同盟を発足させることになり，関税協定を実施するための議定書が1947年中に3国議会の批准を受け，1948年1月1日に発効した。これは，協定調印後3年以上が経過してのことであり，1947年3月の議定書で決められた同年9月から4カ月遅れてのことであった。

　ところで，関税同盟を形成するにはそれまでに両国が他国と結んでいた通商協定との関係で問題があった。双務協定の関税条項には最恵国規定があったからである。最恵国条項によって，理論的には両国は関税免除の待遇をこれらの諸国に与えなければならない。こうした関税免除規定の拡大はベネルクス関税同盟の設立に大きな障害となる。1930年代のウーシー協定がイギリスなどの反対に遭い挫折したのも最恵国待遇をめぐって理解を得られなかったからである。

　しかしながら，ベネルクス関税同盟が形成されるにあたって最恵国待遇を要求する動きはなかった。両国の主要な貿易相手国はベネルクス同盟設立に理解ある態度を示していた。そして，1947年ジュネーヴでの関税交渉では，ベネルクス3国は共同代表を形成し臨んだ。1947年10月30日に締結された

「関税と貿易に関する一般協定」(GATT) 第24条では，関税同盟設立以前の税率よりも高くない場合には関税同盟が認められることが明記された[73]。GATT24条がすでに発効していたため，1957年のローマ条約締結においては他の貿易相手国との間に最恵国規定をめぐって問題は発生しなかった。この点でも，ベネルクス関税同盟は欧州建設の端緒を開いたといえる。

第5節　ベネルクス関税同盟の発足と進展

1．ベネルクス関税同盟の設立

1948年1月から発足したベネルクス関税同盟の運営は，UEBLとオランダの官僚や専門家により構成される三つの審議会とそれを補佐する委員会などの協議機関を通じて行われた。ベネルクス関税同盟は，各国の主権を制限する超国家機関は持たなかった。この点は，ベルギー・ルクセンブルク経済同盟と同じである。また，ベネルクス関税同盟は，UEBLとオランダの二つの経済地域の関税同盟とされ，同盟の運営においても，UEBLとオランダが対等な立場を持ち，ルクセンブルクはUEBLの一部として扱われた。

関税協定は，ベネルクス同盟の機関とし三つの審議会の設立を規定した。すなわち，関税管理審議会 (Conseil administrative des douanes)，経済同盟審議会 (Conseil de l'union économique)，通商協定審議会 (Conseil des accords commerciaux) である。

関税管理審議会は第三国に対する共通関税を決定する。経済同盟審議会は，決定された共通関税にもとづいて外国との貿易協定を決める。通商協定審議会は経済同盟に発展するための方法について検討する。

これら3機構のより具体的な役割については1947年3月14日のハーグ議定書で明確にされた。ベネルクス同盟の機構については図4-1の通りである。これらの審議会は作業の大半を小委員会に委託し，3審議会の議長からなる議長会議 (Réunion des Présidents) が審議会や小委員会の作業を調整する[74]。なお，

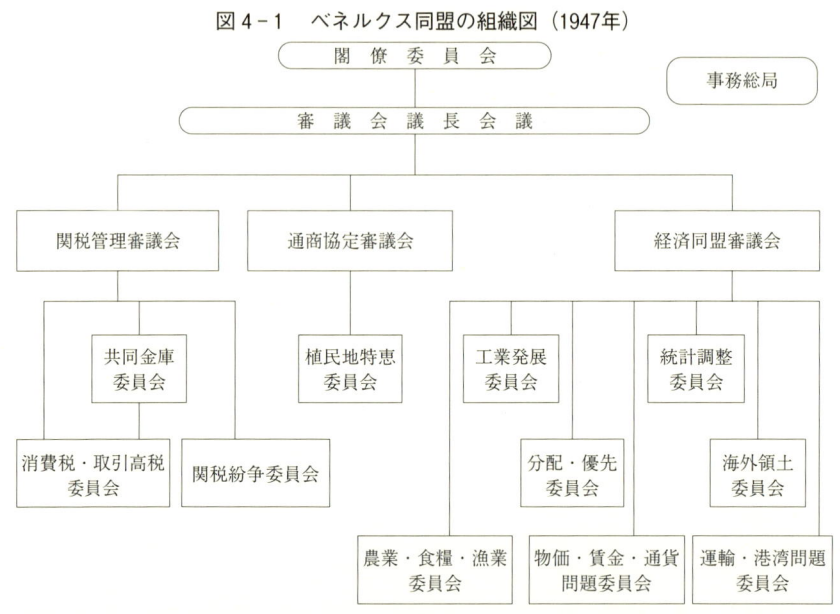

図4-1　ベネルクス同盟の組織図（1947年）

```
                        閣 僚 委 員 会
                             │
                    審 議 会 議 長 会 議                    事務総局
         ┌───────────────────┼───────────────────┐
    関税管理審議会         通商協定審議会         経済同盟審議会
         │                     │                     │
    ┌────┴────┐          ┌─────┴─────┐        ┌──────┼──────┐
  共同金庫              植民地特恵         工業発展        統計調整
  委員会                委員会             委員会          委員会
    │                     │                 │               │
消費税・取引高税    関税紛争委員会       分配・優先        海外領土
委員会                                    委員会          委員会
                                            │               │
                                      農業・食糧・漁業  物価・賃金・通貨  運輸・港湾問題
                                      委員会           問題委員会       委員会
```

（出所）　Grosbois, Thierry., *BENELUX 'Laboratoire' de l'europe?*, Bruxelles, 1991, p. 67.

議長会議の UEBL 側議長には，スノアが就任した。

　審議会などの事務作業を行うのが事務局である。事務局規定[75]により，事務局はブリュッセルにおかれる。また，事務局長にはオランダ人，副事務局長にベルギー人，事務局長補佐にルクセンブルク人が就任する。このように事務局規定は3国間のバランスをとった。

　運営上の特徴としては，関税同盟も後の経済同盟も加盟国の主権を尊重することを第一とし，ECSC や EEC のような超国家機関をもたず政府間機構にとどまった。政策は審議会に参加した官僚による協議で立案され，ベネルクス事務局の任務は事務的な補佐に限定された。最終的な政策決定は，加盟国の代表からなる閣僚委員会で決定し，加盟国の議会において承認を受けて初めて政策が実行される。

2.　関税同盟の発足

　関税同盟の設立によって1948年1月から過渡期間なしにベネルクス諸国間の関税は廃止され，対外共通関税が設定された。しかし，域内流通の自由化はすぐには実現されず，国境税関での検査もなくならなかった。

　第一の理由は，構造的な国際収支の困難を抱えるオランダが，UEBLからの輸入に対して許可制（ライセンス）や割当制といった非関税障壁を保持したからである。また，農産物については競争力で劣るUEBLがオランダからの輸入を制限した。

　第二に，税制の統一が後回しにされたため，取引高税や物品税などの税制面の不統一が続き，国境税関では国により制度や税率の異なる取引高税や物品税の徴収がなされた。

　第三に，両国間の価格差が非常に大きいことも，輸入割当や為替制限による貿易統制が国境の税関において行われた原因であった。さもなければ，価格統制で廉価なオランダの商品は物価の高いベルギーに流入することになる。また，配給制によって抑制されたオランダ国内の需要はベルギー国内に向かうからである。

　なお，1947年5月に税制の統一について議定書が締結された。議定書には，1948年9月1日までに物品税と取引高税の統一に関する法案が3国政府から議会に提出されるべきことが決められていた[76]。しかし，これが実行されることはなかった。戦時期に構想された関税同盟は，国益を優先したためにさまざまな例外規定が持ち込まれて，実施にあたって変更を余儀なくされた。このことは，UEBLとオランダの経済が相互補完的でないことを示している。

　関税同盟発足後のベネルクス同盟の課題は，商品流通の自由を大きく阻んでいる税制を統一し，農産物に対する輸入制限を撤廃し，オランダの輸入制限措置の原因である国際収支問題を解決することであった。

　表4-3の税収構造の比較から分かるように，オランダでは直接税の比重が高いのに対して，ベルギーでは消費税（間接税）の割合が高かった。国の財政

表4-3 ベネルクス3国の税収構造の比較 (1948年)

(単位:%)

	オランダ	ベルギー	ルクセンブルク
直接税	57.6	39.5	54.8
消費税	38.9	55.8	40.6
その他	3.5	4.7	4.6
合 計	100.0	100.0	100.0

(出所) Meade E., Liesner, H. H. and Wells, S. J., *Case Studies in European Economic Union*, London/New York: Oxford University Press, 1962, p. 87.

政策の根幹に触れ生産者や消費者にも直接かかわるだけに,両国で大きく異なる税制を統一することは難しく,結局1958年に調印されたベネルクス経済同盟条約によっても解決されなかった[77]。

農産物の自由化も難しかった。オランダ農業は,高い生産性を持つうえ政府から補助金を受けて低価格での輸出が戦前から行われていた。これに加えて戦後は,賃金・価格が低い水準に統制されていたので,オランダの農産物の輸出競争力は格段に高まった。

ベルギー農業の技術水準は,オランダ農業に比べてわずかに低い程度であったが,戦後における賃金高騰のために農産物価格も上昇しオランダとの価格競争力はなかった。また,ルクセンブルク農業は元来生産性が低く,競争力はベルギー農業よりもさらに劣っていた。このため,ベルギーとルクセンブルクの農業生産者を保護するために,1947年5月の議定書によって関税同盟発足後も農産物輸入は規制された。

1949年10月の農業議定書によって,ベネルクス内の農産物貿易の制度が整備された。議定書は農産物をABCの3種類に分類して保護措置を規定した。リストAは,輸入業者に最低価格を課すか,課徴金を徴収することで保護される農産物である。リストBは,特別な制度に置かれた一部の産品で,数量制限や特別な関税が課せられる。また,リストCは,ルクセンブルクの農産物を特別に保護するものである。1949年の議定書によりベルギー農業は主に最低価格制度と課徴金制度によって保護されることになり,農産物は自由流通の枠外にとどまった[78]。

3. 国際収支問題の解決

オランダの国際収支の悪化は，1950年代初頭まで，関税同盟を発展させ経済同盟を形成するうえで最大の障害であった。戦後のオランダでは，賃金・物価が統制され配給制が行われてインフレが封じ込められていた。しかし，復興の過剰な需要を国内生産でまかなうことはできず，貿易管理と為替管理にもかかわらず輸入は増大し続けた。また，戦前までオランダに外貨をもたらしたドイツとのライン河を通じての通過貿易も途絶えていた。

国際収支の恒常的な悪化に直面したオランダにとり，1943年調印のベネルクス通貨協定は救済の手段となった。貿易赤字国に対する黒字国からの輸出信用の供与を定めた通貨協定は，1945年5月のオランダの解放時に発効した。これにより，オランダはベルギーから復興に必要な物資を協定で定められた上限（10億ベルギー・フラン）まで為替の制約なしに輸入することができたが，この上限は貿易・決済の一時的不均衡に対応するものであったので瞬く間に突破された。

しかし，ベルギーは協定による上限をはるかに越えて金融し，さらにオランダに借款を行って追加的信用を供与した。表4－4から明らかなように，ベルギーのオランダに対する信用供与は1940年代後半に大きく膨らんだ。ベネルクス同盟の枠組みは金融面でオランダの復興に貢献した。他方，これによってUEBLからオランダへの工業品輸出も拡大したのである。

ただし，ベルギーが提供できる信用もほぼ限界に達していた。この隘路を開いたのが，1947年6月5日にアメリカ国務長官ジョージ・マーシャル（George Marshall）によって発表された欧州復興計画（マーシャル・プラン）によるアメリカからの資金であった。マーシャル・プランはヨーロッパにおける地域協力を要求しており，このアメリカの政策に合致するベネルクス同盟は，マーシャル・プランから相対的に大きな援助を引き出すことに成功した。1948年4月，マーシャル援助を管理・運営し，またヨーロッパ地域協力を促進することを目的として，欧州経済協力機構（OEEC）が発足した。OEECが目指す西欧にお

表4-4 ベルギーからオランダへの信用供与
(単位：100万ベルギー・フラン)

年　月	金　額
1944年12月	120
1945年12月	836
1946年12月	2,616
1947年12月	3,971
1948年12月	4,476
1949年12月	3,725
1950年9月（最大）*	7,465
1951年12月	3,652
1952年12月	1,995
1953年12月	1,037
1954年12月	-9

(注)　*1948年のIMFによる3億ベルギー・フランは含まれない。
(出所)　Baudhuin, Fernand, Histoire économique de la Belgique 1945-1956, Bruxelles: Émile Bruylant, 1958, p. 173.

ける貿易自由化のためには貿易決済の障害を除去し，決済を円滑にすることが必要であった。1950年7月，OEEC内の決済を促進するために欧州決済同盟（EPU）が設立された。EPUは，マーシャル援助資金を用いて西欧の貿易・決済を拡大した。

EPUによってベネルクス域内における国際収支問題は緩和の方向に向かった。オランダのベルギーに対する貿易赤字にもEPUが利用され，ベルギーからオランダへの信用供与は1950年9月をピークに低下することになる[79]。また，1949年9月18日のポンド切り下げを契機とする為替再調整において，オランダ・ギルダーがベルギー・フランに対して25％切り下げられたこともオランダの収支問題を緩和した。1951年までオランダの国際収支はなお厳しい状態にあったが，ベルギー，マーシャル・プラン，EPUからの資金に支えられてきたオランダ経済は，49年に配給制を廃止し，50年頃には戦前の水準を回復した。1952年にはオランダの国際収支が大幅に改善され，ベネルクス域内の数量制限の多くが廃止された。ベネルクスは経済同盟の建設に向けて進むことになる。

小　括

1930年代大不況下，ヨーロッパの小国は経済協調によってこの困難を乗り切ろうと試みた。すでに1922年ベルギーとルクセンブルクは経済同盟を形成していたが，1930年に低地諸国とスカンジナビア諸国はオスロ協定によって関税休

戦に同意した。しかし、一層の関税引き下げを進めようとした1932年のウーシー協定は英米の反対に遭い不成功に終わり、小国同士の経済協調の努力は不況のなかでは、焼け石に水といった見方もできる。

しかし、ウーシー協定は第二次世界大戦後に実現するベネルクス経済同盟の前史となった。そして戦後構想としてベネルクス同盟が浮上した直接のきっかけは、グロボア（Thierry Grosbois）が指摘するように大国に対するフラストレーションがあった[80]。第二次大戦中には英米の間で後のIMFやGATTが協議され、小国はそれを受け入れるしかなかった。

戦後の統合への動きにおいて、戦時期の経験や研究が大きな影響を与えた。ベルギーの場合、亡命政府、戦後問題研究委員会、経済研究グループの主要メンバーが戦後のベルギー経済政策を担った。

ベネルクス同盟は、戦後この地域に高度に稠密な経済空間を人為的（政策的）に作り出し、近隣のフランスやドイツといった大国への経済的従属を回避し、自立した存在として発言力を確保する手段であった。ベネルクス域内においてはUEBLとオランダがほぼ同じ人口や経済力を持っていたので、一方が他方を飲み込む心配はなく、平等な関係を持つことができた点もベネルクス同盟が今日まで続いている理由である。

1）　BENELUXの名称を最初に用いた一つが、*The Economist*誌1946年8月10日号に載った"Union in the Low Coutries"という記事に見られる。ベネルクスの呼称について詳しくは、次を参照。Dayez-Burgeon, Pascal, *Belgique Nederland Luxembourg*, Paris: Belin, 1994, p. 186 ; Samoy, Achille G., "La création de l'union économique Bénélux", *Studia Diplomatica*, Vol. XXXIV, Num. 1-4, 1981.

2）　オスロ協定について詳しくは、以下を参照。Van Roon, Ger, *Small States in Years of Depression*, Assen/Maastricht, 1989; L. N. *Commercial Policy in the Interwar Period*, Geneva, 1942, pp. 58-59 ; "La convention de rapprochement économique d'Oslo", *Revue économique internationale*, janvier, 1931 ; "L'entente d'Oslo", *Revue économique internationale*, avril 1931.

3）　回答数は1,029で、内訳は反対6％、中立7％であった。*Résultat du référendum de la Chambre de commerce néerlandaise en Belgique sur l'opportunité d'une*

Union plus étroite (Union douanière) entre la Belgique (Luxemboug) et les Pays-Bas, Bruxelles: Sobeli, [1932], p. 23.

4) L. N., *op. cit.*, pp. 50 and 59；協定の条文は，"La convention d'Ouchy". *Revue, économique internationale*, août. 1932に所収。

5) L. N., *op. cit.*, p. 137；「国際決済銀行第 4 年次報告　1933-1934」『国際決済銀行年次報告書　第 2 巻』日本経済評論社，1979年，24，27頁。

6) U. N., *op. cit.*, p. 13 ; Meade *et al. op. cit.*, pp. 36-37 ; Trausch, *op. cit.*, p. 125.（邦訳，前掲書，128頁）．

7) U. N., *op. cit.*, p. 13；「国際決済銀行第 5 年次報告書　1934-1935」『国際決済銀行年次報告書　第 2 巻』日本経済評論社，1979年，133頁。

8) U. N., *op. cit.*, pp. 13-14 ; Meade *et al., op. cit.*, pp. 18-19, 23.

9) U. N., *op. cit.*, p. 14 ; Meade *et al., op. cit.*, p. 39.

10) U. N., *op. cit.*, p. 14 ; Meade *et al., op. cit.*, pp. 30-31.

11) L. N., *op. cit.*, pp. 58, 83-84, 103, 141.

12) L. N., *op. cit.*, pp. 81 and 148.

13) Grosbois, Thierry, "Les projets des petites nations de Benelux pour l'après-guerre 1941-1945", Dumoulin, Michel (dir.), *Plans des temps de guerre pour l'europe d' après-guerre 1941-1947*, Bruxelles: Bruylant, 1995, pp. 98-99.

14) Grosbois, Thierry, "Les négociations de Londres pour une union douanière Benelux (1941-1944)", Postma, A. *et al.* (dirs.), *Regards sur le Benelux*, Bruxelles: Racine, 1994, p. 39.

15) Gutt, Camille, *La Belgique au carrefour 1940-1944*, 1971, Paris: Fayard, pp. 153-155.

16) Spaak, Paul -Henri, *Combats inachevé*, Tome I, 1969, Paris: Fayard, pp. 150-151 ; Grosbois, op. cit., pp. 42-45.

17) Grosbois, op. cit., 1994, pp. 44-45.

18) Ibid.

19) Ibid., p. 42.

20) 関税同盟よりも通貨同盟が優先された事情については，以下を参照。Spaak, *op. cit.*, p. 151 ; Grosbois, op. cit., 1994, p. 44.

21) Grosbois, op. cit., 1994, p. 45.

22) Ibid., p. 48.

23) Ibid.

24) ベルギーとオランダの亡命政府の戦後構想については，Gotovitch, José, "Plans

by Exiles from Belgium, the Netherland and Denmark", Lipgens, Water (ed.), *Documents on the History of European Integration*, Vol. 2, Berlin: Walter de Gruyter, 1986を参照。

25) Grosbois, op. cit., 1995, pp. 95-97.
26) CEPAGの報告書などの史料は、Papiers de Paul van Zeeland, Archives de l'Université catholique de Louvain, No. 217-304にある。
27) ベルギーのレジスタンスによる研究活動については、Gotovitch, José, "Views of the Belgian Resistance on the Future of Europe", Lipgens, Water (ed.), *Documents on the History of European Integration*, Vol. 1, Berlin: Walter de Gruyter, 1985を参照。
28) Grosbois, op. cit., 1995, pp. 101-103.
29) スノアを中心とする研究活動については、Grobois, "L'opinion de la Sûreté de l'Etat à l'égard du projet Benelux, 4 janvier 1943", Dumoulin, Michel et Bussière, Eric (dirs.), *Les circles économique et l'europe au XXè siècle*, Louvain-la-Neurve/Pais ; Do, op. cit., 1995, pp. 101-103を参照。
30) Groupement d'études économiques, *La restauration économique de la Belgique: Transition vers une économie de paix*, Baude: Bruxelles, octobre 1944.
31) *Ibid*. Chapitre VII "Union douanière et économique avec les Pays-Bas" ; Grobois, op. cit., 1994, pp. 53-54 ; do., op. cit., 1995, pp. 101-103.
32) Dumoulin (dir.), *op. cit.*, 1987, pp. 159-160に収録。ナチスの欧州同盟構想については、Gerbet, *op. cit.*, pp. 46-47を参照。
33) Grosbois, op. cit., 1995, p. 100.
34) Grosbois, op. cit., 1994, p. 57.
35) Archives du Ministère des Affaires Etrangères de Belgique (以下、AMAEBと略記) Dossier No. 4990, "Note pour Monsieur Velter. Répercussions probables d'une union douanière entre la Belgique et les Pays-bas sur l'industrie des machines en Belgique", Bruxelles, le 28 janvier 1944.
36) Grosbois, op. cit., 1994, p. 56.
37) AMAEB, Dossier No. 4990, "Commission Agricole. Les projets d'uion douanière entre la Belgique et la Hollande au point de vue Agricole", par le Professeur F. Baudhuin.
38) AMAEB, Dossier No. 4990, "Commission Agricole. Procès-verbal de la 23ème réunion (13 avril 1944)".
39) AMAEB, Dossier No. 5129, "Benelux", 1943.

40)「ベネルックス経済同盟」大蔵省『調査月報』第37巻第14号，1948年10月，133-134頁。

41) Verbeeck, G., "L'histoire du Benelux 1944-1958", *Bulletin trimestriel BENELUX*, No. 4, p. 18 ; Grosbois, op. cit., 1994, pp. 57-58.

42) AMAEB, Dossier No. 4990, "Union Economique et douanière avec les pays-bas", "Monsieur le Ministre" le 20 octobre 1943.

43) AMAEB, Dossier No. 4990, "Union Economique et douanière avec les pays-bas", "Monsieur le Ministre" le 29 octobre 1943.

44) AMAEB, Dossier No. 4990, "Union Economique et douanière avec les pays-bas", "Monsieur le Ministre" le 16 novembre, 1943.

45) AMAEB, Dossier No. 4990, "Note pour le départment des affaires économiques", le 16 novembre, 1943.

46) Verbeeck, op. cit., p. 18 ; Grosbois, op cit., 1994, pp. 58-59.

47) AMAEB, Dossier No. 4990, "Accord Hollando-Belge", le 19 novembre 1943. この手紙は関税交渉をしていたBorremansに宛てられ，22日付でピエルロとギュットにも送付された。

48) AMAEB, Dossier No. 4990. 第4次リストは1944年1月13日付，第5次リストは1月18日付，第6次は44年2月8日付でヴァンランゲンノーヴからギュット宛に送付された。

49) AMAEB, Dossier No. 4990, "Van Langenhove à Ministre des Finance", le 1er mars 1944.

50) AMAEB, Dossier No. 4990, "Van Langenhove à Ministre des Finance", le 2 mars 1944.

51) AMAEB, Dossier No. 4990, "Van Langenhove à Ministre des Finance", le 14 mars 1944 et le 19 mars 1944.

52) AMAEB, Dossier No. 4990, "Van Langenhove à Ministre des Finance", le 22 mars 1944.

53) AMAEB, Dossier No. 4990, "Accord Holland-Belge", le 12 mai 1944. この手紙には共通関税表原案のほかにオランダ代表による条約案などが添付されていた。

54) AMAEB, Dossier No. 4990, "Spaak à Bech: Accord Holland-Belge", le 12 mai 1944.

55) AMAEB, Dossier No. 4990, "Bech à Spaak", le 22 mai 1944.

56) AMAEB, Dossier No. 4990, "Theunis à Spaak", le 12 février 1944.

57) AMAEB, Dossier No. 4990, "Le Comte van der Straten Ponthoz, Ambassadeur

第 4 章　ベネルクス関税同盟の設立　169

　　　de Belgique à Spaak", le 30 juin 1944.
58) この会談の内容は，AMAEB, Dossier No. 4990, "Le Comte van der Straten Ponthoz, Ambassadeur de Belgique à Spaak", le 4 août 1944に添付された参事官がまとめたノートに記されている（Note. D. 8443-8, le 4 août 1944）。
59) AMAEB, Dossier No. 4990, "Van Langenhove à Bech. Accord Holland-Belge", le 26 août 1944.
60) Meade, et al., op. cit., pp. 103-104.
61) ベルギーの戦後復興については，以下を参照。Baudhuin, op. cit., 1961, pp. 214-220 ; Dayez-Burgeon, op. cit., pp. 179-181 ; 栗原副也『ベネルクス現代史』山川出版社，1982年，224-226頁。ギュットの通貨改革について詳しくは，以下を参照。Gutt, Camille, La Belgique au carrefour 1940-1944, Paris: Fayard, Chap. 13 ; Grombois, Jean-François, Camille Gutt 1940-1945, Bruxelles: CEGES, 2000, pp. 481-498.
62) Baudhuin, Fernand, Histoire économique de la Belgique 1945-1956, Bruxelles: Émile Bruylant, 1958, pp. 84-85.
63) Trausch, op. cit., 1992, p. 179.（邦訳，前掲書，176頁）。
64) Van der Mensbrugghe, Jean, Les unions économique, Bruxelles: Institut des relations internationales, 1950, pp. 38-40.
65) オランダの戦後復興については，Ibid., pp. 37-74 ; Meade, et al., op. cit., pp. 102-105を参照。
66) The Economist, August 10, 1946, p. 206. 事務局長には Dr. Jasper が就任した。
67) The Economist, May 31, 1947, p. 852. 世論調査はオランダでは1946年10月，ベルギーでは1947年1月に行われた。
68) "Dutch-Belgian Economic Union-II", The Economist, August 17, 1946, pp. 244-245.
69) Convention douanière de Londres du 5 septembre 1944, précisé par le Protocole de La Haye du 14 mars 1947.
70) Baudhuin, op. cit., 1958, pp. 174-175.
71) AMAEB, Dossier No. 4990, "Procès-verbal de la réunion des Ministres d'Agriculture belges luxembourgeois et néerlandais du 9. 5. 1947".
72) Meade, James E., Negotiations for Benelux, Princeton University, 1957, p. 52.
73) ベネルクス関税同盟の設立における最恵国規定の問題については，アイザイア・フランク著／鹿島守之助訳『欧州共同市場——通商政策の分析——』鹿島研究所，1962年，117-119頁を参照。
74) Premier rapport commun des gouvernements Belge, Néerlandais et Luxem-

bourgeois au conseil interparlementaire consultatif de Benelux sur la realization et le fonctionnement d'une union économique entre les trios états, *Bulletin trimestriel BENELUX*, No. 2 août 1957, p. 47.

75) Statut du secrétariat général des conseil de la convention douanière belge-luxembourgeoise-néerlandaise, *Chronique de Politique étrangère*, juillet 1949, pp. 567-568.

76) AMAEB, Dossier No. 4990, "Protocole des conversations tenues à Bruxelles", les 2 et 3 mai 1947 entre Ministres belges, luxembourgeois et néerlandais au sujet des rapports économiques entre les trios pays.

77) Meade, *et al., op. cit.*, pp. 84-102.

78) ベネルクスの農業問題については、以下を参照。Boekestijn, A. J., "The Formulation of Dutch Benelux Policy", Griffiths, Richard T. (ed.), *The Netherlands and the Integration of Europe 1945-1957*, Amsterdam: NEHA, 1990 pp. 32-33 ; Meade, *et al., op. cit.*, pp. 114-128 ; Verbeek, op. cit., pp. 19-20 ; Baudhuin, *op. cit.*, 1958, pp. 174-176.

79) Boekestijn, op. cit., 1990, pp. 30-32.

80) Grosbois, op. cit., 1994, p. 62.

第4章 付録資料
ベネルクス関税協定

　ベルギー国王陛下政府およびルクセンブルク女大公陛下政府とオランダ女王陛下政府は，オランダとベルギー・ルクセンブルク経済同盟の領土の解放時に恒久的関税同盟の後日における実現と経済活動の再建に最も好都合な条件を作ることを切望し，関税共同体制度の下にそれらを実現することを決定し，そのために以下の条文に合意した。

第1条　オランダおよびベルギー・ルクセンブルク経済同盟は，商品輸入について本協定の不可欠の一部をなす付属書の関税表に従って同一の関税を適用する。

　本関税表で想定された関税以外に，アルコール，ワイン，ビール，砂糖そしてタバコに課せられる消費税（droits d'accises）を輸入の際徴収することができ，さらにオランダとベルギー・ルクセンブルク経済同盟で実施されている制度に従って前述の消費税以外の他のすべての税金を徴収できる。双方は関税額を改正する権利を保持する。

第2条　ベルギー・ルクセンブルク経済同盟からオランダへの商品輸入には，いかなる関税の徴収もなくなり，オランダからベルギー・ルクセンブルク経済同盟への輸入の場合も同様である。オランダとベルギー・ルクセンブルク経済同盟は，輸入においてアルコール，ワイン，ビール，砂糖そしてタバコに課せられる消費税を徴収することができ，さらにオランダとベルギー・ルクセンブルク経済同盟で実施されている制度に従って前述の消費税以外の他のすべての税金を徴収できる。双方は関税額を改正する権利を保持する。

第3条　オランダから3名の代表，ベルギー・ルクセンブルク経済同盟から3名の代表によって構成される関税管理審議会が設置される。審議会議長はオランダとベルギー・ルクセンブルク経済同盟の各主席代表が交代で務める。

　関税管理審議会は輸入税と消費税のオランダおよびベルギー・ルクセンブルク経済同盟における徴収を定める法律および規則の条項の統一を確かなものとするに適切な手段を提案し，また，それを本条約付属の関税予備条項に適用するための適切な手段を提案する。

第4条　関税管理審議会はオランダ代表2名とベルギー・ルクセンブルク経済同盟代表2名からなる関税紛争委員会によって補佐される。

　委員会は，本協定に由来する法律もしくは規定の条項の適用に関してオランダもしくはベルギー・ルクセンブルク経済同盟の管轄当局から最終的に出された決定が受けた要求にもとづいて最終的に設立される。

委員会は担当大臣に決定を伝え，各大臣はその権限内で実行を保証する。

第5条　対外通商規制管理審議会が設立され，これはオランダ3名，ベルギー・ルクセンブルク経済同盟3名の代表から構成される。対外通商規制管理審議会の議長はオランダとベルギー・ルクセンブルク経済同盟の各主席代表が交代で務める。

対外通商規制審議会の任務は以下の通りである。

a．オランダとUEBLが規制を目的として計画した全手段について両国の当局に意見を出すこと。その手段とは付随的関税や税の有無にかかわらず，輸入，輸出そしてトランジットを統制するもので，とくに経済秩序，ライセンス，輸入割当またはライセンス特別税の制限機関によるものや行政税によるものである。

b．オランダとUEBLに共通制度を可能な限り実現する目的で以上の手段を調整する。

c．オランダとUEBLで共通となる輸入，輸出，トランジットの割当の管理を確実にする。

d．契約者が受け入れを申し込む生産への奨励金あるいは補助金に関するすべての手段についてオランダとUEBLの当局に対して意見を出す。

第6条　オランダからの3名の代表とUEBLからの3名の代表によって構成される通商協定審議会が設置される。通商協定審議会の議長はオランダ主席代表とUEBL主席代表が交代で務める。

通商協定審議会は第三国との条約関係に関する条項の調整を可能な限り確実にする。

第7条　本協定の第3条，第5条，第6条を対象とする共通手段はオランダとUEBLの担当大臣によって決定される。共通措置は担当大臣から政府当局か担当立法府の同意をもって提出される。

第8条　本協定は批准され，批准書の交換後8日後に発効する。

本協定は1年前の通告によっていつでも終了することができる。

本協定は締結国が調印することを決めている長期間の経済同盟が発足した時点でいかなる場合にも効力を停止する。

第9条　批准書の交換を待つ間，協定はオランダ，ベルギー両国政府がそれぞれの領土に戻った後に暫定的に効力を発する。両国政府は6カ月の予告期間でいつでもこれを終了できる。

以上の記載を保証して，必要な権限を持った全権代表は本協定に署名した。

ロンドンで1944年9月5日にオランダ語とフランス語で3通の正本が作成され，両本文とも等しく正本である。

（署名）P.-H. スパーク，J. ベッシュ，E. N. ファンクレフェンス，C. ギュット，P. デュポン，J. ファンデンブルーク

（出所）　"Convention douanière BELGE-LUXEMBOURGEOISE-NÉERLANDAISE", *Nouvelles Benelux*, juillet-aout 1954.

第5章

欧州石炭鉄鋼共同体の設立

　1950年5月9日フランス外相ロベール・シューマン（Robert Schuman）は，フランスと西ドイツの石炭と鉄鋼の生産を，他のヨーロッパ諸国の参加にも開かれた組織の共同の最高機関の管理下におくという構想を発表した。本章の課題は，このいわゆる「シューマン・プラン」（「シューマン宣言」とも呼ばれる）を出発点として，欧州石炭鉄鋼共同体（European Coal and Steel Community：ECSC）が発足する1952年7月に至る過程を，ベルギーの対応を中心に考察することである。なお，シューマンの提案に応じてECSCに加盟したのは，提唱国のフランス，そして西ドイツ，イタリア，およびベネルクスのベルギー，オランダ，ルクセンブルクの計6カ国だった。

　ECSCに関する古典的研究としては，1950年代末のウィリアム・ディーボルド（William Diebold, jr.）のものが代表的であった[1]。ディーボルドに代表される研究は，ECSC設立の要因としてアメリカの影響力を強調し，政治的側面を重視する傾向がある[2]。しかし，彼に代表されるECSC研究は，ヨーロッパの統合への内的契機を充分考慮していない点で問題があった。また史料面でも，時代的制約から，第1次史料が利用されていなかった。

　1980年代半ばに，ディーボルドに代表される従来の研究の刷新を行ったのは，公開され始めた公文書などの第一次史料をもとに研究した経済史家ミルワードである[3]。ミルワードの主張は，ヨーロッパの統合がたしかにアメリカの対欧政策と一致したことを認めるものの，むしろヨーロッパがこのアメリカの方針を利用しながら，ヨーロッパの内的契機によって統合を選択してきたことに注目する。こうしてこの分野に関するヨーロッパにおける今日の研究の特徴は，経済統合をめぐるヨーロッパの動向を明らかにし，西ヨーロッパ世界の主体的

運動に注目している点にある[4]。

　ECSC 加盟についてのベルギーにおける本格的歴史研究は，1980年代後半になってようやくルーヴァン大学のデュムランによって開始された[5]。デュムランおよび彼を中心とする研究者は，ベルギー国内の欧州建設をめぐる経済界や世論の動向と論争を中心に研究を進めており，経済の領域における研究は未だわずかである[6]。本章は，1950年当時のベルギー経済の抱えていた問題状況を明らかにするとともに，ECSC 結成をめぐるベルギー側の対応や国内での論議に主として経済面から接近し，こうした研究史上の欠落を埋めることを意図している。また，これらの問題の検討を通じて，国家と経済の緊張関係，各国民国家と経済共同体との連関にも論及する。ただし，ベルギー国内に産地を持ち，条約交渉においても大きな問題となった石炭業については，次章で詳しく扱うことにする。

第 1 節　第二次世界大戦後のベルギー経済

1．解放から復興へ

　第二次世界大戦が始まった翌年の1940年5月10日にベルギーはナチス・ドイツの侵略を受け，1940年5月28日に降伏した。降伏後，ベルギー全土はドイツの占領下に置かれ過酷な収奪を受けることになった[7]。政府はロンドンに逃れ，カトリック党，社会党（旧労働党），自由党による亡命政権を樹立したが，国王レオポルド3世（Leopold III）は国内にとどまり，ドイツの監視下に置かれることになった。

　1944年6月6日のノルマンジー上陸に成功した連合軍は，9月3日にブリュッセルに入城し，翌4日にはベルギー最大の港アントウェルペンも解放された。ベルギーの解放はどこでも大きな戦闘はなくほぼ無傷でなされた。政府は9月8日ロンドンより帰国し，9月19日に国会が召集された[8]。亡命政府は，帰国直前の9月5日，ベネルクス関税同盟を結成する条約を締結し，欧州建設の一

表5-1 ヨーロッパ諸国の工業生産指数（1938年＝100）

国名／年	1938	1948	1949	1950	1951
ベルギー	100	121	122	125	143
ルクセンブルク	100	145	138	146	175
フランス	100	108	118	121	134
ドイツ					
西側圏	100	52	75	94	113
西ベルリン	100	28	19	28	40
東側圏	100	63	74	94	115
イタリア	100	96	101	117	134
オランダ	100	113	126	139	145
イギリス	100	129	138	148	155

（出所）United Nations, *Ecomomic Bulletin for Europe*, Vol. 4, No. 3, November 1952, p. 81より作成。

つの源流を作った。

戦後の政治勢力の構図は，占領中の反ナチス勢力である，カトリック党，社会党，自由党，そして共産党の4党であった。20日に亡命政府の首相だったカトリック党のピエルロ（H. Pierlot）を首相として，26日に戦後最初の内閣が組閣された。ピエルロ内閣は，共産党からも3人が入閣し，4党連立による挙国一致内閣であった[9]。

解放直後のベルギー経済は，他の西欧諸国と比べて順調に回復することができた。まず，戦後西ヨーロッパ各国では，戦争中に大量に発行した通貨によって狂乱的なインフレが発生し，復興が妨げられていた。しかし，ベルギーではギュット財務相が，100フラン以上の旧紙幣をすべて回収し，新紙幣を戦争利得に関する法律に従って漸進的に流通させたので，インフレの阻止に成功し，復興を進めるうえで大きく貢献した[10]。

ベルギー経済は他のヨーロッパ大陸諸国のような戦争による破壊から免れたために，ヨーロッパの戦後復興過程で，好調な輸出を背景に大きな繁栄を経験した。表5-1に明らかなように，ベルギーの工業生産は1940年代後半にすでに戦前の水準を上回り，周辺のフランス，ドイツ，イタリアに比べて早い回復を示している。ベルギーの戦後復興の特徴としては，他のヨーロッパ諸国に比べて政府が経済活動に公式に介入することを避け，経済に大きな自由を許した

ことがあげられる。ただし，その結果として賃金が急激に上昇し物価水準を押し上げ，ベルギーが高価格水準の国になったことは，後にベルギーを苦しめる要因となった[11]。ベルギー経済のなかで輸出の占める割合は伝統的にきわめて高かったが，ヨーロッパ有数の貿易港アントウェルペンが破壊を免れ機能したこと，周辺諸国の復興需要が旺盛だったといった一連の好条件により，輸出額は急速に増大し，1940年代後半に1936～38年水準の3倍以上に達した[12]。

戦後のベルギー経済の運営について，亡命時に，キリスト教系と社会主義系の二つの労組，経営者および政府が賃金労働者に対する社会保険制度と労働者代表も参加する評議会の設立に合意していた[13]。こうして，1948年9月20日法によって中央経済審議会（Conseil central de l'économie: CCE）が設立された[14]。戦後の繁栄の下で，労使間の協議をもとにベルギーでは賃金の引き上げがなされ，社会保障制度の充実が図られ，福祉国家への転換が急速に押し進められた。

2. 戦後ベルギー経済の問題点

しかし，一見順調に見えたベルギー経済の発展にも大きな問題点があった。表5-1から分かるように，1950年代になると近隣の国々も戦前の生産水準を回復し，ベルギーの水準に近づいてきた。この最大の理由は，1950年代になりしだいに周囲の国々が新しい設備での生産の復興が軌道に乗ってきたことと，新しい産業への転換が同時に進行したためである。

他方，戦後復興が戦前の遺産の上に成し遂げられたことから，ベルギーの生産設備は戦前からの旧式のものが多く，生産の近代化に立ち後れ，高賃金のために生産コストが上昇した。また，ベルギーの産業構造は伝統的な石炭業，鉄鋼業，繊維産業に大きな比重が置かれたままであった。ベルギーでは，石炭業と鉄鋼業の2産業だけで国内総生産の35％，国民所得の50％を占めた。他の欧州諸国の国内生産に占めるシェアと国民所得に占めるシェアはそれぞれ，西ドイツ27％と9％，イタリアが16％と4.4％，フランスが15％と5.8％であることから，ベルギーの石炭・鉄鋼両産業への依存度はきわめて高いことが分かる。こうして，この時期になると，産業界の一部や政府の内部で，ベルギー経済の

表5-2　各国の鉄鋼生産高

(単位：1,000トン)

国名／年	ベルギー	ルクセンブルク	フランス	ザール	西ドイツ	イタリア	オランダ	イギリス	アメリカ	ソ連
1945	939	291	1,825	8	1,708	436	14	13,243	79,701	13,800
1946	2,526	1,428	4,854	320	2,811	1,269	151	14,218	66,602	15,000
1947	3,187	1,891	6,322	780	3,373	1,865	216	14,251	84,894	16,200
1948	4,312	2,698	7,976	1,353	6,129	2,341	367	16,661	88,640	20,800
1949	4,239	2,505	10,055	1,940	10,092	2,265	472	17,419	77,978	26,000
1950	4,176	2,701	9,535	2,092	13,361	2,561	539	18,247	96,836	30,400
1951	5,514	3,392	10,837	2,869	14,885	3,350	609	17,515	105,199	34,500
1952	5,503	3,306	11,979	3,111	17,421	3,890	755	18,390	93,168	38,600

(出所)　American Iron and Steel Institute, *Annual Statistical Report 1952*, pp. 109-111より作成。

脆弱さが意識されるようになってきた[15]）。

　1956年になっても，この3産業が総工業生産の44％とOEEC平均の23.1％を大きく上回り，機械や電機などのシェアは低かった。こうした19世紀的な産業構造は，戦後の先進工業国経済を担う自動車，航空機，プラスチック，薬品，石油化学，電気技術，エレクトロニクスなどの新産業への転換を遅らせる要因になる[16]）。また，石炭，鉄鋼，繊維などの伝統産業は，主に南部ワロン地域のムーズ河沿いの炭田地帯に集積しており，旧産業が弱く新産業での発展を目指す北部フランデレンとの地域間格差の問題もあった。さらに，経済的な南北間の対立は，オランダ語圏のフランデレン地域とフランス語圏のワロン地域という社会的な側面も持っていた。言語問題は，戦後ベルギーの政治的・社会的な重要問題となり，この国のありようを大きく規定することになった。

　シューマン・プランの直接の対象になる鉄鋼業と石炭業はどうであったか。鉄鋼業は，ヨーロッパの戦後復興による需要増大のなかで順調に輸出を増やし，さらに1950年夏以降，朝鮮戦争によるブームの恩恵を受けた。表5-2によって戦後の世界の鉄鋼生産を見ると，ヨーロッパ諸国は生産を回復させつつはあるが，一国ではアメリカそしてソ連の水準には遠く及ばないことが分かる。そして，ヨーロッパ大陸諸国のなかでは，ベルギーは，西ドイツ，フランスに次いで第3位の鉄鋼生産国であったことが確認できる[17]）。

　しかし表5-3から分かるように，輸出面ではベルギー・ルクセンブルクはす

表5-3　主要国の鉄鋼製品[1]輸出高

(単位：1,000トン)

輸出国／輸入地域	ヨーロッパ	アフリカ	アメリカ・カナダ	世界合計
（1929年）				
ベルギー・ルクセンブルク	2,789	250	248	5,093
フランス	2,930	274	56	3,718
西ドイツ[2]	2,888	118	170	4,589
イタリア・オランダ・オーストリア・スウェーデン	313	3	45	405
イギリス	677	540	190	4,161
アメリカ	146	9	1,345	2,856
（1937年）				
ベルギー・ルクセンブルク	2,715	225	149	4,549
フランス	1,162	231	35	1,831
西ドイツ[2]	2,110	72	62	3,281
イタリア・オランダ・オーストリア・スウェーデン	369	44	48	595
イギリス	523	391	221	2,564
アメリカ	501	109	572	3,260
（1951年）				
ベルギー・ルクセンブルク	3,265	418	863	6,038
フランス[3]	1,459	819	939	4,621
西ドイツ	1,225		628	2,616
イタリア・オランダ・オーストリア・スウェーデン	498	19	106	841
イギリス	559	313	469	2,494
アメリカ	540	137	1,318	3,628

(注)　(1)平鋼および非平鋼の合計。
　　　(2)西ドイツの1929年および1937年は全ドイツ。
　　　(3)フランスの1951年にはザールを含む。
(出所)　United Nations, "The Expansion of Western European Flat Products capacity, Table 5", in: *Economic Bulletin for Europe*, Vol. 5, No. 1, May 1953.

でに戦前より世界第1位の鉄鋼製品輸出国であった。輸出高は第二次大戦後も戦前を上回り，1951年に600万トンに達した。このベルギー鉄鋼業の好調ぶりは，とくに1929年にベルギーに次ぐ輸出高を示した西ドイツ，イギリスの停滞ぶりと比較することで，より明確に理解できる。輸出地域別では戦前からヨーロッパ，なかでもオランダ，スウェーデン，スイスが主な輸出先で半分以上を占めるが，戦後アメリカ，カナダの鉄鋼需要が拡大したことに対応して，北米

地域への輸出が急増した点が注目される。

なお，ベルギー鉄鋼業は，戦前より資本の集中を行い強力なカルテルの伝統を持っていたことが知られているが，戦後は活発な集中運動をさらに展開し，1950年当時は集中がかなり進んだ状態にあった[18]。また近隣のルクセンブルクやフランスの鉄鋼産業ともきわめて密接な資本関係があったことも指摘されている[19]。このような特徴を持つベルギー鉄鋼業では，政府による干渉もほとんどなかった[20]。

だが，ベルギー鉄鋼業は次のような問題を抱えていた。第一に，すでに述べたように，ベルギーの場合には生産高に占める輸出の割合が高いうえに，原料の鉄鉱石をフランスなどの外国に依存しているために，国外の事情に左右されやすい点である。1950年の世界の鉄鉱石生産を見ると，アメリカ＝9,960万トン，イギリス＝1,320万トン，フランス＝3,000万トン，西ドイツ＝910万トン，ルクセンブルク＝380万トンであるのに対して，ベルギーでは5万トンときわめて少量しか産出されていない[21]。

第二に，質が悪く高価なベルギー炭への依存という問題があった。また，労働コストの高水準から，将来周辺諸国が鉄鋼生産を回復させてきた場合，ベルギー鉄鋼業がこれまでのような輸出を継続することが困難になるという問題もあった。

次に，石炭業についてみることにしよう。表5-4に明らかなように，ベルギーはドイツ，フランスに次ぐヨーロッパ大陸の石炭産出国だが，戦前に比べて石炭生産はあまり増えていない。西ドイツの場合も同様に増加率は低いが，これはルールの国際管理による生産枠があったことによるものである。ベルギー石炭業の場合，問題の原因はその採掘条件の悪さとコスト面にあった。ベルギー石炭業は，南部のリエージュやシャルルロワを中心に古くから発達したため，この時代になると採掘条件がさらに悪くなっていた。炭坑夫1人当たりの産出高を示した表5-5に見られるように，すでに戦前においても採掘条件は悪かったが，戦後になっても他のヨーロッパ諸国のように産出高で目立った進歩は見られない。

表5-4　各国の石炭生産高

(単位：100万トン)

年／国名	ベルギー	フランス	ザール	西ドイツ	イタリア	オランダ	共同体合計	イギリス	アメリカ
1929	26.9	53.8	13.6	131.1	0.3	11.6	237.3	262.0	549.7
1938	29.8	46.5	14.4	137.0	1.5	13.5	242.5	230.6	355.3
1946	22.9	47.2	7.9	53.9	1.2	8.3	141.4	193.1	536.8
1947	24.4	45.2	10.5	71.1	1.4	10.1	162.7	200.6	621.4
1948	26.7	43.3	12.6	87.0	1.0	11.0	181.6	212.7	592.9
1949	27.9	51.2	14.3	103.2	1.1	11.7	209.4	218.6	433.2
1950	27.3	50.8	15.1	111.1	1.0	12.2	217.5	219.8	505.3
1951	29.7	53.0	16.3	119.8	1.2	12.4	232.4	226.5	519.9
1952	30.4	55.4	16.2	124.7	1.1	12.5	240.3	230.1	457.6
1953	30.1	52.6	16.4	125.6	1.1	12.3	238.1	227.8	440.3
1954	29.2	54.4	16.7	129.1	1.1	12.1	242.6	227.7	379.2
1955	30.0	55.3	17.2	131.8	1.1	11.9	247.3	225.2	442.4

(出所)　OEEC, *Statistical Bulletins: Industrial statistics 1900-1957*, Paris, 1958, p. 26.

表5-5　炭坑夫1人当たり石炭産出高

(単位：kg)

年／国名	ベルギー	フランス	ザール	西ドイツ	オランダ	イギリス	アメリカ
1929	836	986	—	—	1,711	1,397	4,916
1938	1,090	1,226	1,570	1,916	2,369	1,510	4,879
1946	817	925	1,137	1,191	1,583	1,403	6,124
1947	858	948	1,162	1,198	1,638	1,460	5,868
1948	878	967	1,202	1,267	1,683	1,488	5,877
1949	926	1,090	1,317	1,363	1,734	1,561	6,006
1950	1,009	1,195	1,498	1,401	1,754	1,612	6,400
1951	1,047	1,298	1,617	1,457	1,729	1,632	6,750
1952	1,036	1,353	1,623	1,475	1,609	1,607	7,060

(出所)　OEEC, *Statistical Bulletins: International Statistics 1900-1957*, Paris, 1958, p. 27.

　賃金については表5-6から分かるように，戦前の1938年ではベルギーの賃金水準はヨーロッパのなかでも最低に近かったが，1950年には5倍の214ベルギー・フランになりイギリスと肩を並べるほどになる。また，トン当たり社会保険料と賃金の合計では435ベルギー・フランでヨーロッパ最高になったことが分かる。こうしたベルギー石炭業のコスト面での変化の背景には，戦後の順調な経済発展の下での賃金の上昇に加え，社会保障制度の発達による社会的負担の増大の影響がある。また，同じ表から分かるように，ベルギー炭の販売価

表5-6 ヨーロッパ各国の石炭産業の費用内訳

(単位:ベルギー・フラン)

国 名	1日当たり賃金	トン当たり賃金および社会保険料企業負担分	販売価格
(1938年)			
ベルギー	49.5	80	142
フランス	49	82	110
西ドイツ	86	66	142
オランダ	78	61	130
イギリス	81	78	142
(1950年)			
ベルギー	214	435	685
フランス	126	300	495
西ドイツ	140	211	399
オランダ	146	150	368
イギリス	228	217	334

(出所) J. Martens, "Evolution du droit minier et certains aspects de l'avenir de l'industrie charbonnière belge, Tableau I et, VIII", *Annales des Mines de Belgique*, Tome L 5ᵉ livraison, Septembre 1951.

格は戦前の5倍で，ヨーロッパのなかで最も高く，他国の石炭に比べて競争上きわめて劣位にあった．したがって，ベルギー石炭業は，ヨーロッパの限界生産者たる地位を脱却し，世界市場におけるベルギーの競争的地位を確保することを求められていた．ベルギーのECSC加盟問題は，以上のような経済状況のなかで登場したのである．

第2節 シューマン・プランの目的と背景

1．シューマン・プランの発表

1950年5月9日，フランス外相シューマンは，後にシューマン・プランと呼ばれることになる，次のような欧州建設のための新たな提案を行った（以下，シューマン・プラン全文)[22]．

世界平和はこれを脅かす危険に対応できる創造的な努力がなくては守り得ないだろう。

平和的関係の維持のためには，組織され，生きているヨーロッパ文明に対して行いうる寄与が不可欠である。20年以上にわたって欧州統合のチャンピオンとなってきたフランスは，常に平和のためにつくすことをその基本的目標としてきた。ヨーロッパは造られず，戦争が起こった。

ヨーロッパは一挙にしてなるものでもなく，その全体がすぐに出来あがるものでもないであろう。それは具体的な実現の積み重ねにより，まず現実の連帯性が確立されてから造られるものである。ヨーロッパ諸国の結集のためには，フランスとドイツの非常に古くからの敵対関係の解消が必要であった。したがって，ここではじめられる仕事は何よりもまずフランスとドイツの関係をとりあげねばならない。

この目的のためにフランス政府は，限定されたものであるが，決定的な一つの問題について直ちに行動を起こすよう提案する。

すなわち，フランス政府は仏独両国による石炭および鉄鋼の生産の全体を，他のヨーロッパ諸国にも参加の道を開いてある機構の中で，共同の最高機関（Haute Autorité Commune）の下に置くことを提案する。

石炭および鉄鋼の生産の共同化は，直ちに欧州統合の第1段階である経済発展の共通の基盤の確立を保証するとともに，いつもたいてい自らがその犠牲者になるのが常であった兵器の生産に長い間専念していた諸地域の運命をも変えるであろう。

このようにして結ばれる生産の連帯性は，もはやフランスとドイツの間に，いかなる戦争も考えられなくなったばかりでなく，事実上，不可能になったことを示すであろう。参加を望むすべての国に解放されている生産に関するこの強力な統一の確立は，その下に結集するすべての国に同一条件で工業生産の基本的要素を供与するようになり，かくて経済統合の真の礎石を置くものとなろう。

この生産は生活水準の向上と平和の事業の発展に寄与するために，差別も

除外もなしに，全世界に提供されよう。さらにヨーロッパは増大したその能力を持って，ヨーロッパの基本的課題の一つであるアフリカ大陸の開発の実現に努力することができるであろう。

経済共同体の確立に不可欠な利害関係の融合は，このようにして簡単かつ迅速に実現され，さらに，長い期間にわたって血まみれの抗争を重ねて対立していた諸国間に，より広く深い共同体を築く要素がもちこまれるであろう。

基幹生産の共同化と，フランス，ドイツおよびやがて加盟すべき諸国を拘束する決定を行う最高機関の設置の二つにより，今回の提案は平和の維持に欠くことのできない欧州統合の最初の具体的土台を築くものである。

これら諸目標の達成を追求するため，フランス政府は，次のような基礎にもとづき交渉を行う用意がある。

共同体の最高機関に課せられる使命は，出来うる限りの短期間に，①生産の近代化ならびにその質の改善，②石炭と鉄鋼をフランス市場，ドイツ市場，その他の加盟国の市場に同一条件で供給するようにし，③他の諸国に対する共同輸出の拡大，④両産業労働者の生活水準の向上の平等化をはかることにあるものとする。

加盟諸国が現在置かれている極めて不均等な条件から出発して上記の諸目標を達成するために，暫定的に，生産・投資計画の実施，価格均等化機構の設置，生産合理化を容易にするための再転換資金の創設などをふくむ一連の措置をとることが必要となろう。加盟諸国間における石炭および鉄鋼の流通に対しては，直ちにすべての関税を撤廃し，国によって異なる運賃を適用してはならない。最高水準の生産性をもつ生産の最も合理的な配分が自動的に行われるようにする諸条件は漸進的に生まれてくるであろう。制限的手段の行使および高利潤の維持によって各国市場の分割および搾取をおこなう傾向のある国際カルテルとは反対に，ここに計画された機構は各国市場の融合と生産の拡大を保証するものである。

シューマン・プランは，実際にはフランス計画庁長官ジャン・モネ（Jean

Monnet) を中心とした計画庁のグループによって作成された[23]。プランはまず冒頭で，フランスとドイツの石炭と鉄鋼の生産を統合することにより，両国間の戦争を不可能にし，平和に寄与する計画であるとその不戦共同体としての目的を述べている。そして，交渉を開催することをヨーロッパ諸国に呼びかけた。

シューマン・プランは，当時からモネら当事者によって，フランスと西ドイツとの和解，平和のための計画としての側面が強調されてきた。だが，シューマン・プランは，基幹産業である石炭と鉄鋼を共同で管理し，経済統合への現実の基盤を築くというきわめて経済的目的を持っていた。プランは，石炭と鉄鋼の生産を単に共同で調整・管理するだけでなく，それによって「欧州統合の第1段階である経済発展の共通の基盤の確立を保証」し，「経済統合の真の礎石を置くもの」とされ，建設される石炭鉄鋼共同体を将来の経済統合の第一歩として位置づけている。

西ヨーロッパにこのような石炭・鉄鋼の統一市場が建設されることは，画期的なことと言わねばならない。ヨーロッパ大陸において，ルール，ロレーヌ，ベルギー，ルクセンブルクに渡る三角形の地域は，豊富な石炭と鉄鉱石が存在したため，ヨーロッパ重工業の中心となった場所である。とりわけ，フランスのロレーヌの鉄鉱石とドイツの石炭は重要で，これら資源が結合されるならば，ヨーロッパ工業は飛躍的発展を遂げられる可能性があった[24]。実際歴史的に見ても，この4カ国に分割された重工業三角地帯は，ヨーロッパにおける戦争の火種となってきた。

2. シューマン・プランの背景

欧州石炭鉄鋼共同体の基盤の上にヨーロッパの経済的発展の将来を託すに至ったことには，第二次世界大戦後の時代状況が大きなかかわりを持っていた。第一に，第二次世界大戦後のヨーロッパ各国は，大戦による国土の荒廃に加えて大規模化された生産設備の導入に立ち後れたことから，米ソの工業生産力に大きく引き離されていた。このため西欧諸国は，米ソに匹敵する生産の急速な近代化の必要に迫られていた。こうした危機意識は，すでに1946年にフランス

で立案されたいわゆるモネ・プランにも見ることができる[25]。

戦後の再建過程のなかでヨーロッパ各国は，アメリカに対する債務の増大（ドル・ギャップ）という問題に直面することになった。この問題は，マーシャル・プランによって解決されることになったが，援助は1952年に終了することになっており，これに替わるヨーロッパ経済の活性化政策が必要とされていた。さらに，1949年に景気が下降局面に入り，ヨーロッパで鉄の過剰生産が重要な問題として登場したことも背景の一つであった。

しかし，シューマン・プランの背後にある最大の問題はドイツ問題の解決にあった。ドイツ問題の中心は，ルールの国際管理問題である。フランスは，第二次世界大戦後，連合国によって設立されたルール国際機関（International Ruhr Authority）によってルールの支配権を確保することができると考えていた。しかし，米ソ冷戦の深刻化のため国際管理機構の永久化という希望はかなえられないばかりか，アメリカのドイツに対する再軍備要求によって，ドイツの軍事的脅威に再びさらされるのではないか，という不安を持つに至った。それゆえ，シューマン・プランは，フランスにとってルールの国際管理に替わる新しい対独安全保障機構という性格を持っていたのである[26]。

3．シューマン・プランに対するベルギーの反応

シューマン・プランに対するベルギー国民の関心は低かった。なぜなら，当時のベルギー国内では，大きな政治的問題が国論を二分していたからである。それは，国王レオポルド3世の帰国問題であった。レオポルド3世は戦争中，ドイツに降伏し国内にとどまった。国王一家は1944年6月にはドイツによって強制的に国外に連れ出されて，ベルギー解放時にはドイツ国内にいた。

戦争中の国王の行動は，社会党，共産党そして大半の自由党の人々からは非難の対象となっており，1945年5月にドイツから解放されたレオポルド3世は帰国できず，スイスへの亡命を余儀なくされた。こうして，国内では，国王支持のキリスト教社会党（旧カトリック党）と反国王派との間で対立が続いていた。

したがって，1950年5月のシューマン・プランの発表から翌年4月のECSC条約の調印までの期間はベルギーでは政界も世論も国王問題に時間と関心を費やされており，シューマン・プランは大きな政治問題とはならなかった。しかし，シューマンによる石炭と鉄鋼を対象とする共同市場創設の構想は，ベルギーの経済関係当局と経済界には衝撃を与えた[27]。なぜなら，第1節で見たように，ベルギーは鉄鋼生産の60％が輸出向けであり巨大な鉄鋼輸出国である一方，石炭業では南部ワロン地域の古い炭鉱を中心に《sick industry》と呼ばれるような状況が支配しており，シューマン・プランの受け入れはベルギー経済に重大な影響をもたらすはずのものだったからである[28]。
　シューマン・プラン発表後，石炭業と鉄鋼業は，ECSC反対運動を展開する。ECSC内における限界生産者である石炭業にとって，シューマン・プランによって安価で良質な石炭がドイツなど近隣諸国から輸入され危機に陥ることは明らかであった。

第3節　欧州石炭鉄鋼共同体設立交渉

1．パリ会議とベルギーの対応

　シューマン・プランが発表された数日後には，将来の共同体参加国は，この構想に対して原則的に同意を示した[29]。そして，5月23日にはボンで仏独の会談が行われドイツの交渉参加が決定した。ベネルクス3国は，5月24日のフランス外務省での3国外相とモネとの会談のあと次々に交渉への参加を決定する。ベルギー政府も，石炭産業の先行きに不安を感じて他の参加国に比べ慎重な態度を取っていたが，5月27日に交渉への参加を決めた[30]。なお，この会談でモネは，プランの目的がドイツの賛成を得られる形でのドイツ問題の解決であり，アメリカが立ち去った後におけるヨーロッパ問題の解決であること，また最高機関の役割が生産性の向上と不良生産者の排除にあると述べた[31]。また，5月23日から6月3日に英仏の会談が持たれ，イギリスはオブザーバーとして参加

したが，結局シューマン・プランの超国家性に不安を感じ ECSC には不参加となった[32]。

シューマン・プランをめぐる国際交渉は，1950年6月20日からフランス政府代表モネを議長としてパリのフランス外務省で行われた。ベルギー側のパリ交渉団の構成は，表5-7に掲げた通りである[33]。シューマン・プラン交渉は外務省の管轄であり，外相のヴァンゼーラントが責任者であった。ただし，代表団には各界の専門家が参加した。まず，経済省の強い要請により経済省のスタッフで石炭担当のヴィンクと鉄鋼担当のビェルノが代表委員として参加した。さらに，鉄鋼業と石炭業は政府に対して業界の代表を交渉団に参加させるよう要請し，鉄鋼連盟会長のピエール・ヴァンドゥルレスト (Pierre van der Rest) と石炭連盟会長のピエール・ドゥルヴィル (Pierre Delville) が専門委員として加えられた。また，交渉団には労働組合の幹部も幾人か含まれていた。このように，ベルギー代表団の構成には当時のベルギー経済の諸利害が反映されていた[34]。なお，交渉は完全な非公開で行われることになった。

ベルギー経済省は，シューマン・プラン条約交渉に強く関与した。経済省では総局長スノアが，シューマン・プラン発表直後から，石炭と鉄鉱石の共同市場内部の価格平準化により，ベルギー鉄鋼業に大きな利益となることを理由にシューマン・プランを歓迎していた[35]。スノアは，交渉の準備のために6月15日に提出した覚書のなかで，ベルギー鉄鋼業は，現在利用している平均640ベルギー・フランのベルギー炭に対して共同体諸国から300〜400フランの安価な石炭が輸入されることで加盟国との競争に勝つことができるとの見通しを示した。他方，石炭業について，スノアは，共同市場による価格平準化により炭鉱の閉鎖と石炭輸入が必然的に増大することを指摘したうえで，パリで行われる交渉に参加する代表団には，石炭業に対する補償を求めることを要求した[36]。このように，経済省にはシューマン・プランを利用し，積極的にベルギー経済の体質強化をはかろうとする意図があった。

なお，パリ交渉を立ち入って検討する前に，われわれは，交渉開始直後の6月25日に朝鮮戦争が勃発したことにより，交渉を取り巻く環境が5月のシュー

表5-7 シューマン・プラン交渉ベルギー代表団の構成

氏　名	作業グループ	職名・立場
主席代表　シュエテンス (Suetens, M.)	I	外務省対外通商局長，全権代表
次席代表　ゼノーヴ (Seynaeve, F.)	II	外務省対外通商局全権公使
代表委員　ミュールス (Muûls, F.)	I	外務省法律顧問，全権公使
代表委員　ヴィンク (Vinck, Fr.)	IV	経済省燃料・エネルギー局長（石炭問題担当）
代表委員　ビエルノ (Biernaux, A.)	IV	経済省産業局課長（鉄鋼問題担当）
代表委員　ジャクマン (Jacqmain, J.)		O. M. A.（相互扶助局）局長（石炭鉄鋼問題補助委員）
専門委員　ヴァンドゥルレスト (Van der Rest, P.)	IV	ベルギー鉄鋼連盟会長, CCE（経済中央審議会）委員
専門委員　ボラン (Bolland, P.)	VI	鉄鋼業界
専門委員　ファロン (Fallon, D.)	V	鉄鋼業界
専門委員　カピオ (Capiaux, H.)	III・IV	Cobechar（石炭共販組織）副会長
専門委員　ドゥルヴィル (Delville, P.)	IV	ベルギー石炭連盟会長
専門委員　ルブラン (Leblanc, E.)	III・IV	ソシエテ・ジェネラル顧問，ベルギー石炭連盟役員
専門委員　ルナール (Renard, A.)		FGTB（ベルギー労働組合総同盟）役員
専門委員　トマセン (Thomassen, M.)	V	CSC（キリスト教労働組合連合）役員，CCE 委員
代表団秘書官　ユベール (Hupperts, A.)		駐パリベルギー大使館通商顧問

(注)　作業グループの内訳は次の通り。I—機構問題，II—通商・関税政策，III—「石炭・鉄」の用語規定，IV—生産・価格・投資，V—賃金および社会問題。
(出所)　AMAEB, Dossier 5216 (CECA), Note pour le cabinet-presse, 19 juin 1950 ; CEAB 2 No. 1, Conversations sur le plan Schuman, Liste des Délégations & Repartition au sein des Groupes.

マン・プラン発表時とは大きく変化したことに注意しておく必要がある[37]。第一の変化は，景気が上昇局面に転換したことである。軍備増強のための需要の増大で石炭業と鉄鋼業はとくに好景気の恩恵にあずかり，過剰生産の状態から脱却した。こうして，両産業はプランを過度に不安視する必要がなくなった。第二は，米ソ対立を背景とする朝鮮戦争の発生により，アメリカがドイツに再軍備を要求するに至ったことである。このため西ドイツの国際政治における立場は上昇し，他方フランスを中心とする西ヨーロッパ諸国は，西ドイツをヨーロッパの内部にとどめるよう努力することになった[38]。

　本格的な交渉が始まるのは，フランスの手になる条約原案で全40条からなる「作業資料」(Document de travail) がモネによって出される6月24日からである[39]。この「作業資料」にもとづいて7月3日から8月10日まで，パリで作業グループに分かれて条約草案作成が行われた。なお，ベルギー政府は，7月1日の経済調整閣僚会議で，交渉においてとるべき態度について包括的な討議を行っている。交渉における方針は，まず，共同体参加国の賃金・社会保障を高い水準で平準化することである。いずれの水準もベルギーが最高であったから，

これはとりもなおさずベルギーの水準に従わせることを意味している。また，石炭業のために最低5年間の移行期間を要求することも確認した[40]。

作業グループは表5-7に示した通り5部門に分かれて条約草案の作成に取り組んだが，このグループが直面した第一の，そして最大の問題は石炭鉄鋼共同体の超国家性もしくはディリジスム（dirigisme：指導・管理）に対する強い抵抗であった。とくにベルギーとオランダは，最高機関を政府間機構の下に置くよう主張し，最高機関と参加国政府に権力を分割するよう要求した。ベネルクス諸国は最高機関において大国が主導権を握り，共同体が大国主導で運営させることを懸念し，各国が平等な発言権を持ち国益が繁栄される理事会の設置を要求した。モネは最高機関がディリジスムを目的とする機関ではないと説明し説得に努めたが，ベルギーを含む各国は納得しなかった[41]。

8月10日までの第1段階の交渉によって，多くの問題が原則的に合意された。合意が得られた事項については，9月27日に条約草案のレポートとして示された[42]。レポートで示された合意点は，主に共同体の機構に関するもので，最高機関，閣僚理事会，総会そして裁判所の設置が決まった。最高機関の権限および超国家性は，ベルギーやオランダの主張が取り入れられ，シューマン・プランやフランスの「作業資料」に比べかなり弱められた。また，各国の通商・関税政策を調和し，共同市場を設立していくことに関しても，基本的な合意が見られた。

このレポートで解決が示されなかった点こそ，条約が仮調印される1951年3月までの交渉の主要点であり，各国民経済の利害が鋭く対立する最も困難な問題であった。その問題とは，共同体内の限界的生産者に対する移行措置とカルテルおよび集中の禁止に関するものである。両方の問題ともベルギーにとってきわめて重要な問題であった。以下，これらの問題に対するベルギーの対応に即して検討する。

2．石炭業の反対と移行規定

1950年10月から11月の時期の交渉における最大の懸案はベルギーの石炭問題

であり，具体的には，ベルギー石炭業への調整金と移行期間の長さが議論の中心になった。石炭共同市場の形成により深刻な影響を被ることが心配されたベルギー石炭連盟（Fédération Charbonnière Belge: Fédéchar）は，すでに6月21日にこの問題に対する石炭業の立場を説明した覚書をパリのベルギー代表団に送付した。石炭連盟は，そのなかでシューマン・プランに対応するための対策として，移行のための措置を要求し補助金を求めた[43]。しかし，交渉の第1段階ではこの問題は解決されず，9月以降ベルギーは，原価の高いベルギー石炭業に補助金の一種である調整金（péréquatation）を移行期間中に与えるよう要求したが，ドイツの強い反対に直面した[44]。

石炭問題交渉は，フランス代表のエティエンヌ・イルシュ（Etienne Hirsch）が中心となり，まずドイツの同意を取り付けた後，11月にベルギー代表ヴィンクとの間で合意された。この結果，条約付属の移行規定によってベルギー石炭業は5年の移行期間が認められ，この期間中ベルギー石炭業には石炭共同市場により利益を受けることが期待される諸国，すなわち西ドイツおよびオランダの業者から利益の1.5%以内で調整金が支払われることが決定した[45]。また，ベルギー政府も同額の補助金を支払うことになった。この結果ベルギー石炭業には近代化と価格引き下げのために総額120億ベルギー・フランが投下されることになった。

12月7日にイルシュとヴィンクの合意内容が盛り込まれたモネの条約案（以下，「12月案」とする）が発表された。しかし，イルシュとヴィンクの合意にもかかわらずベルギー国内では，石炭業が石炭鉄鋼共同体市場のなかでは競争に勝てず，この産業そのものが存立できなくなることを理由として，石炭業ばかりでなく鉄鋼業をはじめ経済界全体が条約案に反対した。

しかし，石炭業と他の産業との連帯は長くは続かなかった。1951年になるとECSC反対運動に一つの転換が起こった，すなわち，石炭業が，産業界のなかでしだいに支持を失い孤立していったのである。まず，それまで同盟関係にあった鉄鋼業が石炭業に対する態度を変えた。鉄鋼業は1951年1月10日の外務省で行われた政府代表と業界代表との会議において，調整金問題を取り上げ，この石炭業への補助に反対した[46]。調整金問題についての同じような反対は，中

央経済審議会（CCE）での多くの業界代表の議論においても認められた。

　もちろん石炭業は，業界代表カヴィネ（L. Cavinet）の発言に見られるように，石炭原価高の要因は採掘条件，戦後の高賃金，設備の遅れにもあるが，最大の要因は地質的なものであるため改善不可能であり，5年間に設備の遅れを取り戻し，賃金の平準化を行うのは時間的に無理であると石炭業の危機を強調した[47]。しかし，石炭業界の反対運動はその後しだいに軟化し，調整金と5年の移行期間に満足を示すようになった。

　石炭業界の態度が軟化した理由としては，まず，調整金などによって生き延びる可能性のある優良炭鉱の譲歩があったこと，産業界内部で孤立が深まったことなどがあるのではないかと思われる。また，シューマン・プラン発表当時，石炭については将来の過剰生産が懸念されていた。しかし，1950年6月の朝鮮戦争勃発によって，石炭事情は一変した。ECSC設立交渉の期間，経済活動は全般的に活発であり，鉄鋼業は拡張し，石炭は著しく不足した。むしろ，石炭の不足がヨーロッパの経済の足枷となるのではないかということの方が問題であった。ECSC交渉はこうして，石炭産業にとって将来への不安が薄らいだ状況の下で進展したことも石炭業の態度軟化の理由として考えられる。

3．鉄鋼業の反対と反カルテル規定

　鉄鋼業は，共同市場への参加により利益を得ると予想されていた。しかし，石炭業との共同歩調が1951年になって崩れたとはいえ，一貫してECSCに反対していた。この鉄鋼業の一見逆説的な態度は，どのように説明できるであろうか[48]。

　理由の一つは，ベルギーが他のヨーロッパ諸国に比して，賃金と社会保障費が高い水準であることに起因していた。鉄鋼業は石炭業とともに他の共同体参加国の労働条件の平準化を要求した。それなしには共同市場における競争力を保持できなかったからである。この点は，石炭鉄鋼市場への参加の条件についての両業界による共同の覚書に明確に示されている。しかし，他の諸国の反発により，ベルギー代表団の要求は通らず条約案では労働者の生活条件と労働条

件の平準化（égalisation）は，改善（amélioration）という表現に後退した[49]。本来，シューマン・プランの目標が平準化であったにもかかわらず，条約案では平準化は目標ではなく改善の望ましい結果であるとされたのである。

　しかし，鉄鋼業の条約案反対の最大の理由は，カルテルと集中の禁止に関する問題であった。この点をやや立ち入って考察してみよう。シューマン・プランは，設立される共同体が国際カルテルとは正反対のものであり，反カルテルの性格の強いものであるという。さらに，シューマンは，プランを発表した際に報道機関に対して共同体がカルテルとは正反対のものであることを説明した覚書も用意していた。覚書は，共同体の目的は自由競争を保障することにより，生産の合理化，生産と質の発展をはかりこれによって労働者の生活条件の改善を行うものであり，カルテルとは本質的に異なるものであることを強調している[50]。しかし，反カルテル条項は1950年6月の「作業資料」には入っていない。これは，フランスがとくにドイツの反発によって交渉が挫折することを恐れたことによるものと思われる。

　ECSC の反カルテルの性格は，1950年9月以降，議長のモネによってしだいに明確な形で示されるようになり，ベルギー交渉団は本国宛の報告書や手紙のなかでそのことに対する懸念を表明していた[51]。モネは，9月28日付のメモランダムで，プランの目的は共同市場により生産性と生産量を上昇させることにあり，そのためには競争を発展させることが必要であり，カルテルは既存の状態を強化することになるので，この目的に反すると主張した。また，「カルテル協定の禁止は同様の結果を達成する手段として集中化傾向を増大させる」ことから，反集中条項も同時に必要とされるとした[52]。モネの主張はその後条約案に盛り込まれ，10月4日の条約案では第41条（カルテル），第42条（競争）に[53]，10月27日の条約案（Document N° 18）ではそれぞれ第60条，第61条で示された。この2つの条文はドイツとりわけルールの鉄鋼業に対して突き付けられたものと通常理解されているが，ドイツばかりでなくベルギーの強い反対を引き起こすことになった。

　ベルギー鉄鋼業のカルテル擁護の理由は次の通りである。過度な競争はかえ

って集中を押し進め，競争をむしろ弱めるものである。また，生産・価格面での共同行為を禁止することは，ECSC の最高機関による企業への干渉政策（ディリジスム）を強要することになるであろう[54]。そして「投資，生産，価格，企業の合併（中略）に関して提案されている条項は完全に企業とその代表組織のイニシャティヴを妨げ」，「偽装した国有化（nationalisation déguisée）」になるであろう[55]。こうして鉄鋼業代表は，政府代表団に対して生産と価格に関する協定のうち自由競争の低下を阻止する効果のあるものについては認めるよう要求した[56]。鉄鋼業は，市場統合そのものに反対するのではなく，それを管理する最高機関を不用であるとして，最高機関がカルテルや協定を調査する権限を与えられることに一貫して反対した[57]。また，最高機関が投資計画の変更を行うことができること（条約第54条）にも，投資活動の自由を理由として反対していた[58]。

12月案では，ベルギーやドイツの反対にあったために，カルテル禁止を定める第60条（条約第65条）は空欄のまま残され，これがシューマン・プランを実現するための最大の未解決の問題とみられていた。なお，カルテルと違って集中に関しては，当初第61条はいかなる吸収合併も認めなかったのに対して，その後，ある程度のベルギー側の主張の受け入れがあり，きわめて巨大な経済力を持つ集中についてのみ禁止するにとどまった[59]。

以上，カルテルと集中をめぐる折衝を検討してきたが，1950年12月から翌年にかけて展開されたベルギー鉄鋼業のシューマン・プラン反対運動は，鉄鋼業独自の利害にもとづいていた。それは，自由な企業活動を旗印に戦前より一貫して政府の介入を排除し，高度の集中化を押し進めてきたこの産業の危機意識にもとづくものであった。

4．中央経済審議会における議論

1950年末になるとベルギー国内では中央経済審議会が，政府の要請によりCCE 内部にシューマン・プランの検討を行う調査会を組織した[60]。調査会はパリ交渉団から資料の提供を受けると同時に，その議事録は対外通商相レオ

ナール・ムリス（Léonard Meurice）とパリ交渉団に送付されることになった[61]。

産業界には，シューマン・プラン発表当初より超国家機構である最高機関が共同市場において絶対的権力を持つことに対する不安があった。したがって，先述のような鉄鋼業の態度は，産業界において広く支持されていた。例えば，CCE 内部の議論で経営者側は，条約案を「国際的なディリジスム」に向かうとして，企業により大きな主導権を与えるように修正することを要求した[62]。また，各国の産業連盟も同様の態度を示した。各国の産業連盟は，最高機関を「調整と統制の組織にほかならない」として権限の拡大に反対し，さらに条約第三部の経済社会条項に対して危惧の念を示し，なかでも「市場の組織化を目的とする生産者間の協定の禁止に反対」した[63]。

こうした経営者側の態度とは反対に，労働組合側は，シューマン・プラン発表以来これを積極的に支持してきた。同プラン発表直後に社会党系のベルギー労働組合総同盟（FGTB）書記長補佐でCCE委員のアンドレ・ルナール（André Renard）はCCE委員長のフェルスィヘレン（F. Versichelen）に書簡を送り，ベルギーが交渉に参加することに賛意を示すとともに，CCE内にこの問題の研究委員会を作るよう要求している[64]。そして，ルナールはシューマン・プラン交渉団の一員となった（表5-7参照）。労働者側は，キリスト教労働組合総連合（CSC）を含めて交渉開始前にすでにシューマン・プランのとくに社会的側面を評価し，基本的に支持していた[65]。

さらに，労働者側は労働者の権利，完全雇用の保障，労働団体が諮問を受けることなどを要求した。例えば，12月案の第47条（条約48条）の企業団体について，最高機関の任務にかかわるのならば労働側もこの企業団体への参加が必要になると要求した。もちろん経営側は，各国で与えられている以上に大きな優越権を労働者に与える理由はないとして反対した[66]。

このように，労働組合側は経営者側と異なり，基本的にECSCへの加盟に賛成であったが，二大労組の間では若干の相違が見られた。すなわち，社会党系労組のFGTBは，ECSCを巨大企業による経済の支配を制限し経済の民主化を

行い，労働者の生活条件の改善と福祉の増大に貢献するものと理解して全面的に賛成していた。FGTB は，とりわけ最高機関のもとに作られる諮問委員会に雇用者団体と平等な条件で労働者団体が参加できることを評価した[67]。これに対し，キリスト教労組の CSC は，欧州石炭鉄鋼共同体の超国家的性格に不安を持っていた。条約署名を目前にした CCE の議論で，CSC の委員は「経済政策の最終的決定権は最高機関に属すべき」としながらも，「価格，生産，投資に関して主導権は原則的に個別企業に残されるべきである」と主張した[68]。ECSC をディリジスムではなく自由競争を保障する機関であるとする見解は，政権党であるキリスト教社会党と一致するものであり，CSC は最高機関の権限を縮小するとの条件付きで賛成した。

第4節　欧州石炭鉄鋼共同体条約の批准

1．ECSC 条約の概要

欧州石炭鉄鋼共同体条約は，1951年3月19日に仮調印された後，4月12日から18日にかけてパリで行われた6カ国交渉において最終的に決定した[69]。ベルギー石炭業に対する過渡期における保護措置もこの交渉によって最終的に決定した[70]。そして，18日パリで6カ国代表によって正式にECSC（欧州石炭鉄鋼共同体）設立条約（通称「パリ条約」）が調印された[71]。その骨子は表5-8に示した通りである。

条約第一部ではECSCの目的，手段および原則について定めている。条約は第2条で ECSC の目的を「参加国における経済拡大，雇用増大，および生活水準の引き上げに寄与することである」と規定する。この目的を達成するための共同体機関の行為を第3条で定めている。その主なものは「共同市場のすべての消費者に対して，生産財を入手する平等な機会を保証すること」，「企業に対してその生産能力の拡張と改善」を促進する条件の維持，当該産業の「労働者の生活条件および労働条件の改善の促進」，「競争産業における保護は，……

表5-8　欧州石炭鉄鋼共同体条約の骨子

第一部	欧州石炭鉄鋼共同体	
第二部	共同体の諸機関	
第三部	経済社会規定	
第1章	一般規定	（第46条～第48条）
第2章	財政規定	（第49条～第53条）
第3章	投資および財政援助	（第54条～第56条）
第4章	生産	（第57条～第59条）
第5章	価格	（第60条～第64条）
第6章	協定および集中	（第65条～第66条）
第7章	競争条件の侵害	（第67条）
第8章	労働者の賃金および移動	（第68条～第69条）
第9章	運輸	（第70条）
第10章	通商政策	（第71条～第75条）
第四部	一般規定	
（付属文書等略）		

(出所) Traité instituant la Communauté européenne du charbon et de l'acier (signé Paris le 18 avril 1951).

すべて排除するという条件の下に，生産の規則的な拡張とその近代化，ならびに品質の改善を促進すること」である。

他方，第4条で次の行為は共同体とは両立しないとして廃止かつ禁止された。すなわち「(a)輸出入税および同等の効果を持つ課税および生産物の流通に対する量的制限。(b)生産者間，購買者間，または消費者間に，とりわけ価格，引渡し条件および運賃に関して，差別を設ける措置または慣行，ならびに，購買者が供給者を自由に選択することを妨げる措置または慣行。(c)形式がいかなるものであれ，補助金あるいは国家により与えられる援助，または国家によって課せられる特別の負担。(d)市場の分割または搾取を目的とする制限的慣行」である。第3条と4条によって，共同体においては民間企業によるカルテル行為はもちろんのこと国家などによる補助や支援も禁止され，石炭と鉄鋼の両産業における自由競争の導入が図られることになった。ベルギー政府が要求した石炭業に対する5年間の移行期間における保護措置は，条約本文ではなく付属議定書において規定された。

ECSCの機関は条約第二部で規定されており，ECSCは最高機関 (High Authority)，共同総会 (Common Assembly，以下，総会)，特別閣僚理事会 (Special Council of Ministers，以下，理事会)，司法裁判所 (Court of Justice，以下，裁判所)，および最高機関を補佐する諮問委員会 (Consultative Committee) によって構成される。

最高機関は，6年の任期を有する9名の委員によって構成され，委員は「職

務の超国家性と相容れないすべての行為を慎まなければならなく」,「各加盟国もその超国家的性格を尊重」しなければならない（第9条）と，最高機関が超国家的機関であることは条文上も明記された。ECSCにおける執行機関である最高機関は，条約で定められた目的を達成するために各国の石炭・鉄鋼政策に関する国家主権を委譲され，石炭，コークス，鉄鋼，鉄鉱石，屑鉄，銑鉄に関する関税，数量制限，輸送量差別などを撤廃し，単一市場を実現するための政策を実施する。

また，最高機関付属の諮問委員会は，「生産者，労働者，および消費者・販売業者の同数の代表を含み」（第18条），「最高機関は適当と認められるすべての場合に，諮問委員会に諮問することができる」（第19条）。諮問委員会は，最高機関を補佐するのみであり，委員会の答申に最高機関が拘束されるわけではなく独自の権限はほとんどなかった。

総会は，毎年各国の議会から選出された代議員によって構成されるが（第21条）[72]，その役割は毎年最高機関が提出する共同体の活動とその行政支出に関する一般報告の審議を行うことであった。一般報告は，総会における投票の3分の2の多数によって不信任となり，その場合には最高機関の委員は総辞職することになる（第24条）。ただし，そのような事態は当時にあっては想定しがたく，したがって総会は形式的な審議機関とみられていた。

これに対して，理事会はECSCの最終的な意思決定機関であり最高機関をチェックする大きな権限を有していた。理事会は，最高機関の行動と加盟国政府の行動とを調整する機関であり，「理事会が共通の目的を達成するために適切あるいは必要と認められるあらゆる提案と措置を検討するよう，最高機関に請求することができる」（第26条）。理事会は加盟国から各1名計6名によって構成され（第27条），理事会においては小国であるベネルクス諸国も各々1票を持っており，まさに国益を反映する機関であった。

裁判所は，独立性と能力が完全に保証されている人物7人の裁判官により構成され，任期は6年である（第32条）。裁判所の主な役割は，最高機関の決定や勧告に対して，権限の欠如あるいは濫用，手続き違反などが，加盟国や理事

会あるいは関係する企業や団体によって提起された場合に無効の決定を行う権限を有する（第33条）。ただし，裁判所が最高機関の決定や勧告の無効を宣しても，裁判所は同件を最高機関に差し戻すのみであり，最高機関に対する統制力は弱い（第34条）。

ECSC条約は第97条で発効後50年間有効とされた[73]。ECSC条約は，シューマン・プランで掲げられた経済発展，雇用の増大，生活水準の向上を石炭鉄鋼共同市場の発展を通じて行うことを目標にしている。しかし，これらの政策を実行するために設置された最高機関は，独自の財源を持ち独立した法人格を有し（第6条）自立性は高いとはいえ，その権限はシューマン・プランに比べきわめて限定されたものとなった。それは，ベルギーを含む交渉参加国が，パリ交渉において最高機関の権限を牽制するための機関の設置を要求し，この結果，大きな権限を持つ閣僚理事会が設置されたことによる。

最高機関の活動の内容を定めているのが，第三部の経済社会規定である。ここでは，生産の近代化による品質の向上を目指し自由な単一の市場を建設することを目的としている。この目的を達成するため，第三部の該当する章において，(1)生産，投資を最高機関のもとで共同計画する。(2)価格の平準化をはかるために，価格統制を撤廃させること。(3)関税，輸送費の差別を撤廃させることになった。さらに，第60条第1項において，価格に対する不公正な競争慣行や差別的慣行を禁止している。

次いで，第三部第6章「協定および集中」ではECSCが競争政策を実施することを規定している。第65条は，カルテルの禁止を内容としており，第1項で「共同市場において競争が正常に行われることを阻止，制限または歪曲することを直接または間接の目的とする企業間の協定，企業団体の決定，および通謀行為」について禁止する。そして，とくに次の行為についてはすべて禁止された。すなわち「(a)価格の確定または決定。(b)生産，技術開発または投資の制限または統制。(c)市場，生産物，顧客，または供給源の割当」である。これら以外の協定については，特定の生産物における，生産専門化協定，共同での購買または販売の協定について一定の条件で時期を限って認可する場合もあるとさ

れた（第2項）。こうした例外については厳しい限定が付いており，違反した企業には最高機関が罰金を課すことができる（第5項）とカルテルに対して厳格な態度を取っている。

　他方，第66条は過度の集中と濫用を禁止する条項である。ECSC域内の企業に対して，第1項は「企業の集中を生じさせる直接または間接の効果をそれ自体有する行為は，すべて事前に最高機関の許可を得なければならない」と規定している。また，集中の行為は，「合併，株式または資産の取得，貸付，契約，その他の支配手段のいずれによって実施されたかを問わない」とされた。ただし，第2項において次のような権力を持たない集中に対しては許可を与えるとしている。すなわち，「対象生産物の市場のかなりの部分において，価格を決定し，生産または分配を統制または制限し，または効果的競争を妨害する権力，あるいは，本条約の下で作られた競争規則を，とりわけ供給源または市場への接近における実質的有利を含む人為的な特権的地位を設けることによって，免れること」である。

　また，最高機関は以上の判断を行ううえで「無差別原則に従って，競争条件の不均等から生ずる不利を回避または救済するために正当と認められる限り，共同体内に存在する同種の企業の規模を考慮に入れる」。したがって，集中に関しては，最高機関が共同市場において支配的でないと判断すれば認められることになった。

　ECSC条約はカルテルに対しては厳格な態度を取り，いかなる価格の決定，投資の制限，市場・生産物・顧客の割当も禁止した。さらに，民間企業のカルテル行為だけでなく，政府による補助金などの保護措置も競争を阻害するものとして禁じた。一方，集中に関しては明確に市場独占と認められない限り許可されることになった。すなわち，ECSCは独占力を濫用しない限り巨大企業が出現することを認め，むしろ寡占間競争によって欧州の石炭業と鉄鋼業の体質強化を促進することを意図するものであった。このようにECSCの政策は，完全な自由放任主義ではなく，「管理された競争」[74]の実現を目的としていた。

また，ECSC条約は共同市場の業者が危機に陥った場合には，最高機関に対して，価格や投資の決定，生産割当に介入し，第三国からの輸入に対する規制を行う権限を与えている。このような最高機関の機能は，民間であればカルテルの機能にあたるものであり，ECSCには公的カルテルとしての側面があったといえる[75]。

　以上のように，ECSCの基本的性格は，権力の介入によって自由な市場を実現するというヴァンゼーラント外相等ベルギーの新自由主義者の経済観とほぼ一致するものだった。そして，原料面でも販売面でも対外依存度の強いベルギーにとって石炭鉄鋼共同市場は歓迎すべきものであった。条約の調印により，ECSCの問題は各国議会による批准に移った。

2．ロビンソン・レポートの暴露と石炭業による反対運動

　欧州石炭鉄鋼共同体の設立条約が調印された直後の1951年5月，ベルギーでは議会に批准に関する法案が提出されるに先だって，いわゆるロビンソン・レポートの存在が自由党系の新聞によって暴露された[76]。このレポートは，シューマン・プランが発表される以前にベルギー政府の委嘱を受けたアメリカの調査会社ロビンソン・アンド・ロビンソン（Robinson and Robinson）によるベルギー石炭業に関する調査報告書であり，すでに1950年6月に政府に提出されていたが，シューマン・プラン交渉期間中の約1年間，政府によって秘密にされてきた。新聞によって事実が暴露され，政府は結局，このレポートを鉱山省の雑誌に掲載するという形で公表した[77]。

　問題のレポートは，ベルギー石炭業の直面しているきわめて困難な状況を明らかにするとともに，石炭業のこうした状況がベルギー国内経済全体に深刻な影響を与えていると指摘する。そして，石炭業の高い生産費という弱点について，古く劣悪な炭層という地質的な問題よりも，合理化のための投資が遅れていることにこそ真の原因があると分析する。レポートは，問題解決のために大規模な合理化と近代化，労働コストの引き下げを行うことを提言し，これによりベルギーはトン当たり150フランの引き下げが可能となり，フランス，オラ

ンダの石炭価格を下回ることができると結論づけた。

　ロビンソン・レポートはベルギーの多くの石炭業者に大きな衝撃を与えた。ベルギー石炭業界は，レポートの内容を知り，ベルギー炭は共同市場の設立によって真っ先に淘汰されるのではないかとの不安を持った。ベルギー石炭連盟は，1951年の夏からECSC条約の批准が行われた1952年2月まで，ジャーナリズムを巻き込んで反シューマン・キャンペーンを展開した。このキャンペーンで石炭連盟は，調整金と5年間の移行期間ではベルギーの生産力は優越したドイツ石炭業との競争にとても太刀打ちできず，生産性の低いボリナージ（Borinage）などの炭鉱は閉山に追い込まれ，移行期間後には危機的状況を迎えると訴えた[78]。

　経済省鉱山局の技師マルテンス（J. Martens）は，ロビンソン・レポートが掲載された同じ鉱山省の雑誌に論文を発表し，ベルギーの石炭鉄鋼共同体への参加が石炭業だけでなくベルギー経済にも深刻な影響を与え，シューマン・プランの実現により75％の炭鉱が閉鎖されるだろうと述べた[79]。彼の議論は，反シューマン・キャンペーンに拍車をかけ，議会における審議にも大きな影響を与えた。

3．産業界の好意的反応

　ベルギーは戦後急速に経済を再建したが，シューマン・プランが発表された1950年代になると，ベルギー産業の対外競争力の弱体化が重要な問題になっていた。40年代後半の繁栄の裏で進んだ設備の近代化の遅れ，高賃金や社会保障費の大きな負担そして高い石炭価格は，ベルギー製品の価格を押し上げたからであった。

　1940年代末頃からベルギー産業連盟（FIB）にとって生産性向上は最大の懸案となり，この問題に対処するためベルギー生産性本部（Centre belge de productivité）が設立された[80]。さらに，国家レベルで対応する機関として，経済省に生産性全国委員会（Commission nationale de la productivité）が設置された。1950年代前半のベルギーでは，生産性向上の必要性が経営者の間で広く

認識されていったが，とくに新型産業である化学，電機，機械で生産性に対する関心が強かった。

こうした状況下で成立することになる ECSC に対する石炭・鉄鋼以外のベルギー産業界の反応はどうであったか。ベルギー経済の多くの分野では戦前から，二大持株会社であるソシエテ・ジェネラル (Société Générale) とブリュフィナ (Brufina) による支配を受けていた[81]。ただし，各企業・産業部門の自律性は比較的高く，1951年4月の ECSC 条約調印前後になると産業界は，石炭・鉄鋼業を除いて ECSC を歓迎した。

ベルギー経済省は ECSC 条約調印後に石炭・鉄鋼の消費産業に対して意見調査を行った。調査結果は1951年8月初めに発表された[82]。以下，この調査に対する主要産業の見解をみてみよう。電力とガスの両産業は，石炭価格の引き下げは価格低下，品質向上が見込めるとして歓迎した。金属製品製造業連盟 (FABRIMETAL) は，石炭価格低下の影響は鋳物工業を除いて大きくないが，試算によれば鉄鋼価格の10％の引き下げは金属生産価格を3％引き下げることになるとして，共同市場の設立を評価した。

化学工業は，石炭を燃料，ガス，電気などの形で消費しており，共同体参加国企業と同じ価格で石炭が購入できることになる ECSC の設立はきわめて好都合であった。ベルギー化学工業連盟 (FICB) は，政府の ECSC への加盟表明を間近にした1951年1月29日に首相に電報を送り，外国市場においてベルギー産業は高石炭価格のために競争力を損なわれていると訴え，ECSC 加盟に賛意を示した[83]。

ベルギー食品連盟と砂糖および派生食品業連合会は，「石炭価格の正常化は食品産業の原価引き下げにとって好ましい結果をもたらし，それは生活水準の改善をもたらし，製品の輸出を改善する」ことになると歓迎した。繊維産業でも，電気や鉄道輸送の費用低下につながることに加えて，仕上げ工業，レーヨン紡績などが石炭と関係が深いことから，やはり ECSC 加盟に賛成であった。

建設資材関連では，石灰，石灰岩，苦灰岩産業，セラミック，テラコッタ，セメント，そして当時輸出が伸びていたガラス工業がとくに石炭消費が大きい

部門である。価格に占める石炭の比率は，セメント35％，ガラス18％，石灰51％，テラコッタ13％，セラミック12～35％であった。これらの産業にとっても，安価で高品質の石炭を入手する機会を提供するECSC加盟は利益であると判断された。

　また，1951年7月に作成された外務省の内部レポートは，ベルギーがECSC条約を受諾した理由を次のように整理している。鉄鋼輸出大国ベルギーにとって輸出市場がドイツ，フランス，イタリアのベネルクス域外に広がることは大きな利益をもたらすこと，また競争力劣位にある石炭産業に対しては「過渡規定に関する協約」により援助がなされること，さらに「石炭価格の低下はベルギー産業全体とくに化学工業，セメント工業，陶器産業，ガラス・板硝子産業など（石炭）大量消費産業にとって利益」[84]であることを指摘した。このように，ECSCの直接の対象とならない産業の利益もベルギーがシューマン・プランを受け入れる大きな要因であった。

　1952年に発表された『経済白書　1951年版』も，安価で良質な原材料が供給されることに期待をかけて，化学工業，機械工業，電機産業などのいわゆる「新産業」がとくにシューマン・プランに熱心であったと分析している[85]。このように，市場統合の対象となった石炭業・鉄鋼業よりも新産業部門が欧州石炭鉄鋼共同体に積極的だったが，これはその後，EECという全面的な経済統合への動きを生み出す大きな要因になったと考えられる。

4．ECSC条約の批准審議

　欧州石炭鉄鋼共同体条約の批准についてのベルギー議会の審議は，1951年の末からまず上院で始まった。なお，1950年初めの総選挙の結果，キリスト教社会党が単独過半数を占め，自由党との連立を解消して単独で政権の座についていた。批准をめぐる審議は上下両院とも経済外交委員会でなされ，政府の立場は上院に提出された報告書で詳しく説明されている。

　報告書は，今後ベルギー国内で石炭が不足すると予測し，上質コークスなどの供給で共同市場が果たす重要性を指摘する。また，共同市場は従来の原価の

高いベルギー炭から安くて質のよいルール炭などの外国炭への転換を促進し，かつ輸出に大きく依存する鉄鋼業に安定した輸出市場を確保することから，ベルギー鉄鋼業に有利であると考察している。なぜなら，ベルギー鉄鋼業は生産コストに占める原料の比率が70～75％と高いが，共同市場が開設されることにより，これまで原材料産出国の鉄鋼企業より高い価格で購入せざるを得なかったのが同等の価格で購入できるようになるからである[86]。共同市場による石炭価格の低下や労働条件が共同体内で漸次に平準化することの恩恵は鉄鋼業だけでなく，すべてのベルギー産業に及ぶ。この結果，とりわけ金属工業，化学工業，農業，電力，運輸産業に好影響がもたらされると説明された[87]。

以上のように政府は，経済面で対外依存度が高く，高価格の石炭しか産出できないベルギーにとって欧州石炭鉄鋼共同体参加の利益は大きいとして議会の支持を訴えた。なかでも政府が重要視していたのは，ベルギー経済のアキレス腱ともいうべき石炭問題の解決である。例えば対外通商相ムリスは，議会で競争可能な価格を形成するためには，とくに石炭の高価格を解決せねばならないと言い，シューマン・プランにはベルギー炭価格引き下げの計画が含まれており，移行期間に支払われる補助金によってベルギー石炭業の合理化は促進され，移行期間後は共同市場内でより安価な石炭が調達できると述べている。さらに彼は，以上の効果が他の産業とくに運輸や電機産業に及ぶという予測もしている[88]。石炭問題は ECSC を通じた方がベルギーに有利に解決されるとの見解は，他の閣僚によっても繰り返し議会で主張された[89]。

議会における審議では第3党の自由党は政府を支持したが，それはシューマン・プランが自由主義的で関税や貿易制限を撤廃する政策であるとの理由からである。すなわち，保護主義やディリジスムはむしろ現在の政策そのものであり，共同体をディリジスムとして批判する人々がベルギー国内で高価な石炭を存続させてきているのであるとして非難している[90]。

自由党が政府の方針を支持する第二の理由は，ヨーロッパが三つの巨大グループ（アメリカ，英連邦，中・ソ）との競争に直面しているとの世界情勢の認識のうえに，「経済的な観点から一つのヨーロッパを建設する」ことが要請

されるというものである[91]。とりわけ三つのグループのなかでも豊富な製品と高い賃金を持つ「アメリカの地位は西側世界に決定的な影響力を持ち」, アメリカに対抗するには統合以外の方法はないと主張した[92]。その際, とくに懸念が表明されたのは, 輸出依存体質の強いベルギー鉄鋼業が価格面でアメリカ鉄鋼業との競争に立ち向かえるかという点であった[93]。また自由党は, 石炭業にベルギー政府と共同体が補助金を支出する方針を評価し, 条約批准を拒否した場合, 近代化に必要な資本を持たないベルギー石炭業は国有化されることになるとして反対派を非難した[94]。そして, ベルギー経済の合理化は「他のやり方よりも, シューマン・プランの枠内で実現する方が容易である」[95]とECSC設立を好機と捉えた。このように, キリスト教社会党と自由党は, ECSCを反ディリジスムの自由主義的組織であるとし, その利点をベルギー経済の近代化と体質強化の面からもっぱら強調し, ECSCがベルギー経済に好影響をもたらすとして賛成を訴えた。

　第2党の社会党は, ECSC条約批准をめぐって分裂していた。条約を積極的に支持したのは, スパークらのグループであり, 提案者の政府よりも野党社会党のスパーク・グループの方が, ECSCを成功させることに積極的だと思われるほどである。支持の理由を端的に表して注目されるのは, アシル・ドゥラットル（Achille De Lattre）が議会で行った次の発言である。「われわれは, 協定と国家間の条約, 産業間の条約の時代におり, 労働者が権利を持つ時代にいる」のであり, 「市場組織化」という考え方が広く受け入れられるようになりつつある。欧州石炭鉄鋼共同体は, 以上述べたような傾向を体現したものである[96]。このように, 社会党内のECSC支持派は, 共同体にディリジスム的傾向を認め, また, そこで実現される労働者の発言権の増大を評価しており, FGTBの見解に近かった。同じECSC加盟支持でも, 与党キリスト教社会党あるいは自由党がECSCを自由主義的と判断していたのに対して, ECSCに対する見解に大きな違いがあった[97]。

　一方, 社会党の首相経験者であるアシル・ヴァンアケル（Achill van Acker）らの党内主流派は, 修正案を提出して欧州石炭鉄鋼共同体条約の全面受入

に反対した[98]。ヴァンアケルは，ECSCに対して不安を表明する。「繰り返し言うが，原則に関して好感を持っている。しかし，私は経済面でわれわれが犠牲になることを望まない。(中略) ベルギーのような小国は常に二つの大国の犠牲となるであろう」[99]。ヴァンアケル・グループの修正案提出の理由の第一は，留保を付けずに共同体に参加すれば，炭鉱の閉山を招き石炭業を窮地に追い詰めることになる点である。第二に問題とされたのが，条約第68条の賃金と社会保障費の平準化であり，戦前には低い水準にあった賃金が1951年にようやく共同体中最高水準になったにもかかわらず，ECSC加盟はこれを引き下げることにつながるというものである[100]。第三に，社会党内のスパーク・グループやFGTBの書記長ポール・フィネ (Paul Finet) が，共同体の方が国家よりも労働者にとって有利な点が多いと評価するのに対して，ヴァンアケル・グループは最高機関に労働者組織の代表が参加することにはなっておらず，またECSCが大国中心に運営される危険性があるとして反論した[101]。

　議会第4党の共産党はシューマン・プランに全面的に反対した。反対論の要点は次の通りである。「社会党系新聞はシューマン・プランの構想を，平和の計画，無政府的資本主義に対するディリジスムの勝利，ヨーロッパ思想の勝利，労働者階級に有利な計画，として歓迎している」[102]。しかし，シューマン・プランはアメリカ帝国主義によるヨーロッパ分断の戦略であり，またそれはフランスやドイツなどの巨大トラストの合意によるもので，労働者はこの計画の外におかれている。さらに，シューマン・プランには賃金引き下げが組み込まれており，とくにベルギー労働者にとり賃金と社会保障面で不利となるだろう[103]。さらには，石炭業が閉山と減産に追い込まれ，ベルギー経済はドイツ経済の支配下に入ることになると主張した[104]。

　上院での主要な議論は以上の通りであった。1952年2月5日上院において条約は賛成102の多数で批准された。反対は，共産党3とキリスト教社会党1の合計4であった。しかし棄権は58と多く，その内訳はキリスト教社会党と独立カトリックが各1，残り56が社会党だった。このように，2月の時点では社会党内のかなりの議員がECSC条約に対して不安感を持っており賛成するに至

らなかったが,社会党の分裂回避と可決は避けられないとの状況から反対には回らなかった。

しかし,下院では社会党主流派の投票行動は大きく変わった。条約は1952年6月12日,賛成165,反対13 (キリスト教社会党2,社会党5,自由党1,共産党5),棄権13 (キリスト教社会党7,社会党6) の圧倒的多数で批准された[105]。ヴァンアケル・グループは6月までに他国の批准状況をみてECSC成立は必至と判断して,この法案に賛成するに至った。

以上のように,条約調印後に石炭業を中心とする反シューマン・キャンペーンが,表面的には華々しく展開され,議会においても論争を引き起こしたが,実質的な影響力はあまりなく,共同体への参加という流れを止めることはできなかった。また,経済界が懸念していた石炭業・鉄鋼業に対する公的権力介入の問題は,議会での論争の対象にはならなかった。この問題をめぐって政界と経済界とでは,明らかに対応の違いがあった。すなわち,政治の側は,社会党はもちろんのこと政府キリスト教社会党と自由党も,欧州石炭鉄鋼共同体への参加を優先し,経済活動に対する最高機関によるコントロールを許容限度の範囲内と判断したのである。

5. 最高機関の発足

欧州石炭鉄鋼共同体は6カ国すべての批准がすんだのち,1952年7月25日に条約が発効した。翌8月10日には最高機関が活動を開始した。最高機関は議長にモネを選出し,計9名の委員により活動を開始した[106]。表5-9のように最高機関の委員は仏独が2名,他の4カ国は1名ずつ,計8名が政府によってまず任命され,次いでこの8名によりさらにもう1名の委員が任命された。この最後の1名として選出されたのは,ベルギー労働組合総同盟書記長のフィネである。表に明らかなように,最高機関の委員には,キリスト教民主党系議員,社会民主党系議員,経営者,労働組合指導者,官僚などの各層の代表が参加している。この構成から,ECSCは戦後ヨーロッパで見られたコーポラティズム的性格を持つ機関であるということができる。

表 5-9 最高機関初代委員（9 名）

氏　名	国　名	出身・立場
議長　ジャン・モネ（Jean Monnet）	フランス	計画庁長官
第一副議長　フランツ・エッツェル（Franz Etzel）	西ドイツ	キリスト教民主系労組
第二副議長　アルベール・コペ（Albert Coppé）	ベルギー	キリスト教社会党議員, 経済大臣
委員　ハインツ・ポトフ（Heinz Potthoff）	西ドイツ	社会民主党系労組
委員　レオン・ドーム（Léon Daum）	フランス	企業経営者（製鉄業）
委員　エンゾォ・ジャッチェロ（Enzo Giacchero）	イタリア	キリスト教民主党議員
委員　ディルク・スピーレンブルフ（Dirk Spierenburg）	オランダ	官僚
委員　アルベール・ヴェーラー（Albert Wehrer）	ルクセンブルク	外交官
委員（選出）　ポール・フィネ（Paul Finet）	ベルギー	社会党系労組書記長

（出所）*La Libre Belgique*, 10 août 1952 ; Yves Conrad, *Jean Monnet et les débuts de la fonction publique européenne*, Louvain-la-Neuve, 1989, pp. 46-51.

小　括

　これまでに検討してきたことを要約すると次の通りである。第二次世界大戦後の経済復興の過程で西ヨーロッパの多くの国で経済の計画化，国有化などが掲げられ，国家の経済への介入が一般化しつつある時代にベルギーは，表向き自由な経済活動を原則として経済的繁栄を謳歌した。しかし，1949年の景気後退を境にベルギー経済が抱える問題がしだいに意識されるようになり，さらにシューマン・プランによって設立されたECSCへの参加により，ベルギーにおける国家と経済の関係がしだいに密接化していった。

　ECSCを設立するためのパリ交渉でベルギーは，経営者のみならず労働組合の代表者を含む代表団を結成し交渉にあたった。ベルギー国内では，対外競争力で劣位となる石炭業界の反対と，ECSC条約の反カルテル・反集中条項をディリジスム的とする鉄鋼業の反対に直面したが，両業界の主張は受け入れられなかった。最終的には，国家が労働組合の協力も得ながら石炭業界と鉄鋼業界の反対を押し切る形で石炭鉄鋼共同体への参加を決定した。

　このように，石炭産業の切り捨てと経済に対する公的権力の介入を許すという点で，シューマン・プランはベルギーに他のECSC加盟国以上に大きな経済構造および経済政策の転換を強いる選択であった。ただし，本章で考察したよ

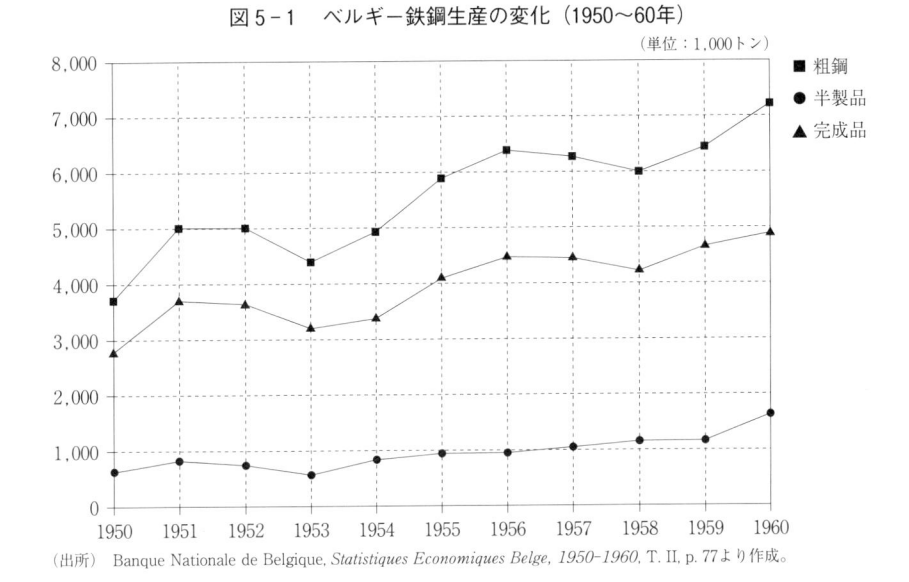

第 5 章　欧州石炭鉄鋼共同体の設立　211

図 5-1　ベルギー鉄鋼生産の変化（1950〜60年）

（単位：1,000トン）

■ 粗鋼
● 半製品
▲ 完成品

（出所）　Banque Nationale de Belgique, *Statistiques Economiques Belge, 1950-1960*, T. II, p. 77 より作成。

うに，ECSC がディリジスム的であるとの主張は，適当でない。たしかに最高機関は石炭業と鉄鋼業に対して強く干渉する権力を持つがその目的は自由競争の実現にあるからである。その点では，鉄鋼業も労働組合も ECSC の性格を誤解していたといえる。当時，化学工業などの新しい産業が経済統合による利益を認識していたが，これら産業が ECSC を支持したのもこうした新自由主義的政策を歓迎していたからであろう。ともかく，ベルギーはそれまでの戦後復興の好条件が消滅するとき，西ドイツを含む共同市場のなかできびしい競争にさらされながら，産業の革新を推し進めていくという，後戻りのできない道に入った。

　ECSC が発足し，1953年 2 月10日よりまず原料の石炭，鉄鉱石，屑鉄の単一市場を創り出すために内外向け価格と運賃率の差別を撤廃が開始され，さらに 5 月 1 日より鉄鋼製品の共同市場も発足した。ベルギー鉄鋼業は，図 5-1 から分かるように，1950〜60年の期間に粗鋼で192％，半製品で250％，完成品174％の上昇を見せるなど，1950年代にさらに飛躍的に生産量を増加させた。

同時に注目すべきは，共同市場発足後まもなく鉄鋼業で大規模な合併が行われ，ベルギー国内における資本の集中が一層進んだことである。とくに，1956年のベルギーを代表するジョン・コックリル（John Cockerill）とウーグレ・マリエ（Ougrée-Marihaye）の合併は，ECSC発足後の初めての大規模合併であり，共同体条約により大規模な集中化が禁止されていただけに，多くの注目を集めた[107]。また，この集中化には1953年以後の合併を容易にする法律面での貢献があったことも注目される[108]。最高機関は，両社の合併はベルギー国内では大きなシェアを占めるものの共同体における支配力はないと判断し，合併は許可された。

　ECSCは比較的順調にスタートし，「石炭と鉄鋼における共同歩調を，その他の商品はもとより，一般的な経済的・社会的政策まで拡延すべきだという確信が増大して」いく[109]。こうした共同市場の発展のなかで，対外的にはベルギー経済はECSC加盟国への依存度を一層高めた。

1）Diebold, William jr., *The Shuman Plan: A Study in Economic Cooperation 1950-1959*, New York: Frederick A. Praeger, 1959.

2）ディーボルトの研究を踏まえ経済的側面から行われたECSCに関する先駆的研究として，わが国では，島田悦子『欧州鉄鋼業の集中と独占』新評論，1970年（増補版，1975年）がある。

3）Milward, Alan S., *The Reconstruction of Western Europe 1945-1951*, Califolnia: California University Press, 1984.

4）とくに，ミルワードも参加している欧州の研究者の組織《Groupe de liaison des historiens auprès des communautés》の研究活動が注目される。序章注10参照。

5）Dumoulin, Michel (dir.) *La Belgique et les débuts de la construction européenne de la guerre aux traits de Rome*, Louvan-la-Neuve, 1987.

6）デュムランの指導の下で行われた本章の関心に近い研究としては次のものがある。Devos, Elisabeth, *Le patronat belge face au plan Schuman（9 mai 1950-5 février 1952）*, Bruxelles: CIACO, 1989.

7）ドイツによるベルギー占領下での収奪と政策については，永岑三千輝「ドイツ第三帝国のオランダ・ベルギー占領とその軍事的利用」『経済学季報』（立正大学）第40巻第4号，1991年を参照。

8）Dayez-Burgeon, *op. cit.*, pp. 176-177.
9）*Ibid*.
10）戦争直後のベルギー経済については，Mommen, *op. cit.*, pp. 75-80 ; Baudhuin, *op. cit.*, 1958, pp. 23-87 ; Pascal-Burgeon, *op. cit.*, pp. 179-186 を参照。
11）*Ibid*.
12）Banque Nationale de Belgique, *Statistiques Economiques belges 1941-1950*, Tome II, p. 343.
13）Milward, *op. cit.*, 1992, p. 55.
14）Baudhuin, *op. cit.*, 1958, pp. 186-187.
15）Devos, *op. cit.*, p. 32
16）Lamfalussy, Alexandre, *Investment and Growth in Mature Economies: The Case of Belgium*, London: Macmillan, 1961, pp. 14-15.
17）銑鉄・合金鉄も1950年で，ベルギー400万トン，ルクセンブルク275万トン，フランス856万トン，ザール186万トン，西ドイツ1,044万トン，イギリス1,078万トン，アメリカ6,640万トン，ソ連2,150万トンであった。American Iron and Steel Institute, *Annual Statistical Report 1952*, pp. 106-108.
18）ベルギー鉄鋼業の戦前，戦後における集中の進展については以下を参照。Reuss, Conrad, Koutny, Emile et Tyhon, Léon, *Le Progrés économique en sidrugie: Belgique, Luxembourg, Pays-bas 1830-1955*, Louvain: Nauwelaerts, 1960, pp. 106-108.
19）ベルギーにおけるカルテル，トラストについては以下を参照。C. R. I. S. P., *Morphologie des groupes financiers*, Bruxelles: C. R. I. S. P., 1962; Joye, Pierre, *Les trusts en Belgique: La concentration capitaliste*, Bruxelles: société populaire d'éditions, 1960（2e édtion）.
20）Devos, *op. cit.*, pp. 32-33.
21）OEEC, *Statistical Bulletins: Industrial Statistics 1900-1957*, Paris, 1958, p. 84.
22）シューマン・プランの原文はCEAB（Commisission des Communautés Européennes Archieves Bruxelles）2 No. 14, Déclaration de Robert Schuman, 9 mai 1950. 訳文は，「シューマン宣言前文」『月刊ヨーロッパ』第180号，1993年5月号，4頁を参考にした。
23）シューマン・プランの作成過程については，さしあたり以下の当事者達の回想録を参照。Monnet, Jean, *Mémoires*, Paris: Fayard, 1976 ; Uri, Pierre, *Penser pour l'action: un fondateur de l'europe*, Paris: Odile Jacob, 1991, pp. 79-85.
24）Racine, Raymond, *Vers une Europe Nouvelle par le plan Schuman*, Neuchâtel:

Baconnière, 1954, p. 82.

25) モネ・プランについては、Mioche, Phillippe, *Le plan Monnet: genése et élaboration 1941-1947*, Paris: Publications de la Sorbonne, 1987を参照。

26) Urwin, Derek W., *The Community of Europe: A History of European Integration since 1945*, London/New York: Longman, 1991, p. 45；廣田功「『戦後改革』とフランス資本主義」『土地制度史学』第131号, 1991年4月, 49頁。

27) ベルギー国内では、「シューマン爆弾」(La bombe Schuman) と言われた。Dumoulin, "La Belgique et les débuts du Plan Schuman (mai 1950-févier 1952)", Schwabe, *op. cit.*, pp. 271-273.

28) Diebold, *op. cit.*, pp. 129-130.

29) シューマン・プランの発表後の各国の反応については以下に詳しい。CEAB 2 No. 11, Choronologie des travaux préparatoires du Plan Schuman pour la période 9 mai 1950-juillet 1952.

30) Racine, *op. cit.*, p. 58.

31) Archives du Ministère des Affaires étrangères de Belgique [以下, AMAEBとする], dossier 5216, Vinck, Rapport sur les négociations autour du Plan Schuman, 30 décembre 1950, pp. 4-5.

32) CEAB 2 No. 11, op. cit.

33) ベルギー以外の国の交渉団の主席代表は以下の通り。フランス＝シューマン, ドイツ＝ウォルター・ハルシュタイン (Walter Hallstein), イタリア＝パオロ・タヴィアニ (Paolo Taviani), オランダ＝ディルク・スピーレンブルフ (Dirk P. Spierenburg), ルクセンブルク＝アルベール・ヴェーラー (Albert Wehrer)。

34) AMAEB, dossier 5216, Note pour le cabinet-presse, 19 juin 1950 ; CEAB 2 No. 1, Conversatrions sur le plan Schuman.

35) Dumoulin, *op. cit.*, 1988, p. 273.

36) AMAEB, dossier 5216, Vinck, op. cit., pp. 5-10.

37) 朝鮮戦争がECSC条約交渉に与えた影響については以下を参照。Urwin, *op. cit.*, pp. 47-48 ; Lecerf, Jean, *Histoire de l'unité européenne*, Paris: Gallimard, 1965, p. 35.

38) 1950年10月にフランス首相プレヴァン (René Pleven) により, ドイツを含むヨーロッパの軍備を統合する欧州防衛共同体 (EDC) 構想が示された。

39) AMAEB, dossier 5216, Plan Shuman: *Délégation Belge: Exemplaire N° 108*, 24 juin 1950.

40) AMAEB, dossier 5216, Vinck, op. cit.

41) Diebold *op. cit.*, pp. 63-65 ; Milward, *op. cit.*, p. 400. ディリジスムの定義について詳しくは，遠藤輝明編『国家と経済』東京大学出版会，1982年を参照。
42) AMAEB, dossier 5216, Rapport sur les travaux poursuivis à Paris Par les délégation des six pays du 20 juin au 10 août 1950.
43) AMAEB, dossier 5216, Observations de l'industrie charbonniéré belge à l'issue de la premiere semaine de négotiation, 27 juin 1950.
44) 9月4日には，ドイツがベルギー石炭問題を取り上げ集中的な議論がなされたが，結論は出なかった。AMAEB, dossier 5216, Compte-rendu de la réunion restreinte du lundi 4 septembre à 15 heures 1950.
45) AMAEB, dossier 5216, Note Vinck-Hirsch ; cf. Milward, op. cit., 1988, pp. 442-443.
46) AMAEB, dossier 5216, Compte-rendu de la Conférence tenue 10 janvier 1951, pp. 8-9.
47) Conseil Central de l'Economie (CCE), *Rapport de secrétaire 1951-1952*, 1952, pp. 26-27. この場合，生活条件の平準化，炭鉱の再設備化が達成されない場合に限って延長が認められる。
48) デュムランはこの理由として，ベルギーの石炭生産の65％と鉄鋼生産の70％を支配する二大金融グループ，ソシエテ・ジェネラル（Société Générale）とブリュフィナ（Brufina）の利害によるものと説明している。しかし，この理解は，石炭業と鉄鋼業の乖離が説明できないうえ，鉄鋼業の利害に触れていない点で問題がある。Dumoulin, *op. cit.*, 1987, p. 21.
49) AMAEB, dossier 5216, Positions commune de l'industrie charbonnière et de l'industrie sidérugique belge vis- à-vis du plan Schuman, 7 décembre 1950, p. 2.
50) CEAB 2 No. 14, Note pour la press accompagnant le text de la déclaration du 9 mai 1950.
51) 例えば，AMAEB, dossier 5216, Première étude du document n° 18 en date du octobre 1950, 2 novembre 1950, p. 1. ではモネが，シューマン・プランを証拠にすべてのカルテルを禁止するよう主張していることが報告されている。
52) AMAEB, dossier 5216, Disposition proposées relative aux Cartels et aux concentrations industrielles décemre 1950. フランス代表団は，最高機関による経済への介入について，カルテルなどの私的独占をチェックすることができ，この産業の性質からも介入が要請されると擁護した。フランス鉄鋼業の反応については，石山幸彦「シューマン・プランとフランス鉄鋼業」『土地制度史学』第140号，1993年を参照。
53) CCE, P260B/X-VIII, Memorandam, 7 décembre 1950.

54) AMAEB, dossier 5216, Position commune..., 7 décembre 1950, p. 8.
55) Ibid., p. 7.
56) AMAEB, dossier 5216, Note à Monsieur le Ministre, 22 décembre 1950, pp. 1-2 ; Do. Note exposant les principales questions restant à discuter, pp. 1-2.
57) AMAEB, dossier 5216, Position de la sidérurgie belge à l'issue de la Première prériode des négociations, 1950.
58) AMAEB, dossier 5216, Note exposant les..., 9 janvier 1951, p. 4.
59) Ibid., pp. 2-3.
60) 中央経済審議会（CCE）は1948年に設立され，経営者代表24名と労働組合代表24名の合計48人の委員によって構成され，重要な経済問題を審議し答申をする目的で作られた機関であった。この機関の設立は，戦後のベルギー経済の民主化・社会化の現れの一つとみなされている。また，ベルギー代表団の構成を示した表5-7から分かるように，CCE の数名の委員が直接シューマン・プラン交渉に参加した。cf. Comité économique et social des communautés européennes, *La fonction consultative européenne*, Luxembourg, 1987 ; Roger, Ch, "Le Conseil Central de l'Economie", *Indutrie*, Juillet 1950, pp. 429-430.
61) CCE, *Rapport du secrétaire 1951-1952*, p. 25.
62) Ibid., p. 31.
63) Ibid., p. 30.
64) CCE, P260B/X VIII, 13 mai 1950.
65) Racine, *op. cit.*, p. 59.
66) AMAEB, dossier 5216, Note à Monsieur le Ministre, 22 décembre 1950, pp. 4-5.
67) CCE, *Raport du secrètaire* 1951-1952, pp. 31-32.
68) Ibid., p. 32.
69) ECSC 条約の原文は，*Traités instituant les Communaut'e européennes*, Office des publications officieles des Communatutés, Luxembourg 1978を用いた。翻訳にさいしては，「欧州石炭鉄鋼共同体条約」田岡良一・藤崎萬里監修／金田近二編『国際経済条約集』を参考にした。
70) AMAEB, dossier 5216, Plan Schuman, 21 septembre 1951, pp. 1-2.
71) 条約に署名した全権代表は以下の通り。ドイツ連邦共和国首相兼外相コンラート・アデナウアー（Konrad Adenauer），ベルギー外相ヴァンゼーラントおよび対外通商相ムリス，フランス外相シューマン，イタリア外相スフォルツァ，ルクセンブルク外相ベッシュ，オランダ外相ディルク・スティッケル（Dirk Stikker）および経済相ヤン・ファンデンブリンク（Jan Vanden Brink）。

第 5 章　欧州石炭鉄鋼共同体の設立　217

72)　各国別の代議員数は第21条で次のように定められた。ドイツ18人，ベルギー10人，フランス18人，イタリア18人，ルクセンブルク4人，オランダ10人。三つの大国が18人と同数でありベネルクス3国が，人口比よりも多くの代議員数を持っていた。

73)　ECSC 発足50年後の2002年7月に ECSC は解散され，ECSC の機能は EU に引き継がれた。cf. Mioche, Philippe, *Les cinquante années de l'Europe du charbon et de l'acier 1952-2002*, Luxembourg: Office des publications officielles des Communautés européennes, 2004.

74)　Toukalis, Loukas, *The New European Economy: The Politics and Economics of Integration*, New York: Oxford University Press, 1992, 2nd ed., p. 17.

75)　ECSC の公的カルテルとしての政策が実際に見られたのは，第一次石油危機に始まる不況下においてであった。1977年危機に陥った鉄鋼業を救済するため，EC 委員会は鉄鋼の最低価格制と輸入制限を内容とする「ダビニョン計画」を実施した。第二次石油危機の際には，EC 委員会は1980年10月に ECSC 条約第58条にもとづいて「危機宣言」を初めて発し，鉄鋼製品ごとの生産割当を実施した。小島健「ヨーロッパ統合と企業発展」渡辺尚・作道潤編『現代ヨーロッパ経営史』有斐閣，1996年，324頁を参照。

76)　*La Dernière Heure*, 29 mai 1951. ロビンソン・レポートがこの自由党系の日刊紙によって暴露された背景には，当時 ECSC に対して反対の立場を取っていた自由党の意向があったものと考えられる。ただし，この後自由党は ECSC を支持する立場に変わる。この間の事情については，Dumoulin, *op. cit.*, 1988, p. 280, および Devos, *op. cit.*, p. 82を参照．

77)　*Annales des Mines de Belgique*, Tome L4^e livraision, julliet 1951.

78)　Fédération des Association Charbonnière [FEDECHAR], *Les consequences du Plan Schuman*, Bruxelles, 1951 ; cf. Dumoulin, *op. cit.*, 1988, p. 280.

79)　Martens, J., Evolution du droit minier et certains aspects de l'avenir de l'industrie charbonnière belge, *Annales des Mines de Belgique*, Tome L-5e livraison, septembre 1951, pp. 664-666.

80)　Fédération des industries Beiges [FIB], *Rapport du comite de direction sur l'exercice 1950*, Bulletin de la FIB, Numero speciale, 1951, p. 40.

81)　ベルギーにおける企業グループについては，以下を参照。C. R. I. S. P., *op. cit.*; Joye, *op. cit.*; Evalenko, René, *Regime économique de la Belgique*, Bruxelles/Louvain: Vander, 1968.

82)　AMAEB, dossier 5216, Ministère des affaires économiques, Répercusion sur les autres industries de l'établissement du marche commun du charbon et de l'acier, le 2 août 1951.

83) 電報と手紙のコピーは，Ibid.。

84) MAEB, dossier 5216, *Raisons qui out incite les differents pays a accepter le Plan Schuman*, 11 juillet 1951, p. 4.

85) Ministère des affaires économiques et des classes moyennes, *L'économie Belge en 1951*, p. 405.

86) Document du Sénat, session 1952-1952, N° 84, 9 janvier 1952, par Duvieusart, pp. 39-47.

87) Ibid., pp. 50-51.

88) Annales Parlementaires des Belgique（以下，APBと略記），Chambre des Représentants（以下，CHRと略記），5 juin 1952, p. 3.

89) 例えば経済相Duvieusartの発言。APB, CHB, 4 juin 1952.

90) APB, CHR, 3 juin 1952, Kronacker.

91) APB, CHR, 6 février 1952, Kronacker.

92) APB, CHR, 3 juin 1952, Kronacker.

93) APB, CHR, 13 mars 1952, Kronacker.

94) APB, CHR, 6 février 1952 ; Do, 3 juin 1952.

95) Ibid.

96) APB, CHR, 4 juin 1952, De Lattre.

97) 1947年にヴァンゼーラントらによって設立されたベルギーの権威あるシンクタンク「国際関係研究所」による1953年の研究は，ECSCが「自由主義的」というよりも「新自由主義的」な性格を持つと述べている。その意味するところは，ECSCが自由放任主義ではなく，自由な市場活動を保障するために介入する権力を持っていたからである。Un groupe d'étude de l'institut des relations internationals, *La Communauté Européenne du Charbon et de l'Acier*, Bruxelles, 1953, pp. 14-16. 本書の「新自由主義」についての記述は権上康男氏よりご教示いただいた。

98) Document, Chambre des Représentants, session 1951-1952, N° 361, 8 avril 1952, par Anseele.

99) APB, CHR, 4 juin 1952, van Acker.

100) Ibid.

101) APB, CHR, 3 juin 1952, Anseele.

102) APB, CHR, 4 juin 1952, Terfve.

103) APB, CHR, 23 janvier 1952, Dejace.

104) APB, CHR, 4 juin 1952, Terfve.

105) APB, Sénat, 5 février 1952 ; APB, CHR, 12 juin 1952. 批准が成立するには，3分の2が必要。cf. Racine, *op. cit.*, p. 113.
106) ECSCの運営については，以下を参照。Conrad, Yves, *Jean Monnet et les débuts de la function publique européenne*, Louvain-la-Neuve: CIACO, 1989; Spierenburg, Dirk et Poidevin, Raymond, *Histoire de la Haute Autorité de la Communauté Européenne de Charbon et de l'Acier*, Bruxelles: Bruylant, 1993；石山幸彦「ヨーロッパ石炭鉄鋼共同体のカルテル規制（1952-1954年）『土地制度史学』第148号。
107) 島田悦子，前掲書，152-154頁を参照。
108) cf. Evalenko, *op. cit.*, pp. 208-216.
109) Pollard, Sidney, *European Economic Integration 1815-1970*, London, 1974, p. 162.（鈴木良隆・春見涛子訳『ヨーロッパの選択』有斐閣，1990年，234頁）。

第6章

欧州石炭鉄鋼共同体とベルギー石炭業の衰退

　本章では，ベルギー石炭業の戦後復興の課題と特徴を明らかにするとともに，同産業が ECSC の下でいかなる変化を遂げたかを検討する。本章がベルギー石炭業を取り上げるのは次の理由による。第一に，ベルギーにおいて19世紀以来発展してきた石炭業は，多くの雇用者を抱え，国民生活に燃料を供給するだけでなく工業原料として製鉄業や化学工業にとっても重要であり，同産業がベルギー国民経済において基幹産業の地位にあったことである。

　第二に，石炭業は，鉄鋼業とともに ECSC の直接の対象であったことによる。欧州経済統合の最初の対象産業である石炭業を取り上げることによって，戦後ベルギーの再建と欧州建設との関係を検討するうえで有益な視点が得られるはずである。前章で検討したように，近隣諸国に比べて競争力の劣るベルギー石炭業の扱いは，ECSC 設立交渉において重要な問題となった。この結果，ベルギー石炭業は，石炭共同市場開設後5年間の過渡期間に ECSC とベルギー政府によって保護政策を受けることになった。

　第三に，これまでのヨーロッパ統合史研究において等閑視されることが多かったベルギーのような小国の競争劣位産業の問題を検討することは，欧州建設の初期段階における小国の対応と役割を明らかにすることにつながる。

　以上に述べた目的から，本章では第二次世界大戦後から ECSC 条約による5年間の過渡期間が終了する1958年までの時期を考察の対象とし，ベルギー政府と ECSC による石炭政策の推移とベルギー石炭業の構造変化を跡づけることによって，戦後再建と欧州建設の問題に接近する[1]。また，特定の地域でしか生産されないという石炭業の持つ特殊性に焦点を当てることで，本章は，経済統合と地域経済の関係についての考察の手がかりを得ることも狙っている。

第1節　第二次世界大戦後のベルギー石炭業

1．第二次世界大戦前の石炭業

　第二次世界大戦前夜，ベルギー石炭業は総労働力の10％以上を雇用し，工業生産の約12％を占める重要産業であった[2]。ベルギーでは，19世紀以来，ボリナージュ（Borinage），リエージュ（Liège），サントル（Centre），シャルルロワ／ナミュール（Charleroi et Namur）の四つの南部炭田で開発が進んできた。一方，第一次世界大戦後，新たに北部リンブルフでカンピーヌ（Campine）炭田が開発された。

　南部炭田は，ベルギーの工業化とともに19世紀初めから民間の大小さまざまな資本によって経営されてきた。しかし，第一次世界大戦を境に炭鉱においてしだいに，石炭産業グループと金融グループによる集中が進行するとともに，国家が石炭産業に大きな影響力を持った。集中を推し進めたのは，コペ（Coppée），ワロケ（Warocqué）の二つの石炭産業グループとソシエテ・ジェネラル（Société Générale），ブリュフィナ（Brufina）の二大金融グループ（Groupes financiers）であった[3]。

　1930年代の大不況で石炭業が危機に直面すると，政府によって強制カルテルである全国石炭局（National Coal Office）が設立され，国家と石炭資本との間には緊密な関係が形成された[4]。全国石炭局では，ソシエテ・ジェネラルとコペが中心となった。1935年から1944年までのベルギーの石炭政策はソシエテ・ジェネラルのアレクサンドル・ガロパン（Alexandre Galopin）とエヴァンス・コペ（Évence Coppé）によって運営されたと言われるが，戦間期国家の石炭業カルテル化はその後の石炭政策にも大きな影響を与えることになる。

　この間，枯渇したり採炭が困難になった炭坑は閉鎖され，炭坑数は，1925年251，1940年170，そして1948年には165に絞られた[5]。このように，一定の集中化が戦間期から戦後にかけて進んだが，炭坑数が減少したのは南部炭田にお

いてであり，北部のカンピーヌは同じ年に5，7，7とほとんど変化はなかった。カンピーヌ炭田は，炭層が限られ，大規模投資を必要としたために，7社に採掘権が与えられた。7社とは南部の主要石炭企業と鉄鋼企業である。内訳は，ソシエテ・ジェネラルが3社，ブリュフィナが2社，石炭財閥のコペと鉄鋼財閥のコックリルが各1社であった[6]。こうして，カンピーヌ炭田は当初から金融グループと産業グループによって独占的に支配され，集中的な経営が行われた。

2．ベルギー石炭業の地理的特徴

ベルギーはヨーロッパでも有数の石炭産出国として知られ，石炭業を基盤に鉄鋼業などの産業が発展してきた。表6-1はベルギーの石炭生産量の推移を炭田別に示している。ベルギーの総採炭量は，戦間期から1957年まで第二次世界大戦によって戦前の水準を下回った40年代後半を除いては3,000万トン弱と安定している。しかし，各炭鉱の生産量には大きな変動があった。

ベルギーの国土は，北部のフランデレンと南部のワロンに二分される。炭田の地理的分布は図6-1に示されている。ワロン地域の四つの南部炭田は，19世紀初めからこの国の工業化の進展に伴って開発され，伝統的な重工業地域を形成してきた。これに対して北部フランデレン地域のリンブルフにあるカンピーヌは第一次世界大戦後に開発された新しい炭田である。表6-1から分かるように，南部炭田が持続的に生産量を減少させたのに対して，カンピーヌの生産量は南部の減少を相殺する形で一貫して上昇している。

この地域間格差の理由は，まず炭田の自然的条件によっていた[7]。ベルギーの炭鉱では石炭が表層から深いところにあるが，南部炭田は早くから開発されたためすでに採炭条件が悪化し，また炭層が柔らかいことに加えて石など不純物の割合が40％と高い。以上のような不利な条件に加えてベルギー炭層の薄さも問題であった。

表6-2によって，炭層の層厚を国際的に比較してみよう。1952年のベルギーの平均層厚は85cmで200cmのアメリカに遠く及ばないばかりか，他のヨーロ

表6-1　ベルギーの炭田別生産量

(単位：1,000トン)

年	ボリナージュ	サントル	シャルルロワ ナミュール	リエージュ	南部炭田 合計	カンピーヌ	ベルギー 総計
1910	4,745	3,579	9,451	6,141	23,916	—	23,916
1920	5,027	3,757	7,920	5,439	22,143	245	22,388
1938	4,899	4,256	8,366	5,515	23,036	6,518	29,554
1946	3,571	2,976	5,457	3,562	15,566	7,286	22,852
1947	4,056	3,285	6,074	3,825	17,240	7,196	24,436
1948	4,360	3,611	6,742	4,035	18,748	7,943	26,691
1949	4,601	3,747	7,096	4,456	19,900	7,954	27,854
1950	4,644	3,323	6,810	4,422	19,199	8,122	27,321
1951	4,840	3,589	7,173	4,785	20,387	9,264	29,651
1952	4,798	3,712	7,205	4,957	20,672	9,712	30,384
1953	4,621	3,678	7,275	5,003	20,577	9,483	30,060
1954	4,274	3,605	7,149	4,963	19,991	9,258	29,249
1955	4,123	3,668	7,224	4,818	19,833	10,145	29,978
1956	3,987	3,599	6,970	4,531	19,087	10,468	29,555
1957	4,004	3,471	6,958	4,322	18,755	10,331	29,086

(出所)　Fédération Charbonnière de Belgique [Fédéchar], *L'industrie charbonnière belge*, Bruxelles, 1959, p. 21.

表6-2　各国炭鉱の平均層厚

(単位：cm)

	1952年	1957年
ベルギー	85	88
フランス（ノール／パ・ド・カレー）	115	131
ドイツ（ルール）	136	122
（アーヘン）	75	95
オランダ	115	113
イギリス	120	—
アメリカ	200	—

(出所)　Fédéchar, *L'industrie charbonnière belge*, Bruxelles, 1959, p. 13.

ッパ諸国も100cmは超えており，ベルギーを下回るのはドイツのアーヘン（75cm）だけであった。さらに，1957年の層厚を比較するとアーヘンは95cmと大幅に改善したのに対してベルギーは88cmとそれほど改善せずヨーロッパで最も薄い炭層となった。

　ただし，ベルギー国内の炭田別層厚を比較した表6-3から，南部とカンピー

第6章　欧州石炭鉄鋼共同体とベルギー石炭業の衰退　225

図6-1　ベルギーにおける炭田の分布

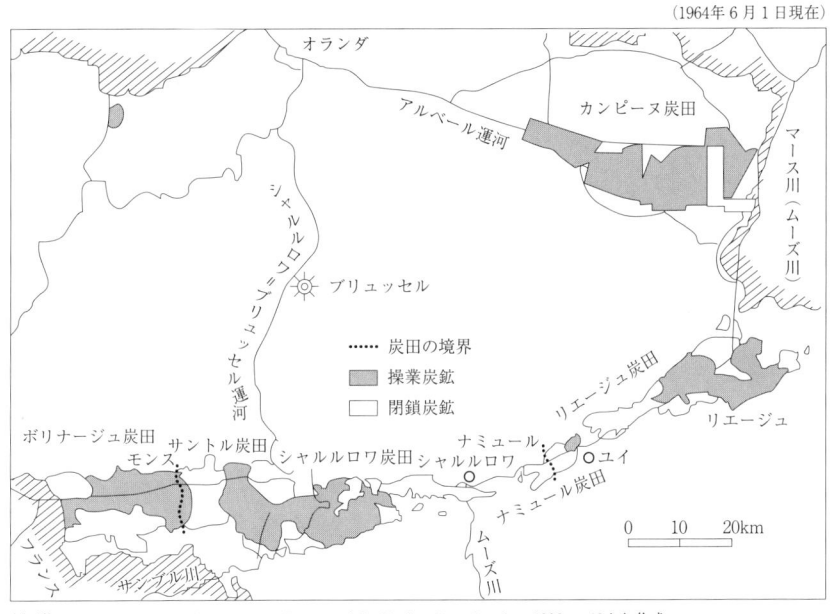

(1964年6月1日現在)

(出所)　Milward, A. S., *The European Rescue of the Nation-State*, London, 1992, p. 48より作成。

表6-3　ベルギーの操業炭鉱の平均層厚

(単位：cm)

炭　田	1913	1939	1945	1952	1955	1956	1957
ボリナージュ	57	76	85	91	90	94	99
サントル	64	73	82	83	91	91	90
シャルルロワ／ナミュール	72	72	86	77	80	81	80
リエージュ	62	63	67	68	69	69	67
南部炭田平均	64	71	81	78	81	82	82
カンピーヌ	—	109	112	103	107	104	103
ベルギー平均	64	77	88	85	88	88	88

(出所)　Fédéchar, *L'industrie charbonnière belge*, Bruxelles, 1959, p. 13.

ヌには大きな違いがあることが分かる。1952年時点で南部の平均層厚が78cmであるのに対して，カンピーヌは103cmであり，100cmをわずかだが上回っていた。さらに，南部炭鉱では，坑内で爆発性ガスが発生しやすく，採炭にと

表6-4 ベルギー炭層の平均傾斜角度

炭層平均傾斜角度（1957年）	生産に占める比率（%）		
	南部炭田	カンピーヌ	国内平均
20度以下	44.8	97.2	63.4
20～35度	41.4	2.8	27.7
35度以上	13.8	—	8.9
	100.0	100.0	100.0

（出所） Fédéchar, *L'industrie charbonnière belge*, Bruxelles, 1959, p. 14.

って大きな障害となっており，南部炭鉱が世界的に見てきわめて劣悪な炭田となっていたことは明らかである。しかし，カンピーヌの場合でも1957年現在も層厚103cmと52年から改善されず，フランスの131cm，ドイツのルールの122cmには遠く及ばなかった。

　また，炭層の傾斜角度も南部炭鉱は悪かった。表6-4から分かるように，カンピーヌ炭田の97％は傾斜角度が20度以下であるのに対して，南部炭田では20度以下の炭層は44.8％を占めるにすぎず，20度から35度の炭層が41.4％，35度以上の炭層が13.8％もあった。炭層の傾斜が大きければ採炭作業は困難となり生産性も低くなる。南部炭田は傾斜角度が大きいことに加えて炭層が不規則に走っており，また爆発性ガスも発生しやすく，機械設備の利用が難しかった。

　次に，石炭の種類別の特徴であるが，ベルギーでは無煙炭から揮発性物質を多く含有する粘結炭まで多様な石炭が産出される[8]。大きな分類ごとに全石炭生産に占める比率を示すと，1948年で非粘結炭（maigres）と$\frac{1}{4}$粘結炭（gras）が生産の24.3％を占める。これらの石炭は主に家庭での消費に用いられる。半粘結炭と$\frac{3}{4}$粘結炭は32.1％を占め，これらは工業用として発電などで用いられる。最後に，粘結炭が43.6％でこれはコークス用の石炭として用いられる。

　非粘結炭と$\frac{1}{4}$粘結炭は，主にシャルルロワ，ナミュール，リエージュで採れ，家庭消費は一定しているため，景気に左右されないという利点がある。粘結炭は，主にボリナージュとカンピーヌで採炭される。カンピーヌ炭は揮発分が高く，コークス用炭としての質は低揮発性のボリナージュ炭が勝る。高品質の

コークス用炭を産炭するボリナージュは生産性は劣悪であったが，ベルギー経済，とくに鉄鋼業にとって重要な炭田であった．

3. 戦後の石炭政策

1944年にベルギーがドイツの占領から解放されたとき，ベルギーは第一次世界大戦後と比較して，また近隣のヨーロッパ諸国と比較しても，復興のための条件に恵まれていた．というのは，占領と戦争の間，工場設備は破壊されずほぼ無傷のままであり，アントウェルペン港も破壊を免れ物資輸入のヨーロッパの窓口の役割を果たしたからである．

物質的損失が少なかったベルギー経済は，旧来の生産設備で急速な復興を遂げる条件を持っていたが，復興過程において問題となったのが石炭の不足であった．なぜなら占領中に石炭生産は半減し，1944年10月の生産は68万8,000トンにまで落ち込んだ．このため，鉄鋼業をはじめとして多くの生産分野で石炭が不足し，増産が要請された．しかし，採炭の増加には大きな困難があった．終戦時の設備は，占領中に更新がなされず保守が不十分であったこともあり老朽化しており，更新が必要であった．だが，戦後の機械設備の欠乏と石炭価格の統制のために石炭会社に資金的な余裕はなく，旧い技術水準での生産が続けられた[9]．また，炭坑夫，とくに熟練坑夫の減少も深刻な問題であった．

ベルギー政府はこの石炭不足を解消し，生産の回復を図ることを目的とした政策をとることになった．戦後インフレの危機を回避したピエルロ内閣の後を継いで，1945年2月に社会党（旧労働党）のヴァンアケルを首班とする内閣が誕生した．ヴァンアケル内閣もカトリック党のピエルロを首班とする前内閣と同じく社会党，カトリック党，自由党および共産党からなる連立政権として出発した．新政権は，石炭増産を最優先の政策課題として取り組み，首相が石炭大臣を兼任して，「石炭闘争」（bataille du charbon）を宣言した．ただし，新政府から45年3月にカトリック党が離脱した．

このように，1945～46年のベルギーでは，4党の様々な組み合わせによる連

立政権が誕生と消滅を繰り返したが，いずれも社会党を首班とした。ようやく，1947年3月に成立した社会党＝キリスト教社会党連立のスパーク内閣によって政局は，安定し，同内閣は1949年8月まで続いた。

　ベルギーでは，イギリスやフランスなど他のヨーロッパ諸国で見られた炭鉱の国有化の手段はとらなかった。炭鉱国有化は社会党の一部と共産党が主張したにとどまり，また業界団体であるベルギー石炭連盟と石炭共販組織のコベシャール（Comptoir Belges des Charbons：Cobéchar）が強く反対したこともあり，国有化については，本格的な論争も行われなかった。しかしながら，戦後，石炭業に対する国家介入は推し進められた。政府は，まず石炭問題の解決を専門とする石炭局（Département du charbon）を新設した。さらに1947年8月に全国石炭評議会（Conseil national des charbonages：CNC）と全国石炭機構（Institut national des charbonages）を設立した。CNCは長期的な政策と目標を決定することを任務として，政府，炭鉱経営者，労働組合の代表が同数参加する合計24名からなるコルポラティズム的機関である。しかし，炭鉱の閉鎖や企業の合併には石炭企業の反対が強く具体的成果をあげるには至らず，CNCはむしろ投資を促進する方針をとった。また，全国石炭機構は研究を任務としており，高い権威を持った雑誌である『鉱山年報』《Annales des mines》を発行した[10]。

　政府は石炭増産を図るために，まず，坑夫の待遇を改善して坑夫の需要を満たそうとした。すでに1944年の社会保障法は，坑夫に事故・退職補償，ボーナス，列車の無料券の支給，低利の住宅ローン，兵役免除，石炭の無料支給，またしばしば電気や水道料金の無料措置など多くの特別の恩典を与えた[11]。さらに，新政権は占領下で坑夫に押しつけられていた低賃金を引き上げるとともに，社会保障費も引き上げた[12]。この結果ベルギー坑夫の賃金はヨーロッパでも最高水準になった。その一方で炭鉱経営者が負担する賃金および社会保障費の合計もヨーロッパにおいて最高となった。

　他方，政府は石炭価格統制によってベルギー炭に低価格を押しつけることによって，ベルギー経済の再建を進めた[13]。平均炭価は，解放直後の1944年9月

にトン当たり320ベルギー・フランに決められた。これは，1938年の平均149フランに比べて名目的には高いが，実際には原価を145フランも下回るものであった。その後，炭価は1946年7月に480フランまで政府によって引き上げられたが，賃金の上昇が炭鉱の経営を圧迫したため，1947年3月には629フランにまで引き上げられた。しかし，この程度の炭価では，経営にとって十分なものとは言えなかった。

政府は，石炭業に対する価格統制の代償として，炭鉱間の補償金と政府の補助金からなる制度を導入した。しかし，財政負担に苦しむ政府は1947年3月に補助金の削減を決定し，新たに黒字炭鉱の利益の85％を不採算炭鉱に援助させることを義務づける連帯基金（Fonds de Solidarité）制度を採用した。だが，連帯基金は6カ月で2億8,000万フランの赤字を累積し，また黒字炭鉱からは炭鉱の合理化や機械化への投資意欲を奪う結果になった[14]。ただし，低炭価政策のおかげで，石炭関連産業は必要な原料を安価に入手でき，大きな便益を受けた。

1947年末，再設備のための投資金融をまかなうために，石炭の販売に対して課税がなされた。この結果，北部カンピーヌではトン当たり45フランで平均価格の6.3％，南部炭田では35フランで価格の5.1％に税が課せられた。こうして得た資金はマーシャル・プランの見返り基金に加えられて，不採算炭鉱に金融された[15]。

こうした一連の石炭政策の結果，採算炭鉱の利益の80％以上が不採算炭鉱に向けられ，1944年9月から49年9月までの5年間に地域間，炭鉱間の利益を均衡させることを目的とした援助は95億3,500万フラン（2億3,700万ドル）にのぼった[16]。これらの援助の大半は不採算炭鉱を抱える南部ワロンに向けられた。古くから石炭業，鉄鋼業を中心に発展した南部炭田地域は，多くの労働者を抱えるベルギー重工業の中心地域であり，また労働組合の力が強く社会党の地盤でもあった。

政府の石炭業に対するディリジスム的政策は，物価の上昇を避ける目的から販売価格の上昇を押さえた。しかし，賃金の上昇は生産原価の上昇をもたらし

た。このように，政府が，販売価格の上昇を政治的に拒否するとともに賃金の上昇を認めたため，炭鉱業は設備投資に対する意欲を失い，一層の競争力の低下を招く原因となった。なお，こうしたディリジスム的政策の行われた場は，政府によって組織された労働国民会議（Confédérences nationales du travail）であった。たしかに，低い炭価は消費者と消費産業に利益をもたらしたが，国内炭の消費を刺激したので，石炭業に生産性向上の努力を迫ることがなく，国際競争力の強化にはつながらなかった。

　以上のように，戦後まもなくの時期に石炭に対する強い需要が存在したにもかかわらず，社会党を中心とする左派政権は，一方で福祉国家の建設によって賃金・社会保障費の負担を増加させ，他方で，低価格を石炭業に押しつけ，過度の統制によって，石炭業の自己金融による投資と合理化の道を閉ざした。こうした政策は戦後復興の必要性と産業の要求を優先させるもので，石炭の増産と低価格に主眼があり，石炭業の競争力の向上を考慮しない点で問題があった。

　1949年の総選挙でキリスト教社会党（旧カトリック党）が勝利した結果，45年以来首相を出してきた社会党が野党となり，キリスト教社会党＝自由党連立政権が誕生した。新政府は，ベルギー石炭業が抱える問題を解決するため再設備計画を立て政策の転換を図った。ジャン・デュヴュザール（Jean Duvieusart）経済大臣によって，1949年10月1日から新しい制度が導入された。新制度では，炭鉱間の補助金は廃止され，価格表が改正され炭価が上昇した[17]。再設備計画により，生産性の劣悪な炭鉱は補助の対象とならず，閉鎖に追い込まれ，利益のある炭鉱が合理化・近代化のための投資を行い生産性の増大に務めることができるようになった。また，将来黒字に転化すると見られる赤字幅の小さな炭鉱に対しては，補助金が毎月$\frac{1}{20}$ずつ削減されることになり，合理化努力を促した。補助金は，1951年5月末に廃止された。また，炭鉱には再設備のためのクレジットが与えられ，最初はベルギー炭鉱のために留保されていたマーシャル・プランのクレジットが用いられた[18]。

　しかし，他方，これまで政府による低価格政策のおかげで，必要な石炭を安価に入手することができた関連産業は，新しい石炭政策の導入によって，ベル

ギー炭の高価格に苦しむことになった。

　これまで検討してきたもの以外で，石炭増産を阻んでいた要因としては坑夫の不足が大きかった。坑夫の数は1939年の約13万人から1944年には9万7,000人とほぼ4分の3に減っていた。戦後復興期のベルギーでは，坑夫の需要が高く，高賃金であるにもかかわらず坑夫の不足が深刻であった。その原因は，戦後の雇用状況の好転と新産業での雇用吸収があり，過酷で危険な坑内作業をベルギー人が嫌ったことにある[19]。

　そこで政府は，ドイツ人戦争捕虜を炭鉱で雇用し始め，その数は1945年末には4万5,000人に達した。しかし，その後しだいに捕虜の帰国が始まり，1947年5月からの大規模な捕虜の解放によって，炭鉱では再び深刻な労働力不足が引き起こされた。そこで政府は，イタリアから労働力を調達する方策をたて，イタリア国内に公的な募集事務所を開設し，ドイツ人にかわってイタリア人坑夫がベルギー炭鉱で雇用された。

　表6-5は，ECSC各国の1950年末から1952年末までの外国人坑夫の実数と比率を示したものである。同表から分かる通り，1952年末でベルギーの外国人坑夫の割合は43.7％であり，次に多いフランスの19.5％を大きく上回っていた。また，表6-6から外国人坑夫の国籍を見ると，1952年末現在でベルギー炭鉱で働く労働者のうちイタリア人が71.1％であった。外国人労働者は，ベルギー人が嫌う地下労働に従事した。地下労働の4分の3が外国人によって行われ，そのうちの4分の3がイタリア人だった[20]。1949年3月にイタリア人の募集が停止されるが，それ以後もベルギー炭鉱におけるイタリア人坑夫の存在は大きかった。1956年8月，ボリナージュ炭田のマルシネル（Marcinelle）で炭鉱事故が起こり262人の死亡者が出る大惨事となった。死亡者のうち136人がイタリア人であり，彼らは地下の火災などが原因で亡くなった[21]。

　このように，外国人労働者は，ベルギー人が嫌う危険な地下労働に従事していた。しかし，外国人坑夫の大半は，炭鉱での労働の経験がなく熟練度が低いために，ベルギー炭鉱の生産性を低下させる要因の一つであった。ただし，カンピーヌでは地下労働の50％はベルギー人坑夫によって担われており，外国人

表6-5　ECSC各国の石炭業における外国人労働者の割合

	本国人		外国人		雇用労働者合計	
	人数	%	人数	%	人数	%
ドイツ						
1950年末	435,253	99.3	3,243	0.7	438,496	100.0
1951年末	451,586	99.2	3,500	0.8	455,086	100.0
1952年末	469,797	99.2	3,796	0.8	473,593	100.0
ベルギー						
1950年末	97,465	63.6	53,750	36.4	153,215	100.0
1951年末	91,966	56.6	70,594	43.4	162,560	100.0
1952年末	90,813	56.3	70,510	43.7	161,323	100.0
フランス(注)						
1950年末	227,157	79.6	58,106	20.4	285,263	100.0
1951年末	226,237	80.0	56,535	20.0	282,772	100.0
1952年末	221,784	80.5	53,728	19.5	275,512	100.0
ザール						
1950年末	60,002	99.8	135	0.2	60,137	100.0
1951年末	59,002	99.8	116	0.2	59,118	100.0
1952年末	60,034	99.8	119	0.2	60,153	100.0
イタリア						
1950年末	10,039	100.0	—	—	10,039	100.0
1951年末	9,788	100.0	—	—	9,788	100.0
1952年末	10,344	100.0	—	—	10,344	100.0
オランダ						
1950年末	42,945	90.9	4,285	9.1	47,230	100.0
1951年末	46,710	92.2	3,969	7.8	50,679	100.0
1952年末	50,235	92.8	3,888	7.2	54,123	100.0
共同体合計						
1950年末	872,861	87.8	121,519	12.2	994,380	100.0
1951年末	885,289	86.8	134,714	13.2	1,020,003	100.0
1952年末	903,007	87.2	132,041	12.8	1,035,048	100.0

(注)　フランスには従業員数も含む。
(出所)　CECA, *Recueil Statistique de la Communanté Européenne du Charbon et de l'Acier*, Luxembourg, 1953, p. 54.

坑夫の比率は低く，生産性は高かった[22]。

表6-6　ECSC各国の石炭業における国籍別外国人労働者

	ドイツ	ベルギー		フランス(1)		ザール		イタリア	オランダ		共同体合計
		人数	%	人数	%	人数	%		人数	%	
ドイツ人											
1950年末	—	32,345	4.2	5,171	8.9	—	—	—	1,008	23.5	8,524
1951年末	—	2,120	3.0	4,525	8.0	—	—	—	1,020	25.7	7,665
1952年末	—	2,020	2.9	4,248	7.9	—	—	—	1,042	26.8	7,310
ベルギー人											
1950年末		—	—	1,296(2)	2.2	1	0.7	—	380	8.9	1,677*
1951年末		—	—	1,178(2)	2.1	1	0.9	—	361	9.1	1,540*
1952年末		—	—	1,093(2)	2.0	—	—	—	382	9.8	1,475*
フランス人											
1950年末		1,376	2.5	—	—	—	—	—	13	0.3	1,389*
1951年末		1,383	2.0	—	—	—	—	—	12	0.3	1,395*
1952年末		1,369	1.9	—	—	—	—	—	8	0.2	1,377*
イタリア人											
1950年末	国籍は不明	30,450	54.6	8,246	14.2	25	18.5	—	303	7.1	39,024*
1951年末		49,081	69.5	9,638	17.1	22	18.9	—	168	4.2	58,909*
1952年末		50,154	71.1	9,222	17.2	23	19.3	—	138	3.6	59,537*
オランダ人											
1950年末		2,067	3.7	(3)	·	1	0.7	—	—	—	2,068*
1951年末		2,923	4.1	(3)	·	1	0.9	—	—	—	2,924*
1952年末		3,232	4.6	(3)	·	1	0.8	—	—	—	3,233*
ポーランド人											
1950年末		10,822	19.4	33,258	57.2	28	20.8	—	1,181	27.5	45,289*
1951年末		8,625	12.2	31,056	54.9	24	20.7	—	1,023	25.8	40,728*
1952年末		7,904	11.2	29,209	54.4	29	24.4	—	967	24.9	38,109*
その他の外国人											
1950年末		8,690	15.6	10,135	17.5	80	59.3	—	1,400	32.7	20,305*
1951年末		6,462	9.2	10,138	17.9	68	58.6	—	1,385	34.9	18,053*
1952年末		5,831	8.3	9,956	18.5	66	55.5	—	1,351	34.7	17,204*
総計											
1950年末	3,243	55,750	100.0	58,106	100.0	135	100.0	—	4,285	100.0	121,519
1951年末	3,500	70,594	100.0	56,535	100.0	116	100.0	—	3,969	100.0	134,714
1952年末	3,796	70,510	100.0	57,728	100.0	119	100.0	—	3,888	100.0	132,041

(注)　(1)フランスの統計には従業員数も含む。(2)ルクセンブルク人を含む。(3)「その他の外国人」の項目に含まれる。
　　　*ドイツを除く共同体の合計。
(出所)　CECA, *Recueil Statistique de la Communanté Européenne du Charbon et l'Acier*, Luxembourg, 1953, pp. 52-53.

第2節　石炭業に対する過渡的保護政策

1．調整金制度の発足

シューマン・プランが発表されたのは，キリスト教社会党政権による新石炭

政策（第1節参照）が始まった数カ月後のことであった。政府は，自らの石炭政策の課題をシューマン・プランに適合する形で達成することを迫られたが，同時にシューマン・プランに課題達成の手段を見出そうとした。

ベルギー政府にとってECSC加盟の最大の障害は，石炭産業の救済問題であった。第5章で検討したとおり，ECSC設立交渉において，ベルギーは石炭産業に対する保護措置を獲得した。ECSC条約付属「過渡規定に関する協約」[23]（以下，協約とする）では，石炭共同市場発足後5年の過渡期間にベルギー炭の価格を共同市場価格に接近させることを目的として，ベルギー石炭業に対して最高機関によって調整金が支払われ，ベルギー政府からも同額の補助金が支払われることが規定された。過渡期間が終了した後はベルギー炭鉱に対する保護措置は撤廃され，石炭共同市場に統合される予定であった。

1952年8月10日にECSC最高機関が発足した。協約第8節は，最高機関の活動開始後6カ月以内に石炭のための調整金機構（mécanismes de péréquation）を設置することを定めている。1953年2月10日に石炭，鉄鉱石，屑鉄の共同市場が開設されたことにより，調整金機構が発足することになった。

協約第25節によれば，調整金機構は，平均原価が共同体の総平均より低い国の石炭生産に対する賦課金によってまかなわれる。最高機関は，調査にもとづき，1953年2月7日の決定で，ドイツとオランダの炭鉱企業に対する調整賦課金制度を設けた[24]。こうして，ドイツとオランダの石炭生産に対しては，販売トン当たりの賦課金が徴収され，これが最高機関によるベルギー炭鉱企業への調整金となって支払いがなされる。また，ベルギー政府も最高機関と同額の補助を石炭業に対して行う。

協約25節は，初年度の賦課率はトン当たり収入の1.5%を超えてはならず，その後毎年20%ずつ引き下げられねばならないと規定している。これにもとづいて，1953年3月15日から54年3月15日の初年度の賦課率は1.1%と定められた[25]。賦課率はその後，1955年2月に0.9%，56年2月に0.6%，57年2月には0.3%へと引き下げられた[26]。

賦課金の徴収は，オランダ企業に対しては1957年4月末，ドイツ企業に対し

ては同年12月10日をもって終了したが，表6-7から分かるように，過渡期間中にドイツとオランダの企業から総額5,657万ドルが賦課金として徴収された。そのうち，ドイツ炭鉱会社が5,209万ドルと約92％を占めた。このことは，ルールを中心とするドイツ炭鉱が共同体において圧倒的な収益性を持ったことを示している。

表6-7　調整賦課金拠出額

（単位：100万ドル）

	ドイツ炭鉱企業	オランダ炭鉱企業	合　計
1953[1]	9.35	0.86	10.21
1954	15.01	1.20	16.21
1955	12.67	1.23	13.90
1956	9.47	0.94	10.41
1957[2]	5.59	0.25	5.84
合　計	52.09	4.48	56.57

（注）　(1)1953年3月15日以降。
　　　　(2)1957年11月末まで。
（出所）　ECSC, *6th General Report on the Activities of the Community*, Vol. II, 1958, p. 28.

ベルギーの石炭業者に対する保護措置を規定している協約第26節によれば，ベルギーは同節2項による調整金の交付と3項による共同市場からのベルギー市場の一時的隔離を要請することができる。ベルギー政府は，2項にもとづく調整金制度を採用し，3項で認められたベルギー石炭市場の隔離は求めなかった。第26節2項は，(a)ベルギー炭の価格を共同市場価格に接近させること，(b)ベルギー製鉄業によって消費されるベルギー炭の価格を引き下げること，(c)ベルギー炭を他の加盟国に引き渡す際に受ける損害を補償することの三つの目的をもっていた。ただし，(b)の規定による補償金は，結局，実地されなかった[27]。

協約第26条2項(a)によるベルギー炭鉱企業への調整金支払いは，次のようになされる。最高機関は，ベルギー炭の購入者が実際に払う価格である販売価格表（barème de vente）とベルギー石炭業の収益が共同市場開設時と同じ水準に維持される会計価格表（barème de compte）を作成する。販売価格表と会計価格表の差額が，毎月企業に与えられる補助金の総額となる。補助金は，最高機関とベルギー政府によってそれぞれ半額ずつ負担される[28]。

販売価格表と会計価格表の差額は，ベルギーの採掘全体でトン当たり平均29フランであり，この率で炭鉱企業に援助がなされた。しかし従来行われてきた二重価格が廃止されたので，消費者に対してはトン当たり平均18フランの引き

下げにとどまった[29]。この制度は1953年3月15日から適用され,同年11月1日に修正された後,54年3月に更新されて55年3月31日まで適用された[30]。

しかし,以上に見た補助金制度は,ベルギー炭の価格が共同市場価格に接近しうるよう設備を改善し,近代化を行うには不十分であった。そこで,調整金制度は,この後2度にわたって大幅な改正を受けることになった。

2. 調整金制度の改正

1954年2月に最高機関は,ベルギー政府と最高機関の代表によって構成される委員会を設置し,ベルギー炭の共同市場への統合の見通しと調整金制度の成果について研究を行うことを要請した。同年9月30日に提出された同委員会の報告は,1958年2月までの過渡期が終了した後にベルギー石炭業が共同市場における競争に立ち向かうには新しい措置が必要であるとの結論を出した[31]。

この委員会の提案にもとづき,最高機関はベルギー政府と協議したうえで,1955年6月に補助金制度を変更した[32]。新しい調整金制度では,ドイツとオランダに対する賦課率が1955年以降毎年引き下げられるため,補助金の減額が行われねばならなかった。そこでまず,競争力のあるカンピーヌにある三つの炭鉱企業への調整金の支払いを削減することになった。他方,生産性は低いが高品質のコークス用粘結炭を産出するボリナージュ炭鉱に対しては,再編計画にもとづき調整金以外にも協定援助 (aide conventionelle),補完的協定援助 (aide conventionelle supplémentaire),支援基金 (fonds de soutien) の名目での追加の補助が最高機関とベルギー政府によってなされた(本節3項参照)。改正された調整金制度は,1955年6月16日から56年2月9日まで実施された[33]。

調整金制度の改正は,とくに再設備への金融と作業場のより合理的な配置などを重視し,ベルギー政府に対して,石炭業者への追加クレジットの供与,在庫品の金融問題の解決,坑口発電所の建設と拡張のための金融,再設備の努力をしない企業への援助の停止などの措置を求めた。ベルギー政府は,1955年7月12日の法律によって総額40億から50億フランの特別クレジットを国家の保証により供与することになった。このうち23億フランがさまざまな石炭業者によ

って用いられることになったが，半分の約11億フランはボリナージュ炭田で利用された[34]。

協約第26条2項(a)による調整金制度は，共同市場開設から1955年6月15日までの期間に援助をすべてのベルギーの炭鉱に平等に与えた。しかし1955年の調整金制度の改正は，ベルギー炭鉱に対して選別原則を導入した。ベルギー炭鉱は，通常の補助金受給炭鉱，削減された補助金を受給する炭鉱（カンピーヌ），再編成計画の下で通常の補助金を越える補助金を受ける炭鉱（ボリナージュ）の三つに分けられた。これは，ベルギーの限界炭鉱の閉鎖と将来性のある炭鉱への補助の集中を通じて，ベルギー炭鉱の近代化・再設備化を図ろうとするベルギー政府の意図に合致するものであったが，他方で限界炭鉱企業からの激しい抗議にさらされることになった。

調整金制度の改正に対して，ECSC裁判所に2件の提訴があった。提訴は，最高機関による販売価格の決定と補助金配分に選別原則を導入することに異議を唱えるもので，ベルギー石炭連盟と選別の対象となると見られていた三つの炭鉱から起こされた。提訴は裁判所により受け付けられたが，結局，1956年11月29日に裁判所はこれらの提訴を却下した[35]。

1956年12月，最高機関は，補助金政策の2回目の改正を行った。これは，最高機関による研究と専門家グループによって収集されたベルギー炭鉱の収益に関する情報にもとづくものであったが，第2次改正によって炭鉱に対する選別原則が全般的に適用されることになった。1956年12月末に最高機関はベルギー炭鉱企業を三つのグループに分類した[36]。第一グループは，協約26節2項(a)の最高機関が定める販売価格を補助金なしで実行できる炭鉱企業で，これら企業には57年1月から補助金の支給は行わない。第二グループは，過渡期間終了までに共同市場で競争が可能となる企業で，これら企業は，57年1月から過渡期間終了までに損失に応じた補助金を受け取る。第三グループは，過渡期間終了までに共同市場での競争が可能にならない企業であり，57年2月10日からは補助金は支給されない。第三グループに属するのは，4つのボリナージュの限界炭鉱企業であり，これらの損失はベルギー政府との「協定援助」によって補填

されることになった[37]。

3. 石炭業再編計画と「協定援助」

ベルギーでは1949年10月から石炭業の再編計画が始まり（第1節参照），ECSCの調整金機構もこの再編計画に組み込まれることになり，再編計画はECSC参加後に拡大された。ベルギー政府は，1950年10月22日にボリナージュの限界炭鉱との間で炭鉱の合理化と生産性の向上を目指した協定を締結し，いわゆる「協定援助」を与えた。「協定援助」の額は，1953年で2億フランであった[38]。

しかし，ECSCとベルギー政府による保護政策にもかかわらず，1953年12月，ボリナージュの巨大コンツェルンであるコックリルは，6カ月以内に七つの炭坑を閉鎖すると発表した。この閉鎖によって7,000人の坑夫が失業することになる。この危機を回避するためベルギー政府は最高機関に1954年度にも2億フランの「協定援助」を続行することを要請し，この要求は認められた[39]。また，「協定援助」を補う「補完的協定援助」や「支援基金」による援助も行われた。

ベルギー政府の要請によって，1954年4月に，困難に直面しているボリナージュ炭鉱の現況と将来の収益性について研究する委員会がECSCによって設置された。この委員会は，ドイツ，ベルギー，フランスおよびオランダの専門家によって構成された[40]。

1954年末に提出された委員会報告にもとづいて，ベルギー政府はボリナージュ炭鉱の再編計画を作成した。再編計画は，ようやく1955年11月9日付で最高機関に送付された。ベルギー政府の提案を受けて，最高機関は1956年2月にボリナージュ炭鉱の最終的な再編計画を作成した[41]。この計画は，収益性があると考えられる炭坑の整備と見込みのない炭坑の漸次的閉鎖を規定している。計画のための費用は，1955年度に4億350万フランであったが，最高機関によって1,870万フランの超過が認められた。1956年度は，3億3,100万フランが最高機関の承認額だったが，最終的に5億2,590万フランとなった。過渡期最後の1957年度については3億8,720万フランと決定した[42]。

ボリナージュ炭鉱の再編計画に対する最高機関の財政的負担は，2億フラン

と決められた。そのうち，1億3,000万フランが賦課金によってまかなわれ，7,000万フランは再適応基金から支出される。年ごとの支出額は，1955年9,000万フラン，56年4,000万フランで，残りの7,000万フランは，再編計画によって転職を迫られている坑夫の再教育のために用いられる。こうして，協定援助による最高機関のボリナージュへの援助は1953年から56年までで合計3億3,950万フランに達した[43]。

4．輸出補助制度

過渡期の補償措置の第二は，協約第26条2項(c)で規定されたベルギー炭の輸出に対する補助金である。輸出補助制度は，1953年6月に始まり55年3月まで続いた。この制度の仕組みは，最高機関がベルギーから提出された四半期ごとの他の共同体諸国に対する引き渡し計画を審査し，石炭の量，部門，分類ごとに支払い額を決め，ベルギーの石炭共同販売機関であるコベシャールに通知する。さらに，コベシャールと補助金受給業者との契約が最高機関によって審査され，輸出補助金の支給が決定する[44]。

輸出補助金はベルギー政府と最高機関がそれぞれ半額を支払う。支払い総額は，予定価格と他加盟国の標準価格との差の80％に相当し，残りの20％はベルギー石炭業連合会によって負担される[45]。

ベルギーは，四半期計画によって480万トンを輸出した。その内訳は，ドイツに40万トン，イタリアに120万トン，オランダに320万トンであった。1953年6月から55年5月の期間におけるECSCの支出は，総額2億5,770万フランに達した[46]。

ベルギー政府は1955年第2四半期以降については，市場の状況が好転したことを理由に，他の共同体諸国に引き渡す石炭に対する補助金の継続を最高機関に要請しなかった[47]。

5．石炭保護政策の意味

ここまで検討してきた最高機関とベルギー政府による石炭保護政策について

整理し，それが持った意味を考えてみよう。ECSC条約は，石炭および鉄鋼に対する国からの援助を禁止しているが，ベルギー炭鉱に対しては，「過渡規定に関する協約」によって石炭共同市場が開設してからの5年の過渡期間に最高機関とベルギー政府から補助金が与えられることが認められた。過渡期間に行われた補助金額の推移は，表6-8に示されている。同表から分かるように協約第26節第2項(a)による補助金は，最高機関とベルギー政府が毎年同額支出し，5年間の合計が各19億650万フランで合計38億1,300万フランとなった。また協約第26節第2項(c)による輸出補助も同様に各2億5,770万フランで合わせて5億1,540万フランであった。この2種類の補助金は，協約で最高機関とベルギー政府の同額支出が定められていた。

しかし，過渡期の補助金合計は最高機関が25億370万フランであるのに対して，ベルギー政府は45億6,730万フランと最高機関の額を大きく上回っている。これは，ボリナージュ炭田に認められた協定援助，補完的協定援助，支援基金が加わったためである。協約にはなかった追加援助としては，最高機関も1953年から56年の間に合計3億3,950万フランを支出した。ベルギー政府は，劣悪な自国炭鉱のために最高機関と同額以上の援助を石炭業に与えることになったが，最高機関もまた，ECSCの運営過程でベルギー石炭業に対する特別な援助を余儀なくされたのである。ベルギー政府は，自国石炭業の救済のための資金のうち，調整賦課金制度を通じてのものは，主にルールの石炭業者に肩代わりさせたのであった。

さらに，ボリナージュの限界炭鉱の問題では，ベルギー政府はECSCにこの問題についての専門家委員会を設置させ，その再編計画がECSCの下で作成させた。このように，ベルギーの国内炭鉱の問題が共同体レベルの問題として取り上げられ，その解決が試みられたのである。特定の国の石炭業援助のための資金が，ライバルである他国からの拠出金から金融されたことは，ECSC発足前には考えられない大きな変化である。

表6-8　ベルギー炭鉱に対する補助金（1953～58年）

(単位：100万ベルギー・フラン)

		1953	1954	1955	1956	1957	1958	1953～58年
協約第26節2項(a)による援助	最高機関	322.7	426.2	487.6	331.6	305.2	33.2	1,906.5
	ベルギー政府	322.7	426.2	487.6	331.6	305.2	33.2	1,906.5
	合　計	654.4	852.4	975.2	663.2	610.4	66.4	3,813.0
協定援助，補完的協定援助，支援基金の合計	最高機関	82.9	92.2	124.4	40.0	—	—	339.5
	ベルギー政府	82.9	268.6	330.5	395.7	640.2	685.2	2,403.1
	合　計	165.8	360.8	454.9	435.7	640.2	685.2	2,742.6
協約第26節2項(c)による輸出補助金	最高機関	47.3	155.1	55.3	—	—	—	257.7
	ベルギー政府	47.3	155.1	55.3	—	—	—	257.7
	合　計	94.6	310.2	110.6	—	—	—	515.4
最高機関の援助合計		452.9	673.5	667.3	371.6	305.2	33.2	2,503.7
ベルギー政府の援助合計		452.9	849.9	873.4	727.3	945.4	718.4	4,567.3
総　　計		905.8	1,523.4	1,540.7	1,098.9	1,250.6	751.6	7,071.0

(注)　1958年は暫定値。
(出所)　CECA, *7ᵉ rapport général sur l'activité de la communauté*, 1959, tableau 16より作成。

6．コベシャールに対するカルテル審査

　ベルギーは，第二次世界大戦後もドイツやイギリスのような反カルテル政策をとらず，カルテルを禁止する法律を持たなかった。ベルギーでは1954年に最初のカルテル法案が議会に提出されたものの，結局，法律が成立したのは1960年になってからであった。しかも，同法は，カルテルの濫用を禁止するにとどまるものであり，ベルギーは，国内法上はカルテルに対してきわめて寛容な国であった。しかし，ECSCへの加盟によって，ベルギーの石炭業と鉄鋼業は国際法であるECSC条約の反カルテル条項の対象となった[48]。

　域内における競争促進の観点からカルテルを禁じたECSC条約第65条にもとづき，最高機関は1953年7月からカルテルの認可申請を受け付けた。この結果，1954年初めまでに64件の申請があり，最高機関によってこれらの審査が行われた。最高機関によるカルテル審査でとくに問題とされたのは石炭の共同販

売と共同購入の組織であった。ベルギーにも，石炭共同販売機関コベシャールがあった。コベシャールは，大口消費者のみを対象とし国内生産の約半分を扱っていた。残りの半分は炭鉱が独自に販売したが，コベシャールの価格および販売条件が事実上これらにも適用された。最高機関は，コベシャールに対して，ECSC 条約に適合するよう，石炭の配分を改善し，企業間の競争を制限することのないような組織への改組を求めた。1955年から56年にかけてコベシャールが定款等の改正を行った結果，最高機関は，1956年10月，コベシャールによる石炭の共同販売を許可した[49]。

第3節　石炭業の構造変化

1．補助金政策の限界

　第二次世界大戦後，ベルギー石炭業に対して政府による強力な保護政策がとられた。さらに，1953年の石炭共同市場の発足による過渡規定によって最高機関と政府から石炭業の構造改革のための補助金が支出されることになった。しかも，最高機関の補助金はライバルであるドイツ，オランダの炭鉱企業の収益から調達された。

　表6-9から分かる通り，1945年から1957年までの戦後再建期にベルギー炭鉱に対して，総額約430億ベルギー・フランが補助金として支出された。その主なものは，価格に関する政府補助金約340億ベルギー・フラン，過渡規定に関する協約によるもの42億6,000万ベルギー・フラン，マーシャル・プラン関係の21億ベルギー・フランなどであった。なお，協約第26節による援助は政府と最高機関が折半して支出したものである。このように，炭鉱への補助は政府が中心になり，50年代初頭まではマーシャル援助が，ECSC 発足後は最高機関がそれを補った。しかし，1953年からの過渡期間にベルギー石炭業の構造的脆弱性は解決されなかった。

表6-9　ベルギー炭鉱に対する補助金（1945～57年）

(単位：100万ベルギー・フラン)

1．価格政策を考慮してのベルギー政府による補助金		33,913
2．投資補助金		653
3．限界炭鉱に対する補助金		2,016
—ベルギー政府による補助金	1,399	
—ECSCによる補助金	164	
—回収可能補助金	453	
4．過渡規定に関する協約第26節による調整金		4,260
—ベルギー政府	2,130	
—ECSC最高機関	2,130	
5．特別クレジット（マーシャル・プラン）		2,106
合　計		42,947

(出所) Fédéchar, *L'industrie charbonnière belge*, Bruxelles, 1959, p. 64.

2．石炭業における集中と近代化

　第1節で見たように，ベルギー炭鉱は北部カンピーヌを除く南部炭田において企業数や炭坑数が多いにもかかわらず生産高は低く，適切な設備の導入のためには，不採算炭坑の閉鎖など炭鉱の集中が必要とされていた。表6-10によって操業中の炭坑数を確認すると，1951年1月の156から過渡期が終わった1958年2月には120に減少し，36炭坑が閉鎖され一定の集中が進んだことが分かる。

　ただし，表から分かるように，炭田によって状況は異なる。ワロンの4炭田では，サントル3，シャルルロワ10，リエージュ15，ボリナージュ8の炭坑が閉鎖された。一方，カンピーヌの場合，炭坑の数は7で変化はなかったが，炭坑の開発はこの間に一層進んだ。1959年2月に発表されたECSCの第7年次一般報告は，共同市場においてカンピーヌが今後さらに重要な地位を占めるだろうと述べている[50]。

　ベルギーでは，炭坑の閉鎖が相次いだにもかかわらず，石炭生産高は，過渡期間中の生産量はほぼ3,000万トン弱と総生産量に大きな変化はなかった（表6-1参照）。しかし，南部炭田の生産量は，1952年の2,070万トンから1957年には1,880万トンへと大きく減少した。この間に生産性で勝るカンピーヌは生産量を伸ばし，国内生産に占める比率は，1950年の29.7％から1957年には35.6％

表6-10 ベルギー炭田における操業炭坑数の推移

	サントル	シャルルロワ	リエージュ	ボリナージュ	カンピーヌ	合計
1951年1月1日	18	62	41	28	7	156
1953年2月10日	17	59	35	25	7	143
1958年2月10日	15	52	26	20	7	120

(出所) CECA, 7ᵉ R. G., p. 78.

表6-11 ECSCにおける炭鉱投資（1953～58年）

国名／炭田名	投資額（100万ドル）	生産量（1,000トン）	トン当たり投資額（ドル）
ルール	609.10	725,507	0.84
アーヘン	52.33	43,354	1.21
ニーダーザクセン	22.83	14,519	1.57
西ドイツ合計	684.17	783,380	0.87
ザール	95.54	100,533	0.95
カンピーヌ	91.49	59,657	1.53
南部	143.48	115,330	1.24
ベルギー合計	234.97	174,987	1.34
ノール／パ・ド・カレー	212.97	171,526	1.24
ロレーヌ	161.92	80,708	2.01
サントル／ミディ	77.53	77,468	1.00
フランス合計	451.47	329,702	1.37
イタリア（スルシス）	11.13	6,152	1.81
オランダ（リンブルフ）	78.20	71,355	1.10
共同体総計	1,555.48	1,466,109	1.06

(注) ドイツの小規模炭鉱とフランスの非国有化炭鉱は除いてある。
(出所) CECA, 8ᵉ R. G., 1960, Tableau 53より作成。

に上昇し，ワロン炭田の減少を相殺した。このようにベルギー石炭業の重心は南部ワロンから北部フランデレンへとシフトしたのである。

なお，炭坑数の減少から推察できるように，この時期採掘権の譲渡，統合，経営の委託が行われたが，とくにリエージュとシャルルロワで目立った。また，石炭企業の数も1947年の71社から58年末には51社へと減少した[51]。こうした炭鉱の集中は，坑内の通風，採掘作業，支柱および坑道輸送などを改善し，地上設備を近代的なものにすることに役立った。とくに，この時期の近代化で重要な進歩は，地上と坑内における電化が進められたことであった。

また，過渡期間にベルギー炭鉱には大規模な投資が続けられた。表6-11が示すように1953年から58年の過渡期間にベルギー炭鉱に対して，2億3,497万ドルの投資が行われた。これはトン当たりで1.34ドルの投資となり，西ドイツの0.87ドルやECSC平均1.06ドルを上回り，決して低い額ではない。また，ベルギー国内では，カンピーヌに対するトン当たり投資が1.53ドルで南部炭田を上回った。

3. ベルギー石炭業の衰退

　ベルギー炭田では，前項で見た合理化努力の成果がある程度あらわれた。表6-12から，ベルギーでは1坑夫1交代の採炭量が1952年の1,051kgから57年には1,150kgへと上昇していることが分かる。地域別では，カンピーヌが同じ期間に1,300kgから1,450kgに南部炭田が965kgから1,032kgへと生産性の上昇が見られたことが分かる。しかし，同じ表によってECSCの他の国や炭田と比較するならば，カンピーヌでさえ1957年の共同体平均1,545kgを下回っていることが分かり，ベルギー炭鉱業の低生産性は明白であった。

　次に，表6-13より石炭価格を比較すると，1950年から58年のベルギー炭価は，例外的な年を除いて共同体のなかで最も高かったことが分かる。ベルギー炭鉱にとって最大の脅威であったルール炭はこの時期に価格上昇が見られたとはいえ，ベルギー炭との価格差は1957年まではむしろ拡大し，ルール炭のベルギー国内における価格はベルギー炭よりも低かった[52]。

　過渡期における合理化政策，集中と近代化の進展は，一定の成果をあげたように見えたが，ベルギー石炭業の共同体における地位を改善するまでには至らずベルギー石炭業を共同市場に統合する条件は整わなかった。この結果，過渡期終了時に共同市場にベルギー石炭業が参加することは困難となった。1958年2月9日の過渡期終了に伴い，共同体から調整金の形で与えられていた援助は打ち切られた。過渡規定はベルギー石炭業が抱えていた問題を5年後に先送りしたにすぎなかった。

　これに対してベルギー政府は，協約第26節4項にもとづきベルギー石炭市場

表6-12 ECSCにおける1坑夫1交替の採炭量

(単位:kg)

炭田名および国名	1929	1938	1952	1953	1955	1956	1957
ルール	1,558	1,970	1,503	1,486	1,572	1,591	1,614
アーヘン	1,148	1,409	1,194	1,186	1,279	1,281	1,314
ニーダーザクセン	976	1,380	1,200	1,130	1,228	1,274	1,264
西ドイツ平均（ザールを除く）	1,529	1,916	1,475	1,458	1,544	1,564	1,585
ザール	1,105	1,570	1,623	1,676	1,810	1,819	1,800
カンピーヌ	786	1,523	1,300	1,307	1,484	1,492	1,450
南部	844	1,004	965	986	1,028	1,034	1,032
ベルギー平均	836	1,085	1,051	1,068	1,148	1,160	1,150
ノール／パ・ド・カレー	966	1,136	1,228	1,277	1,426	1,484	1,506
ロレーヌ	1,116	2,014	2,018	2,088	2,257	2,275	2,310
サントル／ミディ	971	1,176	1,270	1,343	1,513	1,590	1,634
フランス平均	982	1,226	1,353	1,416	1,583	1,645	1,682
オランダ（リンブルフ）	1,711	2,371	1,609	1,567	1,486	1,496	1,499
共同体平均(注)	1,234	1,590	1,389	1,401	1,502	1,529	1,545

(注) イタリアを除く。
(出所) CECA, *Memento de statistiques*, Luxembourg 1958, p. 14.

表6-13 国別トン当たり石炭価格の比較

(単位:ベルギー・フラン)

年 \ 国名および炭田名	ベルギー	西ドイツ		フランス	オランダ	アメリカ(注)
		アーヘン	ルール	ノール／パ・ド・カレー		
1950年末	640	428	428	529	429	778
1951年末	700	452	452	723	618	1,022
1952年末	716	566	566	695	618	656
1953年末	693	694	631	720	692	586
1954年末	693	658	597	713	644	647
1955年末	681	674	605	686	644	922
1956年末	800	746	673	727	671	1,134
1957年末	855	798	724	697	763	726
1958年末	775	798	724	697	763	607

(注) アメリカ炭はアントウェルペンにおける下半期の cif 価格。
(出所) Fédéchar, *L'industrie charbonnière belge*, Bruxelles, 1959, p. 88およびp. 91より作成。

の隔離をさらに1年認めるよう最高機関に要請した。過渡期終了後の補助金は最高機関の同意が必要であり，最高機関は，ベルギー政府が炭鉱業の完全で最終的な再編を行うことを明確にしないかぎり，補助金申請を許可しないことを

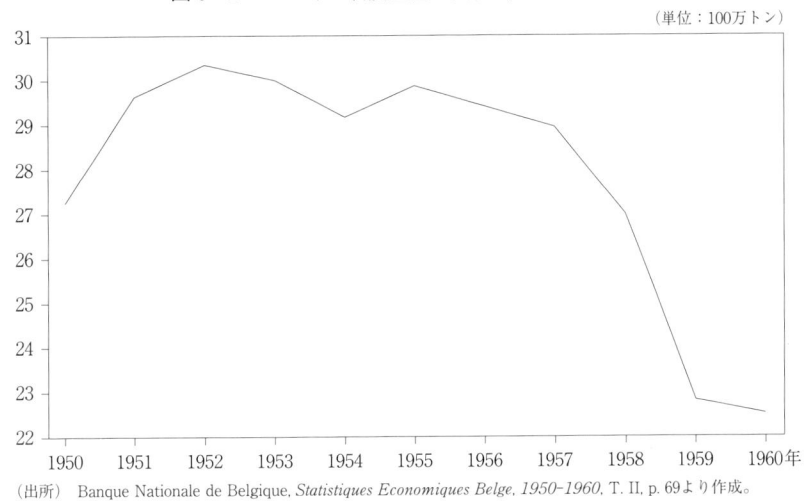

第6章　欧州石炭鉄鋼共同体とベルギー石炭業の衰退　247

図6-2　ベルギー石炭生産の変化（1950～60年）

(単位：100万トン)

(出所)　Banque Nationale de Belgique, *Statistiques Economiques Belge, 1950-1960*, T. II, p. 69より作成。

決定した[53]。最高機関は，1959年の第7次年次報告で，ベルギーが炭鉱業の再編成のための必要な措置を好況時を利用して採ることができなかったことはきわめて残念であると強調した[54]。

しかし，結局，最高機関は，協約第26節4項にもとづき，ベルギー政府に対して石炭市場の隔離を認め，ベルギー政府によって石炭業の再編に必要とされる補助金が続けられることになった。パリ交渉でベルギー政府は，対外競争力において劣位にある石炭業に配慮し，ある程度の譲歩を引き出したが，その後の石炭業の強い反発で分かるようにこれは決して充分なものではなかった。実際ECSCが発足して以後，予想通り石炭業は困難な局面を迎え，図6-2に示されているように，移行期間の5年が経過するとこの傾向は決定的となった。

さらに，過渡期が終了した1958年にヨーロッパを襲った石炭危機は，限界生産者であるベルギー炭鉱に深刻な影響を与えた。とりわけ，南部とくにボリナージュ炭田は構造不況地域となり，炭坑の閉山が相次ぎ急速に没落した[55]。

4. 石炭業衰退の要因

 ベルギー石炭業が，過渡期間中に共同市場に統合する準備が整わず，石炭危機の直撃を受けることになった理由について考察しておこう。ベルギー石炭業の低生産性の理由としてこれまで指摘されてきたのは，炭層の薄さ，不規則性，深度，不純物の含有率など地理的条件の悪さである。また，ミルワードは，戦後の福祉国家化によって労賃・社会保障費が上昇し価格を押し上げたことや，国家と最高機関が補助金体制をとったことが，ベルギー石炭業の競争力を削いだと指摘している[56]。さらに，過渡期間がほぼ好況に恵まれベルギー石炭業の立場を楽にしたことによって，同産業が大幅な再編成をためらったことも影響した。

 これらの要因以外にベルギー石炭業が抱える問題点としては，企業規模と炭坑規模が小さいことが指摘できる。1957年のECSCにおける炭田別の企業数と操業炭坑数を比較した表6-14をみてみよう。1957年の南部炭鉱は生産量1,880万トン，企業数48社，炭坑数113である。これに対して1億2,320万トンを生産するルールの企業数63社，操業炭坑数138を筆頭に他の地域に比べてベルギー南部炭田は企業規模も炭坑当たりの生産量も小さいことが分かる。

 経営面の特徴としては，ベルギー石炭企業の多くは持株会社の支配下にあった。表6-15が示すように，1950年代半ばに二大持株会社をはじめとする企業グループがベルギー石炭生産の72％を支配していた。したがって，炭坑を整理・統合し近代化・合理化投資を行いうる力を持った主体は，ベルギー石炭業には存在した。

 カンピーヌ炭田では，炭層が限られ，大規模投資を必要としたために，政府によって7社に採掘権が与えられていた。7社はワロンの主要石炭企業と鉄鋼企業であり，ソシエテ・ジェネラルが3社，ブリュフィナが2社，石炭産業グループのコペと鉄鋼財閥のコックリルが各1社を所有していた[57]。こうして，カンピーヌ炭田は当初から金融グループと産業グループによって独占的に支配され，共同体において一定の競争力を保持した。

第6章 欧州石炭鉄鋼共同体とベルギー石炭業の衰退　249

表6-14　炭田別企業数と採掘炭坑数

炭　田	1957年の企業数	1957年の操業炭坑数	生産量（100万トン）			
			1952	1955	1956	1957
西ドイツ（ザールを除く）						
ルール	63	138	114.4	121.1	124.6	123.2
アーヘン	4	9	6.4	7.1	7.2	7.6
ニーダーザクセン	3	8	2.4	2.6	2.6	2.3
ザール	1	17	16.1	17.2	17.0	16.5
ベルギー						
カンピーヌ	7	7	9.7	10.1	10.5	10.3
南部	48	113	20.6	19.8	19.1	18.8
フランス						
ノール／パ・ド・カレー	1	65	29.4	29.1	28.6	28.7
ロレーヌ	1	11	12.2	13.2	13.3	14.3
サントル／ミディ	6	34	13.2	12.7	12.9	13.4
イタリア	1	3	1.0	1.1	1.0	0.9
オランダ						
リンブルフ	5	12	12.5	11.9	11.8	11.4
共同体合計	140	417	237.9	245.8	248.6	247.4

（注）　小規模炭鉱は除く。ただし，ルールの若干の小規模企業と採掘炭坑は含まれる。
（出所）　CECA, *Memento de Statistiques*, 1958, p. 13.

表6-15　ベルギー石炭生産における支配グループ（1955年）

（単位：1,000トン）

グループ名	カンピーヌ		南　部		合　計	
	生産量	%	生産量	%	生産量	%
ソシエテ・ジェネラル	3,802	37	5,354	27	9,156	30
ブリュフィナ	1,601	16	4,513	23	6,114	20
コペ	1,262	12	994	5	2,256	8
ソフィーナ	—	—	572	3	572	2
仏鉄鋼業利害	3,540	35	—	—	3,540	12
独立系	—	—	8,385	42	8,385	28
合　計	10,205	100	19,818	100	30,023	100

（出所）　Lister, L., *Europe's Coal and Steel Community*, New York, 1960, p. 141.

　一方，独立の石炭企業は，主にリエージュとシャルルロワで活動していたが，これら企業は小規模で生産性は低かった[58]。炭鉱の合併や閉鎖が行われたのは，この南部2炭田であり，金融グループが権益を持つボリナージュは，政府とECSCの補助金を受けたのである。

二大持株会社の支配力は，石炭の共同販売組織であるコベシャールの運営にもみることができる。コベシャールには，事実上ベルギーのすべての炭鉱企業が参加し，各企業は生産高に応じてコベシャールの株式と投票権を持っていた。ソシエテ・ジェネラルとローノア（ブリュフィナ）の二大グループは毎年交代でコベシャールの代表を出しており，その影響力の大きさが分かる[59]。

　しかし，炭坑数は減ったとはいえ，南部の炭坑数は他国と比べても生産量に比して多く，持株会社が炭坑の集中化・設備化に積極的に取り組んだとはいえない。結局，南部炭田の場合，巨大持株会社が炭鉱の集中化・設備化に積極的に取り組まなかったという経営体質に低生産性の大きな原因があった。

　また，1958年の石炭危機の原因は，過渡期の好景気の背後で進行していた世界的で構造的な変化である。その第一は，海外とりわけアメリカからの石炭の輸入である。石炭価格の国際比較を行った表6-13より，アメリカ炭のアントウェルペン cif 価格が1957年から下落したことが分かる。この価格低下は，輸送費の大幅切り下げによるもので，ECSC 内の輸入業者は，アメリカ炭を長期契約によって低運賃で輸入することができた。1958年における ECSC の域外からの輸入3,100万トンのうち2,600万トンはアメリカからであった。この結果，ベルギーやドイツの山元貯炭量は急激に膨らみ，石炭危機が引き起こされたのである[60]。

　もう一つの石炭危機の構造的要因は，石炭から石油へのエネルギーの転換である。表6-16によって戦後のエネルギー消費の構成を見ると，石炭は1948年の全エネルギー消費の92.6％を占めていたが，1950年代に入ると90％を下回り，57年には76.6％にまで落ち込んだ。一方，石油関連エネルギーの消費は，1948年に7.1％だったのが，1950年に10.9％，1957年には22.4％と急速にシェアを増大させた。石油消費の増大は，石炭価格の上昇と石油価格の低下，およびモータリゼーションなどの社会経済的変化によって引き起こされた[61]。

第6章　欧州石炭鉄鋼共同体とベルギー石炭業の衰退　251

表6-16　エネルギー消費の変化

(単位:%)

エネルギー 年	石　炭	石油関連製品	水力発電 および木材	合　計
1948	92.6	7.1	0.3	100.0
1949	90.9	8.6	0.5	100.0
1950	88.7	10.9	0.4	100.0
1951	87.8	11.6	0.6	100.0
1952	85.8	13.7	0.5	100.0
1953	83.9	15.3	0.8	100.0
1954	82.6	16.7	0.7	100.0
1955	81.1	17.9	1.0	100.0
1956	79.0	20.2	0.8	100.0
1957	76.6	22.4	1.0	100.0

(出所)　Fédéchar, L'industrie charbonnière belge, Bruxelles, 1959, p. 76.

小　括

　戦争によって石炭生産が大幅に落ち込んだため，ヨーロッパは戦後再建期において深刻な石炭不足に苦しんだ。ベルギーにおいても石炭増産は緊急の課題であり，石炭業は，国有化はされなかったものの，政府の管理下におかれ価格統制が敷かれた。ベルギーの国内資源である石炭は，戦後の困難な時期において復興に大きな役割を果たした。しかし，シューマン・プランが発表された頃には，他のECSC参加国と比べて低い生産性と高い炭価という問題に直面して政策の転換を迫られていた。

　ベルギーはECSC加盟に際して，石炭業に対する過渡期における調整金制度を獲得した。しかし，ベルギー石炭業とくに南部炭田の低生産性は改善されず，石炭業の抜本的な再編は行われなかった。最高機関は，調整金制度の改正によって採算の見込みのない炭鉱の切り捨て策をとったが，不徹底なものに終わり，ボリナージュの限界炭鉱に対しては政府の補助金を認めた。結局，政府や最高機関による補助金は，一時的な緩和剤にすぎず，必要な合理化・近代化を遅らせる結果になった。

ベルギーの ECSC への加盟は，ミルワードが指摘しているように，国家の経済に対する政策を強化した側面を持つ[62]。たしかに，ルールからの資金が大きな比重を占める ECSC からの資金は，ベルギー炭鉱救済のための補助金として政府の政策遂行を補完した。石炭業の問題を政府だけが処理するのではなく，共同体の問題とする国際的な圧力によって，ベルギーは高炭価に苦しむ鉄鋼業をはじめとする産業界の利益に沿うことができた。

　しかし，石炭問題のヨーロッパ的解決は，他方でベルギー産業が他の ECSC 諸国の石炭を消費し，工業製品をこれら諸国に販売することを促進することになるため，ベルギー経済がヨーロッパ経済にこれまで以上に深く組み込まれることにもなった。ECSC から EEC が直接生み出されたわけではないが，大陸ヨーロッパ諸国経済の相互依存の進展は，より広範囲での経済統合を準備し要請する基盤となった。

　また，ベルギー経済のヨーロッパ化は国内の地域的差異を強化した。鉄鋼，石炭，石炭化学などの旧型産業に依拠したワロン経済とカンピーヌ炭鉱や臨海工業地域を擁し化学工業や電機工業など新工業での発展が期待されるフランデレン地域の間には，過渡期が終了し EEC が発足する頃から経済発展において大きな相違がもたらされることになった。

1）　ベルギーと ECSC との関係についての研究，とくにベルギー石炭業に注目した代表的な研究として，以下がある。Dumoulin, Michel (dir.), *La Belgique et les débuts de la construction européenne de la guerre aux traités de Rome*, Louvain-la-Neuve: CIACO, 1987 ; Devos, Elisabeth, *Le Patronat belge face au plan Schuman（9 mai 1950–5 février 1952）*, Bruxelles: CIACO, 1989 ; Milward, Alan S., *The European Rescue of the Nation-State*, London, 1992 ; do., The Belgian Coal and Steel Industries and the Schuman Plan, Schwabe, Klaus (Hrsg.), *Die Anfänge des Schuman-Plans 1950/51*, Baden-Baden: NOMOS, 1988.

2）　Milward. *op. cit.*, p. 50.

3）　ブリェフィナは，ローノア（Launoit）とも呼ばれる，ソシエテ・ジェネラルはボリナージュで，サントルではワロケとコペの二大同族が支配的であった。リエージュとシャルルロワは集中度が低く分散的である。産業資本グループは，個人的・

家族的性格が強いが，金融グループでは同族性は希薄である。石炭業の集中運動と，産業グループ，金融グループの役割・性格については，Kurgan-van Hentenryk, Ginette, "Structure and Strategy of Belgian Business Groups (1920-1990)", Shiba, Takao and Shimotani Masahiro (eds.), *Beyond the Firm*, New York: Oxford University Press, 1997, pp. 95-98を参照。

4) Kurgan, op. cit., p. 99.
5) Martens, J., "L'économie charbonnièrer belge au cours des vingt dernières années", *Annales des mines de Belgique*, Tome XLIX-5e livrasoin, 1950, p. 614.
6) Kurgan, op. cit., pp. 97-98.
7) ベルギーの石炭層の問題については，Fédération Charbonnière de Belgique（以下，Fédéchar と略記），*L' industrie charbonnière belge*, Bruxelles, 1959, pp. 12-14を参照。
8) ベルギー炭の種類と用途については，Fédéchar, *op. cit.*, p. 24および，Martens, Evolution du droit minier et certains aspects de l'avenir de l'industrie charbonnière belge, *Annales des Mines de Belgique*, Tome L 5e livraison, 1951, p. 652を参照。なお粘結炭は揮発分20～28％のA級（gras A）と揮発分28％以上のB級（gras B）の2種類に分かれる。
9) Baudhuin, *op. cit.*, 1958, pp. 27 et 263.
10) Milward, *op. cit.*, 1992, p. 54 ; Baudhuin, *op. cit.*, p. 192 ; Mommen, *op. cit.*, p. 78.
11) Milward, *op. cit.*, pp. 50-58.
12) *Ibid.*, 1992, p. 54 ; Mommen, *op. cit.*, p. 78 ; Baudhuin, *op. cit.*, pp. 52-53.
13) 石炭業に価格統制が導入され，経営者が価格決定権を失うのは，戦間期の団体協約が最初である。こうした素地があったことが，戦後，政府による価格政策を受け入れやすくしたと考えられる。Kurgan, op. cit., p. 98.
14) Baudhuin, *op. cit.*, pp. 258-259 ; Fédéchar, *op. cit.*, p. 100.
15) European Coal and Steel Community（以下，ECSCと略記），High Authority, *Fourth General Report on the Activities of the Community*（以下，*4th G. R.*のように略記），April 1956, pp. 118-119 ; Milward, *op. cit.*, 1992, p. 55.
16) ECSC, *4th G. R.*, pp. 118-119 ; Milward, *op. cit.*, p. 56.
17) Baudhuin, *op. cit.*, pp. 258-259 ; ECSC, *4th G. R.*, p. 119.
18) ECSC, *4th G. R.*, p. 119.
19) Fédéchar, *op. cit.*, pp. 29-30.
20) Milward, *op. cit.*, pp. 51-52.
21) マルシネル炭鉱の惨事について詳しくは，Dassetto, F. et Dumoulm, Michel, *Mémoires d' une catastrophe: Marcinelle, 8 août 1956*, Bruxelles, 1986を参照。

22) Fédéchar, *op. cit.*, 1959, p. 30.
23) Convention relative aux dispositions transitoires.
24) Décision n° 1-53 du février 7 1953, *Journal officiel de la Communaute européenne* (以下，*J. O. C. E.* と略記), 10 fév. 1953 ; *Communaute européenne du charbon et de l' acier* (以下，CECA と略記), Haute Autorité (以下，H. A. と略記), *Rapport général sur l'activité de la Communauté* (以下，*R. G.* と略記), avril 1953, p. 53.
25) Décision n° 27-53 du 8 mars 1953, *J. O. C. E.*, 13 mars 1953.
26) ECSC, *6th G. R.*, April 1958, p. 28の表を参照。
27) *Ibid.*, p. 29.
28) Décision n° 24-53 du 8 mars 1953, *J. O. C. E.*, 13 mars 1953 ; CECA, *R. G., avril 1953*, pp. 51-53 ; do., *2ᵉ R. G.*, avril 1954, pp. 83-89 ; ECSC, *3rd G. R*, April 1955, pp. 93-94.
29) CECA, *2ᵉ R. G.*, pp. 49 et 83 ; ECSC, *6th G. R.*, p. 30.
30) Décision n° 40-53 du 20 oct. 1953, *J. O. C. E.*, 27 oct. 1953 ; Décision n° 15-54 du 19 mars 1954, *J. O. C. E.*, 24 oct. 1954.
31) ECSC, *Report on the Situation of the Community*, November 1954, pp. 81-82 ; do., *3rd G. R.*, April 1955, p. 93 ; do., *4th G. R.*, April 1956, pp. 114-115.
32) Décision n° 22-55 du 28 mai 1955 et Lettre de la H. A. au gouvernement belge en date du 28 mai 1955, *J. O. C. E.*, 31 mai 1955.
33) ECSC, *4th G. R.*, pp. 115-116 ; do., *6th G. R.*, pp. 30-31.
34) *Ibid.*, p. 121.
35) *J. O. C. E.*, 23 janvier 1957 ; ECSC, *5th G. R.*, pp. 46-47 and 169-170.
36) Lettre de la H. A. au gouvernement belge en date du 19 décembre 1956, *J. O. C. E.*, 27 décembre 1956.
37) *6th G. R.*, pp. 32-33 ; Lettre de la H. A. au gouvernement belge du 30 janvier 1957, *J. O. C. E.*, 9 février 1957.
38) Lettre de la H. A. au gouvernement belge du 8 mars 1953, *J. o. C. E.* 13 mars 1953 ; ECSC, *4th G. R.*, p. 119.
39) CECA, *2ᵉ R. G.*, pp. 87-88 ; ECSC, *4th G. R.*, p. 120 ; Mason, Harry L., *The European Coal and Steel Community*, Hague: Martinus Nijhoff, 1955, p. 99.
40) ECSC, *4th G. R.*, p. 122 ; do., *6th G. R.*, p. 34.
41) Lettre de la H. A. au gouvernement belge du 3 février 1956, *J. O. C. E.*, 22 février 1956.
42) ECSC, *4th G. R.*, pp. 123-124 ; do., *6th G. R.*, p. 35.

第6章　欧州石炭鉄鋼共同体とベルギー石炭業の衰退　255

43) *Ibid.*, p. 123 ; do., *6th G. R.*, p. 35.
44) ECSC, *6th G. R.*, p. 35.
45) *Ibid.*, p. 36.
46) *Ibid.*, p. 36.
47) ECSC, *4th G. R.*, p. 116.
48) Schöter, H. G., "Cartelization and Decartelization in Europe, 1870-1995", *The Journal of European Economic History*, Vol. 25 No. 1, 1996, pp. 146-147.
49) Décision n° 30-56 du 3 oct. 1956, *J. O. C. E.*, 18 oct. 1956 ; ECSC, *5th G. R.*, pp. 156-157 ; Diebold, *op. cit.*, pp. 380-386 ; Lister, L., *Europe's Coal and Steel Community*, New York, 1960, pp. 278-280.
50) CECA, *7ᵉ R. G.*, p. 78. 1956年に行われた調査は，現在の採炭量で推移した場合，ベルギー炭鉱には1世紀以上採炭を行うだけの埋蔵量がある。ただし，埋蔵量はカンピーヌ54％，南部炭田46％とカンピーヌが今後のベルギー石炭業の担い手であることを示した。Fédéchar, *op. cit.*, pp. 11-12.
51) Fédéchar, *op. cit.*, pp. 15-16 and 19.
52) ECSC, *6th G. R.*, pp. 40-41 ; cf. CECA, *7ᵉ R. G.*, p. 81.
53) ECSC, *7th G. R.*, pp. 76-78.
54) *Ibid.*, pp. 76-81.
55) ベルギー石炭業の衰退について詳しくは以下を参照。*Les Régions du Borinage et du Centre à l'haure de la Reconversion*, Institut de Sociologie de l'Université Libre de Bruxelles, 1962.
56) Milward, *op. cit.*, 1992, pp. 50-51, 63, 115-117.
57) Kurgan, op. cit., pp. 97-98.
58) Lister, *op. cit.*, pp. 141-142 ; Milward, *op. cit.*, pp. 52-53 ; Kurgan, op. cit., p. 97.
59) Lister, *op. cit.*, p. 279.
60) CECA, *7ᵉ R. G.*, pp. 44-46.
61) Fédéchar, *op. cit.*, pp. 75-76 and 85-86.
62) Milward, *op. cit.*, p. 116.

第 7 章

欧州政治共同体条約と共同市場構想

　欧州建設の具体的第一歩となった欧州石炭鉄鋼共同体は，1952年7月に条約が発効し8月には執行機関である最高機関を発足させ，石炭・鉄鉱石・鉄鋼の共同市場設立に向けて歩みを開始した[1]。EU 形成史において ECSC 発足が第1段階をなすとすれば，第2段階は1957年調印のローマ条約により設立された欧州経済共同体 (European Economic Community：EEC) である。EEC は，共同体域内における労働力（人），商品（物），資本，サービスの自由移動を目標として掲げており，経済の全般的統合を目指した。

　ところで，これまでの研究では ECSC 発足からローマ条約交渉が始まる1956年にかけて，西ヨーロッパ諸国が経済統合に関しどのような構想を持ち，どのような活動を行ったのかが充分明らかにされてこなかった。そのため，石炭業と鉄鋼業の部門的な統合であった ECSC から出発した西ヨーロッパ諸国が，1950年代半ばになぜ全般的な経済統合を指向することになったのかが不明のままになっている。本章の課題は，ECSC 発足後から全般的経済統合への行動が開始された1955年までの，ECSC における全般的経済統合に向けての動向を，当時計画されていた欧州政治共同体 (European Political Community: EPC) を中心に概観し，1950年代前半における西ヨーロッパ共同市場設立の構想を明らかにすることにある。

　1950年代前半期の欧州建設の構想において重視されていたのは，ECSC のような重要な産業部門における分野別統合を積み重ねることにより欧州統合の推進を図ることであった。事実，シューマン・プラン発表後，ECSC 諸国を中心に ECSC をモデルにした，他分野での共同体構想が発表された。なかでも有名なものとしては，欧州農業共同体 (European Agricultural Community, 通称

グリーン・プール，1950年提案），欧州輸送機関（European Transport Authority，1950年提案），欧州保険共同体（European Health Community，通称ホワイト・プール，1952年提案）の計画があった[2]。これらは，主にOEECや欧州審議会において議論された。

　経済・社会の各分野における地域統合を積み重ね，その波及効果によって政治統合にいたるとする国際統合理論を新機能主義と呼び，ECSCやEECの形成を研究したアメリカの政治学者エルンスト・ハース（Ernst B. Haas）を主唱者として1950年代後半から統合論の分野で大きな影響力を持ってきた[3]。こうした考えは，シューマン・プランの産みの親でありECSC最高機関の議長となったモネが主張したものであった。このため，部門統合であるECSCが発展しEECへの道が開かれたとする見方が通念となってきた。

　しかし，これらECSCをモデルにした部門別共同体設立計画はすべて数年で挫折した。また，産業分野ではないが，部門別統合計画の一つであり大きな政治的課題になり成立直前までいきながら結局挫折したのが，欧州防衛共同体（European Defence Community: EDC）であった。EDC条約は1952年5月27日パリにおいてECSC加盟国により締結されたが，1954年8月30日，フランス国民議会により批准が拒否されてしまった。

　ところで，このEDC条約には欧州政治共同体を設立する構想が含まれていた。欧州政治共同体は，本来EDCとECSCを包含する政治統合機関が必要であるとして計画された別組織だが，欧州政治共同体設立のための条約交渉過程で石炭・鉄鋼以外の経済の全面的統合について検討された。しかし，欧州政治共同体についての研究はわが国においても諸外国においても少ないうえに，その多くはEPCの法律的・制度的側面に注目し，経済的側面に注目したものはわずかしかない[4]。

　本章が考察するのは，EDCの失敗とともに葬り去られたEPC構想による経済統合案とはいかなるものであり，また各国はそれにどのような態度をとったかである。この考察により，1950年代前半におけるECSC6カ国の経済統合に対する考えに接近するとともに，EEC設立以前のこの時期における共同市場

構想の歴史的意義を明らかにできるであろう。

第1節　欧州政治共同体条約草案

1．EDC条約と「特別」総会の結成

　欧州防衛共同体案のもとになったのは，1950年10月24日にフランス首相ルネ・プレヴァン（René Pleven）により発表されたヨーロッパ軍を創設する計画（プレヴァン・プラン）である。1950年6月に勃発した朝鮮戦争をきっかけに，アメリカは，西ドイツの再軍備を認めて西ドイツ軍を各国と対等の立場で西ヨーロッパ防衛に参加させようとする提案を行った。しかし，フランス国民は再び西ドイツが独自の軍隊を持つことに大変な危機感を抱いていた。そこでフランス首相プレヴァンは，アメリカへの対案として，超国家機関である総本部（Commissariat）により管理されるヨーロッパ軍を創設する計画を提案したのである[5]。

　この構想によれば創設されるヨーロッパ軍は超国家機関の下におかれNATO直属の軍隊となり，そこには西ドイツの兵力も編入されるが，西ドイツ独自の軍隊の創設は認められない。このフランスの逆提案は，アメリカの受け入れるところとなり，アメリカの支持の下にECSC加盟国によりEDC条約案が準備された。なお，イギリスはECSCと同様にこの計画にも参加しなかった。

　1952年5月27日パリにおいてECSC加盟6ヵ国によりEDC条約が調印された。EDC条約第38条は後のEPCを計画する基礎となった条項であったが，これはEDC条約によって創設されるヨーロッパ軍を民主的に管理する必要があるとしてイタリア首相のアルシド・デガスペリ（Alcide De Gasperi）によって提案された[6]。その条文は次の通りである[7]。

（EDC条約第38条）
1　本条約第2項に規定された期間内に総会は次の事項を研究する。

a 民主的基礎にもとづいて選挙された欧州防衛共同体総会の創設。
b この総会に付与される機能。および，
c 共同体の他の機関との関係においてこの条約の規定について引き起こされ，必要に応じて殊に国家の妥当な代表制を確保するためなされなければならない修正。

　この研究において総会は，殊に以下の原則を鼓舞する。
　この過渡的機構から承継される最終的性格の機構は，権力分立の原則にもとづきまた殊に二院議会制度を含む究極的な連邦または国家連合制の構成要素を組織するように改編されなければならない。
　総会は，欧州共同体について現に存在する異なった機構の併存から生ずる問題または連邦あるいは国家連合制への総括を確保するために生ずるであろう問題を研究する。
2 総会の提案は，総会がその職務を開始した後6カ月以内に閣僚会議に提出される。この提案は，閣僚会議の同意により総会の議長によって締約国政府に送られる。この提案は，締約国がそれを受領した日から数えて3カ月以内に，それを調査するための議会が招集される。

　以上のように，第38条は，欧州防衛共同体総会の創設を提案し，同総会が，EDCとECSCを基礎とする二院制議会を含む連邦（fédéral）または国家連合制（confédéral）の機構を設立する研究を行うよう要請していた。そして，1952年5月30日にスパークが議長を務める欧州審議会の諮問議会[8]は，6カ国に対してEDC条約発効を待たずに「超国家的政治機関」(Autorité politique supranational)についての研究を求める決議（第14決議）[9]を行った。

　1952年9月8日，ECSCの第1回特別閣僚理事会がルクセンブルクで開催された。閣僚理事会に参加した6カ国外相は9月10日，ECSC共同総会に対して，EDC条約第38条の原則にもとづき「欧州政治共同体設立に関する条約草案」を6カ月以内に作成するよう要請する決議（通称，ルクセンブルク決議）[10]を行った。ルクセンブルク決議の骨子は次の通りである。

①EPC の設立は，経済発展のための共通基盤の確立と加盟国の基本的利益の融合に関係がある。
②ECSC 総会の構成員は，EDC 条約の諸規定を侵害することなく同条約38条の原則にもとづき，EPC 設立に関する条約草案を作成することが要請された。この目的のため，EDC 総会において各国に定められているのと同じ議員数を確保するために，補充議員を補欠選挙により選ぶ。
③ECSC 総会の召集から6カ月以内に，すなわち1953年3月10日までに，6カ国外務大臣に審議の結果が送付される。

以上のようにルクセンブルク決議は，ECSC と EDC の管理を行う政治共同体の設立を EDC 総会の設立を待たずに行うための作業の方針を示し，それをECSC 共同総会に付託した。同決議は，経済に関して触れてはいるが，共同体の経済的権限の拡大や経済統合にまでは言及していなかった。しかし，その後の共同市場についての提案ではこのルクセンブルク決議が根拠とされることになる[11]。

ストラスブールで開催された ECSC 共同総会は，9月13日ルクセンブルク決議を賛成51，反対4，棄権4の圧倒的多数で採択した[12]。そして同総会は，9名の補充選挙を行い EDC 総会と同じ87名からなる「特別」総会（Assemblée ad hoc）を設立し9月15日「特別」総会設立の会議を開いた[13]。つまり，ECSC 共同総会は，政治共同体の条約起草作業を行うために一時的に「特別」総会に切り替わったのである。ただし，EDC に反対するドイツ社会民主党は「特別」総会には参加しなかったので，総会の総数は79名であった[14]。「特別」総会はスパークを議長に選出した。

2．起草委員会とベイエン・プラン

1952年9月15日，「特別」総会は，26名からなる EPC 条約起草委員会が草案作成の作業を行うことを決めた。起草委員会の議長には，ドイツのハインリッ

表 7-1 「特別」総会 起草委員会委員26名のリスト

委員長	von Brentano, Heinrich（ドイツ，キリスト教民主同盟）
副委員長	Benvenuti, Lodovico（イタリア，キリスト教民主党）
副委員長	Bruins Slot, J. A. H. J. S.（オランダ，反革命党）
委員	Azara, Antonio（イタリア，キリスト教民主党）
委員	Becker, Max（ドイツ，自由民主党）
委員	Bergmann, Giulio（イタリア，共和党）
委員	Blaisse, P. A.（オランダ，カトリック人民党）
委員	Braun, Heinz（フランス，ザール人代表，社会民主党）
委員	Debré, Michel（フランス，フランス人民連合）
委員	Dehousse, Fernand（ベルギー，社会党）
委員	Delbos, Yvon（フランス，急進社会党）
委員	Kopf, Hermann（ドイツ，キリスト教民主同盟）
委員	Lefèvre, Théodore J. A. M.（ベルギー，キリスト教社会党）
委員	Margue, Nicolas（ルクセンブルク，キリスト教社会党）
委員	von Merkatz, Hans Joachim（ドイツ，ドイツ党）
委員	Mollet, Guy（フランス，社会党）
委員	Montini, Lodovico（イタリア，キリスト教民主党）
委員	Mutter, André（フランス，農民行動党）
委員	Pelster, Georg（ドイツ，キリスト教民主同盟）
委員	Persico, Giovanni（イタリア，社会党）
委員	Santero, Natale（イタリア，キリスト教民主党）
委員	Schaus, Eugène（ルクセンブルク，自由党）
委員	Semler, Johannes（ドイツ，キリスト教民主同盟）
委員	Teitgen, Pierre-Henri（フランス，フランス人民共和運動）
委員	Van der Goes Van Naters, M.（オランダ，労働党）
委員	Wigny, P. L. J. J.（ベルギー，キリスト教社会党）

（出所）*Rapport de la Commission Constitutionnelle*, Session de janvier 1953, Assemblée ad hoc, Paris, 20 décembre 1952, Annexe, p. 97.

ヒ・フォン・ブレンターノ（Heinrich von Brentano）が就任し，委員の構成は表7-1の通りである。「特別」総会とくに起草委員会にはヨーロッパ統合主義者が多く名を連ねており，起草委員の政治的立場は，キリスト教民主主義者13名，自由主義者5名，社会民主主義者5名，右派3名であった[15]。なお，共産党はECSC共同総会に議席がないため「特別」総会にも参加せず，ドイツ社会民主党も先述の通りEDCに反対していることからEPCの審議には加わらなかった。

起草委員会第2会期がパリで10月23日から27日に開かれ，起草作業の具体的方法を決めた「作業計画」[16]が採択された。これを受けて，起草委員会のもと

には，四つの小委員会が設置された。それは，(1)管轄に関する小委員会，(2)政治機構に関する小委員会，(3)司法機構に関する小委員会，(4)結合に関する小委員会，である。委員はそれぞれの小委員会に所属し起草作業を行った。また，4小委員会以外に，小委員会間の調整を行う作業グループと情報・宣伝委員会も設置された[17]。各委員会の構成は表7-2の通りである。経済問題を検討するのは，管轄に関する小委員会である。同小委員会は，ルクセンブルク決議を考慮して，共同体の対外貿易，金融，経済そして社会の各種の問題について研究することが作業計画で明記されていた。各小委員会は，さっそく活動を開始した。

12月15日から20日までパリで起草委員会の第3会期が開催された。そこでは，政治共同体を設立するための6つの重要事項が審議され，各々の事項について決議がなされた[18]。経済分野については，第2決議で扱われたが，共同体が共同市場の漸進的設立において諮問レベル以上の権限を持つことは認められなかった。起草委員会の決議は報告書としてまとめられ，1953年1月7日から10日までストラスブールで開催された「特別」総会に提出された。「特別」総会は，起草委員会による報告書を審議し，EPC設立条約案作成のための一連の行動方針を採択した[19]。

起草委員会の作業が進むなか，EPCの性格に重大な影響を与えることになる覚書が，オランダ政府からECSC加盟国に向けて発表された。オランダ政府の覚書は，まず1952年12月11日に出され，さらに詳しいものが2月10日に出された[20]。それは，EPCによる関税同盟の設立，セーフガード条項，共通基金の設立を要求していた。また，こうした経済分野での進展がなされないならば，最悪の場合でもその約束がなされないならば，オランダはEPCに参加できないと主張した[21]。

オランダはECSCと同様にEDCとEPCに対しても超国家性を危惧しており，この時期まで非常に慎重な姿勢をとっていた。しかし，外相がスティッケルからベイエンに替わると，ベイエン外相は，超国家機関による関税同盟を軸とする欧州経済統合を提案したのである[22]。オランダ政府の要求は，起

表7-2　起草委員会の下に設置された各種委員会の構成

1. 管轄に関する小委員会		4. 結合に関する小委員会	
委員長	Blaisse, P. A.	委員長	Van der Goes Van Naters, M.
報告者	Benvenuti, Lodovico	報告者	Semler, Johannes
委員	Becker, Max	報告者	Wigny, P. L. J. J.
委員	Bergmann, Giulio	委員	Kopf, Hermann
委員	Debré, Michel	委員	Margue, Nicolas
委員	Dehousse, Fernand	委員	Mollet, Guy
委員	Delbos, Yvon	委員	Montini, Lodovico
委員	Kopf, Hermann	委員	Mutter, André
委員	Margue, Nicolas	委員	Santero, Natale
委員	Santero, Natale		
委員	Wigny, P. L. J. J.		
2. 政治機構に関する小委員会		5. 作業グループ	
委員長	Teitgen, Pierre-Henri	委員長	von Brentano, Heinrich
報告者	Azara, Antonio	副委員長	Benvenuti, Lodovico
報告者	Dehousse, Fernand	副委員長	Bruins Slot, J. A. H. J. S.
委員	Braun, Heinz	委員	Azara, Antonio
委員	Lefèvre, Théodore J. A. M.	委員	Blaisse, P. A.
委員	von Merkatz, Hans Joachim	委員	Debousse, Fernand
委員	Montini, Lodovico	委員	Margue, Nicolas
委員	Pelster, Georg	委員	von Merkatz, Hans Joachim
委員	Schaus, Eugène	委員	Mutter, André
委員	Van der Goes Van Naters, M.	委員	Persico, Giovanni
		委員	Semler, Johannes
		委員	Teitgen, Pierre-Henri
		委員	Van der Goes Van Naters, M.
		委員	Wigny, P. L. J. J.
3. 司法機構に関する小委員会		6. 情報・宣伝委員会	
委員長	Persico, Giovanni	委員長	von Brentano, Heinrich
報告者	von Merkatz, Hans Joachim	副委員長	Benvenuti, Lodovico
委員	Azara, Antonio	副委員長	Bruins Slot, J. A. H. J. S.
委員	Debré, Michel	委員	Braun, Heinz
委員	Lefèvre, Théodore J. A. M.	委員	Mutter, André
委員	Schaus, Eugène	委員	Semler, Johanne
委員	Teitgen, Pierre-Henri		

(出所)　*Rapport de la Commission constitutionnelle*, Session de janvier 1953, Assemblée *ad hoc*, Paris, 20 décembre 1952, Annexe, pp. 97-99.

草委員会の作業と「特別」総会の審議に大きな影響をもたらすことになった。オランダの提案に対して，同じベネルクス関税同盟のベルギーが，まず支持を

表明した。

　オランダは, EPC条約における経済権限の拡大が関税同盟を実現する手段であるとしたので, 条約案においてどこまで共同体に経済権限を認めるかが争点となった。1953年1月29日から2月2日の作業グループの会議においても経済権限に関する問題が議論された。その結果, オランダを中心とした提案が受け入れられ, 起草委員会の草案において関税同盟を軸とする経済統合の方向が盛り込まれることになった[23]。

　1953年2月24～25日にローマで開催されたECSC外相会議でも, EPCがECSCやEDCと同じ権限を持つにとどまるのか, あるいは「特別」総会案のように経済面で大きな権限を持つのかが議論された。このとき, フランスはEPCは2共同体の管理にとどまるべきであると主張したが, 他の5カ国は経済統合を含むことに合意したため, それ以上, 反対することはなかった[24]。

3．1953年3月10日条約草案

　起草委員会は, 条文化した「欧州共同体規約に関する条約草案」(Projet de Traité portant Statut de la Communauté Européenne) を1953年2月26日に採択した[25]。条約草案は, 1953年3月6日から10日までストラスブールで開催された「特別」総会に提出された。

　「特別」総会では, 討論の後, 最終日の3月10日に投票が行われ, 賛成50, 反対0で条約草案は採択された。この投票において, 反対票こそ投じなかったが棄権などで賛成しなかった代議員の数は37人にのぼった。これら不支持の代表的なグループは, 超国家性の強い条約案がイギリスの参加を困難にするとして棄権したフランス社会党のギ・モレ (Guy Mollet) のグループ, 連邦制に反対するフランスのミシェル・ドゥブレ (Michel Debré) らのドゴール派, EDCに反対する立場からEPC条約草案作成作業にも加わらなかったドイツ社会民主党などであった[26]。「特別」総会の代議員には, 連邦主義者や超国家的な共同体の支持者が多数を占めていたにもかかわらず, このように欠席または棄権が多かったことは, むしろ超国家的統合に対する反対の根深さを示すもの

表7-3 「特別」総会による欧州共同体規約に関する条約草案（骨子）

前　文	
第一部	欧州共同体
第二部	共同体機関（第1章　議会，第2章　欧州執行委員会，第3章　閣僚理事会，第4章　司法裁判所，第5章　経済社会理事会，第6章　共同体法）
第三部	共同体の管轄領域（第1章　共同体の一般的発議権，第2章　ECSCおよびEDCの本共同体への統合，第3章　共同体の国家間関係，第4章　共同体財政，第5章　共同体の経済管轄権，第6章　専門機関）
第四部	連合
第五部	共同体機関の設置
第六部	一般規定

（出所）　Projet de Traité portant Statut de la Communauté Européenne, Adopté par L'Assemblée *ad hoc*, le 10 mars 1953, Strasbourg.

と言えよう。ただし，反対派は反対する理由においてそもそも大きく異なり，分裂しており，共同して行動するには至らなかった。

　次に条約案，とくに問題となった政治共同体の統治機構と経済統合面について検討しよう。条約草案の骨子は表7-3に示した通りである。本来この条約は政治共同体を設立するものであったが，名称から「政治」が落ち「欧州共同体」となったことにより，単に政治部門の統合を目的とするのではなく経済統合を含む全般的な統合を指向する名称となった。第一部第一章では，「本条約にもとづき，超国家的性格を有する欧州共同体が設立される」ことがうたわれた。

　共同体の機関は条約案第二部で規定され，議会（Parlement），欧州執行機関（Conseil exécutif européen），閣僚理事会（Conseil de Ministres nationaux），司法裁判所（Cour），経済社会理事会（Conseil économique et social）が設置されることになった（第9条）。第一章で共同体の立法府は，第一院の下院（Chambre des Peuples）と第二院の上院（Sénat）との二院制をとることになった（第11条）。上下両院の国別定員は表7-4に示してある。上院は，参加各国の議会から選ばれた87名の議員によって構成される。上院の構成は，ECSCの共同総会を拡大したEDC総会と同じである。これに対して，それまでの欧州建設史上前例がなかったのが下院であり，議員は共同体参加国国民による直

接選挙により選出される。下院は,総数268よりなるが,各国の議席配分はフランスが海外領を保有していることを理由に70と最も多く,またベネルクス各国も人口比でみると有利な議席配分となった[27]。共同体の行政府にあたるのが欧州執行委員会である。執行委員会委員長は,上院と下院の多数決投票によって選出され,委員長が他の執行委員を任命する。つまり,国家でいえば議院内閣制をモデルにした制度を採用していた。

表7-4 欧州政治共同体議会の議席配分

	下院	上院
ドイツ	63	21
ベルギー	30	10
フランス	70	21
イタリア	63	21
ルクセンブルク	12	4
オランダ	30	10
合　計	268	87

(出所) Projet de Traité portant Statut de la Communatuté Européenne, Article 15 et 17.

　第三部共同体の管轄領域では,共同体の一般的発議権,ECSC および EDC の欧州共同体への統合,共同体の国家間関係が扱われた。第56条で本共同体が ECSC と EDC の管轄権を行使すること,また第59条で ECSC と EDC の本共同体への統合が,下院成立後2年以内に行われることとされた。

　機構問題と並んでもう一つの重要議題であった経済的管轄権については,第三部第5章が当てられた。第5章は第82条から第87条である。第82条は,商品および資本の自由移動ならびに個人の居住の自由にもとづく共同市場の漸進的実現を共同体の目的としている。さらに,共同市場を実現するため共同体は,加盟国間の通貨政策,信用取引政策および財政政策を一致させる。また,第85条では企業および雇用者に支給される欧州再適応基金(Fonds européen de réadaptation)の設置が盛り込まれたが,これは ECSC 条約第56条の場合とほぼ同じで,共同市場の設立により存続が困難となる企業とそこに働く労働者を支援する目的のものである。

　このように,「特別」総会案では,全般的経済統合の計画がほぼ定められ,後の EEC を先取りする内容を有していたことが分かる。さらに注目すべきことは,EEC 条約にはない通貨政策の協調がこの条約案には明記されている。一国と同じような単一市場を設立しようとする場合,関税や数量制限等の撤廃だけでなく,通貨政策の協調そして最終的には単一通貨の導入が行われる必要が

ある。しかし，このような通貨にかかわる問題は各国経済や経済政策の効果に対して重大な影響を与えるものであり，EEC条約では参加国の合意が得にくいため通貨面での協調についての具体的規定はない[28]。

「欧州共同体規約に関する条約草案」は，1953年3月9日，「特別」総会議長スパークによってストラスブールで開催中のECSC6カ国外相会議議長であったフランスのジョルジュ・ビドー（Georges Bidault）に手渡された。この伝達セレモニーで，スパークは次のような演説を行った。この条約で作ろうとしているのは連邦でも国家連合でもなく両者の中間にある政体であり，超国家的性格を持つ政治共同体である。経済面では，「近代的技術の利用によって，われわれの国家に生産の増大と生活水準の向上をもたらす条件を作り出すために，アメリカを上回る大規模な域内市場を漸進的に実現する一つの手段を組織した」[29]。また，共同市場の拡大に備えて企業と労働者が準備することを援助する再適応基金の創設が盛り込まれている点についても強調し，条約草案に対する支持を訴えた[30]。このように，EPCはECSCと同じく超国家性を有する機関であり，その経済面での目的はアメリカに匹敵する大市場の建設であった。スパークのアメリカに匹敵する大市場の創設という考えは，スパーク報告でさらに強調されることになる。

これに対してビドーは，条約草案が連邦主義的性格の強いことを危惧し，今後数カ月の間にECSC外相により条約草案を検討し新しい政治共同体案を作成することを示唆した[31]。

なお，「特別」総会はその任務を終えたため解散しECSC共同総会に戻ったが，解散する前に「特別」総会は，起草委員会が今後の条約交渉において必要な存在であるとして，同委員会を存続させることを決定した。

第2節　欧州政治共同体設立交渉とベイエン・プラン

1．欧州政治共同体に関する閣僚会議

　欧州政治共同体に関する政府間交渉が本格的に行われるのは，ECSC外相会議が「特別」総会条約案を受け取った後である。しかし，すでにみたように，「特別」総会による起草作業が行われていた1952年12月11日，オランダ外相ベイエンによって，政治共同体において経済面での統合を推進するべきであるとする覚書がECSC加盟国外相に対して発表された[32]。

　覚書の主な内容は次の通りである。ルクセンブルク決議にもとづいて，政治共同体はECSCやEDCの枠を越えた一般的基礎の上に形成されねばならず，そのためには経済面での統合が必要である。経済統合の追求はもはや部門ごとの接近によるべきではなく全般的な統合が望まれる。その第一歩が，関税同盟の設立である。また，通商，貿易外取引，運輸面における障害や，セーフガード条項についても検討すべきである。この覚書は，直接には1月の「特別」総会で取り上げられることを目的としていた。ベイエンは，ベルギー外相ヴァンゼーラント宛の手紙でベルギーがこの問題でイニシャチブを取ることを求めた[33]。

　さらに，1953年2月24～25日のローマでのECSC外相会議を前にして，1953年2月10日，ベイエンはECSC 6カ国外相に対して再び覚書を送付した[34]。この第2次覚書は，経済統合についてのより詳しい具体的な提案であった。すなわち，政治共同体の長期的目標は共同市場の設立にあり，その第1段階が関税同盟である。関税同盟は，定められた期間内において自動的・段階的に実現される。また，移行期における損害を補償する共通基金の創設も提案された。この一連のオランダの提案はベイエン・プランと呼ばれた。

　ローマ会議は，EDC条約の批准状況や「特別」総会による条約案を受け取った後の対応について検討し，さらにオランダによる経済統合についての提案

も審議した。EDC条約批准についてはフランスの批准が政治状況の変化により危ぶまれた。またオランダ政府の覚書に対しては，当初，ECSCとEDCの統合に限定した政治共同体の設立を主張するフランスが反対した。しかし，審議の結果，フランスが軟化し，経済統合の方針についても原則的に合意がなされた[35]。ただし，即座に経済統合が新しい共同体条約に盛り込まれるかについては決まらず，今後の研究に委ねられることになった。こうして，「特別」総会による条約案が提出される前に閣僚レベルで今後経済統合問題が検討されることが合意され，会議のコミュニケで発表されたのである。

1953年3月9日，フランスのビドーを議長としてストラスブールで開催されたECSC外相会議は，「特別」総会による欧州共同体条約草案を受理した。外相会議は「特別」総会解散後の条約起草作業の継続について審議し，コミュニケとして発表した。会議では全体として，「特別」総会案に対する熱意はなかった。むしろ，条約案の連邦主義的性格を危惧する意見が多かった[36]。そして，まず，6カ国外相は2カ月以内に再び会合すること，閣僚理事会事務局は条約についての意見等の情報を収集し総括資料を作成することになった。

1953年5月12～13日にECSC外相会議がパリにおいて前回と同じくビドーを議長として開催された。パリ会議にあわせて5月5日ベイエンは，第3次の覚書を各国に送付した[37]。同覚書は，3月の「特別」総会案が共同市場の創設を盛り込んだことを一応歓迎しながらも，その内容がきわめて不十分かつ不明確であると指摘する。すなわち，ベイエンは共同市場の設立の目的は，ヨーロッパの経済構造の近代化・改革であると明言し，それにより生産や労働者の配置に影響が出ることは当然であるという。そして，条約案では移行期間が5年と長くこの期間に共同体が有効な政策を講ずることは困難なうえ，第三部第5章で規定された経済権限では共同体がこの分野で活動をするのに十分な保証を与えられていないと非難する。また，部門統合の拡大により欧州経済統合を実現しようとする議論に対しては，各産業部門は他のすべての部門ときわめて密接に結びついており，各部門間での調整は困難であり，部門別統合の推進は経済の構造改革に反することにもなると批判した。そのうえで，オランダは関税同

第 7 章　欧州政治共同体条約と共同市場構想　271

盟のための機関を創設することを提案し，その場合には輸入関税の撤廃だけでなく，数量制限の撤廃や第三国に対する共通対外関税も追求されると主張した。

　オランダによる覚書をもとにパリの ECSC 外相会議でも経済分野における共同体の権限の拡大が審議された。ビドーは ECSC と EDC に一つの政治機関を与えることには同意するが，その権限の拡大についての慎重な姿勢は変わらなかった[38]。パリ会議においても，政治共同体の経済分野に及ぶ権限拡大と共同市場の早期実現を望むオランダとそれに消極的なフランスとの立場の相違が際立った。しかし，ビドーは経済権限の拡大について一定の了承を与えた。また同会議において，民主的に選出された議会の設立が認められた。なお，次期会議が 6 月 13 日から 7 月 1 日の間にローマにおいて開かれることが合意された。

　しかしローマで開催されることになっていた会議は数カ国の国内事情のため開かれず，1953 年 8 月 7 ～ 8 日にイタリア対外通商相のタビアーニ（M. P. E. Taviani）を議長にバーデン・バーデンで会議が開催された。この会議において，まずイタリアが経済統合についてのオランダの提案を支持し，共同市場設立を目的とした経済権限の拡大について議論するよう主張した。これに対してフランスのビドーは，イタリアの考えは前回のパリ会議での合意から若干逸脱しているとし，「いかなる権限の拡大も自動的かつ合意がなされないままでは行われない」ことを再確認するよう求めて了承された[39]。また，ルクセンブルクも政治共同体において同国の政治的・経済的利益が保証されることを求めて，閣僚理事会の権限の強化を要請するとともに，共同市場の設立にも慎重な姿勢をみせ同国の農業に対する保護も求めた。

　ベルギー外相ヴァンゼーラントは，EPC の超国家性を危惧して，一つの政治共同体ではなく，設置される共同体において「主権国家の連合（association d'Etats souverains）」[40]を設立する必要性を強調した。ヴァンゼーラントの「特別」総会案に対する具体的な批判点は以下の 4 点であった。第一は，有効期間と脱退の規定がないこと，第二は，上院は各国同数とすべきこと，第三は，閣僚理事会に大きな役割を与えること，第四は，経済分野での統合について掘り下げが浅いことである[41]。このように，ヴァンゼーラントは，国家主権の委譲

には慎重な態度を示し，上院で大国と同数を要求し小国の発言権の確保を求めるとともに，経済統合に関しては積極的な姿勢を示した。

経済の全般的統合については，ECSC最高機関の副議長でベルギー人のコペも支持していた。コペはブルージュの欧州大学 (Collège d'Europe) の開校式で演説し，政治共同体の執行機関の役割として，経済権限の強化を挙げ，欧州経済統合が各産業にとって利益があり，とくにベネルクスに利益となると述べた[42]。

バーデン・バーデン会議では次の点が合意されコミュニケとして発表された[43]。超国家的機能を行使する主権国家の共同体を設立する。「共同体の発展は，経済発展の共通の基盤の確立に関連づけて考えられる。共同市場の創設は，共同体の基本的目的である。共同市場は，経済社会分野における不均衡あるいは大きな問題を解決するために，セーフガード条項や補償手段により，漸進的に設立されなければならない」。共同体の機関については，二院制を採用し，そこには直接選挙で選ばれる下院が置かれ，また閣僚理事会は政治共同体の基本的要素の一つとなる。最後に閣僚会議は，より詳しい提案を作成するために各国の代表と専門家が同年9月22日にローマで会合し，起草委員会とともに報告を作成することを決定した。このように，一定の進展があったものの，バーデン・バーデン会議においても交渉が停滞している感は拭えなかった。

1953年9月22日から10月9日までローマにおいて予定通り，外相の代理人と専門家による会議が行われた（以後，ローマ会議と呼ぶ）。ローマ会議は，政治共同体設立に関する問題を研究し報告書を作成することを目的として，管理委員会，機構委員会，経済委員会そして財政小委員会に分かれて審議を行った。

また，1953年10月2日には，ローマ会議と起草委員会作業グループとの合同会議が開催され，意見の交換が行われた。主な問題についてはローマ会議から事前に質問が出されており，経済統合問題について起草委員会作業グループは次のように回答した。まず，EPCの経済的役割は，ECSC条約第2条1項に根拠を持つとした。同条項は，ECSCの任務として，参加国の経済拡大，雇用増大，生活水準の向上を挙げている。次いで，政治共同体の目的が専門化した垂

直的統合か水平的統合化との問いに対して，回答は，最終目標は水平的な全般的経済統合でなければならないと述べた。また，条約草案第88条は共同体が新たに機関を創設することを容易にするが，個別機関の創設が共通の経済的利益を促進するとは思われないと回答した。起草委員会は，もはやECSCをモデルとする部門別統合は研究の対象ではなく，あくまでも全般的な経済統合を追求するとの方針を示した[44]。

ローマ会議では各国の間で次のような意見の対立があった。すなわち，フランス政府は新たな主権の委譲については同意する意向はなかった。フランスにとり，政治共同体はECSCとEDCを包括する上部機構であり，それ以外の権限を持つことについて研究を行うことには反対しないが，この問題に対してどのような態度をとるかについては立場を留保した。これに対してその他の5カ国とくにベルギーとオランダは，政治共同体が経済分野でも一定の権限を持ち6カ国の発展に貢献することを求めた。この要求の背後には，実質的権限を持たない欧州審議会が無力であるという経験があった[45]。ローマ会議の結果は報告書にまとめられた。しかし，会議においては大きな進展はみられず合意できた点はわずかであった。報告書は，ハーグで開催される6カ国外相会議に提出されることになった[46]。

ローマ会議の報告は，1953年11月20〜21日のパリでの起草委員会作業グループでも検討された。作業グループは，外相会議との協力関係を続行するよう要請するため，起草委員会委員長のブレンターノに外相会議に出席するよう要請した[47]。このように統合主義者が多数を占める起草委員会作業グループは，外相会議の議論にできるだけ関与しようとしたが，しだいに外相会議から遠ざけられていくことになる。

2．欧州政治共同体委員会の設置

6カ国外相はローマ会議の報告を受け取り，1953年11月26日から28日までハーグで会合し，起草委員会委員長のブレンターノも招かれた。同会議ではいくつかの重要な点について合意がなされた。まず，直接普通選挙によって選ば

れる下院の設立が承認された。さらに, 欧州政治共同体の設立を研究する委員会 (Commission pour la Communauté politique européenne, 以後, EPC 委員会と呼ぶ) が設立され, 同委員会は作業グループと連絡を取り合いながら活動することになった。EPC 委員会は翌年 3 月15日までに外相に対して研究の報告を行い, これを受けて 6 カ国外相は 3 月30日にブリュッセルで会議を行うことが決定された[48]。外相会議による EPC 委員会の設置は, 統合主義者の多い起草委員会の諮問を外相会議が受け入れがたいため, より現実的な諮問を行う委員会が必要とされたことによるものと考えられる。実際この会議のコミュニケにおいても, 「特別」総会による草案をもとに審議するよう EPC 委員会に要請されたのは, 司法機構に関してのみであった。しかし, 研究の蓄積を持つ起草委員会は, 新設の EPC 委員会の作業に対して強い影響力を発揮することになる。

EPC 委員会のメンバーはローマ会議と同じであり, 作業は1953年12月12日から翌年 3 月 8 日までパリで行われた。委員会は機構小委員会, 経済小委員会そして選挙法小委員会を設置し, 政治共同体設立のための研究を行った[49]。この間に EPC 委員会は, 1954年 2 月23日には起草委員会作業グループと合同会議を持つことになった。合同会議では, 機構問題が焦点となった。フランスとドイツは共同で, 第二院には各国議会により選出される上院 (Sénat élu) よりも政府代表によって構成される国家院 (Chambre des Etats) が望ましいと主張した。この提案は, 政治共同体の超国家的性格を弱め共同体に対する各国政府の影響力を強めようとするものであったが, 他の国は立場を明らかにしなかった。これに対して, 作業グループ側は, 仏独提案は二院制や権力分割の原則に合致していないと反論した[50]。

EPC 委員会は会議が開かれる以前にすでに技術的な問題について起草委員会作業グループに書面で質問を行い, それに対する回答を求めていた。作業グループはこの質問に答える覚書とともに, 政治共同体計画のいくつかの基本的な側面に対する見解についての覚書も合同会議に提出した[51]。後者の覚書のなかで作業グループは, 政治共同体は EDC 条約第38条やルクセンブルク決議に

もとづき次のようであるべきだと述べている。すなわち，(a)真に超国家的な性格を持つこと，(b)民主的政治組織を形成すること，(c)その機関に関して，二院制原理と権力の分割に従うこと，(d)具体的な経済権限を持つこと，(e)欧州審議会と密接な関係を持つこと，である[52]。そして，「特別」総会による条約草案を以上の点を踏まえたものであるとして高く評価した。また，作業グループは，ルクセンブルク決議が政治共同体の設立は「経済発展のための共通基盤の設立と加盟国の基本的利益の融合」と関連するとしていることを理由に，共同体に経済分野で限定された権利のみを与えることはルクセンブルク決議と一致しないとした[53]。また，前者の覚書でも，とりわけ経済分野において自立的な権限を共同体に与えることを主張した[54]。

　EPC委員会と起草委員会作業グループの間で意見の交換が行われた後，1954年3月8日EPC委員会は3月15日までに提出することになっていたECSC6カ国外相宛の報告書を採択した。EPC委員会による報告書[55]は，これまで見てきた各国政府や起草委員会の意見の寄せ集めに近いもので，この時期，欧州建設をめぐりECSC6カ国においても意見の違いが多くあったことを示した。とくに，フランスと他の国との基本的立場には大きな相違があり，両者の立場はこの時期接近しなかった。ただし，基本的には「特別」総会草案を下敷きにしたものであり，機関等については大きな変更はない。

　以下，本章の関心に即して報告書の内容を簡単に見ておこう[56]。まず，共同体の性格については超国家的機能が認められ，また共同体条約の有効期間が50年とされた。超国家性の承認と50年の期限付きは，ECSCと全く同じである。共同体の機関に関して，上院については，すでに見た二つの意見すなわち国家院（Chambre des Etat）と選出上院（Sénat élu）が並記された。また直接選挙で選出される下院は，既存の共同体（すなわちECSC）の総会にとって代わる機能を持つ。超国家的執行組織の権限の性格については合意がなされていないとして記載されていない。また，執行組織の委員の定数や国別配分も具体的に決まらなかった。

　条約交渉の焦点の一つであった共同体の経済的権限については，共同市場設

立の見地から，政治共同体がECSCやEDCよりも大きな権限を持つことが認められた。また，報告書には共同市場を実現するために必要とされる手段が示されている。すなわち，(1)商品，資本，人そしてサーヴィスの移動における制限の撤廃，(2)競争の作用をゆがめる手段や行為の廃止，(3)共同体加盟国の経済政策，金融政策および社会政策の調整，(4)第三国に対する関税と貿易の共通の制度の確立，である。このうち，(1)と(3)は「特別」総会草案にすでにあったが，(2)の反独占政策と(4)の域外共通政策の必要性は，本報告書で初めて本格的に取り上げられた。

しかし，経済権限の具体的なあり方については二つの見解が対立したままだった。一つの見解は，共同体は条約の範囲内で加盟国から相対的に自立して共同市場実現のための手段をとることができるとするものである。この意見をオランダ，ベルギーを中心とするフランス以外の国々が支持した。これに対してフランスは，共同体の経済権限の範囲を制限し，経済統合に関する審議は閣僚理事会でなされるべきであるとの立場を堅持した。

1954年3月23日ECSC各国政府は，国際情勢が変化したとの理由から3月30日に予定されていた外相会議を延期するとの決定を行った。ただし，EPC委員会に対しては研究を続行するよう求めた[57]。しかしながら，結局，報告書が公式に外相へ送られることはなかった。

6カ国政府がEPC委員会の報告書の検討をこの時期避けた理由の一つは，フランスにおけるEDC条約の批准が危ぶまれていたという当時の西ヨーロッパにおける政治情勢があったものと思われる。しかし，他方で，EPC委員会報告が超国家性など合意の難しい問題を含んでおり，政治共同体をめぐって各国がこれ以上対立することを避ける意図があったことも延期のいま一つの理由であろう。EPC委員会の機構小委員会と経済小委員会およびこれらによって作られた作業グループは，5月，6月および7月と会合を持った[58]。だが，EPC委員会の作業が政治共同体条約の締結という形で報われることはなかった。

行き詰まりをみせていた政治共同体計画は，結局，欧州防衛共同体とともに葬り去られることになった。1954年7月インドシナ休戦にこぎ着けたフランス

首相ピエール・マンデス゠フランス（Pierre Mendès-France）は，8月になると懸案であったEDC条約の批准審議を議会に求めた。このときまでに，フランスとイタリアを除く4カ国ですでに批准が終了していた。フランスで批准されれば，秋にイタリア議会においても批准がなされる見通しだった。だが，EDC提案国フランスでは，西ドイツの再軍備に対する懸念，EDCの超国家的性格に対する批判そしてイギリスが参加していないことなどを理由に，EDCに反対する勢力は強かった。

1954年8月30日，フランス国民議会は賛成319，反対264，棄権43でEDC条約批准の審議を打ち切る動議を採択した。このことは，事実上同条約の批准が拒否されたことを意味した。ドゴール派と共産党のすべてが批准拒否にまわり，社会党のかなりの部分も追従した。こうして，EDCとともに検討されていたEPCも最終的な条約の成立をみることなく挫折することになった。

小　括

これまで検討してきたように，欧州政治共同体構想は，直接的には反米的で国家主義なドゴール派や共産党が優勢なフランス国民議会によるEDC条約拒否によって失敗した。1953年から54年のこうした西ヨーロッパでの動きの背景には，1953年3月のスターリンの死去や同年7月の朝鮮戦争の休戦など，この時期の国際情勢が冷戦緩和（デタント）にあったことが考えられる。冷戦が緩和するなかで西ヨーロッパにおけるアメリカの地位は以前に比べ低下せざるを得ず，アメリカの支持を受けたにもかかわらずEDCは失敗した。またアメリカの影響力の低下には，西ヨーロッパが戦後の復興に成功し，またECSCの設立によって経済面でも相対的に自立化していったことも関係していた。

EDC拒否の西側陣営に及ぼす衝撃を緩和すべく，イギリスによって政治面での収拾がはかられた。1954年10月，EDC条約に調印した6カ国とアメリカ，イギリス，カナダとの政府間交渉がイギリス首相イーデンの主導のもとロンドンで行われた。この交渉の結果，1954年10月23日パリ条約が結ばれた。パリ条

約により西ドイツの主権回復と再軍備が認められ，西ドイツはNATOへの加盟が認められた。また1949年に調印されたブリュッセル条約が修正拡大され，同条約を締結したフランス，イギリス，オランダ，ベルギー，ルクセンブルクの5カ国に加え，ドイツとイタリアが加盟する西欧同盟（Western European Union: WEU）が結成された[59]。ただし，西欧同盟はNATOを強化し西ヨーロッパの分裂を回避する手段にすぎず，欧州建設を促進する組織にはならなかった。

　EDCの失敗は統合主義者を大きく失望させた。1954年11月，モネはECSC最高機関議長の任期終了後は再任を拒否し，自由な個人として欧州統合のために活動することを明らかにした。そして，1955年10月14日にモネは「欧州合衆国のための行動委員会」（Comité d'action pour les États-Unis d'europe）の結成を表明し，この委員会の活動に専念することになった[60]。モネのこの活動は，超国家性を基本理念としたものであり，この点ではその後のEECに対しての直接的影響は認めにくいように思われる。しかし，部門統合重視の方針はとくに原子力エネルギーに関する共同開発計画の要求へと具体化し，EECと同時に発足した欧州原子力共同体（European Atomic Energy Community: EAEC, 通称Euratom〈ユーラトム〉）として結実することになった[61]。

　最後に，欧州政治共同体設立計画とくにそこで検討された共同市場構想の意義を確認しておこう。まず注目すべきことは，本来欧州防衛共同体と欧州石炭鉄鋼共同体の両共同体を管理するために必要とされた欧州政治共同体に域内の商品，労働力，資本，サーヴィスの自由移動を目指す全般的経済統合の方針を求めたのは，オランダそしてベルギーのベネルクス諸国であったことである。

　これら西ヨーロッパの小国は，戦前より自国市場のみで経済活動を行うには市場が小さく国際分業を前提としてきたが，生産能力が向上した戦後は戦前にも増して大市場を必要としていた。こうした事情から，第4章で検討したように，第二次世界大戦後すでに3国はベネルクス関税同盟を形成していた。しかし，生産が戦前水準を回復し戦後復興が終わった1950年代初頭になると小国同士の関税同盟にも限界が見えてきた。こうしてベネルクス諸国は，ヨーロッパ

の大国である仏独が参加するECSC6カ国による全般的経済統合を要求したのであった。この点は，ECSCの設立が，仏独の政治的和解と基幹産業である石炭・鉄鋼業の共同管理を狙いとして，大国フランスが主導したのとは対照的である。

　EPC構想の意義としては，ECSCの設立後ECSC総会による「特別」総会と加盟国間で経済の全般的統合について議論され，全般的経済統合を進める点で合意がなされ，挫折したとはいえその後の欧州建設において無視できない影響を持ったことである。とくに各国の政治家ばかりでなく，官僚や専門家により各種委員会が構成されたことによって，EEC条約作成に大きな影響を持つことになった。次章で考察するように，後のEECとユーラトムの土台になる「スパーク報告」（1956年4月）は，こうした実務家や専門家の手によるものであった。

　また，EPCそしてEDCをめぐる議論から明らかなように，ECSCの特徴であった超国家的性格に対する抵抗がこの時期フランスを中心に強くなったことが分かる。これが，ECSCをモデルにした共同体構想が行き詰まることになった最大の要因であり，EDC失敗後は超国家的なヨーロッパ統合のための機関は避けられるようになる。実際，ECSC条約にあった「超国家」の語は，ローマ条約では削除された。

　本章では，ヨーロッパ政治共同体をめぐる国際交渉を中心に考察し，各国の立場や議論の内容についてはある程度明らかにすることができた。ECSC設立後の欧州において，部門別の統合を積み重ねることによって，欧州建設を推進しようとするモネに代表される考え（新機能主義）は，多くの反対に直面した。また，ECSCの提唱国フランスにおいて超国家性に対する危惧が増大してきた。一方，ベネルクス諸国はベイエン・プランで示されたように，経済の全般的な統合を積極的に主張するようになった。政治共同体の挫折によって頓挫した欧州建設の動きを再活性化するのは，ベネルクス諸国であった。この点については，次章で検討する。

1）　ECSC の成立については，本書第5章を参照。
2）　Mayne, Richard, *The Community of Europe*, London: Victor Gollancz, 1962, pp. 98-100.（現代研究会訳『ヨーロッパ共同体』ダイヤモンド社，1963年，129-130頁）。
3）　Haas, Ernst B., *The Uniting of Europe: Political, Social, and Economic Forces, 1950-1957*, California: Stanford University Press, 1958.
4）　欧州政治共同体を直接の対象とした研究には，次のものがある。*Pour une Communauté politique européenne: Travaux préparatoires（1952-1954）*, Bibliothèque de la fondation Paul-Henri Spaak, Bruxelles, 1984（以下，*Pour une CPE* と略記）; Bourguignon, Pierre, De l'entrée en vigueur du traité de Paris à celle des traités de Rome, *Studia Diplomatica*, Vol. XXXIV, No. 1-4, Bruxelles, 1981 ; Karp, B. The Draft Constitution for a European Political Community, *International Organization*, Vol. VIII, No. 2, 1954; Griffiths, Richard T., *Europe's First Constitution: The European Political Community, 1952-1954*, London: Federal Trust, 2000. わが国における研究としては，黒神聰『1953・3・10　欧州政治共同体構想』成文堂，1981年がある。ただし，同書の考察は3月10日草案の法律的側面に関してのものであり，経済統合面について特別の関心が払われているわけではなく，また3月10日以降の条約交渉については検討されていない。
5）　EDC 条約については，以下を参照。Reuter, P., *Organizations européennes*, Paris, 1970（2nd ed.）, pp. 51-53 ; Zurcher, Arnold J., *The Struggle to Unite Europe 1940-1958*, Washington Square: New York University Press, 1958, p. 82 ; Willis, Roy F., *France, Germany, and the New Europe 1945-1963*, California: Stanford University Press, 1965, pp. 130-156；吉村健蔵「欧州の軍事的統合」国際政治学会編『欧州統合の研究』有斐閣，1964年。
6）　*Pour une CPE*, p. 37 ; Gerbet, *op. cit.*, 1983, p. 165.
7）　CEAB 1 No. 1512, Assemblée *ad hoc* chargée d'élaborer un projet de Traité instituant une Communauté Politique Européenne（以下，Assemblée *ad hoc* と略記），*Informations et documentations officiels de la commission constitutionnnelle*, octobre-novembre 1952（以下，CEAB 1 No. 1512, *Info. et doc.*, oct.-nov. 1952のように略記），Article 38 du traité instituant la Communauté Européenne de Défence. 訳文については，中村洸「欧州防衛共同体を設立するための條約」『法学研究』（慶応義塾大学）第26巻第7号，1953年を参考にした。
8）　欧州審議会（Council of Europe）は，1949年5月に設立された西欧諸国の大半が加盟する組織でストラスブールに本部を置く。欧州審議会は，公式の機関として各加盟国から選出された国会議員で構成される諮問議会（Consultative Assem-

bly）と外相によって構成される閣僚委員会（Committee of Ministers）を持つ。欧州審議会の設立について詳しくは，上原良子「『ヨーロッパ文化』と欧州審議会の設立」国際政治学会編『国際政治と文化研究』（『国際政治』第129号）2002年を参照。
 9） CEAB 3 No. 495, *Débats compte rendu in extenso des séance*, Documents relatifs à la Création de l'Assemblée *ad hoc*, Résolution 14 adoptée le 30 mai 1952 par l'Assemblée Consultative du Conseil de l'Europe sur les meilleurs moyens d'élaborer le statut de la Communauté européenne.
10） CEAB 3 No. 495, *op. cit.*, Résolution adoptée le 10 septembre 1952, à Luxembourg, par les Six Ministres des Affaires étrangères.
11） *Pour une CPE*, p. 39.
12） *Ibid.*, Résolution 4 adoptée le 13 Septembre 1952, par les members de l'Assemblée de la CECA, relative à la communication de M. le Président du Conseil spécial de Ministres.
13） ECSC総会の代議員の数は，ドイツ18人，イタリア18人，ベルギー10人，ルクセンブルク4人，フランス18人（ザール住民の代表を含む），オランダ10人の合計78人である（ECSC条約第21条）。EDC総会は，ECSC総会にドイツ，フランスおよびイタリアから各3人の代議員が補充されて構成されるため，総数87名となる（EDC条約第33条）。
14） 黒神聰，前掲書，30-31頁。
15） cf. Bourguignon, op. cit., p. 295 ; Karp, op. cit., p. 185.
16） CEAB 1 No. 1512, *Info. et doc.*, oct.-nov. 1952, Document 9, Plan de Travail adopté le 25 Octobre 1952 par la Commision Constitutionnnelle.
17） CEAB 1 No. 1512, *Info. et doc.*, oct.-nov. 1952, pp. 11-12.
18） 決議の内容については，CEAB 1 No. 1512, *Info. et doc.*, déc. 1952, Conclusions adoptée par la Commision constitutionnelle au cours de sa troisième session, および黒神聰，前掲書，47-86頁を参照。
19） Assemblée *ad hoc*, *Info. et doc.*, jan.-fév. 1953, Directives pour l'élaboration du projet de traité instituant une communauté politique européenne（Assemlée *ad hoc*）および黒神聰，前掲書，87-101頁を参照。
20） Gerbet, *op. cit.*, p. 166. オランダ政府覚書については，本章第2節1で検討する。
21） *Pour une CPE*, p. 40.
22） 小久保康之「ベネルックス三国」百瀬宏編『ヨーロッパ小国の国際政治』東京大学出版会，1990年，33-34頁を参照。

23) CEAB 1 No. 1513, Commission Constitutionnelle de l'Assemlée ad hoc, Paris, le 4 février 1953, Rapport de M. de Helmont sur la session du groupe de travail de la Commission constitutionnelle (Rome, 29 jan.-2 fév. 1953).

24) *Pour une CPE*, pp. 40-41.

25) 賛成21，反対1。黒神聰，前掲書，103頁。

26) Zurcher, *op. cit.*, p. 100. なお，本来モレは，超国家的な欧州統合の支持者であったが，この件ではイギリスの加盟を優先して考えた。cf. Karp, op. cit., p. 184.

27) cf. Zurcher, *op. cit.*, p. 101.

28) EECにおける通貨協力は，1972年に発足した「スネイク」が最初である。「スネイク」発足にいたる経緯については，権上康男「ヨーロッパ通貨協力制度『スネイク』の誕生（1968-73年）」『エコノミア』（横浜国立大学）第56号第1号，2005年を参照。

29) CEAB 1 No. 1513, *Info. et doc.*, mars-avril 1953, p. 114 ; Bourguignon, *op. cit.*, pp. 297-298.

30) CEAB 1 No. 1513, *Info. et doc.*, mars-avril, Assemblée ad hoc, 1953, p. 114.

31) CEAB 1 No. 1513, *Info. et doc.*, mars-avril 1953, pp. 117-121 ; Reuter, *op. cit.*, p. 54.

32) AMAEB, dossier No. 14603, 1952, Mémorandum, La Haye, le 11 décembre 1952.

33) AMAEB, dossier No. 14603, 1952, Beyen à Van Zeeland, La Haye, le 11 décembre 1952.

34) AMAEB, dossier No. 14603, 1953, Mémorandum, La Haye, le 10 février 1953.

35) *Pour une CPE*, pp. 40-41.

36) Reuter, *op. cit.*, p. 54.

37) AMAEB, dossier No. 14603, 1953, Mémorandum, du Gouvernment des Pays-Bas concernant la Communauté européenne, 5 mai 1953.

38) *Pour une CPE*, p. 41.

39) CEAB 3 No. 496, Procès-verbal de la réunion des six ministres des affaires étrangères, Barden-Barden, les 7 et 8 août 1953.

40) Bourguignon, op. cit., p. 306 ; Dumoulin, *op. cit.*, 1987, p. 30.

41) Bourguignon, op. cit., pp. 300-301.

42) CEAB 1 No. 1519, "Extrait du discours pronouncé par Monsieur Albert Coppé".

43) Ibid., Communiqué de Press ; Assemblée ad hoc, Info. et doc., mars 1955, Assemblée ad hoc, p. 10.

44) Assemblée ad hoc, Info. et doc., mars 1955, Document 10, Extraits du compte rendu de la séance plénière de la Conférence pour la Communauté européenne,

tenue à Rome le 2 octobre 1953 en presence du Groupe de Travail de la Commission Constitutionnelle.
45) Bourguignon, op. cit., p. 308.
46) Assemblée *ad hoc*, *Info. et doc.*, mars 1955, Document 2, Communiqué publié à l'issue de la Conférence pour la Communauté politique européenne, tunue à Rome du 22 septembre au 9 octobre 1953.
47) Assemblée *ad hoc*, *Info. et doc.*, mars 1955, p. 6.
48) Assemblée *ad hoc*, *Info. et doc.*, mars 1955, Document 3, communiqué publié à l'issue de la Conférence des Affaires étrangères des Etats members de la CECA, tenue à La Haye, les 26, 27 et 28 novembre 1953.
49) Assemblée *ad hoc*, *Info. et doc.*, mars 1955, p. 6.
50) Assemblée *ad hoc*, *Info. et doc.*, mars 1955, Compte rendu de la séance plénière de la Commission pour la Communauté politique européenne, tenue à Paris le 23 février 1954 en présence du Groupe de Travail de la Commission constitutionnelle.
51) Assemblée *ad hoc*, *Info. et doc.*, mars 1955, p. 7 et Document 12, 13 et 14.
52) Assemblée *ad hoc*, *Info. et doc.*, mars 1955, Document 13, Mémorandom sur certains aspects essentiels du projet de Communauté politique européenne, pésenté le 23 février 1954 par le Groupe de Travail de la Commission constitutionnelle à la Commission pour la Communauté politique européenne.
53) Ibid.
54) Assemblée *ad hoc*, *Info. et doc.*, mars 1955, Document 14, Extraits du mémorandum présenté le 23 février 1954 par le Group de Travail de la Commission constitutionnelle en réponse aux questions soumises par la Commission pour la Communauté politique européenne.
55) Commission pour la Communanté politique européenne, Rapport aux ministères des affaires étrangères.
56) Assemblée *ad hoc*, *Info. et doc.*, mars 1955, Document 15, Analyse du rapport adopté le 8 mars 1954 par la Commission pour la Communauté politique européenne.
57) Assemblée *ad hoc*, *Info. et doc.*, mars 1955, Communiqué publié le 24 mars 1954 par les représentants des Ministres des affaires étrangères des Etas membres de la CECA au sujet de l'ajournement de la Conférence de Bruxelles.
58) Ibid., p. 7.
59) Zurcher, *op. cit.*, pp. 128-130.

60) Monnet, *op. cit.*, p. 465 et 475 ff. ; Coolsaet, Rik, *Histoire de la politique étrangère belge*, Bruxelles: Vie Ouvrière, 1988, p. 162 ; Zurcher, *op. cit.*, pp. 131-132.
61) Mayne, *op. cit.*, pp. 110-111（邦訳，前掲書，148頁）.

第8章
欧州経済共同体の設立とベネルクス経済同盟

　本章の目的は，1958年に発足した欧州経済共同体（EEC）の成立過程をベルギーの対応を視軸として明らかにすることである。欧州建設運動にもベネルクス諸国は積極的に関与した。1948年5月オランダのハーグで，統合運動に携わる団体や個人を結集して会議が開催された。ハーグ会議の結果を受け，1949年1月ブリュッセル条約機構理事会は，平和の維持と政治・経済協力を協議する欧州審議会（Council of Europe）の設立を決定した。1949年5月，ベネルクスを含む西ヨーロッパ10カ国が参加してヨーロッパ審議会が設立された。欧州審議会は，各国の閣僚からなる理事会と国会議員の代表からなる諮問総会によって構成され，諮問総会の議長にはスパークが就任した。しかし，欧州審議会は政府間機構にとどまり欧州建設を推進するための強力な権限は与えられず，西欧諸国の親睦的な意見交換の場にとどまった[1]。

　第二次世界大戦後にベネルクス関税同盟を発足させたベルギーは，1950年代初頭のECSCにも参加し，前章で見た通り，ECSCにおける共同市場構想にも関与した。一方，ベネルクス3国においては関税同盟を発展させて，商品だけでなく，労働力，資本が自由に移動できる経済同盟を設立することが1950年代前半の課題となった。そこで本章では，ベネルクス経済同盟の設立を検討するとともに，EEC発足までの欧州建設にベネルクスがどのようにかかわったのかを考察することを通じて，ベルギーが欧州建設に果たした役割とベネルクス地域統合の成果と限界について明らかにする。

第1節　ベネルクス経済同盟の設立

1.　予備同盟以降の域内自由化の進展

　ベネルクス関税協定は，関税同盟の発足後速やかに，経済同盟条約を締結することを規定していた。経済同盟が完成すればベネルクス域内では商品，人，資本が自由に移動することができるようになり，ベネルクスは単一の経済圏となる。

　経済同盟の形成を目指して，その準備段階の予備同盟（Pré-Union）協定が1949年10月にUEBLとオランダの間で締結された。予備同盟は，域内商品流通の自由化，域外諸国に対する通商・通貨政策の調整そして統制政策と補助金の撤廃を行い，予備同盟発足の1年後に経済同盟に移行することを予定した[2]。

　しかし，1950年前後のベルギーとオランダとの社会的・経済的格差はいまだ大きく，即座に経済同盟を実現することは困難であった。1952年10月のベネルクス閣僚理事会は，経済同盟が参加国の経済間の大きな格差を解消した後でしか実現されないことを宣言した。こうして，関税同盟は，漸進的に域内障壁を除去し経済政策を統一することによって形成されることになった。1952年になりベネルクス統合の進展を阻んできたオランダの国際収支が改善されると，ベネルクス諸国は数量制限や差別的慣行の除去に取り組み，域内貿易は大幅に自由化された。ところが，この時期からこれまでとは反対に一部のベルギー工業が，新鋭設備と低賃金を武器にしたオランダからの輸出攻勢を受け危機に陥いることになった。深刻な状態に直面したのは，レーヨン，スフ，紙，皮革，陶器，タバコなどの産業部門だった。

　ベルギー政府は1952年の議定書にもとづきセーフガード（緊急輸入制限措置）を発動したが，セーフガードによる救済は一部にとどまった。多くの部門はベルギー工業連盟の援助を受けて直接オランダ側と交渉し，オランダ企業に輸出自主規制を要請し解決を図った[3]。ベネルクス同盟の枠組みは，民間産業にお

ける協調も進展させた。ただし，困難に陥ったベルギー企業の状況は改善されず，その後，消滅・転換を余儀なくされる。

一方，域外に対する共通通商政策に関しては，1953年12月に議定書が締結された。議定書にもとづき，ベネルクス3国は域外諸国と共同で交渉して通商協定を結び，これら域外諸国からの輸入に対して共通の輸入割当を適用した。共通通商政策の確立は，ベネルクスがGATTやOEECにおける通商交渉において一つにまとまる土台となった。

次いで，資本移動の自由化が1954年7月の議定書によって加盟国の居住者に認められた。さらに，1956年7月には，公共工事の入札や商品購入についてベネルクス域内企業を平等に扱うことを定めた議定書が調印された[4]。

人の移動の自由については，1956年6月の労働条約によって，ベネルクス域内における労働者の自由移動が経済同盟の発効後に認められることになった。しかし，1957年3月の暫定労働協定により，経済同盟の発足を待たずに域内国民に対する平等な扱いが保障された[5]。

以上のように，ベネルクス各国間の長い期間を要した交渉によって人，商品，資本の自由移動が各種の協定や議定書で定められ，1950年代半ばには関税同盟はほぼ経済同盟に発展するに至った。ただし，国内税制の統一と農産物の自由移動は，各国の国益が対立し，結局，協議は進展せず実現されなかった。

2．ベネルクスにおける貿易の拡大

1940年代末から1950年代を通じて，西ヨーロッパではOEECとEPUによる貿易と為替の自由化の枠組みに支えられて貿易が拡大したが，ベネルクス各国間の貿易は域外諸国との貿易を上回って急速に増大した。

表8-1から分かるように，UEBLの輸出に占めるオランダの位置は，戦前はフランス，イギリス，ドイツに次いで第4位であったが，戦後は一貫して第1位を占め，1957年には第2位フランスの2倍の比重を占めた。また，UEBLの輸入に占めるオランダの割合も，1938年にはフランス，ドイツ，アメリカを下回っていたが，1953年に第1位となり1957年も西ドイツに次いで第2位の座に

表8-1　UEBL貿易の地理的構成（1938～57年）

(単位：％)

相手国 \ 年	UEBLの輸出に占める割合				UEBLの輸入に占める割合			
	1938	1948	1953	1957	1938	1948	1953	1957
オランダ	12.0	15.4	18.1	22.7	9.0	8.2	13.8	14.2
フランス	15.3	9.4	7.8	11.0	14.3	8.8	11.1	11.9
西ドイツ	12.2	4.4	9.3	10.2	11.3	5.7	12.4	15.6
イギリス	13.7	9.0	7.8	5.6	7.9	9.7	9.1	8.2
アメリカ	6.7	6.0	10.2	8.2	10.8	17.9	10.4	12.4

(注)　1938年の西ドイツは全ドイツ。
(出所)　Boekestijn, A. J., "Souveraineté et intégaration: le Benelux 1945-1958", Postma, A. *et al.* (dirs.), *Regards sur le Benelux*, Bruxelles: Racine, 1994, p. 113より作成。

あった。

　一方，オランダからの輸出は，表8-2が示すように戦前はイギリスの比重がきわめて高くUEBLは第3位であったが，戦後はイギリスの割合が半減しUEBLが常に15％台を維持し1位ないし2位の座にあった。また，オランダの輸入においては，戦前UEBLは第2位を占めていたもののドイツの比重がきわめて高かったのに対して，戦後は比率が上昇し1953年に第1位，1957年は西ドイツとほぼ同じ比率を占め第2位であった。

　以上から分かるように，ベネルクス域内貿易の拡大は，相対的にオランダよりもUEBL（その大半はベルギー）において顕著にみられた。ベルギーにとりオランダ市場は，石炭，石油，繊維，輸送設備，機械など原料・工業製品の重要な輸出先になった。一方，オランダからベルギーへの輸出で増大したのは農産物，紙，繊維，輸送設備，機械などであったが，農産物に輸入制限が行われたこともあり，ベルギー市場の重要性は相対的に低かった[6]。

　ベネルクス域内貿易の拡大には，周辺諸国の保護主義的政策，1949年の為替調整，ベネルクス諸国の経済・金融政策など多くの要因が影響を与えていた。しかし，ベネルクス域内における貿易のめざましい発展の最大の要因が，1948年に発足した関税同盟と1950年代における域内経済の自由化などベネルクス経済同盟を形成する政策であったことはたしかである。

　ベネルクス諸国は，1949年の予備同盟を基礎に個々の問題について協議を重

第 8 章　欧州経済共同体の設立とベネルクス経済同盟　289

表 8-2　オランダ貿易の地理的構成（1938〜57年）

(単位：%)

相手国＼年	オランダの輸出に占める割合				オランダの輸入に占める割合			
	1938	1948	1953	1957	1938	1948	1953	1957
UEBL	10.2	15.6	15.4	15.5	11.5	14.8	17.2	18.1
西ドイツ	14.8	5.9	14.0	18.5	21.3	5.4	15.9	18.5
イギリス	22.5	14.4	10.7	10.8	8.1	9.9	9.9	8.0
フランス	5.8	8.1	4.6	4.7	4.6	4.9	3.9	3.2
アメリカ	3.6	3.1	8.4	5.1	10.8	17.4	10.0	13.1
インドネシア	9.6	7.4	3.6	2.3	7.2	6.7	5.5	2.9

(注)　1938年の西ドイツは全ドイツ。1938, 48年のインドネシアはオランダ領東インド。
(出所)　Boekestijn, A. J. "Souveraineté et intégaration: le Benelux 1945-1958", Postma, A. *et al.* (dirs.), *Regards sur le Benelux*, Bruxelles: Racine, 1994, p. 113より作成。

ね，段階的に域内の商品，人，資本の移動が自由化される経済同盟を形成していった。この結果，域内の経済関係は緊密化しベルギー経済とオランダ経済の相互補完性も高まった。

3．ベネルクスにおける河川・運河交通の発展

　ベネルクスにはライン河，マース（フランス語でムーズ）川，スヘルデ（フランス語でエスコー）川の三大河川の河口があり，19世紀以降の産業化の進展とともにこの地域では河川・運河交通が発達し，経済発展の重要な基盤となってきた。ベネルクス同盟は，運河交通網の体系的整備の枠組みとなり，この地域における水路問題の解決を促進し，ベネルクスが稠密な経済空間を形成するうえで大きな役割を果たした。1950年11月に水路・港湾問題を研究するベネルクス特別委員会は，報告書を提出し，ベルギーとオランダの利害を調整すべき水路問題として以下の3点を指摘し，両国の交渉が行われることになった[7]。

　第一の水路問題は，アルベール運河とマース川（ユリアナ運河）を大型船が航行できるようにするため，ベルギー側国境ラネ（Lanaye）の難所に大規模な閘門を建設することであった。リエージュはすでにアルベール運河によりアントウェルペンと結ばれ北海に通じる航路を持ち，1950年代前半のマース川流域は経済的重要性が低かったのでベルギー側は必要性をあまり感じなかった。し

かし，マーストリヒトをはじめマース川流域地域が，発達した工業地帯であるワロン地域と結ばれることになるため，オランダにとって利益が大きかった。

　第二は，テルニューゼン（Terneuzen）に新閘門を建設しさらにヘントとの間の運河を大型船が航行できるよう改良することである。これは，ヘント港が大型船で北海と結ばれるためにベルギーにとり重要であったが，テルニューゼンはすでに鉄道でベルギーに結ばれておりオランダに利益とはならない。

　第三の水路は，スヘルデ川とライン河を結ぶ航路の改良である。これは，ベルギー最大の港であるアントウェルペンをヨーロッパ経済の大動脈ライン河に強力に結びつけるものであり，ライバルのロッテルダム港の利益を損なう可能性があった[8]。しかし，1950年代後半にオランダで発表された「デルタ計画」（図8-1参照）によりスヘルデ東河口と北海の間が防潮堤で塞がれることからアントウェルペン港にとって重要性は高まった。

　以上の水路問題の交渉は，各国の国益が対立するために難航したが，まず，1960年6月と61年2月の協定により，第一と第二の問題で合意がなされた。さらに，スヘルデ＝ライン航路の問題でも，1963年5月に協定が締結された。これによって，1967年にザンフリート（Zandvliet）の大閘門が完成し，アントウェルペンは運河によってライン河と結ばれることになった[9]。

　ベネルクス同盟の枠内での河川・運河交通問題の解決により，ライン河，マース川，スヘルデ川の三大河川相互の結びつきは強固になった。交渉にはほぼ10年かかったが，おそらく，ベネルクス同盟がなかったならば交渉はずっと困難であったろう。

　水路問題の解決は，国境の都市を活性化し都市間の協力を促進する契機ともなった。とくに，ラネ閘門の開通によりリエージュとマーストリヒトは国境を挟んで緊密に結びつくようになる。ただし，リエージュがマース川さらにライン河に結ばれたことで，アントウェルペンとの関係が相対的に弱まり，ベルギー国内における北部フランデレンと南部ワロンの対立が促進される面もあった。

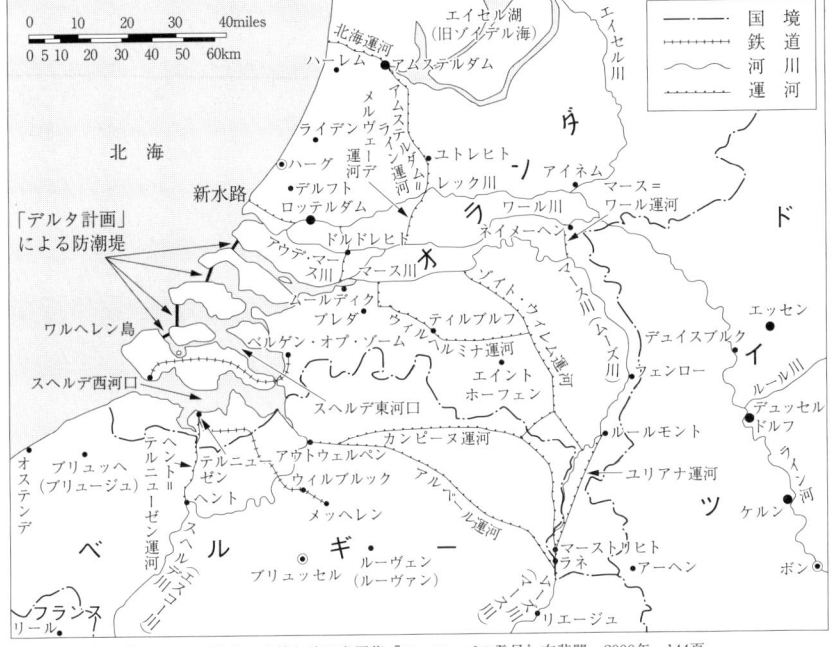

第 8 章　欧州経済共同体の設立とベネルクス経済同盟　291

図 8-1　ベネルクスの水路

(出所)　小島健「ヨーロッパ統合の中核」渡辺尚編著『ヨーロッパの発見』有斐閣，2000年，144頁。

4．ベネルクス経済同盟の設立

　EEC 設立交渉に参加する一方で，ベネルクス諸国は，関税同盟発足後達成された成果をもとにして経済同盟条約を作成した。ベネルクス経済同盟条約は，1957年9月に仮調印された後，1958年2月に締結された。なお，ベネルクス経済同盟条約は，関税協定のような UEBL とオランダによる2国間条約ではなく，ルクセンブルクも正式に署名した3カ国による条約である。ベネルクス経済同盟条約は3国の批准を終えて1960年1月に発効した。

　しかし，ベネルクス経済同盟は，発足とともに地域統合の歴史における使命をほぼ終えたといえる。1950年代半ばまでにベネルクス諸国間で合意できる点はほぼ協定や議定書として締結されており，経済同盟条約による新たな進展は

ほとんどなかった。また，経済同盟においても農業共同市場は設立されず，相手国は人口1,000万程度の市場であり，ベネルクス地域の経済統合にはすでに限界がみえていた。ベネルクス諸国はより大規模な市場を目指して，EECの設立に積極的に関与することになる。1960年代以降，ベネルクスにおける地域統合は，1958年に発足したEECによって進められ，懸案の農業問題もEECの農業共同市場によって解決されることになる。

第2節　ベネルクス覚書とメッシーナ会議

1．ベネルクス覚書の発表

欧州防衛共同体の失敗後，イギリス首相イーデンの斡旋によって1954年10月23日パリ諸協定が締結された[10]。協定によって西ドイツは再軍備を認められNATOに加盟し，また，ブリュッセル条約締結5カ国に西ドイツとイタリアが加わり西欧同盟（WEU）が結成された。さらに，パリ協定の一つである「ザールの法規に関するドイツ連邦共和国政府とフランス共和国政府との間の協定」によって，西ドイツとフランスはザールにヨーロッパ的地位を与えることで合意した[11]。同協定は1954年12月に僅差ではあったがフランス議会で批准された。

懸案のザール問題でフランスと西ドイツが合意したことから，仏独が急接近することを警戒したベネルクス諸国とイタリアは，新たな欧州建設の枠組みを作る必要に迫られることになった。この時期，新しい提案を行えることができたのはベネルクスのみであった。ECSC設立では指導力を発揮したフランスは国内では政党間の対立が続き，国外ではアルジェリア問題で動きの取れない状況にあった。イタリアでは1954年5月11日にECSC総会の議長に選出された欧州主義者のデガスペリが，同年8月19日に死去して欧州建設の求心力を失った。また，敗戦・独立から間もない西ドイツも欧州建設において指導力を発揮する状況になかった。

ベルギーでは1954年3月の総選挙の結果，キリスト教社会党が過半数を割り，社会党＝自由党の連立政権が誕生した[12]。内閣の主要閣僚は，首相ヴァンアケル，外相スパーク，経済相ジャン・レイ（Jean Rey：自由党）であった。欧州防衛共同体の失敗と仏独接近に直面したベネルクス諸国は，1954年11月に欧州建設の袋小路から抜け出すために共同でイニシャティヴをとることで合意した。この合意は，1955年6月に開催させるECSC外相会議に向けられた。しかし，スパーク外相とベイエン外相は，ともに欧州建設を進めることでは一致していたが，その方法においては隔たりがあった。

　スパークは，ECSCをモデルとする部門統合を他の領域にも拡大していくことを主張していた。この考えは，最高機関の初代議長モネの影響を受けたものであった。スパークは，それまでモネと幾度か議論し，部門統合をECSCから拡大する点で合意した。モネは，ECSC最高機関の権限をエネルギーと運輸部門に拡大することを主張した。ただし，原子力エネルギーだけは，ECSCとは別の機関による開発を進めるべきであると考えていた。モネにあっては，共同で行う原子力開発は平和利用に限定したものであり，フランスが核兵器開発競争に乗り出すことは考えられたが，ドイツが核兵器を開発することは禁止されるであろうし，共同体としても軍事面での核開発には手をつけることは不可能であると考えた。

　スパークは，1955年4月2日付でドイツ，フランスおよびイタリアにモネの退任表明によって提起された問題に関しての書簡を送り，欧州建設の努力の再開を提案した。書簡は欧州思想の再出発とECSCの権限の拡大を主張した。そして，「共同体のこの拡大はエネルギー（電力，石油，ガス）と運輸（鉄道，内陸水路および道路輸送）のすべての既存の分野をカバーすることになる。平和目的の原子力の共同プールもまた設立され，ECSCの下に設置される機関に委ねられ……国際会議の議長をモネに委任する」ことを提案した[13]。スパークは，最高機関の権限を他の部門に広げるべきとのモネの意見を取り入れ，彼に議長辞任の撤回を促したものと考えられる。

　しかし，スパークの提案は3国で冷ややかに受け取られた。即座にベイエン

は広域アプローチを強調するオランダの覚書をベルギーとルクセンブルクに送った[14]。ベイエンは経済統合の方法について，部門統合の領域を広げていくことには限界があるとして，ECSCモデルの統合を退けた。ベイエンは，欧州政治共同体の前提として全般的な経済統合を行う必要があるとする1952年12月に発表した提案（ベイエン・プラン）と同様の主張を行った。すなわち，ECSC 6カ国で関税同盟を設立し，それをもとにより広範な経済領域での統合である共同市場を開設すべきであるというものだった。ベイエン・プランは，ベネルクス経済同盟の実現方法に近いものであった。ベイエンは戦時期のベネルクス通貨協定交渉に専門家として参加しており，ベネルクス経済同盟の理念に通じていた。

　新しい共同体の超国家性については，ベイエンが共同市場を運営する超国家機関を主張したのに対して，スパークはEDCの失敗にみられる超国家機関に対する厳しい現実から超国家機関の設立には慎重であった。また，ルクセンブルク外相ベッシュの立場は部門統合を主張するスパークに近かった。極小国ルクセンブルクにとり，商品だけでなく資本や人が自由に移動する大市場は野心的に映ったのと，同国経済の生命線である鉄鋼業はすでにECSCの下に置かれており共同市場に対する関心が低かったからである。

　1955年4月23日スパークとベイエンはハーグで会談し，欧州建設の新提案について合意に達した。会談に参加したベルギー経済省事務総長スノアは，4月25日付で経済相レイに次のような覚書を送り，会談の結果を報告している。「第一に，ベネルクス提案は5月末のECSC外相会議に提出される。提案はOEEC全加盟国，最高機関，OEECが正式参加かオブザーバーとして招待される国際会議の開催を求める。第二は，会議に提出される計画は二部からなる。すなわち，A. 欧州主要計画基金の設立と運賃の国際率の採用による欧州輸送統合と設立される欧州機関の保護の下での原子力の工業利用の統合である。B. 欧州関税同盟という究極の目的を持つ自由貿易圏の創設である。AとBの両方については，拒否権の行使の問題を避けるために多数決で条項が作成される。ECSCの諸機関を活用することは，考えられるべきである」[15]。

4月23日の会談にもとづき，ベイエンがベネルクス共同提案の原案を作成した。ベイヤン案は，スパークとベッシュによる若干の修正を経た後，ベネルクス共同の覚書（ベネルクス覚書）[16]として完成した。覚書は，1955年5月20日にフランス，ドイツ，イタリアのECSC外相会議参加国に対して送付された。ベネルクス覚書は，序文で次のように欧州が新しい経済面での統合の計画を進めるよう主張する。

　ベルギー，ルクセンブルクおよびオランダ各国政府は，欧州統合（intégration européenne）の道程において新しい一歩を踏み出す時が来たと信じる。それは，まず何よりも経済分野で実現されなければならないと考える。
　3カ国政府は，共同の諸機関の発展，各国経済の漸進的融合，共同市場の創設および各国の社会政策の漸進的調和によって統一欧州の設立を追及すべきであると信じる。
　欧州が世界における地位を維持し，欧州の影響力と威光を取り戻し，また，住民の生活水準を持続的に引き上げるためには，以下のような政策が不可欠であるだろう。
　ECSCの活動は，この機関の活動領域の近接分野に共同市場を拡大する必要性を明らかにした。ただし，全般的経済統合が企てられないならば，このような拡大は成功することができないとベネルクス諸国は信じる[17]。

ベネルクス覚書は，経済分野での統合を進めるとの立場から，とくに三つの領域における達成目標を設定している。第一は，部門統合の拡大である。すなわち，経済発展の共通基盤の拡大は，まず何よりも運輸，エネルギーおよび原子力の平和利用の3部門を優先して行うことが提案された。運輸部門では，欧州における運河網，道路網，電化鉄道網，設備の標準化，航空輸送の協力について研究を行う。エネルギー部門では，ガスと電力の交換を促進する方策が取られるべきである。そして，原子力エネルギーについては，その平和利用は過去数百年に例を見ない新しい産業革命をもたらすものである。そこでベネルク

ス諸国は，共同機関を設置してこれに原子力の平和利用の発展を保証する責任と手段を付与すべきであると考える。

　第二は全般的経済統合である。これに関して，「ベネルクス諸国は経済共同体（communauté économique）の実現に向かうべきであると信じる。共同体は数量制限と関税の漸進的撤廃によって実現する共同市場に基礎を置かなければならない。欧州経済共同体の設立は，ベネルクス諸国の考えでは，所定の目的を実現するのに必要な固有の権限を与えられた共通機関の設置を必然的に前提とする」[18]。また，次の点で合意に達する必要がある。(a)貿易障壁を撤廃する手続きと速度，(b)加盟国の財政，経済および社会政策の分野における全般的政策の調和のために取るべき手段，(c)セーフガード条項の制度，(d)再適応基金の創設と機能，である。ここでは，究極的には共同市場に至る広範囲の経済統合が目的とされ，それが経済共同体の呼称で呼ばれ，さらに，ベイエンの提案を採用し，それ自身で権力を持つ超国家的性格の共同機関の設立が提案された。

　第三は，社会分野に関するもので，各国で実施されている社会政策の漸進的調和が不可欠である。とくに，労働時間，超過勤務手当ておよび休日と賃金に関する規則が挙げられた。

　以上の計画を実行に移す手続きとして覚書は，次のような目的を持つ会議の開催を求めた。まず，運輸，エネルギーおよび原子力エネルギー分野での目的を達成するための条約について研究と準備を行うこと。第二に，欧州経済の全般的統合の条件と計画を決める条約の準備を行うこと。最後に，以上に述べた任務を実行する共通機関を設置する条約の準備をすることである。なお，この会議は，ECSC 加盟国代表，ECSC と連合関係にある国（イギリスのこと）の代表および ECSC 自身が参加し，また会議には，OEEC 加盟国と OEEC の代表もオブザーバーとして招待されることを提唱した。そして，締結される条約は会議のすべての参加者に開かれることを，覚書は提案した[19]。

　このようにベネルクス覚書は，経済統合の対象分野については，部門統合論のスパークと全般的統合論のベイエンの構想を併記したものだった。また，覚書はベイエンの提案を受け入れて共通の機関を設置することを提案しているが，

スパークの要請によって超国家という言葉は慎重に避けられた。

2．メッシーナ会議

1955年6月1〜2日にシシリー島のメッシーナでECSC外相会議が開催された[20]。会議の議題は，モネの後継議長の選出と今後の欧州建設の行動計画であった。しかし，モネの退任についてはまだ不確定要素があった。いくつかのECSC加盟国政府と共同総会はモネに退任の撤回を求めていたからである。そして，ベネルクス覚書が発表された直後の5月24日，モネは6カ国政府宛の書簡において，「すでに始まった冒険的事業を促進することにおいて直接的な役割を演じる用意が再びある」と述べた[21]。しかし，メッシーナでECSC各国外相はモネの意向を無視し，最高機関議長として新たにルネ・メイヤー（René Mayer）を指名した。メイヤーは，フランス政府において幾度も大臣を経験した人物であり，メッシーナ会議直前にフランス政府が彼を推薦し，それに即座にベイエンが賛成し他の国も了承し決定した[22]。モネが退任したとはいえ，この人事からECSCにおいてはフランスが主導権を握っていたと見ることができる。

すでに述べたように，会議には今後の欧州建設についてのベネルクスからの覚書が提出されていたが，ドイツとイタリアもこれに関して簡単な覚書を提出していた。会議は，ベネルクス覚書を土台として進行した。ベネルクス3国は常に連絡を取り合い密接に協力した。イタリア政府の覚書は，ベネルクスの提案を支持し，また部門別統合を唯一の方法とすることへの反対を強調していた。共同市場の創設については，統合は漸進的に行われるべきであること，部門ごとに漸進性は異なることを強調した。また，イタリアは，通貨交換問題に対する国家間協力の必要性を指摘した。また，手続き面では，専門家による作業部会によって会議が準備されるべきことを示唆した[23]。このように，イタリアは，防衛共同体の失敗を受けて部門統合の拡大にのみ依存することに限界を感じて全般的な経済統合を支持し，また，通貨交換問題と新共同体準備のための作業部会設置を要求していた。

西ドイツの覚書もまたベネルクス提案に同意を示した。ただし，共同市場を実現するにはさらなる要素が必要であることを指摘した。とくに次の二つのことが要求された。すなわち，資本，サーヴィスおよび労働の自由移動を実現すること，また，ゆがみのない競争を保障し国による差別を排除する規則を制定することであった。西ドイツの提案には，戦後同国の経済政策の理念となった競争と秩序を重視する社会的市場経済の考えが反映されていた[24]。また，手順についてドイツは，次回の会議の前に必要な規則を作成しテキストを起草するために，ECSC閣僚理事会の権限の下で常設の諮問機関を設置することを提案した[25]。いずれにせよ，1950年代前半に急速な経済成長を遂げたイタリアとドイツの両国にとり，広域市場の形成は望ましいことであった。

　メッシーナ会議でスパークは，ベネルクス覚書の基本的概念について詳細な説明を行った。統合の方法について覚書は二重のアプローチを持つ欧州思想の再出発を考察している。つまり，部門ごとの統合と広範な経済統合である。スパークは広範囲の経済統合が実現されることが望ましく，覚書も部門ごとのアプローチよりも広範な統合により好意的であることは認めるが，特定の経済部門での限定されてはいるが迅速に結果を出すために行われる努力を排除すべきではないと主張する。手続きの問題に関してスパークは，6カ国と既存の欧州機関（OEEC，ECSCおよび欧州審議会）からの専門家によって構成される集団が，指導的政治家の調整と支持の下で合同報告書を作成することを考えていた。そして，その報告書が外相たちに提示され，報告書をもとに政府間会議において条約が起草されるとスパークは考えた[26]。

　フランス外相アントワーヌ・ピネー（Antoine Pinay）は，部門統合のほうが容易に開始でき，迅速に成果が上がるとして好意的であり，広範な経済統合は6カ国における経済・社会条件の漸進的調和が必要になるとして消極的だった。フランスは，共同市場よりも原子力開発での協力に魅力を感じていた[27]。この当時，世界で原子力を利用できる能力を持っていたのは，アメリカ，ソ連およびイギリスのみであり，フランスはこの分野での遅れが世界における自国の影響力減退につながると懸念していた。また，将来の主要なエネルギーが原

子力になるとの期待がフランスでは高かった。

　ピネーは，提出された覚書では不十分だとして以下の分野について研究を行うべきであると主張した。それは，(1)共同市場を非加盟国から保護する制度，(2)既存の社会法制の段階的調和，(3)地域的格差を拡大することを避ける手段，(4)通貨交換問題と特定の国に困難をもたらし，したがって共同市場の調和的設立に対する障害を形成することになる措置を防止する方法である[28]。

　メッシーナ会議では，以上のような議論，覚書の説明そして他の多くの詳細な点について討議した。その結果，議論は長引き予定を超えて6月3日になってようやく全会一致で最終決議が承認された[29]。メッシーナ会議の最終決議（通称，メッシーナ決議：Messina Resolution）[30]は，ベネルクス覚書を大筋で受け入れたものとなり，原子力などの部門統合と共同市場の設立を宣言した。決議は，ローマ条約に至る欧州建設の出発点となる重要な内容であった。決議の前文は次の文章で始まる。

　　ドイツ連邦共和国，ベルギー，フランス，イタリア，ルクセンブルクおよびオランダ各国政府は，欧州建設（construction européenne）の道程において新しい一歩を踏み出す時が来たと信じる。それは，まず何よりも経済分野で実現されなければならないと考える。
　　6カ国政府は，共同の諸機関の発展，各国経済の漸進的融合，共同市場の創設および各国の社会政策の漸進的調和によって統一欧州の設立を追及すべきであると信じる。
　　欧州が世界における地位を維持し，欧州の影響力と威光を取り戻し，また，住民の生活水準を持続的に引き上げるためには，以下のような政策が不可欠であるだろう。

　以上の3段落はベネルクス覚書とほぼ同じ文章である。ただし，ベネルクス覚書で「統合」とあったものが，ここでは「建設」と替えられている[31]。それは，石炭市場や鉄鋼市場の統合の主体となったECSCが超国家と結びつけて考

えられていたため，超国家を連想されやすい「統合」を避け，より広い意味である「建設」という言葉が使われたと思われる。ただし，「建設」という言葉には，経済分野から他の分野も含めて ECSC 諸国がこれから新しい欧州を作り出そうとする意志をみることもできよう。さて，この前文に続く決議は，二つの部分から構成されている。第一部では目的が示され，第二部ではそのための手続きが示されている。

第一部は，6カ国政府が合意した四つの目的を挙げている。その第一は部門統合であり，これには以下の3分野が示された。

1. 商品交易の拡大と労働移動のために，運河，道路，電力，設備の標準化，航空輸送の欧州網の設立についての研究。
2. ガスや電力などエネルギーの生産と消費を発展させる目的での研究。
3. 平和利用を目的とする原子力開発。

以上のように，部門統合についてはベネルクス覚書がほぼそのまま採用された。

第二の目的は共同市場であり，次のように述べる。「6カ国政府は，すべての関税と数量制限を撤廃する欧州共同市場の設立を経済政策分野での目的とすることを認める。この市場は段階的に実現されるべきものと考える」。そのために研究を必要とする分野として以下が挙げられた。

(a) 加盟国間の貿易障壁を段階的に引き下げる方法と速度，および域外に対する関税制度の漸進的統一。
(b) 財政，経済，社会の各分野における加盟国の全般的政策を調和するために取る手段。
(c) 共同市場を創設し発展させるために加盟国の通貨政策の十分な調整を保障することができる方法の採用。
(d) セーフガード（緊急輸入制限）条項。

(e) 再適応基金の設立と機能。
(f) 労働者の自由移動の段階的実現。
(g) とくにすべての国家差別を排除するような共同市場における競争の作用を保障する規則の作成。
(h) 共同市場の実現と機能に適した機関のあり方。

　共同市場については，ベネルクス覚書をもとにしてより詳細に研究すべき点を指摘しており，メッシーナ会議に提出された他の覚書や議論を反映していた。
　第三として，「欧州投資基金の創設が研究されるべきである。基金は，欧州経済の潜在能力を共同で開発し，加盟国の中の低開発地域を発展させる目的を持つ」。投資基金についてはベネルクス覚書にはなかった提案であり，国内に低開発地域を抱えるイタリアやフランスなどの意見が取り入れられたものと思われる。
　第四として，「社会分野に関しては，6カ国政府は各国で実施されている規則の漸進的調和を研究することが不可欠であると考えており，とくに労働時間，時間外労働（夜間労働，日曜日や休日の労働）に対する手当て，これら休日の長さとその給与である」。
　メッシーナ決議の第二部では，以上の研究を行う手続きについて述べられている。まず，条約または政策措置を作成する会議の召集である。その準備は各国政府代表による委員会によって行われ，委員会は専門家も参加し，指導的政治家が議長となりさまざまな作業を調整する。委員会はECSC最高機関，OEEC，欧州審議会，欧州運輸閣僚会議に必要な援助を求める。委員会の総括報告は遅くとも1955年10月1日の外相会議までに提出される。委員会にはイギリスからの代表も招聘される。また，他の欧州諸国にも後日，会議への参加が呼びかけられることが表明された。

第3節　スパーク報告

1．報告の作成

　メッシーナ会議に参加した外相達はスパークを各国政府代表委員会の議長に選出し，彼に決議にもとづいて研究を行い，報告を作成するよう依頼した[32]。スパークは，各国政府代表1名からなる各国政府代表委員会（スパーク委員会）の議長として，各国からの専門家による作業委員会を結成した[33]。7月9日にブリュッセルで各国政府代表委員会の第1回会合が行われた。委員会には6カ国のほかイギリスや他の欧州組織の代表も参加した[34]。

　各国政府代表委員会のもとで具体的な研究活動が各国からの専門家によって構成される作業委員会により行われた。作業委員会は，経済，法律，政策の各分野について技術的問題を解決するのが目的であった。他方，各国政府代表委員会は，作業委員会の任務の進展を点検し，報告が各国政府に受け入れられるよう交渉した[35]。作業委員会は四つあり，共同市場，既存エネルギー，原子力および運輸・公共事業について研究した。作業委員会は，1955年7月からブリュッセルのヴァル・デュシュス城（Château de Val Duchesse）で研究活動を開始した。作業委員会は，個別の問題ごとに，各国の見解を調査し合意に達するよう協議をした結果，10月までは順調に作業が進んだ[36]。

　しかし，11月になるとイギリスがスパーク委員会を離脱する事態になった。11月7日に各国政府代表会議が開催され，各作業委員会から出された報告について討論が行われた。イギリスは，討議の場で共同市場の将来性について疑問を示し，6カ国と共同市場について見解の違いが大きいことを明らかにした。こうしてイギリスはスパーク委員会の方針に合わないと判断し，これ以後，委員会に出席することはなかった[37]。イギリスは，自由貿易地域の設立を主張しており，とくに対外共通関税には反対であった。また，イギリスは英連邦との関係をいまだ重視し，主権の制限を受けるアプローチも望んでいなかった[38]。

スパーク委員会は，イギリス脱退の11月以降，外相会議宛の報告の作成作業に入った。ECSC外相会議がブリュッセルで56年2月11～12日に開催された。スパークは，それまで各作業委員会で作成された報告をもとに委員会の中間報告を外相会議で行った[39]。報告では，原子力共同体と経済共同体の設立条約原案が示された。

外相会議後の2月から4月にかけて，各作業委員会の報告を一つにまとめる，最終的な報告作成作業が行われた。スパーク委員会の作業は形式的にはスパークの指導の下で進められたが，実際に指揮を取ったのは，ECSC経済局長のピエール・ユリ（Pierre Uri）であり，ユリをドイツ人のハンス・フォン・デア・グレーベン（Hans von der Groeben）とベルギー人のアルベール・ユッペール（Albert Huperts）が補佐した[40]。ユリは，モネの腹心であり1947年に計画庁の財政顧問となり，シューマン・プランとECSC条約の起草に大いに関与した。さらに，モネが最高機関の議長に就任するとECSCの経済局長を務めた[41]。スパークは，「『スパーク報告』は，重要な文書であるが，その大部分はユリの作品である。彼は，ローマ条約の中心的な作成者の1人であった。少し皮肉に言えば，私の功績は彼を最大限に活用できたことであると思う，それは誰もできなかったことである。われわれの協力は成功した。彼は私よりもずっと多くのアイデアを持っていた。おそらく，私は彼よりもずっと上手にそれを発表し擁護した」[42]と認めている。また，モネも「スパーク報告は，ユリによって作成されたものである」[43]と述べている。ただし，スパークの政治的交渉力がなければ，報告がローマ条約のたたき台とはならなかっただろう。

なお，スパーク委員会の作業中の1955年10月13日，モネが主導する欧州合衆国行動委員会（Action Committee for the United States of Europe/ Comité d'action pour les États-Unis d'Europe）が創設された。欧州防衛共同体の失敗に衝撃を受けたモネは，1955年2月の最高機関議長の任期終了を前にした1954年11月10日，6カ国政府に対してECSC議長の再任を拒否することを表明し，民間運動によって欧州建設を推進することを決意した[44]。委員会には56年1月にフランスの首相となったモレやプレヴァンなど有力者が参加し，

欧州建設を目指して作業するスパーク委員会およびEEC設立交渉を支援した[45]。

2. スパーク報告の概要

1956年4月21日，各国政府代表委員会議長スパークが，研究結果を報告した。それがEEC条約と欧州原子力共同体（Euratom）条約の原案を示した通称『スパーク報告』[46]であり，正式名称は「外相に宛てた主席代表報告」である。表8-3に示したように，スパーク報告は，第一部「共同市場」，第二部「ユーラトム」および第三部「緊急に行動すべき部門」よりなる。報告は，EEC条約よりも当時の欧州が直面していた問題を明確にし，EEC設立の意義を述べており，EEC創設の真意を知ることができる歴史的文書である。報告は「まえがき」の冒頭で，次のように欧州の経済的な地盤沈下と共同市場の必要性について強調した。

　ほとんどすべての分野で世界生産の半分を占めているアメリカ合衆国と，集産主義体制の下で世界人口の3分の1を擁し生産を毎年10％から15％の速度で増大させている諸国とに挟まれて，かつては加工業を独占し海外領から重要原料を入手していた欧州は，今では対外的地位が低下し，影響力は衰え，欧州域内の分裂のなかでその発展力は失われている。

　（中略）

　欧州の生産性の向上は，技術の急速な同化によるところが多く，これがなければ生産性の向上はなかったであろう。現在の欧州の経済組織の下では，この発展を続け，独力で発展速度を維持することはできない。現在の世界の経済発展の可能性に直面して，欧州各国市場の障壁が何を意味するかについては，次の三つの具体例が明らかにするであろう。第一は，欧州にはアメリカの高性能機械を経済的に十分利用できる大自動車企業は一つもない。また，欧州大陸諸国で外国からの援助を受けずに大型輸送機を製作できる国は一つもない。最後に，原子科学分野において，欧州諸国が多額の費用をかけて得

表 8-3 スパーク報告の編別構成

まえがき	
第一部　共同市場	第二部　ユーラトム
序言	序言
第一篇　市場の融合	第1章　研究開発と情報交換
第1章　関税同盟	第1節　ユーラトムの活動
第1節　共同市場における関税撤廃	第2節　研究における協力
第2節　共通対外関税の設定	第3節　知識の普及
第2章　輸出入割当	第2章　安全規準と安全管理
第1節　輸入管理	第3章　投資の発展と共同施設
第2節　輸出管理	第1節　投資
第3章　サービス	第2節　共同施設
第4章　農業	第4章　核鉱石と核燃料の調達
第1節　問題の一般的与件	第1節　購買優先
第2節　農業政策	第2節　利用条件
第3節　農業共同市場の設立	第3節　調達機関
第二篇　共同市場の政策	第5章　原子力産業の共同市場
第1章　競争規則	第6章　制度的側面
第1節　企業に適用される規準	
第2節　国家が与える援助に関する規則	第三部　即刻活動する部門
第2章　不均衡の是正と法規の接近	第1章　エネルギー
第1節　不均衡	第2章　航空輸送
第2節　法規の接近	第3章　郵便および遠距離通信
第3章　運賃と運輸政策	
第1節　運賃	
第2節　運輸政策	
第4章　国際収支	
第1節　収支均衡問題	
第2節　相互協力	
第3節　通商政策の統一	
第三篇　欧州資源の開発と完全利用	
第1章　投資基金	
第1節　対象	
第2節　資金と組織	
第2章　再適応	
第1節　原則	
第2節　提案される制度	
第3章　労働者の自由移動	
第4章　資本移動の自由	

(出所)　Comité intergouvernemental créé par la conférence de Messin, Rapport des chefs de délégation aux ministres des affaires étrangères, Bruxelles, 21 avril 1956, pp. 5-7 より作成。

た知識は，アメリカが現在自国の産業および他の諸国の産業に自由に任せている知識のごく一部でしかない。

　欧州諸国はいずれも，原子力時代が約束している技術革命を開始するのにふさわしい研究に非常な努力を払う段階に至っていないし，また，この技術革命を開始するための基礎的投資を行う段階にも至っていない。しかし，この新しいエネルギー源とその新しい技術とによって生産の発展が約束されても，やがて，分割された各欧州市場の地域ではあまりにも狭すぎるという矛盾に直面するであろう。すなわち，原子力革命は，数年を待たずにわれわれの経済構造が旧式であることを暴露するであろう。それゆえ，6人の外務大臣はまず経済分野における欧州の統一を図るべくメッシーナに会合した際，原子力産業を共同して作ること，および一般的な共同市場を創設することの二つを必ず実現しなければならない旨強調したのである[47]。

　さらに，第一部「共同市場」の序言で，次のように共同市場設立の必要性を述べる。「欧州共同市場の目的は，強力な生産単位を組織し，連続的発展と生活水準の急速な向上を可能にするとともに，加盟国の間に調和のある諸関係を増大させるような広大な共同経済政策地域を形成することである。（略）この市場は近代技術を相当広く利用するものである。今日すでに，一国的市場には適合しないような巨大生産方式や大量生産方式が存在している。対外競争から国内企業を防衛する保護措置は，生産の発達と生活水準の向上にとって有害である。大市場において，旧式設備は存在できなくなり，企業は自らの立場を守るために生産発展，品質改良，生産方式の近代化に取り組まざるを得ない」[48]。スパーク報告は，アメリカ市場と比較して相対的に矮小な欧州各国市場は，低生産性と競争力喪失をもたらしていると指摘し，対米競争力を生み出す欧州共同市場の創設を提案した。

　第二部は原子力共同体であるユーラトムである。また，第三部では，即座に活動する部門としてエネルギー，航空輸送，郵便および遠距離通信が挙げられているが，具体的な内容にまでは立ち入っていない。こうして，スパーク報告

において，部門別統合は当面は原子力に限定されることになった。

第4節　ローマ条約

1．ローマ条約交渉

　スパーク報告は，1956年5月29～30日にヴェネチアで開催されたECSC外相会議で議論された[49]。ECSC外相会議は，スパーク報告を採択し，これにもとづき経済共同体と原子力共同体の設立交渉を行うことで合意した。2共同体の設立条約の起草のためにスパークを議長とする政府間会議を招集することを決定した。こうして，6月26日からブリュッセルのヴァル・デュシュス城において6カ国による条約交渉が始まった[50]。

　個別の問題を扱うために四つの部会が編成された。すなわち，主席代表による委員会，共同市場グループ，ユーラトム・グループそして起草グループである[51]。条約草案の第一次案は，植民地や農業問題など懸案を残したまま10月までに完成した。1956年10月20～21日にパリで開催された外相会議では，ブリュッセルの起草委員会で未決定のまま残された問題が確認された[52]。

　条約交渉において，最も難航したのは植民地問題と農産物問題であった。植民地問題は，ヴェネチア会議でフランスが初めて海外領土との連合を持ち出した問題であった。戦後植民地と緊密な関係を築いてきたフランスがEECと植民地が連合関係を結ぶことを主張した[53]。このフランスの植民地との連合案にベルギーも同調した[54]。両国は共同で海外領土との連合を要求する報告書を提出し，ローマ条約交渉の大きな争点となった[55]。両国の主張は貿易面で植民地を他のEEC加盟国にも解放し特恵貿易関係を結ぶ一方で，経済援助の負担を負わせるというものであった。しかし，国内に植民地主義に反発する声が多くラテンアメリカや英連邦アフリカ諸国との関係が深い西ドイツ，オランダは，フランス，ベルギー両国の海外領土とEECが特恵貿易関係を結び経済援助を行うことに反対した。しかし，フランス首相モレは，連合が認められなければ

EECへの参加を拒否するとの強硬姿勢を示したため，EECの設立が危ぶまれる事態となった[56]。植民地問題は1957年2月20日の仏独首脳交渉で最終的に西ドイツが大幅に譲歩し，アフリカ植民地との連合関係を受け入れたことで解決された。

また，農業については，各国で行われている農業保護政策が問題となった[57]。とくに，自由貿易を主張するオランダと市場の組織化を主張するフランスの見解の差は大きかった。しかし，この問題でもフランスの要求が基本的に受け入れられた。すなわち，将来的には農業共同市場が実現されるが，それまでの過渡期においては現行の保護政策は一定の範囲内で残る。農業については先送りされ，EEC設立条約では農業分野で共通の政策を実施することのみが決められ，詳細な規定は作成されず，将来の交渉に委ねられた。

植民地問題と農業問題で合意がなされた結果，1957年3月25日，欧州経済共同体（EEC）条約と欧州原子力共同体（Euratom）条約がフランス，西ドイツ，イタリアおよびベネルクス3国によってローマで締結された。条約の調印式は，ローマのカピトリーノ丘にあるカンピドリオ宮殿で行われた。スパークは，「もしわれわれが，今日，重要な一歩を踏み出した事業を首尾よく行い完成するならば，1957年3月25日は欧州の歴史における偉大な日となるであろう」[58]と演説し，2共同体の実現に向けて期待を示した。

2．EEC設立条約の概要

2つの条約（ローマ条約）は1957年中に各国議会で批准され，1958年1月1日に発効した。EEC設立条約の構成は表8-4の通りである。条約は前文に続き6部とその他の協定や議定書からなる。

EECの機関として，各国からの中立の委員によって構成され共同市場の運営を行う委員会と各国の閣僚からなる理事会が設置された。委員会はECSCの最高機関にあたり，委員会には共同市場を実現するためのいくつかの権限が与えられたが，最高機関のような産業に直接介入する強力な権限は与えられなかった。委員会には最高機関のような超国家性はなく，理事会の権限が強かった。

表8-4　欧州経済共同体を設立する条約

前文			第三部	共同体の政策
第一部	原則		第1篇	共通の規則
第二部	共同体の基礎			第1章　競争に関する規則
第1篇	貨物の自由移動			第2章　税に関する規定
	第1章　関税同盟			第3章　法制の接近
	第2章　構成国間の数量制限の撤廃		第2篇	経済政策
第2篇	農業			第1章　景気政策
第3篇	人，サーヴィスおよび資本の自由移動			第2章　国際収支
	第1章　労働者			第3章　通商政策
	第2章　居住の権利		第3篇	社会政策
	第3章　サーヴィス			第1章　社会規定
	第4章　資本			第2章　欧州社会基金
第4篇	輸送		第4篇	欧州投資銀行
			第四部	海外の国および領域との連合
			第五部	共同体の機関
			第1篇	機関に関する規定
				第1章　機関
				第2章　諸機関に共通な規定
				第3章　経済社会評議会
			第2篇	財政条項
			第六部	一般規定および最終規定

(出所)　*Traité instituant la Communauté économique européenne*.

つまり，EECはECSCに比べてより自由主義的で市場メカニズムを尊重する立場をとった。その理由は，当時のヨーロッパ経済がGATTによる自由貿易体制のもとで急速に成長しており，自由な経済活動に対する信頼が高く，EEC委員会が自国経済に介入することを望まなかったからである。また，裁判所と議会はECSC，EEC，ユーラトム共通のものとなった。

　EEC条約は第2条で，「共同体の使命は，共同市場の設立および加盟国の経済政策の漸進的接近により共同体全体の経済活動の調和した発展，持続的かつ均衡的な拡大，安定強化，生活水準の一層速やかな向上および加盟国間の関係の緊密化を促進することである」[59]と設立の目的を述べている。EECの設立目的は，ECSC条約2条で規定された目的と基本的には同じで，経済発展，雇用拡大，生活水準の引き上げである。

　しかし，この目的を達成するための方法は，ECSCよりも加盟国の経済全般

に及ぶものであった。EEC条約第3条は，第2条の目的を達成するため以下の政策の実行を具体的に規定した。

(a) 加盟国間の貨物の輸入および輸出に関する関税および数量制限ならびにこれらと同等の効果を有する他のすべての措置の撤廃
(b) 第三国に対する共通関税率および共通通商政策の設定
(c) 加盟国間における人，サーヴィスおよび資本の移動の自由に対する障害の撤廃
(d) 農業分野における共通政策の樹立（共通農業政策）
(e) 運輸分野における共通政策の樹立（共通運輸政策）
(f) 共同市場内において競争が歪曲されないことを確保する制度の確立（競争原理の確立）
(g) 加盟国の経済政策を調整し，国際収支の不均衡を是正するための手続きの実施
(h) 共同市場の運営に必要な限度内での各国法制の接近
(i) 労働者の雇用の機会を改善しかつその生活水準の向上に貢献するための欧州社会基金の創設
(j) 新しい財源の創設により共同体の経済的拡大を容易にするための欧州投資銀行の設立
(k) 貿易を拡大し，かつ経済的・社会的発展のための努力を共同して推進することを目的とする海外の国および領域との連合

EEC設立の目的は，人，物，資本，サービスの自由移動を実現し，ヨーロッパに共同市場を創出することにあった。この目的を達成するためEEC委員会にとって最初の重要な課題は，(a)の関税と数量制限を漸次撤廃することであり，全廃された時点で(b)の対外共通関税を適用し，関税同盟を設立することであった。EEC条約は12年の過渡期間中に漸進的に関税と数量制限を撤廃し，対外共通関税を設定することを定めていた。なお，基準となる関税は1957年1月1

日に各国で適用されていた関税である（第14条）。

1959年にはEEC条約にもとづく最初の関税引き下げが行われ，6カ国による関税と数量制限のない人口1億5,000万を擁する共同市場の設立が始まった。これは，人口約2億の米ソ2大国の経済規模に匹敵するものであった。

企業の行動に直接影響を与える競争政策では，EEC条約第85条が①価格協定，②生産，販路，技術開発または投資の制限または統制，③市場の分割などの競争制限的な協定や共同行為を禁止している。また，第86条は構成国間の貿易を阻害するおそれのある場合に限り，企業が共同市場において「自己の支配的地位を濫用」することを禁じた。これらに違反した企業に対してはEEC委員会は罰金および科料を命ずることができる（第87条）。

EEC委員会は，実際の条約の運用においても，カルテル行為に対しては厳格に対応し共同市場における競争の維持をはかる一方，巨大企業の形成そのものは容認する姿勢をとった。すなわち，EECは，共同市場における自由競争を通じてのヨーロッパ企業の競争力強化をはかり，アメリカに対抗できる寡占企業の誕生を促進することを目的とした。

小　括

ローマ条約は，欧州建設の機運が上昇した結果やECSC成功の延長線上に必然的に成立したものではなく，反対に欧州防衛共同体の挫折で頓挫した欧州建設の再出発を図る試みであった。欧州建設停滞が避けられないと思われていた状況のなかで行われたこの試みは，小国同盟であるベネルクスが主導権をとって進められた。欧州建設は小国の利益に適ったものであり，欧州建設の再出発が不調に終われば，長期にわたって欧州統合が棚上げにされる可能性は十分あった。ローマ条約が発効した1958年にはフランスではシャルル・ドゥゴール（Charles de Gaulle）が政権を獲得しており，その時期まで引き延ばされればローマ条約の発効はなかった可能性が高い。その意味では，きわどいタイミングであったと言える。

1950年代半ばまでに経済再建を終えた西欧諸国は，戦後の大量生産・大量消費型の経済社会に対応するためにアメリカに匹敵する内部市場を必要とした。とりわけ輸出依存度が高く国外に安定的な市場を確保する必要に迫られたベネルクス諸国は，ベネルクスの枠を越えフランス，西ドイツ，イタリアを含む大規模市場の設立を目指して欧州建設に積極的に取り組む必要性に迫られた。

　ベネルクス関税同盟が，内部の市場統合を進める一方で，より大規模な共同市場を作るのに主導的な役割を果たしたのには，このような理由があった。また，ベネルクスのなかの1国が共同市場を主張しても不成功に終わった可能性が高いが，このときまでに3国は関税同盟から経済同盟に発展しようとしており，結束して行動したことによって国の規模以上の影響力を発揮することができた点も大きい。ベネルクス3国は，小国ながらも高度に発展し結合された経済力と関税同盟を設立し経済同盟に発展した地域統合の経験をもとにしてEECの設立を押し進めたのである。

　EECの計画はベネルクスの統合過程を模倣したものであった。そして，ローマ条約が締結される過程でベネルクス諸国は，ベイエン・プラン，ベネルクス・メモランダム，スパーク委員会の活動などを通じて建設的な役割を演じたのである。

1) Gerbet, Pierre, *La construction de l'europe*, Troisième édition, Paris: Imprimerie nationale, 1999, pp. 80-88.
2) Boekestijn, Arend J., "The Formulation of Dutch Benelux Policy", Griffiths, R. T. (ed.), *The Netherlands and the Integration of Europe 1945-1957*, Amsterdam: NEHA, 1990, pp. 30-31 ; Verbeeck, G., "L'histoire du Benelux 1944-1958," *Bulletin trimestriel BENELUX*, No. 4, 1958, p. 19.
3) Verbeeck, op. cit., p. 20 ; Baudhuin, *op. cit.*, 1958, p. 177 ; Samoy, Achille G., "La création de l'union économique Benelux," *Studia Diplomatica*, Vol. XXXIV, Num. 1-4, p. 186.
4) Verbeeck, op. cit., pp. 21-22 ; Baudhuin, *op. cit.*, pp. 172-173.
5) インドネシアからの引揚者などによる人口増大に悩むオランダ政府は移民を奨励していた。しかし，ベルギーへの労働力移動は起きなかった。多くのオランダ人

は，農業労働市場を求めてオーストラリアや北米に移住していった。Meade, J. E., *et al., op. cit.*, pp. 177-179.

6) Boekestijn, Arend J., "Souveraineté et intégration: le Benelux 1945-1958," Postma, A., *et al.* (eds.), *op. cit.*, pp. 113-117.

7) De Gruben, Hervé, "Les aspects jurideques du traité conclu entre la Belgique et les pays-bas au sujet de la liaison entre l'escaut et le rhin", *Chronique de politique étrangèrre*, Vol. 18, No. 3, 1965, p. 265.

8) アントウェルペンは，ライン河と大西洋とを結ぶ重要港としてライン河流域経済と密接に結びついていた。このため，第一次世界大戦後ベルギーはライン河航行中央委員会に参加し，沿河諸国とともにライン河の共同統治に加わった。渡辺尚「ライン河流域経済圏の企業発展」渡辺尚・作道潤編『現代ヨーロッパ経営史』有斐閣，1996年，107-108頁を参照。

9) 水路問題について詳しくは，De Gruben, op. cit., pp. 265-266 ; Samoy, op. cit., p. 193を参照。

10) Willis, Roy F., *France, Germany and the New Europe 1945-1963*, California: Stanford University Press, pp. 185-190.

11) ただし1955年10月23日行われた住民投票の結果，「ザールの法規に関するドイツ連邦共和国政府とフランス共和国政府との間の協定」は32％の支持しか得られず否決された。この結果，フランスは，モーゼル川の運河化とザール炭の提供を条件として，ザールの西ドイツへの編入条約（ザール条約）を結んだ。これによって，ザールは1957年1月ドイツに復帰した。Gerbet, *op. cit.*, p. 158, および宮崎繁樹『ザールラントの法的地位』未来社，1964年，173-174頁を参照。

12) Spaak, Paul-Henri, *Combats inachevés*, Premier Volume, Paris: Fayard, 1969, p. 272.

13) Danis, François, "The Messina Conference", *The Relaunching of Europe: from the Messina Conference to the Treaties of Rome, 1955-1957*, Luxembourg: Office for Official Publications of the European Communities, 1985, p. 16.

14) Ibid.

15) Ibid.

16) "Mémorandum des pays Benelux aux six pays de la C. E. C. A.", *Documents diplomatiques belges 1941-1960*, Tome IV, Académie royale de Belgique, 2001, pp. 369-371.

17) Ibid., p. 369.

18) Ibid., p. 370.

19) Ibid., pp. 370-371.
20) メッシーナ会議の議事録は，次のものがある。"Projet de procès-verbal de la réunion des ministres des Affaires Étrangère des États members de la C. E. C. A. à Messine", *Documents diplomatiques belges 1941-1960*, Tome IV, No. 191.
21) Danis, op. cit., p. 17.
22) Spierenburg et Poidevin, *op. cit.*, pp. 319-320.
23) Danis, op. cit., p. 18.
24) 社会的市場経済の思想的系譜については，とりあえず，雨宮昭彦『競争秩序のポリティクス』東京大学出版会，2005年を参照。
25) Danis, op. cit., p. 18.
26) Ibid., cit., p. 19.
27) Heater, *op. cit.*, pp. 165-166. (邦訳，前掲書，249頁)。
28) Danis, op. cit., p. 19.
29) メッシーナ会議の事務レベル協議の責任者であったスノア・エ・ドッピュースによれば，最終的な議論は3日目の朝3時から5時の外相会議でなされた。"Extract from an interview ex abrupto with Count Snoy et d'Oppuers. Interview conducted by Mr Paul Collowald, Honorary Director-General of the Commission, on 12 December 1983, in Brussels", *The Relauching of Europe: from the Messina Conference to the Treaties of Rome, 1955-1957*, p. 20.
30) CEAB 3 No. 736 "Resolution adoptée par les ministres des affaires étrangérès des états membres de la C. E. C. E, réunion à Messine les 1er et 2 juin 1955". メッシーナ決議は次にも収録されている。Gerbet, Pierre, *La naissance du marche commun*, Paris: Editions Complexe, 1987, Documents VI, pp. 165-168.
31) 欧州「統合」と欧州「建設」の用語法については序章を参照。
32) Spaak, Paul-Henri, *Combats inachevés*, Deuxième Volume, pp. 69-70 ; Heater, *op. cit.*, pp. 165-166. (邦訳，前掲書，249頁)。
33) スパーク委員会の活動について詳しくは，Dumoulin, Michel, "Les travaux de comité Spaak (juillet 1955-avril 1956)", Serra, Enrico, *Il rilancio dell'europa e i trattati di Roma*, Bruxelles: Bruylant, 1989 を参照。また，スパーク委員会での議論からローマ条約交渉までをフランスの利害を中心に分析した研究として，廣田愛理「フランスのローマ条約受諾」『歴史と経済』第177号，2002年がある。
34) *The Relaunching of Europe*, p. 42.
35) Spaak, Paul-Henri, *op. cit.*, Deuxième Volume, p. 84 ; Dumoulin, op. cit., pp. 201-202.

36) *The Relaunching of Europe*, p. 42.
37) Spaak, *op. cit.*, Deuxième Volume, pp. 73-83.
38) イギリスは共同市場計画に対して，1956年7月のOEEC会議で欧州自由貿易地域（European Free Trade Area）計画を提案して，EECを牽制した。廣田愛理，前掲論文，14-16頁。
39) Dumoulin, op. cit., p. 207; *The Relauching for Europe*, p. 42.
40) Spaak, *op. cit.*, Deuxième Volume, p. 71; *The Relauching*, p. 42.
41) Heater, *op. cit.*, p. 166.（邦訳，前掲書，249-250頁）。
42) Spaak, *op. cit.*, Deuxième Volume, p. 72.
43) Monnet, *op. cit.*, p. 495.
44) *Ibid.*, pp. 484-489; Van Helmont, Jacques, *Options européennes 1945-1985*, Luxembourg: Office des publications officielles des Communatés européennes, 1986, p. 56.
45) Willis, *op. cit.*, pp. 258-259.
46) Comité intergouvernemental crée par la conférence de Messin, *Rapport des chéfs de délégation aux ministres des affaires étrangèrs*, Bruxelles, 21 avril 1956. 以下，*Rapport Spaak* と略記する。なお，第一部「共同市場」のみ以下の邦訳がある。片山謙二・北原道彦訳「スパーク報告『欧州共同市場計画』（全文）」『共同市場と国際貿易』日本関税協会，1957年。本書では，邦訳を参考にして，独自に訳出した。
47) "Avant-propos", *Rapport Spaak*, p. 9.
48) *Rapport Spaak*, p. 13.
49) ヴェネチア会議の議事録は次にある。CEAB 3 No. 1348, Projet de Procès-verbal de la Conférence des Ministres des Affaires Etrangères des Etats menbres de la C. E. C. A., tenue à Venise les 29 et 30 mai 1956.
50) *The Relaunching of Europe*, p. 45.
51) *Ibid.*
52) *Ibid.*
53) 戦後フランスの植民地政策については，菊池孝美『フランス対外経済関係の研究』八朔社，1996年，第8章「第二次大戦後におけるフランスと植民地との経済関係」を参照。
54) ローマ条約交渉における植民地問題について詳しくは，以下を参照。藤田憲「ヨーロッパ経済共同体設立交渉とピエール・ユリ」木畑洋一編『ヨーロッパ統合と国際関係』日本経済評論社；小島健「設立期におけるEECの低開発国政策」『経

済科学』(名古屋大学) 第36巻第1号, 1988年。
55) CEAB 3 No. 833, Comité des chefs de délégation, Rapport Franco-Belge.
56) 小島健, 前掲論文, 72-73頁を参照。
57) ローマ条約交渉における農業問題について詳しくは, 廣田愛理「戦後フランスの農業政策とヨーロッパ統合」廣田功編『現代ヨーロッパの社会政策』日本経済評論社, 2006年を参照。
58) Smets, Paul-F., *La pensée européenne et atlantique de Paul-Henri Spaak (1942-1972)*, Tome 1, Bruxelles: Goemaere, 1980, p. 613.
59) EEC設立条約は, 共同体の出版局から出版されている。*Traité instituant la Communauté Économique Européenne et documents annexes*, Services des Publications des Communauté Européennes, 1963. また, インターネット上でも公開されている。例えば条約の英語版 (Treaty establishing the European Economic Community) は, 以下のEU法令ポータルサイトEUR-LexのHPにある (http://eur-lex.europa.eu/en/index.htm)。EEC設立条約の翻訳では, 高野雄一・小原喜雄編『国際経済条約集』有斐閣, 1983年を参考にした。

終 章

欧州建設下のベルギー連邦化

　前章まで見てきた通り，ベルギーは欧州建設の取り組みに積極的に関与してきた。この背景にはベルギーでは，主要全国政党であるキリスト教社会党，社会党および自由党の3党が欧州建設を推進する点では一致し，対欧政策においては大きな違いがなかったからである。第二次世界大戦後，ベルギーは欧州建設に深くかかわり，ECSCやEECの原加盟国となった。

　ところが，欧州の統合が進むのと並行して，ベルギー国内では言語・文化対立が激化していき，経済的にも地域ごとに異なる発展を示したため，地域の自立化が進み地域分権化の強い要求が噴出した。ベルギーでは，1970年から4度の憲法改正を経て徐々に連邦制が形成され，最終的に1993年の憲法改正により立憲君主制の連邦国家に完全に移行した。

　ベルギーの連邦化はスイス，アメリカ，ドイツのように元来自立した地域の連合として連邦国家が形成されたケースとは異なる[1]。ベルギーは第二次大戦後の欧州統合と地方分権の同時進行により，国家の再編成に取り組む必要に迫られた結果として，連邦制に移行したのである。欧州統合の進展と地方分権の同時進行は戦後のヨーロッパ各国で共通に見られた現象であるが，ベルギーにおいてより明確な形をとった。そして，国家から相対的に自立した地域の持つエネルギーは，欧州建設を推し進める原動力の一つになっている。

　本章では，ベルギーの連邦化への道のりを，国内における地域主義の高まりと欧州建設の進展の双方から跡づけ，その歴史的意義を検討することを目的とする。その際，欧州建設をめぐる議論のなかで提出され連邦制の根拠となった補完性原理に注目する。補完性原理は，欧州各地での地方自治の要求の高まりを受けて，まず欧州審議会で採択され，次いでマーストリヒト条約にも明記さ

れた。本章では，欧州建設と地方分権という一見すると矛盾するかのように見える要求が，補完性原理の受容によって両立可能となった背景を明らかにする。

第1節 地域問題の背景[2]

1. 独立後の地域問題

ベルギーでは，国土のほぼ中央を言語境界線が走り，北部フランデレンではゲルマン語系のフラデレン語（オランダ語）が使用され，南部ワロンではラテン語系のワロン語（フランス語）が使用されてきた。1830年のベルギー独立において主導的役割を果たした自由主義者とカトリック教徒の多くはフランス語住民であった。独立後のベルギーにおいても，政治・経済・文化を主導したのはフランス語系住民であり，北部フランデレンのオランダ語系住民の地位は低かった。

1831年に制定された憲法では，第23条で言語使用の自由を規定していた[3]。しかし，憲法自体フランス語でのみ書かれており，政治，行政，司法，軍隊など公的場ではフランス語だけが使用され，事実上の公用語はフランス語のみであった。フランデレン語（オランダ語）は公用語として認められていなかった。

独立後のベルギーでは，政治的にも経済的にもフランス語圏の圧倒的優位な状況に置かれていた。このためフランデレン地域にある政治・経済の中心地首都ブリュッセルでは，上層の市民はフランス語を使用するようになり，ワロン地域からの流入も加わって，フランス語系住民が増加することとなった。表終-1から分かるように，1846年にオランダ語のみ使用する住民はブリュッセル市民の6割いたが，19世紀末にはその比率は20％を下回り，反対にフランス語のみ使用する住民と両言語を使用する住民が7割を超えることになった。

経済面では，ワロン地域には，炭田に基盤を置く石炭業，製鉄業，機械工業など重工業が急速に発展し，ブリュッセルは商業・金融の中心地として繁栄した。他方，フランデレンの大半は貧困な農村地帯と伝統的な生産性の低い毛織

表終-1　ブリュッセルにおける使用言語の変化（1846～1900年）

年	住民数	フランス語のみ（％）	オランダ語のみ（％）	両言語（％）
1846	123,874	38.4	60.3	—
1866	157,905	20.0	39.1	38.3
1880	162,498	25.0	36.4	30.0
1890	176,138	20.1	23.0	51.3
1900	183,683	23.0	19.7	47.2

（出所）Von Busekist, Astrid, *La Belgique: Politique des langues et construction de l'État de 1780 à nos jours*, Paris/Bruxelles: Duculot, 1998, p. 148.

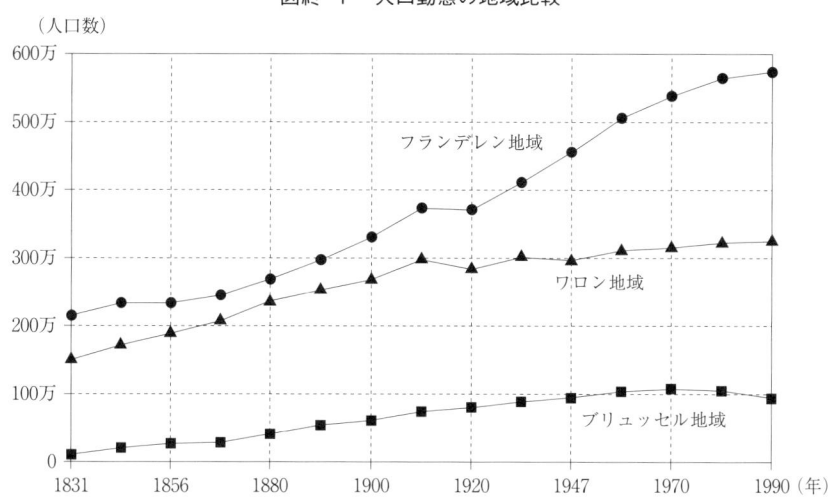

図終-1　人口動態の地域比較

（出所）Verjans, Pierre, Catalyse fouronnaise, *La Wallonie, une Région en Europe*, Charleroi: Institut Jules Destrée, 1997, p. 194.

物産業地域であった。また，フランデレンに居住する上層の住民はフランス語を使用していたため，オランダ語系住民の国政に対する発言力は弱かった。ただし，図終-1で示されるように，人口面では独立以来今日に至るまでフランデレンがワロンを上回っていた。1846年の国勢調査によれば，フランデレン語（オランダ語）を話す国民は247万1,000人であるのに対して，フランス語を話す国民は182万7,000人であり，フランス語住民は全国民の42.5％を占めるにすぎなかった[4]。

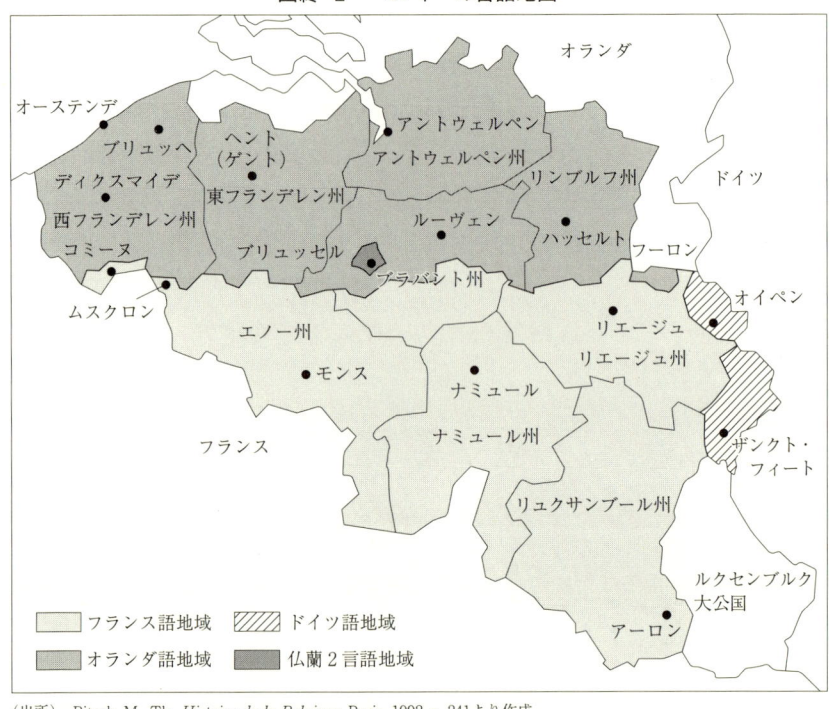

図終-2　ベルギーの言語地図

凡例：
- フランス語地域
- ドイツ語地域
- オランダ語地域
- 仏蘭2言語地域

（出所）Bitsch, M. -Th., *Histoire de la Belgique*, Paris, 1992, p. 241より作成。

　19世紀後半からワロン人の支配に対するフランデレン人の不満はしだいに高まった。こうしたフランデレン人の不満を背景に文化運動である「フランデレン運動（フラームス運動）」が19世紀後半に起こった。フランデレン運動はまず日常語としてのオランダ語を国家に認知させ，フランデレン人の民族文化を評価することを目的としていた。

2. 第一次世界大戦後の地域問題

　第一次世界大戦でドイツ占領下となった地域において，ドイツはそれまでのベルギーの政治に不満を持つフランデレン人を重用した。ドイツに協力したのは，軍人を中心とするフロンティストとアクティヴィストであった。彼らは，

戦後は対独協力者として裁判にかけられ，有罪判決を受けた。フランデレン人の対独協力問題は戦後におけるフランデレンの政治的要求にマイナスの効果を持った。

　また，ベルギーには，第一次世界大戦後のヴェルサイユ講和条約によってドイツ領だったザンクト・フィート，オイペン，マルメディーが割譲され，ベルギーは少ない人口ではあるがドイツ語地域を包摂することとなった。

　政治面では，大戦中の国王の約束にもとづき，大戦後は男子普通選挙が施行された。従来の制限選挙では富裕層の多いワロン人の政治的発言力が強かったが，これによって，労働者の発言力とフランデレンの発言力が増大した。フランデレンでは伝統的にカトリック教会の影響力が強くカトリック党の地盤であった。他方，内陸ワロンの工業地域では労働運動を背景に労働党が台頭した。

　こうして，ベルギー政治は大戦前の自由党とカトリック党の二大政党制から自由党，カトリック党，労働党の3党体制に転換した。そして，第一次世界大戦以後は今日に至るまでこの3党のさまざまな組み合わせによる連立政権が続くこととなった。

　第一次世界大戦後は言語・文化対立がしだいに浮上してきた時期でもある。とくにフランデレンのカトリック教徒からはオランダ語の使用，フランデレン地域の自立が強く要求された。この結果，国立のヘント大学では1930年からオランダ語による教育のみが行われることになった。

　また，すでにこの時期，フランデレンのカトリック教徒のなかには連邦主義を唱える動きも見られた。政治面でもフランデレンの独立を掲げる極右のフランデレン民族同盟が結成され，1930年代後半には議会で議席を獲得した（表終－2および第3章第3節参照）。

表終-2　下院議員数の地域別・政党別推移

1. ワロン地域

	社会党（労働党）	共産党	自由党	キリスト教社会党（カトリック党）	その他	合計
1919	38	—	13	21	—	72
1921	36	—	13	23	—	72
1925	41	—	9	22	—	73
1929	38	1	11	24	—	73
1932	39	2	8	24	—	73
1936	34	6	8	15	13（レックス）	76
1939	32	7	14	21	2（レックス）	76
1946	32	15	5	23	1	76
1949	30	8	9	29	—	76
1950	37	6	6	27	—	76
1954	40	3	8	25	—	76
1958	40	2	5	29	—	76

2. フランデレン地域

	社会党（労働党）	共産党	自由党	キリスト教社会党（カトリック党）	その他	合計
1919	24	—	15	45	4	88
1921	24	—	14	47	3	88
1925	27	—	9	47	5	88
1929	24	—	10	44	10	88
1932	26	—	9	46	7	88
1936	28	—	10	41	17（フランデレン民族同盟）	96
1939	25	—	11	44	16（フランデレン民族同盟）	96
1946	27	3	8	58	—	96
1949	27	1	12	64	—	104
1950	28	—	8	68	—	104
1954	32	—	11	60	1	104
1958	31	—	10	62	1	104

3. ブリュッセル地域

	社会党（労働党）	共産党	自由党	キリスト教社会党（カトリック党）	その他	合計
1919	8	—	6	7	5	26
1921	8	—	6	10	2	26
1925	10	1	5	9	1	26
1929	8	1	7	9	1	26
1932	8	1	7	9	1	26
1936	8	3	5	7	7	30
1939	7	2	8	8	5	30
1946	10	5	4	11	—	30
1949	9	3	8	12	—	32
1950	12	1	6	13	—	32
1954	14	—	6	11	—	32
1958	13	—	6	13	—	32

（出所）　Von Busekist, Astrid, *La Belgique: Politique des langues et construction de l'État de 1780 à nos jours*, Paris/Bruxelles: Duculot, 1998, p. 247.

第2節　地域問題の深刻化

1．国王帰国問題

　第二次世界大戦でナチス・ドイツの侵攻を受けた国王レオポルド3世は，政府の意向を無視して無条件降伏しドイツの占領下の国内にとどまり，ヒトラーと会談したこともあった。国王一家は，連合軍が攻勢に出た1944年6月にはドイツ軍によってドイツに連行され，同年9月のベルギー解放時にはオーストリアで幽閉されていた。9月20日ベルギー上下両院は，国王不在に対応するためレオポルド3世の弟のシャルル（Charles）を国王の摂政（régent）として承認した。戦後ベルギーでは，戦争中の国王の行動に対して批判が高まり，国王一家は戦後スイスに亡命し，ベルギー国内ではレオポルド3世の復位と帰国が大きな政治問題となった[5]。

　国王の戦争中の行動は社会党（戦前の労働党），共産党，自由党の一部から強い批判を浴びた。一方，キリスト教社会党（戦前のカトリック党）は国王の帰国と復位を望んだ。国王の帰国をめぐり国論は大きく二つに分裂していた。

　1949年6月の総選挙で勝利し自由党との連立政権を樹立したキリスト教社会党は，この問題に決着をつけるため，国民の意向を問う投票を行うことを決定した。レオポルド3世自身は，国民の55％以上の賛成があれば帰国する意志を示していた。1950年3月12日に行われた国民投票では賛成が57.5％となり，55％を上回った。これにより，レオポルド3世の帰国が実現することになった。

　しかし，国王帰国の賛否をめぐっては地域格差が大きかった。図終-3で示されているように，フランデレン地域とワロンの農村地帯では帰国賛成が55％を上回ったのに対して，ブリュッセルとワロンの工業地帯では帰国賛成が50％未満となっている。より詳しくみると，フランデレンでは帰国賛成が72.2％と過半数を大きく上回ったのに対して，ブリュッセルでは48％，ワロンでは42％と帰国に賛成するものは半数以下であった。

図終-3　国民投票の結果（1950年3月12日）

国王帰国賛成
■ 55%以上
□ 50%未満

（出所）Bitsch, M. -Th., *Histoire de la Belgique*, Paris, 1992, p. 233.

　1950年6月に行われた総選挙では，人口の多いフランデレンを中心に国王問題がキリスト教社会党に有利に働き，同党は上下両院で過半数を占め，単独政権を樹立した。政府は7月20日に国王の帰国を認める決定を行い，7月22日に国王一家はようやく亡命先のスイスから帰国した。

　国王の帰国は国内に深刻な分裂の危機をもたらした。ワロンの主要工業都市リエージュ，シャルルロワでは国王の退位を求める世論が高まり，7月24日には労働者によるストライキやデモが激化し，内戦状態を呈することになった。

　この紛争に決着を着けるため8月国王はついに退位を表明した。次の国王には皇太子で長男のボードワン（Baudouin）が就くことになり，1951年7月，ボードアンは弱冠20歳で正式に王位に就いた。レオポルド3世の退位によって国内

の激しい衝突は回避された。だが，圧倒的多数で復位を支持したフランデレン民衆にとって，これは期待に反する屈辱的事態であった。ワロンとフランデレンの溝は深まることになり，フランデレンの側から国家の再編を求める大きなきっかけとなった。

2．言語対立の激化

　地域対立は言語面でより一層激化した。戦後最初の国勢調査が1947年に行われた。国勢調査には言語使用についての調査項目があった。この調査結果を1920年の調査と比較した表終-3から分かるように，ベルギー全土ではオランダ語住民がフランス語住民を上回って増加した。しかし，首都ブリュッセルとその周辺ではフランス語住民が増加し，また言語境界線に近いフランデレンの市町村でもフランス語住民が増加していることが判明した。この調査結果が国王問題で亀裂を深めた社会に与える影響を恐れた政府は，1954年まで調査結果を公表しなかった。

　次の国勢調査は1960年に予定されていた。国勢調査の結果が公表されると，フランデレンでは1960年の調査に言語調査を入れることに反対する運動が起こった。フランデレン住民は，言語調査の結果，フランス語系住民に有利になるように言語境界線が変更されるとの危機感を強く持っていた。フランデレンの反対により，結局，1960年の国勢調査では使用言語に関する質問項目は削除された。ベルギーでは1947年を最後に言語調査は行われず今日に至っている[6]。

　地域による政治的勢力の違いを表終-2で確認しておこう。ワロン地域では戦前以来社会党が過半数を超す議席を獲得していた。これに対してフランデレン地域ではキリスト教社会党がやはり過半数を超え，戦後はさらに議席を増やした。両地域で自由党は大きく離されて第3党の地位にあった。これに対して，ブリュッセルでは戦前は3党ともほぼ同数の議席を獲得し，戦後になると自由党の比率は低下したが他の地域に比べると自由党への支持は相対的に高かった。

　地域間対立は，学校問題においてさらに刺激された。1950年代にキリスト教社会党と社会党・自由党が反聖職者主義をめぐって対立した。1954年に成立し

表終-3　地域別言語使用状況（1920～47年）

(単位：%)

		オランダ語	フランス語	ドイツ語
フランデレン地域	1920年	94.9	5.0	0.0
	1947年	94.0	5.4	0.2
ワロン地域	1920年	2.4	94.5	3.1
	1947年	2.1	95.1	2.4
ブリュッセル地域	1920年	37.2	62.6	0.1
	1947年	24.6	72.7	0.4
ベルギー全体	1920年	52.7	46.0	1.2
	1947年	54.8	43.7	1.0

(出所)　梶田孝道『エスニシティと社会変動』有信堂，1988年，252頁。

た社会党＝自由党連立内閣は私立（カトリック）学校への助成金を削減するなど，反聖職者主義的政策をとりカトリックとするどく対立した。しかし，1958年の総選挙で社会党は敗北し，新しく成立したキリスト教社会党＝自由党連立内閣は，双方が歩み寄る形での解決策を作った。3党間の交渉が行われ，教育と宗教をめぐっての和解は成功した。すなわち，1958年11月の教育協定によって公立学校と私立（カトリック）学校を並存させることでこの問題は決着した。しかし，学校問題においてもキリスト教社会党支持者の多いフランデレン，社会党支持者の多いワロン，自由党支持者の多いブリュッセルの地域対立の側面を持った。

第3節　地方分権の進展

1．ルーヴァン大学問題

　教育と言語の問題は，ルーヴァン大学における使用言語をめぐって大きな政治問題に発展した[8]。ルーヴァン大学は，1425年に教皇マルティヌス5世（Martinus V）により創立されたヨーロッパの伝統ある大学の一つである。ルーヴァン（ルーヴェン）[7]はフランデレンにある大学都市だが，ルーヴァン大学での教育は従来フランス語で行われていた。しかし，第一次世界大戦後，

オランダ語でも教育が行われるようになり、1946年には両言語部門に分かれた。さらに、1962年には事務組織も分割され、両言語部門では各々独立した運営がなされることになった。

ところが、1960年代後半になるとフランデレン側からフランス語部門のワロン地域への移転を要求する声が高まり、ルーヴァン大学は言語対立の焦点となった。1967年後半には運動は激化し、大学理事会も両言語間で対立したため、政治問題化した。この問題に対してあいまいな態度を取り続けたためついに当時の政府は辞職に追い込まれた。こうして、1968年3月には総選挙が実施された。

1968年から70年にかけての混乱は、ようやくルーヴァン大学フランス語部門がブラバント州南部のワロン地域に新大学町ルーヴァン・ラ・ヌーヴ（Louvain-la-Neuve）を作り移転することで決着した[9]。また、ブリュッセル自由大学もフランス語校とオランダ語校に分割され、それぞれ独立した大学となった。

ベルギー最古の大学であるルーヴァン大学における言語対立に端を発する問題は、ベルギーの政治と社会に大きな影響を与えた。この問題でのフランデレン住民の態度は、ワロンのカトリック教徒にとり精神的痛手を与えた。そして、この問題をきっかけにキリスト教社会党はフランス語系とオランダ語系に分裂することになる。

2. 政党の地域化

第二次世界大戦後、既成政党のうちカトリック党はキリスト教社会党に名称変更し、カトリックに限定されないキリスト教政党になると同時にカトリック社会教説の影響もあり社会問題への強い関心を示した。また、占領期にナチスに消極的な協力をした党首ドゥマンによって解党された労働党は社会党として再出発し、反共主義を明確にした。そして、戦後も戦前と同様にキリスト教社会党、社会党、自由党の組み合わせによる連立政権が多数成立した。

しかし、一方で新たに地域政党の創設が見られた。まず、1954年にフランデレン人民同盟（Volksunie：VU）が結成された。VUは、フランデレンの自治

表終-4　戦後ベ

	1946 %	1946 議席	1949 %	1949 議席	1950 %	1950 議席	1954 %	1954 議席	1958 %	1958 議席	1961 %	1961 議席	1965 %	1965 議席	1968 %	1968 議席
キリスト教社会党	42.5	92	43.6	105	47.7	108	41.1	95	46.5	104	41.5	96	34.4	77	31.8	69
社会党	31.6	69	29.8	66	34.5	77	37.3	86	35.8	84	36.7	84	28.8	64	28.0	59
自由党	8.92	17	15.25	29	11.25	20	12.1	25	11.1	21	12.3	20	21.6	48	20.9	47
ブリュッセル・フランス語系民主戦線／ワロン連合	—	—	—	—	—	—	—	—	—	—	—	—	2.3	5	5.9	12
フランデレン人民同盟	—	—	2.1	0	—	—	2.2	1	1.9	1	3.5	5	6.7	12	9.8	20
共産党	12.7	23	7.5	12	4.7	7	3.6	4	1.9	2	3.1	5	4.6	6	3.3	5
エコロ（ワロン環境政党）	—	—	—	—	—	—	—	—	—	—	—	—	—	—	—	—
アガレフ（フランデレン環境政党）	—	—	—	—	—	—	—	—	—	—	—	—	—	—	—	—
労働尊重同盟（プジャード主義極右政党）	—	—	—	—	—	—	—	—	—	—	—	—	—	—	—	—
フラームス・ブラング（フランデレン極右政党）	—	—	—	—	—	—	—	—	—	—	—	—	—	—	—	—
国民戦線（ワロン極右政党）	—	—	—	—	—	—	—	—	—	—	—	—	—	—	—	—
ファン・ロセム（リバタリアン系極右）	—	—	—	—	—	—	—	—	—	—	—	—	—	—	—	—
その他	2.2	1	—	—	—	—	—	—	—	—	2.9	2	2.1	0	—	—

（注）カッコ内の数字は，3大政党の地域別の得票率と獲得議席を示す。
（出所）Fitzmaurice, John, *The Politics of Belgium: A Unique Federalism*, London: Hurst & Company, 1996, pp. 272-

を要求し連邦制を主張した。この動きに対抗する形で1960年代前半にはワロン連合（Rassemblement Waloon：RW）とブリュッセル・フランス語系民主戦線（Front Démocratique des Francophones de Bruxelles：FDF）が相次いで設立され，両党は協力関係を持った。

　表終-4から分かるように，1965年の総選挙では地域政党の伸長が顕著となった。VUは5議席から12議席に増大し第4党に躍進した。また，FDF/RWも議席を初めて獲得したが，他方でキリスト教社会党と社会党はそれぞれ約20議席を失った。さらに，ルーヴァン大学問題による内閣総辞職によって実施された1968年3月の総選挙では，VUとFDF/RWが一層議席を増加させたのに対

ベルギー下院の構成

	1971 %	議席	1974 %	議席	1977 %	議席	1978 %	議席	1981 (注) %	議席	1985 %	議席	1987 %	議席	1991 %	議席	1995 %	議席
	30.1	67	32.3	72	36.0	80	36.3	82	フランス語系(7.1) 26.4 オランダ語系(19.3)	61	(7.9) 29.2 (21.3)	(20) 69 (49)	(8.0) 27.5 (19.5)	(19) 62 (43)	(7.7) 24.5 (16.8)	(18) 57 (39)	(7.7) 24.9 (17.2)	(12) 41 (29)
	26.4	61	26.7	59	27.1	62	25.4	58	フランス語系(12.7) 25.1 オランダ語系(12.4)	61	13.7 28.2 14.5	35 32	15.6 30.5 14.9	40 72 32	13.5 25.5 12.0	35 63 28	(11.9) 24.5 (12.6)	(18) 39 (21)
	15.9	34	15.2	30	15.5	33	16.4	37	フランス語系(8.6) 21.5 オランダ語系(12.9)	52	10.2 20.9 10.7	24 22	9.4 20.9 11.5	23 48 25	8.1 20.1 12.0	20 46 26	(10.3) 23.4 (13.1)	(18) 39 (21)
	11.2	24	10.9	25	7.1	15	7.1	15	4.2	8	1.2	3	1.2	3	1.5	3	—	
	11.1	21	10.2	22	10.0	20	7.0	14	9.7	20	7.9	16	8.1	16	5.9	10	4.7	5
	3.1	5	3.2	4	2.1	2	3.2	4	2.3	2	1.2	0	0.8	0	0.1	0	—	
	—		—		—		0.8	0	4.8	4	2.5	5	2.6	3	5.1	10	4.0	6
	—		—		—		0.9	1	2.7	3	3.7	4	4.5	6	4.9	7	4.4	5
	—		—		—		1.4	1	1.1	1	1.2	1	—		0.2	0	—	
	—		—		—		—		—		1.4	1	1.9	2	6.6	12	7.8	11
	—		—		—		—		—		—		0.1	0	1.1	1	2.5	2
	—		—		—		—		—		—		—		3.2	3	—	
	—		—		—		—		—		2.3	0	2.0	0	1.5	0	2.9	0

273より作成。

して，連立政権を形成していたキリスト教社会党と社会党はさらに議席を減少させた[10]。

　ルーヴァン大学問題でキリスト教社会党の分裂は決定的となり，同党はPSC（フランス語系）とCVP（オランダ語系）の二つの政党に分かれた。全国政党の地域化は他党にも及び1972年に自由党がPRL（フランス語系），PVV（オランダ語系）に分裂した。社会党も1978年ついにPS（フランス語系）とSP（オランダ語系）に分かれることになった。

　なお，環境政党も1978年から国会に議席を持ったが，当初よりフランス語系のエコロ（Ecolo）とオランダ語系のアガレフ（Agalev）に分かれて設立された。

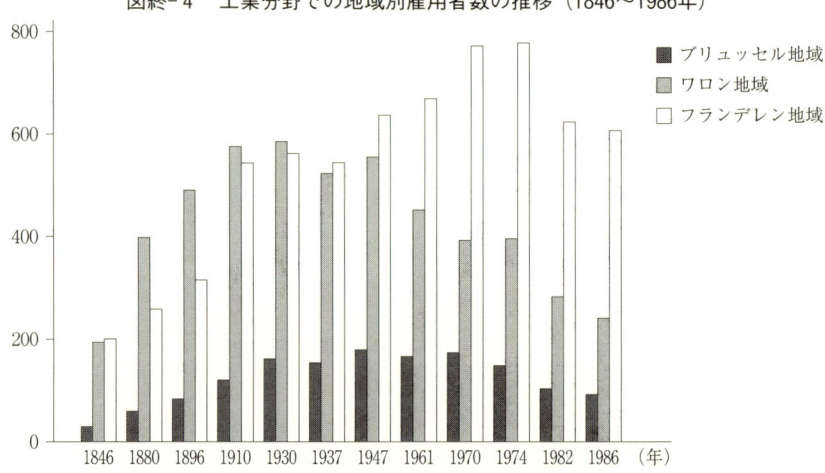

図終-4　工業分野での地域別雇用者数の推移（1846～1986年）

凡例：ブリュッセル地域／ワロン地域／フランデレン地域

(注)　1846, 1880, 1896年は家内工業を除く。
(出所)　Vandermotten, Christian, Two Hundred Years of Change in the Industrial Geography of Belgium, Van der Wee, H. (ed.), *The Economic Development of Belgium since 1870*, Edward Elgar, 1994, p. 147.

3．地域経済問題

　第二次世界大戦後，それまで圧倒的に優勢だったワロン経済がしだいに衰退し，反対にフランデレン経済が成長した。図終-4の工業分野での地域別の雇用者数の推移を見ると，19世紀後半にワロン地域の雇用者がフランデレン地域を凌駕していたが，第二次世界大戦後はフランデレン地域がワロンを上回り，その差はますます拡大していることが分かる。ワロン地域の重工業は古くから開発されてきた炭田を基盤としてきたが，第6章で検討したように，戦後は炭鉱の老朽化が進み生産コストがかさむうえに外国からの輸入炭との競争に直面し，1950年代後半に危機に陥った。また，主要産業の一つであった繊維産業もいち早く衰退し，合併を続け体質の強化を図った鉄鋼業もオイル・ショック後は不況に陥った[11]。

　ワロン経済が衰退する一方，フランデレンでは20世紀に開発が始まったカンピーヌ炭鉱が戦後一層発展し，戦争直後からアントウェルペン港がアメリカか

表終-5　国内総生産の地域別比率

(単位：%)

年	ワロン地域	フランデレン地域	ブリュッセル	ベルギー合計
1960	32.1	45.1	22.8	100
1966	30.0	51.6	16.4	100
1970	29.1	53.8	17.1	100

(出所)　Mommen, André, *The Belgian Economy in the Twentieth Century*, London/New York, 1994, p. 132.

らの援助物資の受け入れなどの貿易で大きな役割を果たした。1960年代から北海に面したアントウェルペンやヘントでは英米を中心とした外国資本によって化学，電気，石油，自動車，鉄鋼などの工場建設が進み，さらに運河の改良や港湾の拡張もこの地域の発展を後押しした[12]。こうして，フランデレンは急速な経済発展を経験した。

　国内総生産（GDP）に占める比率を表終-5で見ると，1960年にGDPの32.1%を占めていたワロン地域は70年には29.1%に落ち込み，フランデレンはこの10年間に45.1%から53.8%へと上昇し，ベルギー全体のGDPの半分を超えた。ブリュッセルは1960年に22.8%であり，66年に16.4%に下がったが70年には17.1%に持ち直した。ブリュッセル地域は総人口の約10%を占めるにすぎず，元来その経済力が人口に比して高い点に留意する必要がある。むしろ，フランデレン経済の急激な拡大によってその比率を下げたとみるべきであろう。なお，オイル・ショックの影響を強く受けた1975年の国内総生産はワロン5,761億フラン，フランデレン1兆1,857億フラン，ブリュッセル3,235億フランであり，それぞれ27.6%，56.85%，15.55%を占めた。また，1975年の失業率は，それぞれ9.1%，5.1%，5.5%であり，ワロン経済の不振が深刻であることが分かる[13]。

　このようにベルギーでは，ワロン経済が繁栄していた1950年代まではフランデレン経済が不調であり，1960年代からフランデレン経済が成長するとワロン経済が不況に陥り今日まで停滞を余儀なくされてきた。そして，両地域の格差は歴然であり，国民経済として一体となった経済循環を経験してこなかった。

第4節　連邦制への移行

1．国家の再編成

　言語・文化面でのワロンとフランデレンの対立，経済面での相反する動向は，国家としてのベルギーを危機に陥れる一方，地域の自立化を促進した。ベルギーでは1960年代後半から連邦化ないし地方自治の要求が急速に高まった。1970年の最初の憲法改正を出発点にしてベルギーでは4回の憲法改正が行われ徐々に連邦制に移行した。

　ルーヴァン大学問題に対応するなかでガストン・エイスケンス（キリスト教社会党＝社会党連立）内閣のもと1970年に戦後最初の憲法改正が行われた。この改正の目的は「国民の間の言語，文化の相違を考慮して，国の組織構造を変革するという特殊のねらいをもったものである」[14]。そして，憲法第3条においてベルギーがフランス語区，オランダ語区，ブリュッセル・首都2言語区およびドイツ語区の4言語区から構成されること，またフランス語，オランダ語およびドイツ語の3共同体からなることが規定された。

　ベルギー国内における地方分権の圧力はさらに高まり，それまでかろうじて統一を保っていた社会党も1978年にはワロンとフランデレンに分裂した。1980年にウィルフリド・マルテンス（Wilfried Martens）キリスト教社会党＝社会党連立内閣のもとで2回目の憲法改正が行われた[15]。この改正の柱は共同体の権限の拡大と社会的援助の強化だった。ただし，この憲法改正でも連邦制の構造をとるには至っていない。

　さらに，第8次マルテンス（キリスト教社会党＝自由党連立）内閣のもとで1988～89年に3回目の憲法改正が行われた。この改正により教育分野における言語共同体の制限は撤廃され，中央政府から地方政府への公共工事，運輸などの権限の移譲が行われた。ここに至ってベルギーの国家改革は明らかに連邦制を明確にするが，この段階での連邦化は不十分なものであった。

図終-5　ベルギー連邦制の構造

レベル	制度
連邦レベル	連邦機構　下院, 上院, 国王, 連邦政府
共同体レベル	ドイツ語共同体／フランス語共同体／共同体合同委員会（フランス語共同体委員会・オランダ語共同体委員会）／オランダ語共同体
地域レベル	ワロン地域／ブリュッセル首都圏／フランデレン地域
州レベル	5ワロン州／ブリュッセル首都圏2言語地域／5フランデレン州
市町村レベル	ワロン市町村／ブリュッセル19区／フランデレン市町村

(出所)　Brassinne de la Buissière, Jacques, La structure de l'Etat fédéral, *La Wallonie, une Région en Europe*, Charleroi: Institut Jules Destrée, 1997, p. 37より作成。

2．連邦制の完成

　最終的に1993年の4回目の憲法改正によりベルギーは世界でもめずらしい立憲君主制の連邦国家に完全に移行した[16]。このときの内閣はキリスト教社会党＝社会党連立のジャン＝リュク・デハーネ（Jean-Luc Dehaene）を首班としていた。新しいベルギー国憲法は第1条で「ベルギーは，共同体と地域圏からなる連邦国である」と宣言した。ベルギー連邦制は図終-5のような構造を持った。この連邦制は，空間的に国内を三つの地域圏（ワロン，フランデレン，ブリュッセル）に分け，さらに文化的にも三つの言語共同体（フランス語，オランダ語，ドイツ語）から構成される複雑な制度である。

　連邦政府と共同体および地域圏の間で権限は以下のように配分される。連邦政府は，外交，軍事・防衛，エネルギー政策など国家レベルの政策を行う。共同体政府は，文化，教育，家族に関する政策を行い，地域政府は住宅，土地，

環境，都市計画などを行う。

　また，選挙制度も図終-6のように複雑なものとなっている。すなわち，連邦，地域，共同体の三つのレベルの政府に対応して議会を持つ。ただし，フランデレン地域圏議会とオランダ語共同体議会はフランデレン議会に統一されている。

　また，ブリュッセルおよびその周辺の自治体の言語事情は複雑である。図終-7の通り，ブリュッセル市の19の区（コミューン）は2言語地域である。そして，周辺の六つのコミューン（市町村）はフランデレン地域に属するがフランス語住民が多いため「便宜的フランス語可地域」となり，フランス語の使用が認められている。

　1993年7月21日の独立記念日にボードワン国王は，次のような演説を国民に向かって行い，連邦制に理解を求めた。

　　1970年に始められ，実施されてきた変革に加えて，さらに大きな政治構造の変革がありました。国の憲法によって，ベルギーは一つの連邦国家となったのです。
　　議会は，地方と市町村に大幅な自治権を与え，それと欠かせない国家的統一と団結との間に，新しいバランス関係を打ち立てました。
　　この変革は，世界でもあまり例を見ないほど，民主的，平和的に実現されました[17]。

　演説の最後に国王は，「わが国のヨーロッパにおける役割を喚起したい」として，当時まだすべてのEU加盟国がマーストリヒト条約を批准してない状況を踏まえて次のように述べた。「真に連邦的な一つのヨーロッパを実現することが必要です。それこそが，経済危機からの脱出と，狭量かつ有害で，自己中心的なナショナリズムという病に打つ勝つことを可能にするのです」[18]。このように，国王は連邦国家ベルギーが欧州建設に積極的に取り組むことを訴えた。

　以上は政治的にほとんど権限のない国王の演説ではあるが，演説にはベルギーの連邦制と欧州建設がともに進展するようにとの期待が表明されており，

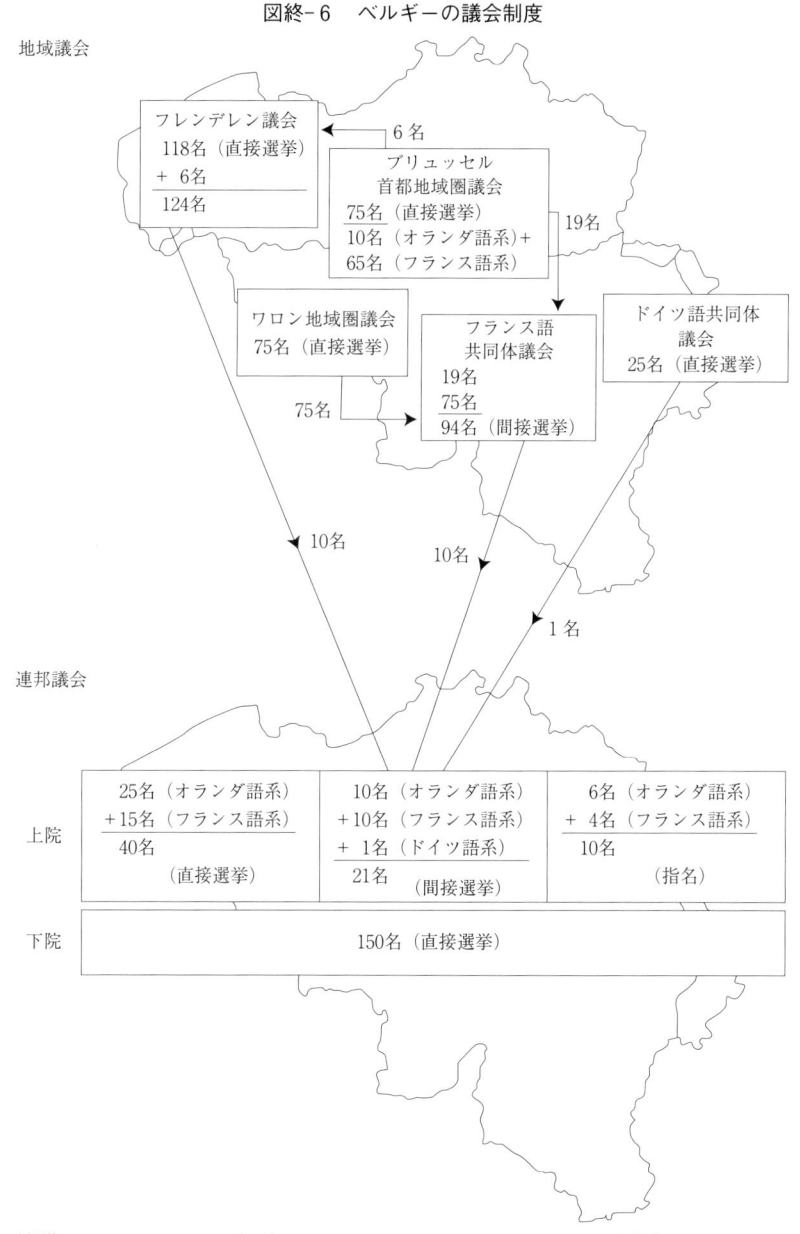

終章　欧州建設下のベルギー連邦化　335

図終-6　ベルギーの議会制度

地域議会

フレンデレン議会
118名（直接選挙）
＋ 6名
124名

← 6名

ブリュッセル
首都地域圏議会
75名（直接選挙）
10名（オランダ語系）＋
65名（フランス語系）

19名

ワロン地域圏議会
75名（直接選挙）

フランス語
共同体議会
19名
75名
94名（間接選挙）

ドイツ語共同体
議会
25名（直接選挙）

75名

10名

10名

1名

連邦議会

上院	25名（オランダ語系） ＋15名（フランス語系） 40名 （直接選挙）	10名（オランダ語系） ＋10名（フランス語系） ＋ 1名（ドイツ語系） 21名　（間接選挙）	6名（オランダ語系） ＋ 4名（フランス語系） 10名 （指名）
下院	150名（直接選挙）		

（出所）　Deprez, K. and Vos, L. (eds.), *Nationalism in Belgium*, London, 1998, p. 192より作成。

図終-7　ブリュッセルの両言語地域

（出所）Deprez, K. and Vos, L. (eds.), *Nationalism in Belgium*, London, 1998, p. 181より作成。

終章　欧州建設下のベルギー連邦化　337

両者がベルギーの最重要の課題であることを端的に示している。

　実際，欧州建設の進展とベルギーの連邦主義への動きは同調して発展してきた。ECが関税同盟を完成させた1968年にルーヴァン大学問題は混乱の頂点を迎えて，1970年の憲法改正にたどり着いた。ローマ条約の大幅改定である単一欧州議定書が発行し，「1992年市場統合」を目指してECが大きく市場経済化への改革を行っていた1988年にベルギーは3度目の憲法改正により地方自治を強化し連邦制への道を開いた。そして，マーストリヒト条約の調印・批准のさなかに4度目の憲法改正によりベルギーは完全に連邦制に移行した。

第5節　欧州建設と補完性原理

1．補完性原理と地方自治

　欧州では戦後，地域の自立性を重視する傾向が強くなっている。欧州審議会は1985年7月に欧州地方自治体憲章（European Charter of Local Self-Government）[19]を採択し，憲章は1988年9月に発効した。憲章は，補完性原理（英語 Principle of Subsidiarity：仏語 principe de subsidiarité）の考えに則って地域の自立性を保障した。補完性原理によれば，地域でできることは地域で行い，国でしか行うことができないことが国に残される。憲章の第4条3項は，「公的な任務は，市民に最も近い地方自治体が一般的に優先して実行する。他の団体への任務の配分は，その範囲，性格および効率と経済の要請を考慮して行わなければならない」と規定している。

　一方，EUでは補完性原理をまずEUと国家との権限配分の原則として，EUの超国家的活動を抑制することを建前として採用した。当時EUにおいては，とくにサッチャー英首相が，ブリュッセル（EC委員会）の政策に歯止めをかけることを要求しており，これに対応して補完性原理が持ち出されたと理解された。

　1991年末に合意され1993年11月に発効したマーストリヒト条約（欧州連合条

約)[20)]は補完性原理を正式に採用した。マーストリヒト条約は序文で「この連合における決定が，補完性原理に従って，可能な限りその市民に近いところで行われ，欧州諸国民の間に一層緊密な連合を設立する」と述べている。そして，マーストリヒト条約第3条b項は，「共同体はその排他的機能に属さない領域においては，補完性原理に従って，提案されている行動の目的が加盟国によっては十分に達成されず，それゆえに，その行動の大きさや効果の観点から，共同体によるほうが一層よく実現される場合に限り，またその限りで活動を行う」と共同体が補完性原理に従って行動することを規定した。補完性原理はEUにおける権限配分の原則として導入され，EUが扱う政策領域は国家が扱うよりも，EUとして取り組んだ場合に限られることになった。

たしかに，補完性原理によりEUと国家との権限配分関係は国家に比重が置かれることになった。しかし，この原理は，地方分権を主張する側から国家と地方との権限配分にも適用されうるものと理解された。これは，それまでの欧州審議会の議論，とりわけ欧州地方自治体憲章で補完性原理が規定されたことから，分権論者にとって必然的な理解であった。すなわち，EU，国民国家，地方の間の関係を補完性原理によって調整する方向に欧州は向かいつつある。

実際，補完性原理を採用したマーストリヒト条約も，地域の持つ力を認めて，第198条で地域委員会（Committee of the Regions）を新設した。地域委員会はEUの地域および地方の組織の代表189名によって構成され，地域と関係の深い問題についてはEUの決定の前に委員会に諮問されることになった。地域委員会の創設によって，地域は国家をチャンネルせず直接EUの委員会や理事会に地域の意向を反映できるようになったのである。地域委員会の設立は，欧州建設を進めるうえで地域の役割の重要性が増してきたことを反映したものといえよう。

また，1993年のベルギー憲法も第35条において初めて次のように権限の配分を明確にした。すなわち，「連邦機関は，憲法と憲法に従って定められた法律が正式に認めた事項においてのみ権限を有する。共同体および地域圏は，各々に関して，法律で定められた条件と方式に従って，その他の事項に関する権限

を有する」[21]と定められた。この権限配分原則は、明らかに補完性原理にもとづくものであり、欧州地方自治体憲章に則ったものである。

2．補完性原理とカトリック社会教説

これまで見てきたように、補完性原理は、欧州の統合と地方分権が進むうえで、重要な原理となっている。欧州審議会は、専門家に補完性原理に関する研究を委嘱した。その研究報告[22]によれば、補完性原理の考え方は最近になって生まれたものではない。古代の哲学者アリストテレスや中世スコラ哲学のトマスアキナスにまで遡ることも可能である。しかし、直接の起源は、ローマ教皇ピウス11世（Pius XI）が1931年に出した回勅『クアドラジェジモ・アンノ』のなかにある。同回勅は、カトリック社会教説（Social Catholicism: catholicisme social）を明確に定義したものである[23]。

カトリック社会教説は、19世紀後半ヨーロッパにおける労働者の貧困や失業の問題、社会主義思想の台頭に直面したカトリック教会が起こした資本主義社会の改革運動である。カトリック社会教説は、1891年にローマ教皇レオ13世によって出された回勅『レールム・ノヴァルム——労働者の境遇について』[24]によって公式のものとなった

レオ13世は、労働者に適正な賃金と労働組合に加盟する権利を認めるとともに、社会問題の解決のために公権力が経済社会の問題に介入することを求めた。『レールム・ノヴァルム』は、カトリック教会が社会問題に積極的に発言し活動する画期となり、各国でカトリック社会教説の活動団体が結成されるとともに、この後、時代の変化に対応して歴代の教皇によって社会回勅が発布されていく[25]。

1931年ローマ教皇ピウス11世は『レールム・ノヴァルム』発布40年を記念して回勅『クアドラジェジモ・アンノ』[26]を発布した。同回勅は当時の大恐慌とファシズムの脅威に直面した世界に対して、資本主義と共産主義の双方を批判するとともに、貧しい労働者を抑圧している社会秩序の刷新を主張した。回勅において強調されたのは、共通善、連帯主義、補完性原理の3点であった。

この社会秩序の刷新の柱の一つである補完性原理は，以下のように説明される。「次の社会哲学の最も重要な原則を変更したり損なったりしてはならない。すなわち，個人が自身のイニシャチヴと能力によって行いうることを個人から奪って共同体に移譲してはならないように，より下級の団体が自身で達成できる職務をそこから奪って，より上級の大きな共同体に委ねるということは，正義に反することであり，また社会秩序を大きく乱すことである。すべての社会的干渉の本来の目的は，社会の成員を『助ける』ことであり，彼らをだめにすることでも取り込んでしまうことでもない」[27]。

　補完性原理によって，国家権力は，国家にしかできないあるいは国家に委ねられている任務をより自由に，より強力に，より効果的に行うことができる。そして「補完性原理にもとづいてすべての団体の間で段階的秩序が完全に守られれば守られるほど，社会的権威とその機能とは一層強大なものとなり，公共の事業はより円滑になり，一層繁栄した国家となる」[28]。このようにして，補完性原理は初めて明確に定義された。

　『クアドラジェジモ・アンノ』は，補完性原理にもとづき国家の社会政策に対する積極的取り組みを促すとともに，職能団体の重要性を強調し，職能団体間の協力を推進することによって階級間の対立をなくすことができると述べた。

　補完性原理は第二次世界大戦後に引き継がれ，さらにその重要性を増大させた。教皇ヨハネス23世（Johannes XXIII）が1963年に出した回勅『パーチェム・イン・テリス——地上の平和』[29]は，1962年のキューバ危機とベルリンの壁建設の直後に書かれた。ヨハネ23世は世界平和を実現するためには社会秩序が守られなければならないとして，個人，公権力，国家，国際社会が守るべき権利と義務を示した。そして，これらの間の関係について次のように述べた。「各国において，公権と個人，家族および中間団体との関係が，補完性原理によって支配され調整されねばならないが，同様に，世界的公権と各国政府との関係も同じ原理によって支配されねばならない。（中略）世界的公権は，各国に固有の領域で行う活動を制限したり，これら国家に取って代わるものではない。反対に，世界のすべての国に，政府だけでなく，個人や中間団体のためにも，

いっそう安全にその役割を果たし，権利を行使することができる諸条件を作るように働くのである」[30]。

『パーチェム・イン・テリス』は，世界平和の構築における国際機関や国家の役割を重要視するとともに，国家の下位にある中間団体や個人との関係を補完性原理によって支配されるものとし，さらに国際機関が中間団体や個人の権利行使を保証することを謳っており，ヨーロッパ自治体憲章やマーストリヒト条約の補完性原理の直接の起源と言えるだろう。

ヨーロッパ自治体憲章が批准されて後，マーストリヒト条約が合意される直前の1991年5月，教皇ヨハネス・パウルス2世（Johannes Paulus II）は『レールム・ノヴァルム』公布100周年を記念して回勅『CENTESIMUS ANNUS（百周年）』[31]を発表した。同回勅は，国家と経済の関係について，補完性原理に従って，国家が「経済活動が自由に営まれるための好ましい条件をつくりだすことによって，豊かな雇用機会と財源をもたらさなければなりません」[32]と述べている。

そして，福祉国家の行き過ぎや濫用から福祉国家を「社会的扶助国家」であると批判する動きがあることに対して，社会扶助国家の欠陥や問題は「国家に固有の任務を正しく理解していないことから生じている」と指摘し，補完性原理の重要性を強調する。「すなわち，上位の共同体は下位の共同体からその役割を奪い，その内的生活に干渉すべきでなく，むしろ絶えず共通善の観点から，必要なときにはこれらを支え，これらの相互の活動を調整するために援助すべきなのです」[33]。

欧州建設がカトリック社会教説に由来する補完性原理によって，EC/EU，国家，地域の関係を階層化し，地方自治を促進した側面があることは明らかである[34]。したがって，当時のサッチャー政権がブリュッセルの超国家的権限が拡大するのを批判し，国家主権を擁護する立場から補完性原理を受け入れたことは間違いないとしても，それにとどまらない重要な意味を補完性原理は持っているといえよう。

3. 新自由主義者の連邦制論と分権論

　欧州建設と地方分権の促進を主張したもう一つの潮流が，ハイエク（Friedrich von Hayek）やヴィルヘルム・レプケ（Wilhelm Röpke）といった経済学者に代表される新自由主義であった。新自由主義の考えが欧州建設を推進するうえで重要な役割を担った点は，ジョン・ギリンガム（John Guillingham）らにより近年注目されている[35]。新自由主義者は，欧州建設を考察する点で重要な視点である分権主義と連邦主義の立場を明瞭に示している[36]。レプケは，緊密化する国家間関係を調整することを目的として，連邦主義と分権主義の両方を主張する。レプケの考えでは，自由な生活を営むには国内においては地方を基盤とすべきであり，国家は地方の利害を調整する。同様に，国際機関においても国家が基本単位であり，連邦においても国家主権は廃棄されない[37]。すなわち，「補完性原理」によって階層的に秩序づけられた連邦・国家・地方の関係が彼の連邦主義である。

　したがって，レプケは1950年代当時のECSCやEECによる経済統合にはきわめて懐疑的であった。なぜなら，これら共同体においては大市場・大量生産が目的とされ，国際官僚が計画し政策において大きな力を持つ。したがって，共同体は分権的でなく自由な経済活動が阻害されると考えたからである。レプケにおいて連邦制の下での経済は，為替の自由交換と自由貿易が行われるだけで十分であった[38]。

　レプケの理想とする権限配分の原則である補完性原理は，すでに見たようにマーストリヒト条約でEUと国家の関係について明確に規定された。また，EUと密接な関係を持つ欧州審議会も，ヨーロッパ地方自治体憲章において，補完性原理の考えを取り入れて地方分権を謳っている。レプケの思想はEUにおいて徐々に実現しつつあると言えよう。

　一方，ハイエクも1930年代末から，欧州建設についての見通しを発表していた[39]。ハイエクは，超国家機関によって行われる国際的計画化に対して反対する。なぜなら，それは資源や市場をめぐる国家間対立を招き，力や強制による

終章　欧州建設下のベルギー連邦化　343

支配につながり，とくに小国の個性や権利を無視したものとなるからである[40]。

ハイエクによれば，第二次世界大戦後に必要な体制は，「責任を負わない国際的経済機関の権力の強化ではなくて，まさに反対に経済的利益を制限し，それらの衝突を公平に裁くことのできる国際的政治機関である。(中略) そして，国際的機関のこれらの権力が，『法の支配』によって，国内的な場合よりもさらに厳密に制限されなくてはならぬということは，重大なことである」[41]。

彼によれば，国際機関のもとで連邦制が敷かれることになる。なぜなら，連邦主義は民主主義を国際面に適用したものであり，各国国民の要求を不当に抑圧することのない，「国際秩序を規定する唯一の各国民の連合形態」[42]であるからである。連邦制のもとでは，権力はさまざまな機関に分割され，国家間レベルにおいても権力が制限される。

さらに，ハイエクは連邦体制の下で，「国家から地方団体への権力の委任が可能となるものとさえ期待される」[43]と言い，地方分権の可能性に言及している。すなわち，彼によれば大規模組織や大きな社会では個人が理解することが容易ではなくなり，民主主義は衰弱してしまう。よって，「大幅な地方自治は，将来の指導者のみならず住民一般にとって政治的訓練の学校となるが，これが欠けているところでは民主主義はうまく機能してこなかった」[44]。

大規模な社会や組織に批判的なハイエクは，国際社会における小国の存在を強調し，その経験から学ぶことを主張した。すなわち，「小国の国民生活のなかにより多くの美しさや，上品さが見いだされ」，「小国が生活するように適するような世界を創造することができれば，われわれすべては利益を得ることができるのである」[45]。そして，小国が外部から支配されず独立を維持するには，超国家機関のもとでの国際法の実施が必要である。

しかしながら，全世界的な連邦をすぐに形成しその任務を適切に行うことは，国際連盟の失敗が示しているように不可能である。そこでハイエクは，まず，より小規模な地域的な連盟が作られ，それらが漸進的に拡大することを期待していた。そして，「連邦的結合の示す比較的に緊密な連合は，最初は西ヨーロッパの一部のような狭い地域を越えて実行することは可能ではないであろう」[46]

と，西ヨーロッパ域内に限定された連邦を現実的な第一歩と見ていた。

大国が支配的にならず，小国の存在が保障されるばかりかむしろ理想とされ，自由な経済活動が行われる国際関係という代表的新自由主義者ハイエクやレプケの思想は，小国ベルギーの国益と一致する。以上みてきたような新自由主義思想は，ベルギーが戦後の欧州建設を積極的に推進する背景にあったものと考えられる。

小　括

本章で検討したように，ベルギーの連邦化は第二次世界大戦後の国内における地域対立の激化と地方自治要求の高まり，欧州建設の進展など国内外の環境変化に対応したものであった。ベルギーは19世紀に国民国家として誕生したが，国内では当初から言語・文化の違う国民が共存していた。したがって，欧州建設が進み，国家の存在が相対化されたことによって，地域のアイデンティティーが激しく刺激されたと考えられる。

ベルギーが欧州建設と地方分権の同時進行に比較的順調に取り組んだ背景として，カトリックの精神的影響があった点も見逃すことができない。北ネーデルラントではプロテスタントのオランダが独立したが，南のベルギーは人口の大半がカトリックである。バチカンは欧州建設に対する支持を続けてきた。補完性原理の考えが広まり，欧州建設が進展するとともに国内では地域の自立化が進行した。

ベルギーのように国内に複数の言語・民族を抱え元来国民国家としてのまとまりの弱い国において，国境を越えた地域統合は地域の活性化を促進し，他方でこうした地域の持つエネルギーが欧州建設を推進する側面を持つ[47]。大きな自治権を得た地域では，下からのつまり市民の側からのEUへの支持が強い。

ただし，欧州統合の進展と地域の自立化が国家の解体にまで至るとは言えない。たしかに国家の権限の一部はEU，地域に委譲されたが，未だにEUの構成単位は国家であり，対外的にはベルギーが一つであることに変わりはない。

終章　欧州建設下のベルギー連邦化　345

　また，今日に到るまで分離独立の要求は大きくなく，連邦国家としてのまとまりに問題がみられないことから，ベルギー人にあっては欧州（EU），国家，地域の三重のアイデンティティーが共存していると考えられる。その意味で，ベルギーの経験は今後のEU市民像を考える上で示唆を与えるものと言えよう。

1）　スイスは，ベルギー同様に欧州大陸に位置する高度に発達した工業を持つ小国であるが，連邦化の歴史は大きく異なる。わが国におけるスイス研究では以下の文献が掘り下げた考察を行っている。森田安一『スイス』刀水書房，1980年，（三補版，1994年）；黒澤隆文『近代スイス経済の形成』京都大学学術出版会，2002年。
2）　本節の記述においては，以下を適宜参照した。Bitsch, *op. cit.*, 1992, pp. 121-212; Von Busekist, *La Belgique: Politique des langues et construction de l'Etat de 1780 à nos jours*, Paris/Bruxelles: Duculot, 1998, pp. 62-268; Witte, Els et Craeybeckx, Jan, *La Belgique politique de 1830 à nos jours*, Bruxelles: Labor, 1987, 48-198; Mabille, Xavier, *Histoire politique de la Belgique*, Quatrième édition, Bruxelles: C. R. I. S. P., 2000, pp. 156-236; Murphy, Alexander B., *The Rigional Dynamics of Language Differentiation in Belgium*, Chicago: University of Chicago, 1988, pp. 57-120.
3）　憲法第23条は以下の通り。「ベルギー国で通用している言葉の使用は任意である。官憲の行為および裁判事務についてのみ，法律によって，用語を定めることができる」。清宮四郎訳「ベルギー国憲法」宮沢俊義編『世界憲法集』岩波文庫，1960年。
4）　Bitsch, M. -Th., *Histoire de la Belgique*, Paris, 1992, p. 139.
5）　国王帰国問題については，Bitsch, *op. cit.*, pp. 232-235；Murphy, *op. cit.*, pp. 125-127 を参照。
6）　言語調査問題については，Bitsch, *op. cit.*, p. 236；Murphy, *op. cit.*, pp. 128-129 を参照。
7）　フランス語ではLouvain（ルーヴァン），オランダ語ではLeuven（ルーヴェン）となる。
8）　ルーヴァン大学問題について詳しくは，Laporte, C., *L'affaire de Louvain 1960-1968*, Paris/Bruxelles: De Boeck, 1999を参照。また，François Aymé, *De l'État unitaire à L'État fédéral*, Bruxelles: AURA, 1997, pp. 125-137；Mabille, *op. cit.*, pp. 334-337も参照。
9）　ルーヴァン大学の移転については，Woitrin, Michel, *Louvain-la-Neuve et Louvain-en-Woluwe: Le grand dessin*, Paris/Gembloux: Duculot, 1987を参照。

10) François, *op. cit.*, pp. 126-128.
11) 鉄鋼業の危機については、Mommen, *op. cit.*, pp. 168-174を参照。
12) *Ibid.*, pp. 127-130.
13) Dumont, Georges-Henri, *Histoire de la Belgique*, Paris: Hachette, 1977, p. 534より。
14) 清宮四郎「ベルギー国憲法」宮沢俊義編『世界憲法集』（第四版）岩波文庫、1983年、67-68頁。
15) 1970年と80年の憲法改正については、Cerexhe, E. et Piette, C., *La constitution belge et les lois de réformé de l'Etat*, Bruxelles, 1987を参照。
16) 1993年の憲法について詳しくは、Uyttendaele, M., *Précis de droit constitutionnel belge: regards sur un systeme institutionnel paradoxal*, Bruxelles, 2001を参照。
17) L. J. スーネンス著／渡辺美紀子訳『ボードワン国王』ドン・ボスコ社、1999年、153-154頁。
18) 同上書、156-157頁。
19) "European Charter of Local self-government", Council of Europe, *European Conventions and Agreements, Vol. V 1983-1989*, Strasbourg, 1990.
20) *Treaty on European Union*, signed in Maastricht on 7 February 1992. マーストリヒト条約の翻訳文は、金丸輝男編著『EUとは何か――欧州同盟の解説と条約――』日本貿易振興会、1994年を参考にした。
21) 1993年ベルギー憲法の翻訳においては、武居一正「ベルギー王国」阿部輝哉・畑博行編『世界の憲法集』（第二版）有信堂、1998年を参考にした。
22) Council of Europe, "Definition and limits of the principle of subsidiarity: Report prepared for the Steering Committee on Local and Regional Authorities (CDLR)", *Local and regional authorities in Europe*, No. 55, Council of Europe Press, 1994.
23) カトリック社会教説の歴史と補完性原理については、桜井健吾「補完性原理の萌芽――ケテラーとテュージングの論争（1848年）」水波朗・阿南成一・稲垣良典編『自然法と宗教Ⅰ』創文社、1998年を参照。また、第3章も参照。
24) LEONIS PAPAE XIII, "RERUM NOVARUM de conditione opticum", die 15 Maii a. 1891.（岳野慶作訳解『レールム・ノヴァルム――労働者の境遇――』中央出版社、1958年）。なお、レールム・ノヴァルムとはラテン語で「新しいことがら」という意味である。
25) カトリック社会教説について、とりあえず以下を参照。DeBerri, Edward P, Shultheis, Michael J., *et al.*, *Our best kept secret*, Orbis Books, 1987.（イエズス会社会司牧センター訳『カトリック社会教説――歴代教皇の教えに見る――』ドン・ボスコ社、1989）；上智大学社会正義研究所・国際基督教大学社会科学研究所共編『教会

と社会の100年——「レールム・ノヴァルム 労働者の境遇」から今日まで』柏植書房, 1994年。

26) PIUS PP. XI, "Quadragesimo Anno de reconstructione ordinis socialis", die 15 Maii a. 1931. 本回勅の翻訳は，中央出版社編『教会の社会教書』中央出版社，1991年所収のものを参考にした。これは岳野慶作訳解『クアドラゼジモ・アンノ——社会秩序の再建』中央出版社，1958年を転載したものである。なお，ほかにも次の翻訳がある。上智大学訳『カトリック的社会秩序改新策』岩波書店，1931年。

27) 岳野慶作訳，前掲書，99頁。ただし，訳文は邦訳通りではない（以下，すべての回勅についての翻訳も同様）。

28) 同上書，99-100頁。

29) JOHANNES PP. XXIII, *Pacem in terries*, 1963. 4. 11. (ヨハネ23世著／岳野慶作訳『パーチェム・イン・テリス——地上の平和——』サンパウロ，1963年)。

30) 同上書，62-63頁。

31) JOHN PAUL II, Centesimus Annus of the supreme pontiff, 1991. 5. 1. (イエズス会社会司牧センター訳『新しい課題——教会と社会の百年をふりかえって——』カトリック中央協議会，1991年)。

32) 同上書，35頁。

33) 同上書，101頁。

34) カトリック社会教説以前の補完性原理の思想的潮流まで明らかにした上で，EUにおける補完性原理の役割を歴史的に考察した研究として以下がある。中原喜一郎「欧州連合と補完性の原則に関する一考察」『法学新報』（中央大学）第102巻第3・4号, 1995年；遠藤乾「ポスト主権の政治思想—ヨーロッパ連合における補完性原理の可能性—」『思想』第945号，2003年。

35) Gillingham, John, *European Integration 1950-2003: Superstate or New Market Economy?*, Cambridge: Cambridge University Press, 2003.

36) ハイエクとレプケの分権主義と連邦主義については，古賀勝次郎『ハイエクと新自由主義』行人社，1983年，第9章「新自由主義と世界経済」を参照。

37) Gillingham, *op. cit.*, p. 13.

38) *Ibid.*, p. 12.

39) 国家間連邦に関連するハイエクの最初の論考は，Hayek, Friedrich, The Economic Conditions of Interstate Federalism, *New Commonwealth Quarterly*, V. No. 2, 1939. 同論文はHayek, *Individualism and Economic Order*, Chicago/London: University of Chicago Press, 1980. (嘉治元郎・嘉治佐代子訳『ハイエク全集3 個人主義と経済秩序』春秋社，1990年）に再録。

40) Hayek, Friedrich A. von, *The Road to Serfdom*, London/New York: Routledge, 2001 (First 1944), pp. 225-237. (ハイエク著／一谷藤一郎・一谷映理子訳『隷従への道』東京創元社, 1992年, 改版 (1954年初版), 278-290頁)。
41) *Ibid.*, p. 238. (邦訳, 前掲書, 292頁)。
42) *Ibid.*, p. 239. (邦訳, 前掲書, 293頁)。
43) *Ibid.*, p. 240. (邦訳, 前掲書, 294頁)。
44) *Ibid.*, p. 241. (邦訳, 前掲書, 297頁)。
45) *Ibid.*, pp. 241-242. (邦訳, 前掲書, 296-297頁)。
46) *Ibid.*, p. 243. (邦訳, 前掲書, 299頁)。
47) 地域が欧州建設に対して持つ影響については, 渡辺尚編『ヨーロッパの発見』有斐閣, 2000年を参照。

あとがき

　本書を刊行するまでには，多くの方々のご指導，ご助力と励ましをいただいた。ここでは，そのごく一部の方々のお名前ではあるが，記して御礼を申し上げたい。

　権上康男先生（現横浜商科大学教授，横浜国立大学名誉教授）には横浜国立大学大学院入学以来，ご指導，ご厚情を賜ってきた。フランス現代経済史をご専門とする先生の徹底した一次史料分析にもとづくご研究に，筆者の研究は遠くおよばないが，先生の下で修士論文を執筆し，その後も機会あるごとにご指導いただけたことは大変幸運であった。

　名古屋大学大学院博士課程では藤瀬浩司先生のご指導を受けることができた。藤瀬先生は，世界システムという広い視野から，筆者の研究を指導され，学会報告，雑誌論文の執筆そしてベルギー留学へと導いてくださった。また，ベルギー留学から帰国すると助手に採用していただき，研究者の途に入るうえでの好条件を与えていただいた。また，名古屋大学では金井雄一氏，伊藤正直氏（現東京大学）からも研究会などを通じて多くのことをご教授いただいた。

　筆者が大学に職を得てからは，さらに多くの研究者の方々と知り合い，学問的刺激を受けることができた。なかでも，廣田功先生（現新潟大学教授，東京大学名誉教授）を中心とした「戦後史研究会」に堺憲一氏（東京経済大学）の紹介で参加し，堺氏をはじめとする現代西洋経済史の第一線で活躍する研究者の方々と欧州建設について討論することができたことはきわめて有益な経験であった。廣田先生とは，現在も政治経済学・経済史学会ヨーロッパ統合史フォーラムなどを通じてEC/EU形成史の研究でお世話になっている。

　また，渡辺尚先生（現東京経済大学教授，京都大学名誉教授）は，先生が編者をなされた書物に2度にわたって分担執筆者として加えていただき，ご指導，ご鞭撻を賜った。先生を中心とする「経済空間史研究会」では，佐藤勝則氏（東

北大学），京都大学の今久保幸生，黒澤隆文の両氏をはじめとして，欧州の地域経済空間に関心を持つ研究者と年に一度合宿研究会を行っており，筆者が新たな知見を得る貴重な機会となっている。また，権上先生を中心とする「ネオ・リベラリズム」研究会で，大学院以来の友人である石山幸彦（横浜国立大学），矢後和彦（首都大学東京），福澤直樹（名古屋大学）の各氏と共同研究する機会を持てたことも，筆者の視野を広げるうえで幸いであった。

わが国の西洋経済史の分野では，とくに石坂昭雄先生（北海道大学名誉教授）と柳澤治先生（現明治大学教授，東京都立大学名誉教授）からは，本書のもとになった論文についてご助言をいただいたうえに，おりにふれて励ましのお言葉を頂戴した。さらに，さまざまな機会を通じて年齢の近い西洋経済史研究者である，東京大学の馬場哲，小野塚知二，石原俊時の各氏からも筆者の研究に対して貴重な意見をいただくことができた。

本書刊行の直接のきっかけは，上記「戦後史研究会」で知り合い，現在も「占領と復興研究会」でお世話になっている永岑三千輝先生（横浜市立大学）から単著の出版を熱心に勧められたことによる。先生は，日本経済評論社の谷口京延氏に拙著の出版について働きかけてもくださった。親身になって筆者を激励された先生には心より御礼申し上げたい。

須藤功氏（明治大学）には，名古屋大学大学院に筆者が入学して以来，公私にわたってお世話になってきた。アメリカ金融史を専門とする氏からの質問や意見は筆者の考えをまとめるうえで大きな力になった。さらに，氏は本書の初稿を読んでくださり，多くのご指摘とご助言をいただくことができた。記して感謝する。さらに，勤務する立正大学経済学部では，蓮見雄氏と現在のEUの様々な問題について議論し，歴史研究をする上でも貴重な意見をいただいた。

また，ベルギー政府給費留学生として，筆者を受け入れ指導教員として欧州建設史の本格的研究の手ほどきをしていただいた，ルーヴァン大学のミシェル・デュムラン（Michel Dumoulin）先生にも厚く御礼申し上げたい。先生は筆者の質問にいつも的確に答えてくださり，史料の所在や関連する情報についても教えていただいた。また，1999年からの約2年間の在外研究では，ルーヴ

ァン大学ヨーロッパ研究所の所長であった氏が，筆者を客員研究員として受け入れてくださり，研究上の便宜を与えてくださった。

　本書が，こうした先生方，先輩，友人から賜った学恩に応えるものであるのか心許ないが，これを研究上の一つの区切りとして，今後とも欧州建設の歴史研究に取り組んでいくつもりである。どうか，忌憚のないご意見，ご助言を賜れば幸いである。

　なお，本書は，序章，第2章，第8章を除いて，これまで筆者が発表してきた論文を各章の基礎としてまとめたものである。ただし，それぞれ大幅な加筆・修正を行った。一応，各章と初出論文との関係は以下の通りである。

　第1章　ベルギー・ルクセンブルク経済同盟の設立と展開
　　　　立正大学『経済学季報』第49巻第2号，1999年
　第3章　ベルギー新自由主義の軌跡
　　　　　　──ポール・ヴァンゼーラントの活動を中心として──
　　　　権上康男編著『新自由主義と戦後資本主義』日本経済評論社，2006年
　第4章　ベネルクス関税同盟の設立
　　　　立正大学『経済学季報』第54巻第1号，2004年
　第5章　ヨーロッパ石炭鉄鋼共同体の誕生
　　　　　　──ベルギーの対応を中心として──
　　　　『土地制度史学』第134号，1992年
　第6章　ヨーロッパ石炭鉄鋼共同体とベルギー石炭業
　　　　廣田功・森建資編著『戦後再建期のヨーロッパ経済』日本経済評論社，1998年
　第7章　1950年代前半西ヨーロッパにおける共同市場構想
　　　　　　──ヨーロッパ政治共同体設立計画を中心に──
　　　　広島修道大学『修道商学』第35巻第2号，1995年
　終　章　ベルギーにおける連邦制の成立過程
　　　　立正大学『経済学季報』第54巻第3・4号，2005年

また，本書全体を通じて，筆者がこれまで執筆してきた上記以外の論文も部分的に利用したことも付け加えておく。

　最後になってしまったが，本書の刊行を快く引き受けてくださった日本経済評論社の栗原哲也社長と谷口京延氏には，厚く御礼申し上げる。谷口氏は，筆の進まない筆者を励まされ，何とかゴールインできるよう筆者の我侭に付き合ってくださった。心から謝意を表したい。本書が，欧州建設史研究の第一人者であるケルブレ氏やフランク氏の翻訳書をはじめとする多くの欧州建設史に関する研究書を世に出してこられた同社より刊行されることは，筆者にとって大きな喜びである。

　なお，本書の刊行に対しては，日本学術振興会より2006年度科学研究費補助金「研究成果公開促進費」の交付を受けたことを付記する。

　2007年1月

小島　健

353

索　引

事　項

【あ行】

IMF（国際通貨基金）……………… 115,119
EEC → 欧州経済共同体
EAEC → 欧州原子力共同体
EC → 欧州共同体
ECSC → 欧州石炭鉄鋼共同体
EDC → 欧州防衛共同体
EPC → 欧州政治共同体
EPU → 欧州決済同盟
EU → 欧州連合
ヴァンゼーラント報告 …… 108,113,117-121,
　136
ウィーン会議 ……………………… 12,20
ウーシー協定 …… 90-91,94,117,123,132-134,
　136,140-141,143,158,165
ウェストファリア条約 ………………… 12
ヴェルサイユ条約 … 20-22,37,39,44,59,66,93
ヴェルサイユ体制 ……………………… 65
ウオルター・リップマン・シンポジウム
　……………………………… 120-121
英仏通商条約 …………………………… 16
エタティザシオン（国家管理）………… 101
エタティスム（国家管理主義）………… 105
OEEC → 欧州経済協力機構
欧州共同体（EC）…… 1-2,4,11,337,341,349
欧州経済関税同盟 ………………… 52,121
欧州経済共同体（EEC）…… iii,1,3-6,11,23,53,
　131,160,205,252,257-258,278-279,282,285,
　304,307-312,316,317,342
欧州経済共同体（設立）条約 …… 304,308-311,
　316
欧州経済協力機構（OEEC）……5,44,163-164,
　179,258,287,294,296,298,301,315
欧州決済同盟（EPU）……………… 164,289
欧州原子力共同体（Euratom, EAEC）‥ 278-
　279,304,306-307,309
欧州原子力共同体条約 ………………… 304,308

欧州審議会 ……… 5,258,260,275,280-281,285,
　298,301,317,337-338
欧州政治共同体（EPC）……… iii,257-259,261,
　263,265,267-269,271-278,280,
欧州石炭鉄鋼共同体 …… ii,2-5,11,44,53,69,
　72-74,131,160,175-176,183,186,188-189,
　192-194,196-199,201-202,204-212,217-218,
　221,231-234,237-238,240,244-246,248,251-
　252,257-261,263,265,267-273,275-281,285,
　292-301,303,307-309,311,317,342
欧州石炭鉄鋼共同体（設立）条約 …… 197-198,
　200-202,204-205,207-208,210,214,216-217,
　221,234,240-241
欧州農業共同体 ……………………… 257
欧州防衛共同体（EDC）……… 5,214,258-261,
　263,265,267,269-271,273-274,276-281,293-
　294,303,311
欧州保険共同体 ……………………… 258
欧州輸送機関 ………………………… 258
欧州連合（EU）…… 1,4,6,11,74,131,257,337-
　338,341,344-347,349-350
欧州連合研究委員会 ……………… 66-67
欧州連合条約 → マーストリヒト条約
オスロ・グループ ……………… 114,132-133
オスロ協定 …… 90,117,123,132,136-137,164-
　165

【か行】

GATT（関税と貿易に関する一般協定）… 117,
　119,158-159,287,309
カトリック社会教説 … 85-86,92,100,105-106,
　122,124,339,346
関税と貿易に関する一般協定 → GATT
キリスト教労働組合総連合（CSC）…… 196-197
金属製品製造業連合（FABRIMETAL）…… 204
金ブロック …………… 92,97,101,124,134-135
クアドラジェジモ・アンノ ……… 99,105,339-
　340,347

354　索　引

経済研究グループ …………… 143-144, 165
国際経済会議（1927年）…………………… 53, 55
国際決済銀行（BIS）…… 65, 85, 87-89, 95, 112,
　115, 117, 120, 123, 125-126, 128, 166
国際社会問題研究協会 ………………… 86, 106
国際商業会議所 ………………… 113-114, 117
国際鉄鋼カルテル …… 31, 35, 40-42, 54, 68-69,
　72, 80, 136
国際連合 ……………………………………… 67
国際連盟 …… i, 7, 40, 44, 51, 53-56, 58, 60-63, 65,
　67, 73-75, 83, 89-90, 94, 112-114, 117-118,
　127, 132, 148-149
コペシャール …………… 228, 239, 241-242, 250

【さ行】

三国通貨協定（三国共同宣言）… 109-111, 113,
　115, 127
CCE → 中央経済審議会
ジェノヴァ会議 ……………………………… 87
自由主義刷新国際研究センター ……… 121-122
シューマン・プラン … ii, 74, 175, 179, 183, 185-
　189, 191-196, 200, 202-203, 205-208, 210, 213-
　216, 233, 251, 257-258, 303
新機能主義 …………………………… 258, 279
新自由主義 …… 100, 105, 120-121, 128, 211, 218,
　342
新自由主義者 ……………… 92, 118, 121, 202
スパーク委員会 …………… 302-304, 312, 314
スパーク報告 …… iii, 268, 279, 302, 304, 306-307
西欧同盟（WEU）………………… 5, 278, 212
戦後問題研究委員会（CEPAG）… 119, 142, 165
ソシエテ・ジェネラル（ベルギー）… 88, 204,
　215, 222-223, 248, 250, 252

【た行】

WEU → 西欧同盟
中央経済審議会（CCE）……… 6, 192, 178, 216
ディリジスム（指導経済）…… 91, 93, 191, 195-
　196, 206-208, 210-211, 215, 229, 230
ドイツ関税同盟 …… 11, 15-16, 18, 20-22, 25, 28,
　30, 32, 59
「特別」総会（Assemblée ad hoc）… 261, 263,
　265-270, 275-276, 279

【な行】

NATO（北大西洋条約機構）……………… 292
ニューディール ………………… 100, 104, 111

【は行】

パリ講和会議 ……………………… 20, 25, 37
パリ条約 ……………………………………… 197
パリ不戦条約（ブリアン・ケロッグ協定）
　……………………………………… 52, 61
パン・ヨーロッパ ………………………… 44-48
パン・ヨーロッパ運動 …… i, 43-44, 49-52, 57,
　67, 73, 79
パン・ヨーロッパ会議 ……………… 50-51, 77
パン・ヨーロッパ協会 ………………… 49-50
パン・ヨーロッパ連合（Pan-Europe Union）
　…………………………… 45, 49-50, 52, 65
BIS → 国際決済銀行
プラニスト …………… 100-101, 105, 108, 121
プラニスム（計画主義）…………… 98-99, 125
ブリアン覚書 ……………… i, 57, 61, 64-65
ベイエン・プラン …… iii, 261, 269, 279, 294, 312
ベネルクス（ベネルックス）……… 3-5, 23, 32,
　131, 137, 141, 144, 146-147, 150, 152, 155-165,
　169-170, 175, 188, 199, 267, 278-279, 281, 285-
　298, 308, 311-312
ベネルクス覚書 …………… iii, 292, 295-301
ベネルクス関税協定 …… ii, 5, 134, 145, 152-153,
　171, 286
ベネルクス関税同盟 …… ii, 4, 131, 134, 152, 158-
　159, 169, 176, 264, 278, 285, 312, 351
ベネルクス経済同盟 …… iii, 6, 131, 162, 165, 168,
　285-286, 288, 291, 294
ベネルクス通貨協定 ……………………… 163
ベルギー・ルクセンブルク経済同盟（UEBL）
　…… i, 1, 6, 11-12, 22-23, 134, 147, 149, 152,
　159, 171-172, 351
ベルギー化学工業連盟 …………………… 204
ベルギー国立銀行 …… 24, 87, 100, 105, 107, 127,
　140
ベルギー産業連盟（FIB）………………… 203
ベルギー石炭連盟（Fédéchar）… 203, 228, 237
ベルギー労働組合総同盟（FGTB）… 196, 209
補完性原理 ……… iii, 92, 123, 317-318, 337-342,
　344, 346-347

【ま行】

マーシャル・プラン …… 1, 163-164, 187, 229-230, 242-243
マーシャル援助 …………………… 163-164, 242
マーストリヒト条約（欧州連合条約）…… 317, 334, 337-338, 341-342, 346
マンチェスター学派 ………………… 101, 105
ミュンスター条約 ……………………………… 12
メッシーナ会議 …… iii, 292, 297-299, 301-302, 314

【や行】

UEBL → ベルギー・ルクセンブルク経済同盟
ユーラトム（Euratom）→ 欧州原子力共同体

【ら行】

ルーヴァン（カトリック）大学 …… 6, 85, 87, 121, 176, 326-329, 332, 337, 345, 350-351
ルーヴァン学派 …………………… 88, 97-98, 121
ルーヴァン大学経済研究所 …………… 88, 143
レームル・ノヴァルム …… 85, 124, 339, 346-347
レッセフェール ……………………………… 91-92
労働プラン ………………………………… 99-100, 125
ローザンヌ会議 ………………… 83, 89-90, 95, 133
ローマ条約 …… iii, 1, 5, 159, 257, 299, 307-308, 311, 315, 337
ロカルノ条約 ………………………… 51-52, 61, 89
ロビンソン・レポート ……………… 202-203, 217
ロンドン世界経済会議 …… 83, 90, 96-97, 109, 119, 122, 134

人　名

【あ行】

アーント（Arndt, Heinz W.）… 81, 69, 118, 122
秋元英一 ……………………………………… 8, 128
安達清昭 ………………………………………… 78
アデナウアー（Adenauer, Konrad）…… 49, 216
アニェリ（Agnelli, Giovanni） ……………… 43
アハーン（Ahearn, Daniel） ………………… 68
雨宮昭彦 …………………………… 10, 128, 316
アルス（Als, Alphose） …………………… 150
アンジョー（Ansiaux, Hubert） …… 140, 148
イーデン（Eden, Anthony）…… 110, 112, 277, 294
イーマンス（Hymans, Paul） …………… 58-60
石坂昭雄 ………………………………… 32-33, 350
石山幸彦 ……………………………… 215, 219, 350
伊藤正直 ………………………………………… 122, 349
今久保幸生 ……………………………………… 74, 350
イルシュ（Hirsch, Etienne） ……………… 192
ヴァンアケル（Van Acker, Achill）… 207-209, 227, 293
ヴァンカンポノ（Van Campenhout）…… 148
ヴァンゼーラント、ポール（van Zeeland, Paul）
　… ii, 83-97, 100-102, 104-116, 118-122, 135, 142, 156, 189, 202, 216, 218, 269, 271
ヴァンゼーラント、マルセル（van Zeeland, Marcel） …………… 85, 87, 105, 120-121
ヴァンデルヴェルデ（Vandervelde, Emile）
　………………………………………… 98, 100
ヴァレリー（Valèry, Paul） ………………… 50
ヴァンサン（Vincent, J.-J.） ……………… 87
ヴァンドゥルレスト（Van der Rest, Pierre）
　………………………………………… 189-190
ヴァンランゲノーヴ（Vanlangenhove, Fernand）
　………… 113, 138-140, 148-150, 152, 168
ヴィンク（Vinck, Fr.） …………… 189-190, 192
植田隆子 …………………………………… 79-80
上原良子 …………………………………… 281
ヴェルジュ（Velge, Henri） ………………… 143
ヴォルフ（Wolf, Julius） ………………… 51, 77
エイスケンス（Eyskens, Gaston） …… 88, 332
エイメリー（Amery, Leopold） …………… 50
エリオ（Herriot, Edouard） ………… 50, 57, 79
遠藤乾 ……………………………………… 347
オメル（Hommel, Luc） …………… 107, 121
オルテガ＝イ＝ガセット（Ortega y Gasset, José）
　………………………………………………… 50

【か行】

カイヨー（Caiolaux, Joseph） …………… 50-51
カビアティ（Cabiati, Attilio） ……………… 43
ガロパン（Galopin, Alexandre） …… 143, 222

菊池孝美 ······································ 315
ギュット（Gutt, Camille）··· 108, 137-139, 141,
　143, 148-149, 153, 168, 177
ギリンガム（Guillingham, John）············ 342
キンドルバーガー（Kindleberger, Charles）
　································· 118, 124, 128
クーデンホーフ＝カレルギー（Coudenhove-Kalergi,
　Richard N.）·········· 44-45, 49-50, 52, 79, 80
工藤章 ································ 35, 75-76
クルチウス（Curtius, Julius）··················· 66
黒神聰 ······························· 280-282
黒澤隆文 ······························ 345, 350
グロボア（Grosbois, Thierry）················ 165
ケインズ（Keynes, John Maynard）···· 44, 76,
　100, 140-141
ケメラー（Kemmerer, Edwin）············ 86-87
ケルブレ（Kaelble, Hartmut）········ 3, 10, 352
ケレンスキー（Kerenskii, Aleksandr）······ 51
小久保康之 ································ 281
小島健 ··················· 78, 123, 217, 315-316
コッホ（Koch, Erick）························· 49
コペ（Coppé, Albert）······················· 210
コペ（Coppé, Evence）················· 222, 272
コラン（Collin, Fernand）··················· 143
権上康男 ········ 122, 128-129, 218, 282, 349, 350

【さ行】

ザイペル（Seipel, Ignaz）················· 49, 51
佐伯哲郎 ································ 125
サッチャー（Thatcher, Margaret）········ 120,
　341, 345
ジェラール（Gérard, Max-Léo）······· 100-101,
　108, 121, 143
ジッド（Gide, Charles）················· 52, 121
島田悦子 ························ 35, 212, 219
シャハト（Schacht, Hjalmar）······· 49, 109-110
シャルル（Charles）························· 323
シャルロット（Charlotte）··················· 21
ジャンセン（Janssen, Georges）············ 108
ジャンソン（Janson, Paul-Emile）············ 108
シュトラウス（Strauss, Richard）············ 50
シューマン（Schuman, Robert）······ 74, 175,
　183, 194, 214, 216
シュエテンス（Suetens, Max）········ 143, 190
シュトレーゼマン（Stresemann, Gustav）

·· 49, 51-52, 58-60, 65-66
ジュルベ（Gerbert, Pierre）··················· 7
ジロー（Girault, René）················ 2, 3, 9
スティッケル（Stikker, Dirk）········ 216, 263
須藤功 ································ 127, 350
スノア・エ・ドッピュース（Snoy et d' Oppuers,
　Jean-Charles）··· 142-144, 146, 160, 167, 189,
　294, 314
スパーク（Spaak, Paul-Henri）··· 98, 100, 104,
　108, 110, 127, 137-139, 142-143, 148-152, 207-
　208, 228, 260-261, 268, 285, 293-296, 298, 302-
　304, 308
スピーレンブルフ（Spierenburg, Dirk P.）
　······································ 210, 214
スフォルツァ（Sforza, Carlo）······ 51, 57, 216

【た行】

田中耕太郎 ································ 123
タビアーニ（Taviani, M. P. E.）············ 271
チェンバレン（Chamberlin, Neville）······ 110,
　112, 117
チブラ（Ziebura, Gilbert）················ 66, 76
チャーチル（Churchill, Winston）············ 50
ディーボルト（Diebold, William jr.）··· 175, 212
ティンベルヘン（Tinbergen, Jan）············ 155
デガスペリ（De Gasperi, Alcide）······ 259, 292
デハーネ（Dehaene, Jean-Luc）············ 333
デフレースハウェル（de Vleeschauwer, Albert）
　·· 137
デュヴュザール（Duvieusart, Jean）········ 230
デュジャルダン（Dujardin, Vincent）········ 74
テュニス（Theunis, Georges）····· 54, 98, 108,
　151
デュプリエ（Dupriez, Léon -H.）······ 87-88,
　97, 121
デュムラン（Dumoulin, Michel）······ 6-7, 84,
　119, 176, 212, 215, 354
デヨング（De Jongh, Crena）··············· 140
ドゥグレル（Degrelle, Léon）····· 102, 106, 121
ドゥゴール（de Gaulle, Charles）······ 265, 311
ドゥジュヴネル（de Jouvenel, Bertrand）··· 57
ドゥブレ（Debré, Michel）··················· 265
ドゥブロックヴィル（de Broqueville, Charles）
　·· 20, 97
ドゥマン（de Man, Henri）······· 98, 100, 104,

107-108, 125, 327
ドゥラットル（De Lattre, Achille） ……… 207
ドゥルヴィル（Delville, Pierre） …… 189-190
ドラモンド（Drummond, Eric） …………… 66
トリフィン（Triffin, Robert） ……………… 97

【な行】

中原喜一郎 ………………………………… 347
永岑三千輝 ……………………… 10, 212, 350

【は行】

ハース（Haas, Ernst B.） ………………… 258
ハイエク（Hayek, Friedrich von） … 120, 342-344, 347
ハウスマン（Haussmann, Frederick） ……… 68
ハル（Hull, Cordell） …………………… 111, 118
パンルヴェ（Painlevé, Paul） ……………… 50
ピウス11世（Pius XI） ………… 92, 112, 339
ビエルノ（Biernaux, A.） …………… 189-190
ピエルロ（Pierlot, Hubert） …… 108, 137, 148-149, 168, 177, 227
ビッチ（Marie-Thérèse, Bitch） …………… 7
ビドー（Bidault, Georges） ……… 268, 270-271
ヒトラー（Hitler, Adolf） ……………… 109, 323
ピネー（Pinay, Antoine） ………………… 298
廣田功 … 1, 8, 10, 77-78, 81, 125, 214, 318, 349, 351
廣田愛理 …………………………… 314-316
ファンクレフェンス（Van Kleffens, Eelco N.）
 ……………………………………… 139
フォンデアグレーベン（von der Groeben, Hans）
 ……………………………………… 303
ファンデンブルーク（Vandenbroek, Johannes）
 ……………………………… 138-139
ファンロイ（van Roey, J.-E.） …………… 106
フィネ（Finet Paul） ……………… 208-210
藤瀬浩司 …………… 34, 77-78, 122, 127, 349
藤田憲 ……………………………………… 315
フランキ（Francqui, Emile） ……………… 86, 88
フランク、ルイ（Frank, Louis） … 87, 107-108
フランク、ロベール（Frank, Robert） … 1, 8, 10, 352
フリードマン（Friedman, Milton） ……… 120
ブリアン（Briand, Aristide） …… 51-52, 57-61, 65-67, 73-74, 77, 79

ブルム（Blum, Léon） ……………… 104, 109
古内博行 ……………………………………… 8, 10
フレール（Frère Maurice） …… 111-112, 121, 127
プレヴァン（Pleven, René） …… 214, 259, 303
ブレンターノ（Brentano, Heinrich von）
 ……………………………… 261-262, 273
ベイエン（Beyen, Jan-Williem） …… 140, 263, 269-270, 293-296
ヘクスナー（Hexner, Erbin） ……………… 68
ベッシュ（Bech, Joseph） …… 59, 137, 139, 150, 152, 216, 294-295
ベネシュ（Beneš, Eduard） ………… 50-51, 59
ヘンダーソン（Henderson, Arthur） …… 59-60
ホーキンス（Hawkins, Harry） ……… 151-152
ボードワン（Baudouin） ………… 324, 334-346
ボードワン、フェルナン（Baudhuin, Fernand）
 …………… 88, 97-98, 121, 124, 143, 146
ポアドヴァン（Poidevin, Raymond） ………… 2
ボエル（Boël, René） …………………… 140
ボシュア（Bossuat, Gérard） ……………… 7
ポリティス（Politis, Nikolaos） …………… 51
ホワイト（White, Harry D.） ………… 140-141
ポンピドー（Pompidou, Georges） ……… 50

【ま行】

マーシャル（Marshall, George） …………… 163
マイリッシュ（Mayrisch, Emile） … 29, 31, 41, 53
マリー＝アデレド（Marie-Adelaide） ……… 21
マリンコヴィチ（Marinkovitch, Vojislav） … 60
マルジョラン（Marjolin, Robert） ……… 120
マンデス＝フランス（Mendès-France, Pierre）
 ……………………………………… 277
マルテンス（Martens, Wilfried） ………… 332
マン（Mann, Thomas） …………………… 50
マサリク（Masaryk, Tomáš） ……………… 49
ミーゼス（Mises, Ludwig von） ………… 120
ミルワード（Milward, Alan S.） … 2-3, 175, 212, 248, 252
ムッソリーニ（Mussolini, Benito） ……… 112
ムリス（Meurice, Léonard） …… 195, 206, 216
メイヤー（Mayer, René） ………………… 297
メルシエ（Mercier, Désiré Joseph） …… 85-86, 95, 106, 122

358 索　引

モーゲンソー（Morgenthau, Henry jr.） … 111
モネ（Monnet, Jean） … 185-186, 188-192, 194,
　209-210, 214-215, 258, 278-279, 293, 297, 303
森建資 …………………………………… 8, 10, 351
モレ（Mollet, Guy） ……… 265, 282, 303, 307

【や行】

矢後和彦 ………………………………… 128, 350
八十田博人 …………………………………… 76
ユッペール（Huperts, Albert） …………… 303
ユリ（Uri, Pierre） ………………………… 303
ヨハネス23世（Johannes XXIII） …… 340, 347
ヨハネス・パウルス2世（Johannes Paulus II）
　…………………………………………… 341

【ら行】

リース＝ロス（Leith-Ross, Frederick） … 109-
　110, 113
リーフティンク（Lieftinck, Pieter） ……… 155
リープマン（Liepmann, Heinrich） ………… 25
リウ（Riou, Gaston） ………………………… 57
李修二 ………………………………………… 75
リップマン（Lippman, Walter） ……… 118, 120-
　121, 127
リプゲンス（Lipgens, Walter） …………… 1-2
リュエフ（Rueff, Jacque） ……… 109-110, 120

ルージエ（Rougier, Louis） ……………… 120
ルコビッツ（Lukowitz, David C.） ……… 119
ルシュール（Loucheur, Louis） … i, 50, 52-57,
　59, 63, 65, 72-73, 77
ルナール（Renard, André） …………… 190, 196
ルンス（Rens, Jef） ………………… 140, 142
レーガン（Reagan, Ronald） …………… 120
レーベ（Löbe, Paul） ………………………… 49
レイ（Rey, Jean） ………………………… 293-294
レイクンス（Rijkens, Paul） ……………… 144
レオ13世（Leo XIII） ……………… 85, 124, 339
レオポルド1世（Leopold I） ……………… 14
レオポルド2世（Leopold II） ……………… 17
レオポルド3世（Leopold III） … 108, 100, 112,
　137, 176, 187, 323-324
レジェ（Leger, Alexis） ………………… 61, 79
レプケ（Röpke, Wilhelm） … 120, 342, 344, 347
レンナー（Renner, Karl） ………………… 49
ルモワン（Lemoine, Robert） ……………… 87
ローズヴェルト（Roosevelt, Franklin） … 83,
　111-112, 118
ロート（Loth, Wilfried） …………………… 2
ローバシィ（Lovasy, G.） ………………… 67

【わ行】

渡辺尚 ……… 10, 33, 123, 217, 291, 313, 348-349

【著者略歴】

小島　健（こじま・たけし）

1958年　長野県に生まれる
1982年　東京都立大学経済学部卒業
1985年　横浜国立大学大学院経済学研究科修士課程修了
1988年　ベルギー政府給費留学生（ルーヴァン大学）
1990年　名古屋大学大学院経済学研究科博士課程単位取得退学
　　　　名古屋大学助手，広島修道大学講師，助教授，立正大学助教授を経て
現在　　立正大学経済学部教授

主な業績
「国際工業カルテルと国際連盟」（藤瀬浩司編『世界大不況と国際連盟』名古屋大学出版会，1994年），「ヨーロッパ統合と企業発展」（渡辺尚・作道潤『現代ヨーロッパ経営史』有斐閣，1996年），「ヨーロッパ石炭鉄鋼共同体とベルギー石炭業」（廣田功・森建資編著『戦後再建期のヨーロッパ経済』日本経済評論社，1998年），「ヨーロッパ統合の中核——ベネルクス経済同盟——」（渡辺尚編著『ヨーロッパの発見』有斐閣，2000年），「ベルギー新自由主義の軌跡」（権上康男編著『新自由主義と戦後資本主義』日本経済評論社，2006年）

欧州建設とベルギー ——統合の社会経済史的研究——

2007年2月28日　第1刷発行	定価（本体5900円+税）

著　者　小　島　　　健
発行者　栗　原　哲　也
発行所　㈱日本経済評論社
〒101-0051　東京都千代田区神田神保町3-2
電話　03-3230-1661　FAX　03-3265-2993
nikkeihy@js7.so-net.ne.jp
URL : http://www.nikkeihyo.co.jp

装幀＊渡辺美知子　　　印刷＊文昇堂・製本＊美行製本

乱丁落丁はお取替えいたします。
Ⓒ KOJIMA Takeshi 2007
Printed in Japan　ISBN978-4-8188-1923-8

・本書の複製権・譲渡権・公衆送信権（送信可能化権を含む）は㈱日本経済評論社が保有します。
・JCLS〈㈱日本著作出版権管理システム委託出版物〉
本書の無断複写は著作権法上での例外を除き禁じられています。複写される場合は，そのつど事前に，㈱日本著作出版権管理システム（電話03-3817-5670，FAX03-3815-8199，e-mail: info@jcls.co.jp）の許諾を得てください。

永岑三千輝・廣田 功編著
ヨーロッパ統合の社会史
―背景・論理・展望―

A5判　五八〇〇円

グローバリゼーションが進む中、独自の対応を志向するヨーロッパ統合について、その基礎にある「普通の人々」の相互接近の歴史からなにを学べるか。

ロベール・フランク著／廣田 功訳
欧州統合のダイナミズム
―フランスとパートナー国―

四六判　一八〇〇円

二〇世紀におけるヨーロッパのアイデンティティはいかに形成されてきたか。フランス、ドイツがそれぞれの立場を越えて強調する一方でイギリスはどう対応していくか。

永岑三千輝著
独ソ戦とホロコースト

A5判　五九〇〇円

「普通のドイツ人」の反ユダヤ主義がホロコーストの大きな要因とする最近のゴールドハーゲンの論説に対し、第三帝国秘密文書を詳細に検討しながら実証的に批判を加える。

廣田 功・森 建資編著
戦後再建期のヨーロッパ経済
―復興から統合へ―

A5判　六五〇〇円

第二次大戦から五〇年代後半にかけての各国の構想と政策はどのようであったか。戦後の経済発展の基礎はいかに築かれたのか。欧米の共存と対立の両面の構図も明らかにする。

H・ケルブレ著／雨宮昭彦・金子邦子・永岑三千輝・古内博行訳
ひとつのヨーロッパへの道
―その社会史的考察―

A5判　三八〇〇円

生活の質や就業構造、教育や福祉などの社会的側面の同質性が増してきたことがEU統合へと至る大きな要因になったと、平均的なヨーロッパ人の視点から考察した書。

（価格は税抜）

日本経済評論社